U0128553

安徽历史大事典

李琳琦　刘道胜 ◎ 主编

安徽师范大学出版社

ANHUI NORMAL UNIVERSITY PRESS

· 芜湖 ·

图书在版编目(CIP)数据

安徽历史大事典 / 李琳琦,刘道胜主编.—芜湖:安徽师范大学出版社,2021.6
ISBN 978-7-5676-4983-5

Ⅰ.①安… Ⅱ.①李… ②刘… Ⅲ.①安徽 – 地方史 Ⅳ.①K295.4

中国版本图书馆CIP数据核字(2021)第134660号

安徽历史大事典

ANHUI LISHI DASHI DIAN

李琳琦　　刘道胜 ◎ 主编

责任编辑:孙新文　翟自成　　　　责任校对:牛　佳

装帧设计:王晴晴　张　玲　冯君君　　责任印制:桑国磊

出版发行:安徽师范大学出版社

　　　　　芜湖市北京东路1号安徽师范大学赭山校区

网　　址:http://www.ahnupress.com/

发 行 部:0553-3883578　5910327　5910310(传真)

印　　刷:苏州古得堡数码印刷有限公司

版　　次:2021年6月第1版

印　　次:2021年6月第1次印刷

规　　格:700 mm×1000 mm　1/16

印　　张:24.5

字　　数:380千字

书　　号:ISBN 978-7-5676-4983-5

定　　价:80.00元

如发现印装质量问题,影响阅读,请与发行部联系调换。

前　　言

　　《安徽历史大事典》是一部关于安徽历史事件的工具书。举凡自远古至新中国成立前发生在安徽境内和非发生在安徽境内但由安徽籍人士主导或参与的政治、经济、军事、文化、教育、学术等方面的事件，均择要采摘收录。全书共收条目594个，计380千字。

　　《安徽历史大事典》编写的目的是：宣传安徽的历史文化，并供学习与研究安徽历史文化的学者、大学生、研究生、中学历史教师以及安徽历史爱好者查阅之用。写作要求是：以事为主、因事系人、客观叙述，以体现史学工具书的科学性、知识性、稳定性的特点。

　　《安徽历史大事典》按先秦、秦汉、魏晋南北朝、隋唐五代、宋元、明至清前期、近代几个时段来编排，各个时段内的条目按事件发生的时间先后来排列。采取这种编排方法，读者既可以对每一时段的事件有比较全面、综合的了解，还可以从中窥知历史发展的脉络。

　　《安徽历史大事典》时间跨度长、条目内容多，非几人之力所能完成，所以我们集合了安徽师范大学历史学院几十位同仁参加撰稿，并采取主编和分段主编负责制。在集体拟定条目后，由执笔的同志撰写初稿，交由分段主编核实润色，最后经主编修饰定稿。

　　《安徽历史大事典》的主编是李琳琦教授和刘道胜教授。

　　各分段主编依次是：

　　先秦部分：卢建英副教授；

　　秦汉部分：卢建英副教授；

　　魏晋南北朝部分：谭书龙博士；

隋唐五代部分：沈世培教授；

宋元部分：吴晓萍教授；

明至清前期部分：梁仁志教授、康健副研究员；

近代部分：王彦章副教授。

参加本书写作的有（各段均按姓氏笔画为序）：

先秦、秦汉部分：丁乐、李子豪、汪佳敏、吴娟、何彬彬；

魏晋南北朝部分：谭书龙、凌桂萍；

隋唐五代部分：叶丹、孙英杰、李兰兰、沈世培、曹探探、程洁；

宋元部分：王玉华、刘永、李智东、席丹丹、郭怡；

明至清前期部分：王漫漫、史贝贝、刘伟、张云龙、张旭、李慧芳、周伟义、徐腾飞、谷梦月、董家魁、翟自成；

近代部分：王帅、万红康丽、王彦章、安绍东、张嫣然、宫超、徐焕芹、曹阳。

《安徽历史大事典》的出版，得到了安徽师范大学历史学院和出版社的支持，编辑孙新文等同志在审阅校稿中投入了大量精力，在此，一并感谢！

《安徽历史大事典》编撰者谨识

2021年6月

总　目

凡　　例

一、本事典收自远古至新中国成立之前安徽的政治、经济、军事、文化、教育、学术等方面的历史事件，共594条。

二、本事典按先秦、秦汉、魏晋南北朝、隋唐五代、宋元、明至清前期、近代七个时段来编排；各个时段内的条目按事件发生的时间先后排列，思想文化类的条目排列于后。

三、本事典备有两套索引，即书前词条目录索引和书后笔画索引。书前词条目录索引基本按时间顺序和内容分类排列，书后笔画索引按词条第一字笔画数顺序编排。

四、本事典中古代部分的历史纪年一律用帝王纪年，在括号中注明公元纪年。

五、本事典中的数字，除历史纪年的年月日和引自史书记述的数字用大写外，一般采用阿拉伯数字书写。

词条目录

一 先 秦

二 秦 汉

(一)秦朝

(二)西汉

三 魏晋南北朝

(一)东汉末至三国

四　隋唐五代

五　宋　元

六 明至清前期

（一）明代

七 近 代

一　先秦

（一）原始社会

1.繁昌人字洞旧石器遗址之发现

人字洞遗址是目前发现的中国境内乃至欧亚大陆最早的旧石器遗址。人字洞遗址位于芜湖市繁昌区孙村镇癞痢山东南坡，由国家"九五"攀登计划"早期人类起源及环境背景研究"安徽课题组于1998年在野外调查中发现。因该地点堆积物地层剖面呈"人"字形，故取名为"人字洞"。中科院古脊椎动物与古人类研究所、安徽省博物馆等多家单位合作，先后组织7次系统发掘，共出土200多件石、骨质人工制品，以及大量的脊椎动物化石标本。石制品以小型居多，原料以铁矿石为主，主要器型为刮削器，加工方式多为锤击法，石器修理相当粗糙。骨器主要有骨片和骨铲。人字洞动物群由75种脊椎动物组成，具有明显的南北种群混合的特点。大量北方型草原哺乳类动物化石的出土表明，当时长江可能尚未形成，南北还有陆地通道。这一重大发现对研究长江的起源与发展也有重要意义。根据出土化石初步判定人字洞堆积物的地质年代为早更新世，古地磁测年为距今240万年—200万年。

2.有巢氏构木为巢

远古时期有巢氏教民架木为巢。有巢氏，简称"有巢"，号"大巢氏"，是人类原始巢居的发明人，巢居文化的开拓者。据《庄子·盗跖》

篇记载，在远古时期，人口稀少而禽兽众多，人类无法战胜禽兽，时常遭受侵害。有巢氏为了让人民摆脱禽兽的侵害，教民架木为巢而居，白天拾取橡栗，夜间在树上休息，共同居住，因此被称为"有巢氏之民"。据《韩非子·五蠹》记载，有巢氏在教民众构木为巢居住后，获得了民众的喜爱，被拥戴为王。这类传说反映了原始社会人类与恶劣的自然环境作艰苦斗争的群居生活。关于有巢氏传说发生地有多种说法，从先秦文献的"南巢""巢国"记载来看，有巢氏传说当与安徽关系密切。

3.和县猿人之生活

和县猿人化石是迄今为止在安徽乃至华东地区发现的最早的古人类化石。和县猿人遗址位于和县陶店乡汪家山龙潭洞，最早发现于1973年，1979—1981年，安徽省文物工作队、安徽省博物馆等多家单位先后组织4次发掘。和县猿人遗址出土大量脊椎动物化石，先后发现头盖骨1件、头骨碎片3件、桡骨1件、牙齿9枚等十几件古人类化石，其中头盖骨化石保存完好。这些化石属于3个以上的个体。根据牙齿的牙床、粗壮程度和表面细纹等特征，初步断定为旧石器早期直立人化石，所代表的人类可归属于猿人。经专家鉴定，龙潭洞发现的古人类头盖骨化石为我国目前唯一保存完好的猿人头盖骨化石。和县猿人似可视为与北京猿人的晚期代表相当，属新生代第四纪中更新世，距今三四十万年。和县猿人生存的自然环境比较干凉，凉暖、干湿波动不明显，较现代气候暖湿。其生活物资来源主要是狩猎和采集，鹿肉是主要食物。和县猿人已经掌握了工具制造技术，利用鹿角制造工具，制造的工具有石器、骨器和角器等，数量众多，类型丰富，并且和县猿人已经学会使用火。

4.巢县人之生活

20世纪80年代发现的巢县人遗址是安徽地区早期智人文化的代表。巢县人遗址发现于巢县岱山乡银山村旁的采石场，是一处裂隙洞穴遗址。1982—1986年，中科院古脊椎动物与古人类研究所、安徽省文物考古研究所等单位组织多次发掘，出土大量遗存。先后发现枕骨1件、上颌骨1件、牙齿8枚等古人类化石。这些古人类化石被命名为"巢县人"化石。巢县人化石的基本形态具有早期智人的典型特征，如枕骨骨壁较薄，曲度较直立人大，上颌骨鼻前棘发育等。学界根据化石特点认定巢县人应属于早期智人，其体质较北京人进步。巢县人的生存年代晚于和县猿人和北京猿人地点第4层堆积，属中更新世晚期，距今约二十万年。遗址出土大量伴生的哺乳动物化石。根据初步的种属判断，多数动物属于森林与多水地带的种类，且以生活在热带和亚热带地区的动物为主。由此推断，巢县人生活时期该地区是热带或亚热带气候，温暖湿润，气温与现在巢湖一带相当或略高；自然生态环境是草原和湖泊沼泽交错，与和县猿人生活时期的自然生态环境相当。巢县人的生产活动主要是采集、捕捞和狩猎，集体劳动，共同生活。

5.皖河旧石器地点之发现

皖河旧石器地点是安徽境内旧石器时期早期文化的代表。这些遗址位于潜山县和怀宁县境内的皖河两岸。1990—1992年调查发现5个地点，石制品多埋藏于皖河两岸二级阶地网纹红土和灰白色粉砂质黏土中。共采集200多件石制品，根据其形态特征可分为石核、石片、砍砸器、刮削器等。石器主要包括两种类型：一种是砾石工具类型，主要以砍砸器为主；一种是石片工具类型，主要以刮削器为主。石器加工技术主要是锤击法和砸击法。根据出土石器的特征分析，皖河旧石器地点出土石器的原料和类型都是安徽境内旧石器文化所特有的，细小的石片工具是其典型代表。

6.水阳江旧石器地点之发现

水阳江旧石器地点是皖南地区中更新世或稍晚阶段古人类文化的代表。1987—1988年，安徽省文物考古研究所在皖南地区进行田野调查时，在水阳江两岸及周边地区发现16个旧石器地点，被称为"水阳江旧石器地点群"。这些地点分布在沿河长70公里、宽20公里的范围内。其文化层的剖面结构与北方黄土相似，石制品多出土于原生地层，常伴砾石产生并相对集中。石制品的时代从旧石器早期延续到旧石器中期，地质年代为中更新世或稍晚。因此，地点群具有分布范围广、延续时代长的特点。最具代表性的地点是位于宣城市宣州区向阳乡的陈山遗址。这里石器出现的面积大，文化层堆积厚，采集石器标本1000多件。水阳江旧石器地点采集石制品原料主要为石英砂岩，少量为石英岩和硅质岩等。这与下覆砾石层岩性相符，说明石器是就地打制。制作方法以锤击法为主，少量石核和石片使用碰砧法制作。石器类型多样，有石片、石核、砍砸器、尖状器、石锥等，砍砸器数量最多，尖状器次之，球形器和石锥数量虽少，却很有特色。石器制作技术和加工技术简练实用，许多工具为一步制作成型，没有第二步修理的痕迹，大约三分之一的砍砸器由这种方法制成。球形器制作较精，圆度较高，有明显二次修理的痕迹。根据遗存特征分析，水阳江旧石器整体面貌属于我国南方旧石器时代普遍存在的砾石石器、砍器传统，石器普遍大而厚重，分布范围较广，特色鲜明，因此，考古学者将其命名为"水阳江文化"。

7.皖北新石器文化之兴起

新石器时代的皖北地区兴起了各具特色的史前文化。皖北新石器文化遗存众多，其中以石山子文化、大汶口文化、龙山文化等遗存为代表。石山子文化代表了目前所知皖北地区最早阶段的新石器文化，遗址主要分布于皖北地区的东北及淮河北岸，代表遗址有宿县小山口和古台寺下层、濉溪县石山子、淮南市小孙岗一期、凤台县峡山口、怀远县双堌堆、蚌埠市双墩等。出土有陶器、骨角器、蚌器等，石器数量少且制作粗糙，本地特征明显。大汶口文化代表了皖北地区新石器时代发展的第二个主要阶段，目前发现的遗址多属于大汶口文化中晚期遗存，代表遗址如富庄下层、后铁营、双堌堆、芦城子、尉迟寺、花甲寺、孟城和垓下等。文化遗存主要包括陶器、石器、骨器、蚌器等。成人墓葬多为长方形土坑竖穴墓，儿童墓流行瓮棺葬。居址建筑的典型特征是连间式排房建筑，连间数量不等。

龙山文化是皖北地区新石器时代晚期的代表类型，遗址数量众多，文化面貌复杂，受到河南龙山文化与山东龙山文化因素的双重影响。典型遗址包括富庄上层、尉迟寺、孟城等，遗迹主要包括房址、墓葬、灰坑、陶窑等，遗物以陶器、石器、骨器为多，制作精细。龙山文化代表了皖北原始社会发展的高级阶段，文化因素的复杂性说明皖北地区已逐渐被黄河文明所同化，成为中原文化圈的重要组成部分。

8.双墩文化之兴起

双墩文化是淮北地区时代较早的新石器文化类型。双墩文化主要分布在淮北地区南部至沿淮一带，向南则可能延伸至淮河以南。代表遗址主要有双墩、双古堆（下层）、峡山口，以及淮河以南的侯家寨（一期）等。双墩遗址位于蚌埠市北郊原吴郢乡（今小蚌埠镇）双墩村北侧，南距淮河约5公里，是一处台型新石器时代遗址。1985年发现，1986年进行小范围试掘。1991年春和1992年秋进行了两次发掘，前后共发掘375平方米。双墩遗址为斜坡状堆积地层，出土遗物十分丰富，以陶、石器为主。陶器多为陶片，完整器极少。陶质较硬，夹杂有蚌末、少量细砂和炭，泥质陶较少，陶色以红褐色为主，少量为红、黑、灰色。器表多素面，有少量戳刺、划纹等，并有极个别印纹陶片。陶器多錾、短圈足、牛鼻耳、乳丁等装饰，碗底有大量刻画符号。器型以釜、罐、鼎、钵、豆、碗、支架、器座、盖、甑等生活用具为主，炊器最多。器壁厚重粗糙，多为手制，较为原始。大量陶片上刻有各类陶符，共600多个，成为双墩遗存的一个典型特征。石器可分为磨制和打制两种：磨制石器数量少，多小型，磨制粗糙，器表多保留有打击斑和厚石皮，器型以石斧等为主；打制石器种类简单，主要是石核、石器和砺石等。石器特点可概括为数量少、器型小、制作粗糙、器类简单。遗址出土的蚌器数量很多，典型器物有蚌锯、蚌刀等，出土的骨、角器多是工具，器型有锥、针、凿等。

9.侯家寨遗址之发掘

侯家寨遗址是安徽境内江淮地区的一处新石器时代早期遗址。侯家寨遗址位于安徽省定远县七里塘乡袁庄村北，经^{14}C测定距今6900±130年。1985年和1986年，安徽省文物考古研究所先后两次对其进行发掘，发掘面积375平方米，遗址为台型，上层破坏严重。文化面貌属于双墩文化，出土器物主要是陶器、骨角器以及少量石器。陶器均为夹砂陶，完整的较少，陶器均为手制，器型以平底、圈足、把手、器耳等为主。陶器以素面为主，少数有堆纹、指甲纹等。生产工具发现较少，多是骨角器和石器。骨角器多为动物肢骨和鹿角，加工成形后抛光，制作精细，部分有切削痕迹。骨器有锥、针等，角器主要是鹿角勾形器。石器多为砂质岩，通体磨光，石器种类有长条形石锛、石臼、圆球形或椭圆形弹丸等。侯家寨下层文化层出土了大量的动物骨骼，种类丰富，以猪和鹿的骨骼为主。侯家寨遗址的发现与发掘，对研究安徽省江淮地区原始文化的源流，以及各文化类型之间的相互关系等问题具有极为重要的价值。

10.皖南新石器文化之发现

新石器时代的皖南地区依托主要水系形成了丰富的史前文化。皖南新石器文化分布区域主要集中在青弋江流域、新安江流域和长江南岸诸小流域。青弋江流域的新石器文化主要是在黄山以北地区沿江冲积平原和低山丘陵地区，如水阳江、青弋江、漳河等长江水系沿岸，主要包括宣城市、芜湖市、马鞍山市、铜陵市等地区，又称芜铜区，这一地区有四类原始文化遗存。第一类以芜湖市繁昌区缪墩遗址为代表，属于湖滨类型的原始文化，距今约7000年。陶器器型简单原始，胎厚质粗，出土石器磨制精细，形体较小。第二类以芜湖市蒋公山、莲塘等遗址为代表，距今约7000年。陶器以夹砂红陶和灰陶为主，部分为泥质红黄陶和夹砂黑胎陶，以素面为主，器型多样；石器均为磨制，有铲、斧、锛等。第三类文化遗存以芜湖市繁昌区洞山遗址为代表，距今约6000年。陶器以夹砂红陶为主，也有相当数量的泥质红陶和灰陶，以素面为主，少数有纹饰，器型多样；石器类型多样、规整。第四类文化遗存分布较广，遍布芜铜区，距今5000—4000年。陶器以红陶和灰黑陶为主，器型多样，如鼎、罐、盆等较多；石器数量与器型较多，制作粗糙，有较多的打击痕迹。新安江流域的新石器文化主要是在皖南部地区，目前发现的文化遗存主要分布于黄山市屯溪区下林塘及歙县新州、桐子山、下冯塘等遗址，距今5000—4000年，基本属于同一类型。陶器以夹砂红陶为主，也有部分夹砂褐陶和泥质灰陶等。陶器以素面为主，器型多样，鼎、豆、釜等类型均有。石器有斧、锛、刀、凿等，制作粗糙，类似打制石器。长江南岸诸小流域的新石器文化遗存的分布区域可分为平原与山区两种类型，距今5000—4500年。山区类型主要有黄山市黄山区蒋家山、青阳县中平遗址，平原类型如石台县沟汀、宁国市周家村等遗址。皖南新石器遗址多属于台型和山坡型，遗址面积多数较小，文化层浅薄。石器类型多样，既有大型工具，也有磨制精细的小型工具。陶器大多制作粗糙，质地疏松，以红陶为主，也有黑、灰、褐陶等，器型多样，富于变化。

11.薛家岗文化之兴起

薛家岗文化是安徽境内江淮地区新石器中期的文化。薛家岗遗址位于安徽省潜山市河镇乡永岗村，是一处面积约6万平方米的椭圆形台地遗址。1978年被发现，1979年以来先后进行6次发掘，出土大批具有地方特色的文化遗存，距今6000—5000年。主要遗迹包括3座房址和150座墓葬，出土有陶、石、玉等器物。薛家岗文化早期生产工具较少，仅见石斧、石锛和石镞等，石斧体形厚重，制作粗糙，外形不规整。陶器皆为手制，质地疏松，种类多，形式单调，主要是鼎、釜等炊器。中期生产工具数量有所增加，石铲、石锛和石凿的制作比较规范，磨制精细。陶器除手制外，部分器物有修整痕迹。生活器皿的用途开始出现分类。猪等家畜已经开始被饲养。纺轮多在女性墓出土，表明手工纺织业已经兴起，并且氏族内部已有男女性别的劳动分工。母子合葬墓的发现，表明当时处于母系氏族社会阶段。晚期出土大量的石斧、石铲、石刀等农具和石镞、网坠等渔猎工具，器型规范，通体磨光。穿孔技术大量应用，表明石器制作技术得到大幅度提高。陶器以灰陶为主，胎质均匀，形制规范，轮修技术大量应用。生产工具的进步推动了农业生产的发展，社会分工更加细致，商品交换和贫富分化开始出现。薛家岗三期文化墓葬的随葬品出现了多寡不均的现象，随葬品中生产工具多不是实用器，而是墓主人生前财富或权力的象征，表明薛家岗文化晚期已进入父系氏族社会。除薛家岗遗址外，类似遗址还有望江县汪洋庙、宿松县黄鳝嘴、潜山县天宁寨、太湖县王家墩，以及怀宁县黄龙、杨家嘴、孙家城等处，共同构成了薛家岗文化。

12.凌家滩文化之发现

凌家滩文化是安徽省江淮地区一支新石器时代晚期文化的代表。以凌家滩遗址为代表，以其为中心在半径约两公里的范围内分布着若干处大体同时期的聚落遗址和一处大型墓地，大量的出土物反映了凌家滩文化的基本特征。凌家滩遗址位于含山县城南约30公里处的长岗乡凌家滩村，是一处新石器时期的墓地。墓地中部偏东发现1处祭坛，东西宽30米，南北长约40米，面积约1200平方米，现存600平方米。从祭坛建筑情况看，至少经过两次修建和一次扩建或修补，在祭坛北部还有再次扩建和修补的痕迹，表明该祭坛使用时间较长且频繁。祭坛的形制和特征显示其应是凌家滩遗址中非常重要的一处宗教祭祀场所。该墓地墓葬分区明确，个体墓葬规模有一定差异，随葬品数量不等。按随葬品多寡可分为大型墓、中型墓和小型墓。大型墓墓坑较大，随葬品以玉器为主，种类丰富，数量众多。中型墓随葬品种类、数量与品质均较大型墓为次，但也发现一定数量的玉器。小型墓不仅位置较偏，且墓内几乎不见高规格的玉礼器，主要是简单的陶器、石器。凌家滩遗址的陶器多为泥质灰陶，夹细砂灰陶和泥质黄褐陶次之，还有部分夹细砂黄褐陶、泥质黑陶和夹砂红陶。陶器器型丰富，有鼎、豆、壶、尊等，纹饰以素面为主，其次为镂孔和弦纹。陶器制作以轮制为主，少量为模制和手制，陶胎较软，器壁较薄。玉器是目前遗址所见出土数量最多的遗存，品种丰富，器型精美，有玉璜、玉钺、玉人、玉龟、玉环、玉管、玉珠等。从玉器种类和分布情况看，凌家滩文化具有较为浓厚的宗教色彩，社会发展已产生明显的分层现象，贫富分化、社会等级明显。凌家滩墓地出土石器器型精美，做工考究，体现了当时石器生产工艺的进步。从出土遗存情况分析，凌家滩文化已处于父系氏族公社后期，社会开始向文明阶段迈进。

（二）夏商西周

1.鲧禹治水

远古时期鲧禹率民治理洪水之事。相传尧舜时期，华夏地区水患严重，洪水灾害给人民群众的生产生活造成了极大的危害。帝尧召开部落首领会议寻找治水之人，会议推选崇伯鲧主持治水。鲧采用筑造堤坝、围堵洪水的方法试图拦截洪水，但九年间治水均以失败告终，鲧因治水无功被杀。其子禹接替父亲主持治水。禹治水改堵为疏，先命令诸侯百姓了解地理形势，判定高山大川的位置，后采用疏通河道、开导阻滞的方式使洪水顺利流入大河，又利用地形储水供民使用。大禹治水有赖于东夷集团的帮助，他的得力助手伯益即淮夷首领。淮夷的重要部落有徐、群舒、钟离、涂山氏等。禹治水过程中与淮河流域部落涂山氏结为联盟，娶涂山氏女为妻，夏王启即为禹与涂山氏女之子。《尚书·禹贡》记载，禹"导淮自桐柏，东会于泗、沂，东入于海"，即利用淮河支流导洪水于淮，引水入海。安徽省怀远县一带流传着大禹开通荆、涂二山的传说。相传，荆山和涂山原来是相连的，因阻挡淮河水流，禹将其凿开而分为两座山。这些均说明安徽省的淮河流域是大禹治水的重要地区。大禹在外治水十余年，衣食简单，住所随意，三过家门而不入，不畏艰险，终于治水成功，变水患为水利，使人民安居乐业。禹也因治水之功得到百姓和诸侯的拥戴，被推举为舜的接班人。

2.禹会涂山

大禹治水成功后召集各部落首领大会涂山之事。大禹因治水有功而继舜位，成为新的部落联盟首领。为了巩固自己的地位，禹召集各部落首领大会于涂山。据《左传·哀公七年》载："禹合诸侯于涂山，执玉帛者万国。"各地前来参加大会的部落达万国，各部落首领以玉帛向禹朝贡，行臣服礼节，史称涂山之会。禹借此树威立信，确立了在夷夏众多部落中的统帅地位，标志着诸侯对禹的臣服。2007年中国社会科学院考古研究所安徽工作队在蚌埠市涂山南发现典型龙山文化时期的遗址，命名为"禹会遗址"。遗址南北长约2公里，东西宽约300米，总面积约为50万平方米。经过多次发掘，出土大量陶器、石器、骨器、蚌壳，以及红烧土层、灰坑等遗存。尤其是以遗址北部1处面积约2500平方米的巨大台基较为典型。台基西南部发现3处人工挖制的大型祭祀坑。坑中出土的高柄杯等多种小型高级陶器，器型规整，制作考究；而出土的鼎、盆等大型陶器则陶质疏松，制作粗糙。专家判断，多数大型陶器应不是日常生活所用，而应是专门的祭祀用器。综合各类遗存分析，禹会遗址应是一处礼仪性基址，主要用于祭祀。经^{14}C测年，遗址距今为4380—4140年。遗存性质及年代均与文献所载禹会涂山的历史相合，很可能便是此事件的重要证据。

3.皋陶作刑

上古时期皋陶制定刑法之事。在不同的文献资料中，皋陶也被称为咎陶或者咎繇。据《史记·五帝本纪》等史料记载，皋陶生于少昊之墟所在的曲阜，即今天的山东省曲阜市，因此他被认为是少昊的后裔。皋陶死于六、葬于六，皋陶墓在六。皋陶历经尧、舜、禹三代，在舜、禹两代被委以重任，功勋显赫。他的功勋主要是辅佐帝舜，总揽内外；主持制定"五刑"；辅助大禹，建立大功。其中皋陶主持制定"五刑"是最具代表性的功勋。史载，在舜时期，舜命皋陶制定刑法，用以惩罚反叛的部落首领或族众，皋陶因此制定五种刑法。关于五刑的具体内容有两种说法：一种认为五刑是墨、劓、剕、宫、大辟；另一种则认为是大刑用甲兵，其次用斧钺，中刑用刀锯，其次用钻凿，薄刑用鞭扑。皋陶通过创立五刑成为我国最早主持制定刑法者，是最早的大法官，被誉为中国司法之鼻祖。《史记·夏本纪》载："帝禹立……皋陶卒，封皋陶之后于英、六。"英、六位于今安徽省六安市。

4.夏桀之死

夏朝末期商汤大败夏师后，桀溃逃至南巢（在今巢湖市）而死之事。桀作为夏朝的最后一位国君，统治残暴，导致夷夏关系急剧恶化。据文献记载，夏桀为有效控制东夷诸部，在有仍氏召开诸侯大会，遇有缗氏叛乱。夏桀组织大军征讨导致天下离心，引发更大的叛乱。东夷商部落首领汤举兵伐桀。双方经过娀之战、郕之战和鸣条之战等多次交锋，最终夏桀大败于商汤，后逃至南巢而死。关于桀至南巢有不同记载，最早如《尚书·仲虺之诰》载"成汤放桀于南巢"，即夏桀战败后被流放至南巢；也有更多文献载夏桀战后逃往南巢，如《国语·鲁语》载"桀奔南巢"，最后死于南巢。

5.斗鸡台文化之发现

斗鸡台文化是安徽省江淮地区夏代文化的代表性遗址。斗鸡台文化大致分布在安徽省西北部淮河水系区，西至皖豫交界的史滠河流域，东到东淝河一带，主要在今寿县、霍邱县等地区。代表遗址主要有寿县斗鸡台与青莲寺、霍邱县红墩寺等，其中以斗鸡台遗址为典型，该文化也因此而得名。斗鸡台文化代表了安徽省江淮地区夏代的文化遗存，是本地土著文化与中原夏文化碰撞融合的结果。斗鸡台遗址位于寿县双桥镇西约3公里处，东距小郢村约410米，西距三十铺村约1公里。遗址是一处南北长100米、东西宽90米的长方形土墩，高3—4米。该遗址于1934年发现，1982年试掘。出土陶器主要是夹砂黑灰陶和夹砂褐陶，以素面为主，篮纹、绳纹数量较多，也有相当数量的方格纹和篦状堆纹，还发现有占卜遗迹和灰坑等。根据出土遗存特征，斗鸡台遗址被分为五期：第一期与豫东龙山文化面貌较接近，也包括部分山东龙山文化的因素，时代与之基本相当；第二期许多器物仍有龙山时代的风格，但在有些器物上发现二里头文化和岳石文化的因素，时代不晚于二里头文化早期；第三期是第二期的自然延续和发展，时代大致属二里头文化晚期；第四期和第三期基本衔接，与以郑州二里岗文化为代表的早商文化较为接近；第五期是西周早期的遗存，基本面貌和中原西周文化相同，地方特点居于次要位置。

6.东城都遗址之发掘

东城都遗址是安徽境内先秦时期的重要古城遗址。遗址位于六安市东约9公里，距皋陶墓北约2公里，北傍淠史杭总干渠南侧的河套地带。该城址原为长方形，现南北长310米，东西宽220米。因河流冲刷和开挖淠史杭总干渠，其东城墙已被破坏无存，实测南城墙和西城墙高9米。紧靠南城墙往南有一条长480米，高6.2米，人工夯筑的大堤，俗名"跑马埂"。埂两旁有两条小河由南城墙的两个缺口处流入城内，再由小高堰涵口穿过淠史杭总干渠。从《水经注》所载的"县都"，《括地志》所载的"东都"，《六安州志》所载的"东古城"，都证实这里曾是古城址。目前从城址地表暴露陶片观察，发现大量古代遗存，内涵极为丰富。经1982年和1983年北京大学历史系李伯谦和安徽省文物考古研究所、安徽省博物馆等有关人员考察，初步认为这个城址年代较早，当在新石器时代末至西周时代。此城址的发现与保护将为研究古文化提供宝贵的历史资料。近年来，史学界有关专家根据文献记载和考古遗存判断，此城址可能是《史记·夏本纪》载帝禹"封皋陶之后于英、六"的"六国"遗址。

7.商汤都亳

先商时期商族首领汤定都于亳之事。先商时期商族部落多次迁都，商汤时为追随先王帝喾，重回故地，定都于亳，并写成《帝诰》，以慰先人。汤定都亳之后，凭借此地优越的自然条件，招徕人才，增强实力，奋发图强，使商族势力进一步壮大。由东向西逐渐剪除夏族势力，最终以鸣条之战取夏而代之，在亳建立商朝，成为中国历史上继夏之后的第二个王朝。关于亳都的具体地理位置学界尚有争议，有北亳、西亳和南亳三种说法。北亳在今河南省商丘市北，又名景亳，是商汤与各路诸侯会盟伐夏之地。西亳在今河南省偃师市尸乡沟一带，目前在偃师发现商代早期城址，并发现城垣、道路、宫殿、居址等遗迹，出土石、陶、铜、玉等遗物，部分学者认为此处是商汤灭夏后的都城所在地。南亳在今商丘市南的谷熟集附近，位于当时孟诸泽畔，向南便到达安徽省亳州市一带。据《孟子·滕文公下》记载，商汤定都于亳，毗邻葛地，而葛地就在今河南省宁陵县，与南亳所在的谷熟集相距不远。因此，南亳很可能就是商汤定都的"亳"，今安徽省亳州市是其主要组成部分。豫东南、皖西北是商族的发迹地。相传，相土曾率部驾车东行至今淮北市境内一处山下，夯土围城，居留于此。故后人称山为"相山"，城为"相城"。相国是夏时安徽境内的重要方国。《诗经·商颂·长发》载："相土烈烈，海外有截。"讲的就是相土趁夏王对东方无力控制之机，以此为中心，把势力扩张到黄河下游的广大地区，并一度到达海边，同海外发生了联系。因此，南亳之说应更为可靠。

8.商征人方

商王朝后期大规模征伐人方之事。人方，也称作"夷方"，属于东夷部族。据学者考证，人方应属于夷族部落中的淮夷，主要活动于淮河流域的河南省永城市以南、淮河以北的浍河、沱河一带，即今安徽省亳州市、淮北市、宿州市等地。从甲骨卜辞看，商代时期双方关系总体还是比较密切的，与夷族通婚，赐人方爵命。武丁时期的卜辞表明当时的人方臣服于商，服从商朝号令。后期的卜辞显示帝乙和帝辛时期，商王朝曾经对人方进行过大规模的征伐。征伐持续时间很长，而且不止一次，十祀征人方往返共用260天，经历40多个地点，规模之大可以想见。甲骨卜辞中还出现过屠戮人方的内容。和以人方为代表的广大东夷部落的长期战争，加剧了商王朝人力、财力的消耗和社会矛盾，成为商王朝灭亡的重要原因之一。

9.大城墩文化类型之发现

大城墩文化类型是安徽省江淮地区夏商时期考古学文化遗存的重要组成部分。夏代大城墩文化类型主要分布在安徽省东南部巢湖市和滁州市一带，代表遗址主要有含山县大城墩与清溪中学、肥东县吴大墩等。出土遗存包括陶器、石器等，个别遗址发现铜器。陶器以夹砂灰陶为主，夹砂红陶次之，还有一定数量的磨光黑陶和白陶等，器类主要有鼎、豆、杯、瓢、瓮、缸等。陶器纹饰以细密绳纹为主，还有弦纹、附加堆纹、篮纹等。商代大城墩文化类型包含整个安徽省江淮地区，代表遗址主要有含山县大城墩与孙家岗、六安市众德寺、寿县斗鸡台、霍邱县红墩寺、肥西县大墩子等。陶器以灰陶居多，纹饰以绳纹为主，还有一定数量的篮纹。以鬲为主要炊器，并兼用深腹罐、甗等。与中原地区相比，江淮地区的大城墩文化类型既有代表地方特色的本土文化，也有明显的中原文化因素。大城墩文化类型的发现，为研究江淮地区古文化的特征、中原地区和南方地区古文化的交流与发展、探索淮夷文化等问题，提供了一批珍贵的实物资料。

10.周征淮夷

西周时期周人多次大规模征伐淮夷叛乱之事。淮夷，是对活动在淮河流域土著夷族的统称，其主要活动在今安徽、江苏、河南、山东四省黄淮之间和江淮之间的广大地区。西周时，淮夷叛服无常，不仅对周王朝控制东国和南国影响巨大，还动摇了王朝本身的统治。成王时期，武庚纠集东方徐奄部落叛乱，周公旦亲率大军经三年艰苦战争才得以平定叛乱。穆王时，淮夷的力量再次壮大，趁穆王西征之际发动叛乱。张华《博物志》卷八引《徐偃王志》记载，此次叛乱是以徐夷首领为盟主。徐夷又作徐戎、徐方，嬴姓诸侯国，在今安徽省东北部和江苏省西北部。西周初，为东夷联盟中最强大者。春秋时，仍为江淮间强国，齐桓公曾与之联合抗楚。徐夷联合南方和东方其他夷人的大规模反抗，曾一度迫使穆王承认徐偃王为东南各族盟主。后穆王联合南方楚国对抗徐夷成功，并大会诸侯于涂山，借以巩固胜利，加强对江淮流域的控制。宋代出土的《敔簋》记载，到厉王时，以徐为首的淮夷大举西进，战火一直蔓延到洛水流域。周王命令一个叫敔的贵族率军迎战，在上洛和伊水上游两次打败淮夷，夺回被俘周人。这表明淮夷一度颇为强盛，西进已达周室腹里。周征淮夷的过程在客观上促进了中原与东方夷族的文化交流，为后世的文化统一、中原文化圈的扩张奠定了基础。

11. 钓鱼台遗址之发掘

钓鱼台遗址是安徽境内一处龙山文化晚期至商周时期的聚落遗址。钓鱼台遗址，又称"东钓鱼台"，位于亳州市城东20公里的钓鱼台村涡河北岸。1955年安徽省博物馆筹备处协同亳州县文物部门对其进行试掘，20世纪80年代由蚌埠市博物馆组织进一步发掘，对遗址基本状况、文化内涵有了初步了解。遗址呈灰黑色土丘状，土质松软，比地面高出2米，面积约2500平方米。遗址文化内涵丰富，分为早晚两期，早期为龙山文化堆积，晚期为商周文化堆积。出土遗存以陶器和石器为主，伴出一定数量的鹿角兽骨和红烧土块等。陶器分为夹砂和泥质两种，以灰陶为主，器型主要包括鬲、鼎、盆、罐、纺轮等，纹饰有粗绳纹、网纹、方格纹、篮纹等。石器主要有斧、刀、锛等。在一件保存完好的周代陶鬲中，还发现了一定数量的碳化小麦，经中国科学院有关单位研究后命名为"中国古小麦"，这为研究当时的社会生产力水平和耕作方式提供了宝贵的资料。该遗址在1965年被列入第一批安徽省重点文物保护单位名单，1981年重新被列为省级重点文物保护单位。

12. 皖南铜矿采冶之兴起

商周时期皖南地区大规模开采冶炼铜矿之事。皖南沿江地区铜铁资源非常丰富，铜矿采冶活动早在商周时期就已兴起，在周代得到较大发展，一直延续至汉唐，兴盛不衰。目前明确的铜矿遗址已愈百处，主要分布在长江南岸的南陵县、铜陵市、芜湖市繁昌区、青阳县、泾县、池州市等地。铜矿遗址按照具体功能可划分成采矿、冶炼和铸造三种类型，其中以采矿和冶炼类的遗址为主。皖南地区的南陵县、铜陵市两地的遗址分布最为密集，形成大工山、狮子山、凤凰山、铜官山等大规模采冶中心，采冶中心周围又存在小型遗址，从而形成铜矿采冶遗址群。遗址大多坐落于低山丘陵地区，也有少数遗址分布于山间盆地的土台上。根据遗址内的遗存特点可知，当时的生产模式大多是山上采矿、山下冶炼，在遗址附近均发现早期的采矿井巷和木支护棚架。炼铜遗址的面积一般为数千到上万平方米，红烧土残炉壁、炼铜废渣随处可见。铜陵市木鱼山遗址发现的西周早期冰铜锭，表明皖南是我国最早使用硫化铜矿冶炼技术的地区。硫化铜矿炼铜技术的出现，解决了原生矿物的焙烧、熔炼问题，保证了矿冶生产的持续性，这在冶铜技术方面大大优于氧化铜炼铜。出土于皖南地区的各式青铜器，也从侧面佐证了皖南地区古代青铜铸造业的发达，历史上著名的"江南铜""丹阳铜"就产于此地，魏晋至隋唐时期盛极一时的"梅根冶"故地也在此。

13.牯牛山城址之发掘

牯牛山城址是长江中下游地区一处商周时期的遗址。该遗址位于南陵县石铺乡先进村境内。城址东西长约750米，南北宽约900米，总面积近70万平方米，文化层厚2—3米，文化内涵非常丰富。城址外围有一条古水道，该水道应为当时的护城河，水道宽20—30米。城址北半部由5个高台地组成，台地之间用水道隔开，形成相互独立之势。最北端分布的1、2、3号台地的堆积情况相对复杂，有较多灰坑、灰层及红烧土堆，该区域可能以生产活动为主；靠内侧的4、5号台地，分布了大范围的红烧土，还伴有夯土遗迹，其性质可能以居住生活为主。城址南半部是平地，文化层深度在0.5米以内，包含物较少。城址的西南角和东南角各有一个小土台，面积约100平方米。城址内已采集的文物和标本有扁平穿孔石斧、石杵、小铜锭、青铜镞，以及几何印纹陶片、夹砂陶炊器残片、原始青瓷片等，可以辨别的器物有鼎、鬲、斗、罐、瓮、盅等。该城址与江苏省淹城的建造方式类似，属水城性质，带有典型的南方特色。距城址西南1公里处是千峰山土墩墓群，距城址以西20公里处是大工山古铜矿遗址群分布的中心地带。通过对比三大遗址出土的器物，发现同一类器物的造型、纹饰、质地、特征完全一致，表明三大遗址为同一时期、同一区域范围。牯牛山城址是皖南地区目前保存最好的早期古城遗址，对皖南古文化的研究具有重要意义。

14. 襄安白鹤观遗址之发现

白鹤观遗址是20世纪80年代发现的一处商周遗址。该遗址位于无为市襄安镇东南角的一个高土台上，1983年3月由原巢湖地区文物管理所和原无为县文化局联合考古发现，遗址主要遗存属商周时期。因唐代曾在此处修建白鹤观，故命名为"白鹤观遗址"。遗址文化内涵丰富，以石器、陶器为主，还出土有大量蚌壳、兽牙等动物遗存。陶器以灰陶为主，也有红陶、黑陶。陶质以夹砂陶为主，泥质陶次之，并出土有一定数量的印纹硬陶，部分硬陶施釉。纹饰常见绳纹，粗细不一，其次为附加堆纹、捏窝纹、弦纹、重菱形纹、方格网纹，少量陶器为素面。器型主要有鼎、鬲、罐、盘、碗、瓿等。石器有磨制精细的圆柄菱形石箭头。据遗址出土物分析，白鹤观遗址是一处典型的商周时期聚落遗址，厚达20厘米的蚌壳螺蛳壳层和石箭头，反映这一文化的创造者是一个以渔猎为生的原始部落。遗址的发现对研究长江故道的变迁有着重要意义。乾隆《无为州志》记载，秦汉以前长江的位置在襄安城下，如果对遗址周围的地理环境加以研究，将有助于解决这一问题。遗址也为薛家岗文化和夏商周时期南巢地望等问题的研究提供了非常珍贵的实物资料。

15. 皖南土墩墓之发现

皖南地区发现的土墩墓是西周至春秋时期皖南地区吴越民族的特殊墓葬形式。这种墓葬在皖南地区的芜湖市繁昌区、南陵县、青阳县、郎溪县等地的丘陵岗坡均有分布。皖南地区土墩墓的调查与发掘工作始于1959年。1996—1998年，文物部门借助遥感技术在南陵县境内对土墩墓进行了初步的探查，发现南陵县土墩墓大致分布在漳河及其支流附近，发现千峰山、吴家大山、九龙凸、戴家汇等土墩墓群23处，确认现存土墩墓3019座。大型墓群如千峰山、九龙凸、万牛山等，绵延数公里，有数百乃至上千座墓葬。土墩墓的地理分布可分为两类：一类墓葬在冈峦上，沿着山坡自然倾斜，排列有序，鳞次栉比；另一类是分布在平地高岗上，沿地势凸凹不平垒筑一行行土墩墓。山脊上的墓个体较大，山坡和山脚地带的则较小，并且为集群分布。土墩墓埋葬形制多是堆土葬，即将墓底铲平、不挖墓坑、就地取封土，无夯筑层次。如南陵县的千峰山土墩墓群现存古墓995座，分布面积约13平方公里，基本是一墩一墓，也有一墩多墓，不见棺木葬具及人骨痕迹。随葬品放置在墓地中心，主要有陶炊器、印纹硬陶，原始青瓷器、青铜器以及采矿、炼铜的生产工具等。万牛山土墩墓群位于芜湖市繁昌区东南，面积约6平方公里，和千峰山土墩墓的埋葬形制相似，即一墩一墓。出土文物有印纹硬陶罐、瓿、纺轮，原始青瓷豆、罐，青铜盖罐、鼎、剑等。皖南地区土墩墓群的发现，为研究吴越文化提供了珍贵的资料。

（三）春秋战国

1.古皖国兴亡

先秦时期皖国兴亡之事。皖国，又作皖，据《路史·国名记》记载是少昊之后偃姓国，为咎繇（即皋陶）后裔所建。据《潜山县志》记载，周天子为嘉奖皖伯大夫的功劳，赏赐封地，其辖区被称为"皖国"，位居伯爵。舒州的怀宁县有皖故城、皖公山、皖伯庙等。《宋书·州郡志》记载，晋安帝在旧皖城设置怀宁县；《太平寰宇记》记载，怀宁县的皖公祠在县西；《舆地志》记载，皖公山神在县治西北20里，是周大夫皖伯之神。据以上记载，怀宁境内的皖故城、皖公山、皖伯庙、皖公祠等皆在今潜山县境内，加之据《安徽省志》记载："今潜山县城是为古皖国都邑。"故古皖国以今潜山县为中心。据潜山县出土的商代西周青铜器以及潜山黄岭春秋墓出土的青铜器推断，皖族自夏商时期迁居于此，西周初年皖伯受封为大夫。根据青铜器的形制和特征可知，古皖国与中原商周王朝往来频繁。后皖国虽在春秋早期被楚所灭，但"皖"之名一直沿用至今。安徽省简称皖，现安徽境内又可划分为皖北、皖南等；加之今潜山、怀宁一带的皖公山、皖河、皖伯台、皖口镇等皆为此证明。

2.钟离国之兴灭

春秋时期钟离国兴亡之事。钟离国又称钟离子国，《史记·秦本纪》

作"终黎"，嬴姓之国。古为东夷氏族方国，为徐国的别封。随着宗主国南迁，定居淮滨，在今凤阳县临淮关镇东3公里处立国。据出土铜器铭文，先秦时名"童丽"，秦汉以后写作"钟离"。《汉书·地理志》九江郡属县有"钟离"，颜师古注："应劭曰：钟离子国。"《括地志》以来史地书言其故城在濠州即钟离城，今安徽省凤阳县城东仍有钟离城故址。凤阳县及以北不远淮河北岸曾发现两座形制相近大小不等的春秋古墓，出土的铜器编钟上都有铭文"童丽"，学者考证为"钟离"，这足以说明钟离在凤阳县一带。钟离国在当时是南北方交流的重要通道，多次诸侯大会都在此地举行。成公十五年（前576），晋率齐、鲁、宋、卫、郑、邾等诸国大夫会吴于钟离，共商讨楚办法。春秋中期以后，吴、楚在江淮地区争夺激烈，钟离成为两国争夺的前沿，经常易手，楚强则归楚，吴胜则属吴。据《左传》载，楚于鲁昭公四年（前538）派"箴尹宜咎城钟离以备吴"，成为楚邑。宋伯宗仕晋，为三郤所杀，子州黎奔楚，食于钟离。这个宋国后裔所建钟离采邑为楚附庸。鲁昭公二十四年（前518）吴楚交战，吴国趁机灭钟离，成为吴邑。楚国曾将一部分钟离人迁于汉阳，筑钟离城让其居住，今武汉市汉阳区五里墩有钟离城即来源于此。还有部分钟离国人，可能被吴迁往江东，所以汉代山阴有大姓钟离氏。

3.钟离国君墓之发掘（蚌埠双墩一号墓）

蚌埠双墩一号墓是春秋时期古钟离国国君柏之墓。该墓葬位于安徽省蚌埠市双墩村境内，南距淮河3公里。安徽省文物考古研究所、蚌埠市博物馆于2006年12月至2008年8月对双墩一号墓进行连续发掘。墓葬是一座地表覆盖大型封土的圆形竖穴土坑墓，墓葬主要由封土、墓坑和墓道三部分组成。封土堆呈馒头型，底大顶小，底径60米、高9米，封土结构为堆筑，具有早期建筑特征，是目前淮河流域见到的时代最早的墓葬封土堆之一。墓道呈短阶梯式，墓葬坑深底大，圆形墓底直径近14米。墓底为"十"字形埋葬布局，主棺室在墓底部居中略偏北，主椁室的东、西和北侧分别殉葬3人，南侧殉葬1人。紧临南侧殉人的是一个放置随葬器物的大椁室，即南椁室。在墓坑填土中发现有20条用深浅不同的五色填土构成的"放射线形状"遗迹，放射线居中呈扇面形状向四周辐射。此外还发现了"土丘与土偶"以及"土偶墙"等十分特殊的遗迹。墓葬内的随葬器物十分丰富，主要放置于南椁室的器物箱内，达400多件，包括铜器、彩绘陶器、石器、玉器、几何印纹硬陶、金箔饰件等，箱内还发现2200余件"土偶"以及因腐朽无法记数的漆木器。墓中出土的青铜器上发现"童丽君柏""童丽公柏"等铭文，铭文中的"童丽"即钟离，即周代的钟离国。从出土铜器的铭文来看，墓葬的主人应该是一位名叫柏的钟离国君。

4.管仲相齐

春秋时期颍上人管仲为齐国相，大兴改革助齐富强之事。管仲，名夷吾，姬姓之后，颍上人，是春秋时期齐国的政治家。鲍叔牙，也称鲍子，姒姓之后，是春秋时期齐国大夫，以知人著称。管仲早年家境贫苦，与鲍叔牙交善，合资经商，颇受鲍叔牙照顾。后齐国内乱，管仲与鲍叔牙分别辅佐公子纠和公子小白，并各自逃至鲁和莒。齐襄公被杀后，公子纠和公子小白在争夺君位的政变中，公子纠失败，管仲也被鲁庄公囚禁。公子小白继位，即齐桓公。经鲍叔牙全力营救，管仲被遣返齐国，桓公欲杀之。鲍叔牙深知其治国之才，一面辞谢桓公任其为相之命，同时竭力推荐管仲为相。桓公不计管仲箭射其衣带钩之旧仇，委以重任，任管仲为相。管仲自此对齐国的政治、经济、军事、法制进行一系列改革，整顿行政、选拔人才；发展农业，重视工商业，把"富民"放在首位；军民结合，昌明法制，使齐国国富兵强，为齐桓公称霸奠定基础。管鲍之交自此也成为千古佳话，用以形容朋友间彼此信任的关系。

5.管仲与《管子》

春秋时期政治家管仲助齐国改革，其主要思想与治国方略集成于《管子》一书。管仲（前730—前645），名夷吾，字仲，谥敬，颍上人，是春秋初期杰出的政治家、哲学家及军事家。管仲少时家境贫困，为谋生做过许多低贱职业，积攒了丰富的社会经验。管仲在齐桓公即位时经挚友鲍叔牙推荐被任用为相，积极改革内政。齐国在管仲主持下实施了一系列富国强兵的改革措施。在政治体制上，"叁其国而伍其鄙"；在经济上，实行"相地而衰征"的政策；在军事上，本着"作内政而寄军令"的原则，建立了一套军政合一的军事体制；在社会管理上，提出"四民分业定居的理论"。齐国通过管仲的改革，国力大振，齐桓公也因此成为春秋时第一个霸主。管子的主要思想和治国方略见于《管子》一书，《管子》共24卷，原86篇，今存76篇。《管子》内容丰富，包含道、儒、法、名、兵等家的思想，以及天文、历数、舆地、经济和农业等方面的知识，其中《轻重》等篇是我国古代典籍中涉及经济问题较多的篇章，对生产、分配、交易、消费、货币和财政等均有所阐述，为我国先秦农业和经济的研究提供了珍贵的资料。

6.徐人取舒

春秋时期淮河流域的徐国向南扩张吞并舒国之事。舒国在今安徽省庐江县和舒城县之间，部落繁多，有舒蓼、舒庸、舒鸠、舒鲍等，总称群舒，为偃姓诸国，传说为皋陶后裔。古文字徐和舒本是一字，后一分为二，即徐与舒。齐桓公称霸时期，楚国逐渐强大，在楚穆王、楚庄王时期，楚国势力已经深入江淮流域。徐国为了与楚国相抗，不断扩大自身势力，逐步控制包括群舒在内的淮河流域和江淮之间的区域。据《史记》载，在这一时期，朝见徐国者达36国，可见徐国在此时国势强盛，徐国势力或已扩大至汉水以东。前657年，徐国为抗衡楚国，遂兼并群舒，并拉拢淮河上游的一些夷族国家，实力大增。但与此同时，徐舒也成为齐楚争夺的对象，最终难逃被吞并的命运。

7.萧国附宋

春秋时期萧国依靠宋国封国复国之事。萧国为殷民所建方国，子姓，侯爵。城址在今安徽省萧县城北5公里的郭庄乡欧村西北。据《左传》记载，庄公十二年（前682），宋闵公带领宋大夫宋万外出游猎时发生争执。宋闵公对宋万在鲁国做过俘虏之事加以取笑，宋万大怒，将闵公打死于蒙泽。由此引发宋国内乱，宋国诸公子多数逃往萧。宋国公族子弟萧邑大夫萧大心联合诸公子成立新军击杀宋万和宋国新君游，立御说为君，是为宋桓公。萧大心因在此次平乱中有功，故宋桓公将萧邑提升为萧国，为宋之附庸。宣公十二年（前597）冬，楚国伐萧，萧人囚熊相宜僚及公子丙，后杀之。楚王大怒，攻打萧国。宋、蔡救不及，萧国灭亡。后萧国复国，但仍为宋之附庸，直至宋亡。

8. 楚国东扩

春秋时期楚国向东扩张之事。前637年，楚国率师讨伐陈国，随即攻取焦地与夷地。焦、夷是陈国东部的重要城邑，其战略位置十分重要。楚国占领后使其成为向东发展的重要军事据点。楚穆王四年（前622），六国（在今六安市）因背叛楚国亲近东夷诸国而后被楚所灭，不久楚公子燮又率军灭蓼国，六、蓼两国自此皆为楚邑。前615年，楚国因属国群舒（在今舒城县、庐江县境内）背叛，遂立即讨伐群舒。楚令尹成嘉率军平定，并俘虏舒国（在今庐江县西南）和宗国首领，舒国成为楚邑。前512年，徐公子率领部分族众去往楚国，得到楚国封地（在今皖北地区），以图抗吴，吴国伐徐，徐国灭亡。一时间江淮间诸方国先后沦为楚邑，成为楚国管辖的一部分，也被称为"楚之东国"，楚国的势力进一步扩大。

9. 楚修芍陂

楚庄王时期楚相孙叔敖主持修建芍陂之事。芍陂位于今安徽省寿县，现名"安丰塘"，中国古代四大水利工程之一，也是我国最古老的大型水利灌溉工程。孙叔敖，姓芍，名敖，字孙叔，春秋楚国人。前613年，楚庄王继位，为争夺霸业，选任贤能。据《淮南子》记载，孙叔敖改修河道，引水灌溉良田，提高粮食产量，被庄王赏识并任命为令尹。在担任令尹期间，孙叔敖协助楚庄王内修政务，外盟吴、越等国，发展生产，为其兴建大型水利工程提供条件。之后孙叔敖选取地处大别山区与淮北平原过渡地带的寿春营造芍陂，筑堤蓄水。选址是综合考虑了南高北低的地形、汛期陂塘的安全度、淝河水系的互通调蓄，以及农田灌溉情况等多种因素而最终确定的。芍陂建成以后，促进了寿春一带的经济发展，寿春成为楚国的粮库，为楚庄王以后北进中原、成就霸业奠定了坚实的物质基础。为感戴孙叔敖的恩德，后人在芍陂等地建祠立碑，称颂和纪念他的历史功绩。在迄今2600多年的历史中，芍陂始终在不同程度地发挥着他的灌溉功能，为兴农富民作出了一定贡献，也为后人留下了宝贵的历史文化遗产。1988年1月，国务院确定安丰塘（芍陂）为全国重点文物保护单位。

10. 宋都相城

宋共公时期宋国遭楚进攻而迁都相城之事。"相"与"宋"，上古二字双声叠韵，"相城"实即"宋城"，因其处于"俗都"或"下都"之地位，故名"相"或"相城"。春秋初期，宋国开始发展。春秋中期以后，楚宋两国接壤，兼并战争不断。宋国不断向东、向南开疆拓土，版图不断扩大，而宋之西北与三晋相近。宋在地理位置上处于中原与南方的交通要道，阻碍楚国东扩，进而遭受吴楚的进攻和打压。前595年，楚围宋城，至第二年（前594），宋人易子而食，城破不堪。宋共公时（前588—前576），宋都睢阳遭楚人攻略毁坏，继而迁都至相城，兼以避敌。睢水为宋之国脉，由此宋人沿睢水东南可保于相城，相城在宋国腹心之地，东、西、南三面环绕低山丘陵，地势险要，非常适合建都。另，商族先祖相土曾建城于相山南麓并居此，故相城乃相土旧都。宋为殷人后裔所建，居先祖故都也合常情。至今淮北还有宋共公之妃伯姬之墓，成为宋迁都相城的佐证。

11. 吴楚鸠兹、衡山之战

春秋中期楚人东进伐吴，先后与吴兵大战于鸠兹（在今芜湖市东南）、衡山（在今当涂县东北）之事。据史料记载，鲁襄公三年（前570）春，楚令尹子重奉命伐吴。子重派大将邓廖率领由300名组甲兵和3000名被练兵组成的先锋精锐部队一举攻占鸠兹，初战告捷。而后楚军又率先到达衡山，准备继续东进攻吴。衡山一战楚兵遭吴军埋伏，邓廖的先锋部队被拦腰切断，迅速溃败，邓廖被俘。此战楚军损失惨重，只有80名组甲兵和300名被练兵侥幸逃脱。主帅子重回国后以鸠兹之胜于太庙中饮酒庆贺。三日后，吴军伐楚，攻占楚国东部边陲重镇驾邑（在今无为市境内）。这场战役不仅使楚国损失战略要地，还失去一员大将，由此子重受到朝野上下的谴责，最终抑郁而终。鸠兹衡山之战中吴国战胜长江中上游的大国楚，使吴国声势大振，从此拉开吴楚之战的更大帷幕，标志着吴楚抗衡争霸的正式开始。

12.吴楚庸浦之战

春秋中期吴国趁楚国国丧举兵攻楚之事。春秋中期，晋吴联合抗楚，吴国不断吞并楚国方国，版图不断扩大。据《左传·襄公十三年》记载，前561年，吴王寿梦逝世；前560年，楚共王逝世。吴国在楚国国丧期未满之际趁机向其发难，双方对阵于庸浦（在今无为市西南）。楚王派司马子庚、大夫养由基率军应战。利用吴军轻敌、疏于防备的心理，楚军决定在庸浦附近设置三处伏兵。子庚率一部兵力与吴军正面交锋，诱敌深入，吴军尾随其后至庸浦。待吴军进入伏击区，楚兵主力突然出现。吴军仓促应战又遭楚军诱诈，结果溃败而逃，公子党被俘。战败之后的吴国向晋国求援共同伐楚，但晋国坚守底线不在楚国丧期开战。这也从侧面说明，西周以来形成的传统德治伦理思想，在春秋争霸的环境中对各诸侯国仍具有一定的约束力。

13.楚灵王淮北迁国

楚灵王在位期间（前540—前529）针对淮北势力曾进行三次大规模迁国移民。总览三次迁国，其迁出地大致集中于淮河以北的汝颍河中下游流域，迁入地集中于襄宜平原及其西北的山区。淮北汝颍地区为黄淮平原的一部分，伏牛、外方等山脉以下即为平原，为楚国移民提供了优越的自然地理条件。三次迁国移民的具体情况为：鲁昭公九年（前533），先后将许迁到夷，将夷人迁到陈；鲁昭公十一年（前531），楚诱杀蔡灵侯于申，使公子弃疾为蔡公，并将淮域属楚的许、沈、胡、申、道、房等小国，一并迁至楚之内地的荆山附近。楚灵王在汝、颍、淮北一带所进行的一系列迁国移民行动，主要是面对吴国势力日益强盛而采取的应对措施，目的在于清除这一地区的不稳定因素，打乱这一地区旧的血族体系，以加快该地区的楚化进程。

14.楚吴鹊岸之战

楚灵王时期楚联合多国伐吴，于鹊岸（在今无为市南至铜陵市北沿长江北岸一带）兵败于吴之事。据史料记载，楚灵王三年（前538）冬，吴王余祭率兵讨伐楚国，先后攻下棘、栎、麻等楚邑。为防御吴军，楚在钟离、巢、州来（今凤台县）等地筑城据守。楚灵王四年（前537）十月，为报吴国夺地之仇，楚国联合蔡、陈、许、徐、越等国伐吴。楚灵王令太宰蘧启强率军东进，与蘧启强之侄蘧射的繁扬军会师夏汭（今凤台县西南），越国派大夫常寿过率领越军与楚军会师于琐（今霍邱县东），同时向吴国发起进攻。此时吴军在国相屈狐庸的指挥下，早已做好应战准备，诱敌深入，包抄作战，最终在鹊岸伏击、战胜楚国联军。这场战役是以楚国为主的多国联军，在吴王寿梦去世之后与吴军为争夺长江流域的控制权而发动的战争，最终以失败告终。这是继鸠兹、衡山之战后吴国势力进一步壮大的彰显。

15.楚越联盟

春秋中后期楚越多次联合抗吴之事。前601年，楚在群舒之地的滑汭与越会盟，之后越国多次主动联合楚国攻打吴国。前537年及前518年，越国两次出兵助楚，但并未开辟南方战场使吴国两面受敌，而仅仅是参加正面联军。楚平王十一年（前518），越国大夫胥犴到豫章慰劳楚军，越国公子仓赠舟与楚军，楚越遂联合攻打吴国。兵抵圉阳（在今巢湖市一带），见吴军有所准备，楚越军便返回，但未料吴军尾随其后，趁楚不备，灭掉楚国的附属国巢国和钟离。综合多次楚越联盟的情况来看，楚越之间的联系主要沿新安江至皖南地区，越黟山（今黄山）到达鄱阳湖东，再北上至古九江一带过江，进入江淮之间。

16.楚吴长岸之战

楚平王时期楚人举兵攻吴，双方会战于长岸（在今当涂县西南长江沿岸一带）之事。据史料记载，楚平王四年（前525），楚王命令令尹阳匄和司马子鱼（公子舫）率领舟师大举进攻吴国。吴王僚派公子光率军迎战，双方会战于长岸。据《左传》记载，战前楚国令尹阳匄命人对战事进行占卜，结果为"凶"。阳匄不解，认为楚军占"地利"优势，不可能"不吉"，要求重新占卜。二次占卜的结果显示，"由司马子鱼为先锋，大部队尾随其后"则会取胜。楚军按占卜所指排兵布阵，但司马子鱼不幸战死，而后楚军增援，最终大败吴军，俘获吴王乘舟"艅艎"，且由专人严格看守。后公子光采取里应外合之计大败楚师，成功夺回"艅艎"之舟，取得长岸之战的最后胜利。此时吴楚相争已从淮北绵延至长江，城父—州来—长岸一线构成吴楚争夺的前沿地带。长岸之战是我国最早的编队水战，同时也标志着中国战争形式和战术运用的重大进步。

17.吴国灭巢

春秋时期吴国趁楚不备攻破巢国之事。自春秋中期始，吴国兴起并逐渐发展，与楚争夺江淮流域的控制权。巢处于吴楚势力的交错地带，吴楚争霸之际，巢国因处于夹缝中不断遭受邻国蚕食。据《左传》记载，前584年，吴国开始讨伐楚国、巢国。直到楚平王十一年（前518），楚平王一心想雪鸡父之战之耻，遂不顾右司马沈尹戍劝阻，准备讨伐吴国。此时的越国大夫胥犴在豫章江边慰劳楚军，越公子仓赠舟与楚军，楚越遂联合攻打吴国，兵抵圉阳时见吴军有所准备，便率军返回。未料吴军尾随其

后，趁楚不备，灭掉楚的两个附属国即巢国和钟离。自此，吴楚争夺中双方形势发生转折，吴国进入战略进攻阶段，楚国转入防守阶段。

18.吴国灭徐

春秋后期吴国引泗水淹徐致其亡国之事。徐，古文献又作"徐方""徐夷"等，属淮夷部落。春秋时，徐国主要控制今淮河下游的苏北、皖东北地区。春秋时期，诸侯争霸，战乱频仍，徐国因地处齐、楚、吴三大强国包围之中，左右摇摆，夹缝求生。虽一度取舒，依然无法改变国势日颓的事实，每每成为大国争夺、攻占的对象。据史料记载，前516年，楚平王去世，吴国借机攻楚，公子掩馀、公子烛庸率师围潜。此地是楚越联系的重要通道，故楚国派大军从外围包抄吴军。吴公子光趁机在国内叛乱，刺杀吴王僚自立为王，是为吴王阖闾。前线作战的吴军主帅公子掩馀被迫投奔吴国北部属国徐，公子烛庸逃至钟吾。吴王阖闾令徐国、钟吾逮捕公子掩馀和公子烛庸。迫于压力，公子掩馀逃至楚，楚昭王厚待有加，赐封地并派兵保护，欲借机对付吴国。吴王怒，于前512年伐徐，引泗水淹徐，致徐亡国。徐君章禹率部分族众逃亡至楚，迁族人于今皖北阜阳至亳州一带，成为楚国附庸，徐国之地被吴、楚瓜分。

19.蔡迁州来

春秋末年蔡国在吴国助力下迁都于州来（今凤台县）之事。蔡国源于蔡叔度，蔡叔度是西周武王之弟，因参与武庚叛乱遭迁而死。周公、成王时封蔡叔度之子胡于淮上，以奉蔡叔之祀。楚灵王末年灭陈、蔡设县，后为获取诸侯支持而复封之。蔡平侯时被迁于蔡州立国。据《左传》载，蔡昭侯十三年（前506）夏，蔡联晋攻楚，灭沈。沈国与楚交好，楚便派兵围攻蔡国。蔡侯以其子乾与大夫之子为质求助于吴。是年冬，蔡、吴两军破楚，入郢都，楚昭王逃至随地。蔡昭侯二十五年（前494），蔡国国势日衰，屡遭侵犯。楚昭王联合陈、随、许攻蔡，欲迫使蔡国迁都至江、汝一带（楚边境）。蔡与吴结谋，吴君劝其迁都至近吴之地（即州来），以便于救援，遭公孙氏家族反对。直至蔡昭侯二十六年（前493）十一月，蔡国依靠吴军诛杀以公子驷为首的反对派，迁都州来，史称下蔡。迁都后的蔡国内部斗争仍很激烈。前447年，灭于楚。

20.老聃创道家思想

春秋时期老聃提出以"道"为核心的哲学思想，从而奠定道家学派的理论基础。老聃（约前580—前500），亦称老子或曰谥伯阳，籍贯多有争议，大约生活于楚陈之地，春秋末期的哲学家、思想家，道家创始人。周朝时当过管理藏书的史官，周朝衰微时隐退。《老子》（或称《道德经》）一书集中反映了老子的思想，但据考证此书并非老子一人所作。《老子》中哲学体系是以"道"为核心，用"道"来解释世界万物的演变，即是"道生一，一生二，二生三，三生万物"，提出"人法地，地法天，天法道，道法自然"的朴素唯物主义观点。此外，《老子》中还具有朴素辩证法观点和民本思想，即一切事物均具有正反两面，以及对立统一的朴素辩证法，"天之道，损有余而补不足"的民本思想。老子的基本政治思想为无为而治，他认为统治者治国最重要的方法即是无为而治。他认为，"为无为，则无不治。我无为而民自化，我好静而民自正，我无事而民自富，我无欲而民自朴"。老子的哲学思想为道家学派的创立和发展奠定了理论基础。道家学派的发展对中国古代文化影响深远。如道家思想理论中的辩证性，为中国哲学思想提供了创造力；道家文化对中国的绘画、医术等起着引导作用。

21.蔡侯墓之发掘

蔡侯墓即春秋晚期蔡昭侯之墓。该墓葬位于今安徽省寿县城西门内。1955年治淮工程中发现该墓，安徽省文管会、安徽省博物馆筹备处等单位对其进行了清理发掘。墓葬形制为正方形土坑竖穴墓，设有墓道，南北长8.45米，东西宽7.1米，深3.35米，墓坑呈覆斗式。墓葬内发现棺椁痕迹，尸骨已经腐朽，有一个殉人。随葬品584件，其中青铜器486件，另有玉器51件，金饰12件，骨器28件，其余是残漆器和砺石。青铜器多是蔡器，也有少部分吴器。蔡器中有成套的乐器和礼器。乐器含甬钟、编钟、编镈各一套。有铭文的铜器有60余件，如吴王光鉴上有铭文52字，是吴王嫁女于蔡的媵器；蔡侯铜盘和铜尊上铭文多达90余字，是蔡侯即位元年为遣嫁其大姐于吴王所作。所出青铜器多数皆是春秋晚期的标准器，可作为铜器断代的标尺。大量铭文记载了蔡国同吴、楚两国之间的关系，为研究蔡国的历史和物质文化提供了珍贵资料。铜器铭文中大多有蔡侯字样，可以判断此墓为蔡侯之墓。至于是哪代蔡侯，各说不一，有平侯、悼侯、昭侯、成侯、声侯、元侯诸说。从墓中同出的吴王光鉴，证明墓主蔡侯应与吴王光同时，而与吴王光同时的只有蔡昭侯申，所以"昭侯申"（前518—前491）说比较可信。

22.吴王光剑之发现

吴王光剑，是春秋时期吴国青铜兵器，为吴王阖闾生前所铸，故名。吴王光，即吴王阖闾（前514—前496年在位），春秋时吴国国君，吴王诸樊之子，即位前称公子光。1972年南陵县口山村村民劳动时无意挖出一柄吴王光剑，出土时遭村民哄抢断为三截并被贩卖，幸于20世纪80年代被当地文物干部发现追回，现藏于南陵县博物馆。据调查得知，该剑出土于一座坍塌的土墩墓中，出土时位于墓中心的生土层上。墓葬无墓坑、无葬具、亦无其它共存物。剑通体有一层防锈的"黑漆钴"。剑通长约50厘米，茎为圆柱形、腊窄、无纹饰、有脊。近腊处有铭文两行共12字，阴刻篆书，即"攻敔王光自乍（作）用剑台（以）战戍人"。此外，其他省市也曾出土吴王光剑，形制基本相似，同时也存在细微差别。如1964年山西省平原县峙峪村出土吴王光剑，与南陵剑相比腊广，剑身通体有火焰状花纹，铭文仅8字；1974年安徽省庐江县汤池公社也曾出土"吴王光剑"，剑身有16字铭文。

23.啮桑会盟

战国时期秦国为破五国联合进攻与齐国、楚国在啮桑会盟之事。前328年，张仪用计使魏国将15个县送给秦国，并因此被秦惠文王升为相。前323年，张仪以秦相的身份与齐楚两国在啮桑会盟，以连横之法破解五国对秦的合纵进攻。据《史记》记载，啮桑在梁与彭城之间。目前学界有两种说法：一说在今安徽，一说在江苏沛县。啮桑会盟是张仪连横政策的一个转折点，这次会盟的目的是推动与齐楚达成联盟。齐、楚两国均是当时实力强、经济富的国家，如果会盟成功，对于其他国家不论是用武力威胁或是利诱示好都会较容易。但因齐楚两国对连横未有太大兴趣，会盟最终以失败告终。不过这次会盟也暂时改变了齐、楚两国的外交策略，瓦解了针对秦的五国合纵联盟，摸清了齐、楚对秦的态度，确保了秦国与三晋作战时两国不会轻易出兵。五年（前318）后，楚与三晋、燕再次合纵攻秦，张仪之连横策略被打破。

24.楚器之发现

楚器是指安徽境内发现的春秋战国时期的楚国青铜器。春秋战国时期，安徽属吴楚交错之地，楚国强大时已然将该区域当作向东发展的重要据点而苦心经营，安徽境内也因此保留了众多的楚国遗存，大量楚器的发现为我们了解楚国在安徽的发展提供了重要资料。寿县李三孤堆楚幽王墓中出土大量铜器，其中"铸客鼎"即为典型代表器型。器身通高113厘米，口径93厘米，重达400多公斤。造型优美，圆口、平唇、圆底、侈耳、蹄足，两耳及颈部满饰细密的斜方格云纹，腹部饰蟠虺纹等，器口刻篆字铭12字。这口楚大鼎仅次于商代"后母戊鼎"，是现存重鼎之一。寿县邱家花园出土的"鄂君启节"，是楚怀王六年（前323）楚国政府发给鄂君启府商车船队的水、陆运输凭证，也就是楚国的商业运输通行证。鄂君启节包含舟节2、车节3，共5枚，青铜质地，仿竹节形式。错金铭文合计311字，内容涉及经济、交通、制度、商业、文化等诸多领域，今分别珍藏于国家博物馆和安徽省博物馆。此外，在安徽还出土了大量的楚国货币和钱范。楚国货币有金币、铜币和蚁鼻钱多种，其中金币"郢爰""陈爰"在安徽省阜阳市、阜南县、临泉县、凤台县、寿县发现数量较大。这些金币大多为窖藏物。楚蚁鼻钱在各地均有大量出土，安徽尤甚，总数不下数万枚。1982年繁昌县文管所在该县横山古铜矿区征集到2件蚁鼻铜范，轰动一时，这是国内已发现的5件同类范中最完整的2件。1969年和1970年在六安县小陈庄和阜南县三塔发现的大块完整的"郢爰"和"鄂爰"，每块分别为十六印、十七印、十八印、十九印，大小不等。有的像龟甲形，含金成分为百分之九十五，背面划刻数字符号，是以往罕见的，为楚国特有的印字爰金。

25.春申君相楚

战国时期楚考烈王封楚人黄歇为相以辅其政之事。春申君为楚国人，本姓黄，名歇。后被楚考烈王任命为相（令尹），封春申君。早年黄歇在外游历，学识广博，曾侍奉楚顷襄王。因黄歇善于思辨，楚顷襄王派其出使秦国。此时，秦国正欲联合韩魏攻楚，并派白起率先攻占了楚国的多座城邑。黄歇游说其中，最终不仅使秦退兵，解散三国联军，还使秦与楚国结盟。前263年，楚顷襄王病危，为让太子完顺利即位，黄歇以命相抵，掩护太子完归国。太子完即位（即楚考烈王），立即以黄歇为相，封为春申君，建邑寿春，并"赐淮北地十二县"，其大部分位于今安徽地区。前257年，赵国邯郸被秦军包围向楚求援，春申君率军前往。前256年，春申君为楚北伐，次年灭掉鲁国，楚国又日益强大。前242年，各诸侯国以楚为首联合攻秦，春申君执政，但至函谷关遭秦军反击，联军溃败。楚考烈王因此事责问春申君，并与之疏远。之后春申君受门客赵国人李园怂恿，将怀有自己孩子的李园之妹进献给楚考烈王，转而为楚考烈王之子，并成为太子。前238年，楚考烈王逝世，李园趁黄歇为国君奔丧之际招募死士杀之。

26.楚都寿春

楚考烈王时期楚国为避秦祸迁都寿春（今寿县）之事。前263年，楚考烈王继位，任春申君为令尹。前257年，楚国协助赵国解邯郸之困，后又灭掉鲁国，国力一度复兴。前241年，秦国不断发动战争，扩张势力。各国恐其不断坐大危及自身，便进行合纵联合攻秦，楚王为合纵长，春申君继续执政。联军行至函谷关，秦兵倾全国之兵出战，致联军溃败，楚王问责春申君，二人关系渐疏。春申君门客朱英向楚王谏言迁都，提出两点原因：一是过往秦国不与楚战，主要原因在于秦楚间的黾隘边塞地势险要，不方便大部队进军作战；二是秦楚之间的魏国迟早被吞并，魏国的许地和鄢陵一旦割让给秦，秦距楚都陈只有160里，不利于楚国设防。为避免秦国报复，楚考烈王迁都寿春。早在春秋中期，孙叔敖便在楚庄王支持下主持修建大型水利灌溉工程——芍陂，芍陂建成极大地促进了寿春一带的经济发展。楚考烈王迁都寿春后，逐渐使寿春成为楚国后期的政治、经济、文化中心。

27.秦国灭楚

战国时期秦国攻破寿春城灭亡楚国之事。战国后期，楚畏秦逼，迁都于陈，继迁钜阳，后移都寿春。前225年，秦灭韩、赵、魏三国后，调集20万大军，以李信为主将，蒙恬为副将，大举攻楚。初战获胜，会师于城父（又名夷邑，在今亳州市东南）。楚大将项燕，乘李信轻敌不备，率大军追踪反击，大破李信军。前224年，秦王政吸取前战教训，改派已告老还乡的老将王翦，率60万大军，再次攻楚，大破楚军于蕲南，迫项燕自杀。秦军长驱而南。前223年，王翦率军攻占寿春，俘获楚王负刍，旋派兵进占楚国长江以南广大地区，楚国灭亡。

二 秦汉

（一）秦朝

1. 大泽乡起义

大泽乡（在今宿州市西南）起义是陈胜、吴广领导的反对秦王朝统治的起义，亦是中国历史上第一次大规模的农民起义。秦朝后期暴政频繁，刑法过重，赋税徭役繁多，百姓生活窘迫。前209年，秦征发陈胜、吴广在内的900多人去渔阳（在今北京市密云区西南）驻防，途中遭遇大雨，不能按期抵达。根据秦律，失期者皆斩。陈胜、吴广认为逃亡亦死，不如轰轰烈烈干一番大事，遂决定先利用神鬼之说制造舆论。暗中将写有"陈胜王"之帛书藏于鱼腹，众人烹而食之，见字皆奇。入夜，吴广在附近神祠模仿狐狸喊"大楚兴，陈胜王"。吴广设计激怒秦将，导致秦将鞭笞吴广，甚至欲杀之，吴广与陈胜遂杀秦将。二人招集众人分析利弊，指出只有起义才是出路，并提出"王侯将相宁有种乎"，号召起义。他们假借奉扶苏、项燕之令起义，以树木、竹竿为武器，在旗面上写上"楚"字。陈胜将押送军官的头颅割下之后，称自己为将军，吴广为都尉，随后将大泽乡攻克。大泽乡起义的消息很快传开，穷苦百姓纷纷响应，加入起义队伍。起义军一路攻克蕲县、蕲县以东五座县城以及陈县。陈胜在陈县称王，国号"张楚"，起义浪潮遍地涌起。在"天下共起反秦"的形势下，陈胜采取以主力攻秦和分兵略地的方针，攻克多座县城。然而，起义军的壮大导致内部矛盾加剧，如陈胜日益骄傲自大，听信谗言，误杀忠良。内部矛盾的激化，导致周文、吴广等在攻打县城时被部下杀死，陈胜也被自己的车夫杀死，起义以失败告终。大泽乡起义虽然失败，但影响深远，掀起了秦末农民起义的序幕，冲击了秦王朝的统治，而陈胜提出的"王侯将相宁有种乎"之口号，为汉初"布衣将相"格局的形成奠定了思想基础。

2.范增佐项羽

秦朝末年楚人范增辅佐项羽反秦自立之事。范增（前277—前204），楚国居巢人，项羽谋士。秦末农民战争时，70岁的范增毅然投身于项梁、项羽领导的农民起义中。范增因足智多谋受项羽尊重，而被尊称为"亚父"。陈胜、吴广死后，淮北各地区的农民起义军暂失领导核心。此时，范增向项梁、项羽献计，提议拥立楚王后裔为王，号令天下反秦。他提出楚怀王曾被骗入秦并亡于秦国，楚人内心皆怨秦，复仇情绪强烈，而项家世代为楚将，此时拥立楚王后裔反秦，名正言顺，必能得楚人积极响应。项梁、项羽依计而行，拥立楚怀王之孙为楚怀王，建都盱台，势力很快壮大。前206年，项羽率军进驻鸿门，刘邦占领咸阳、驻守函谷关时，范增建议项羽于鸿门设宴杀死刘邦。项羽犹豫令刘邦逃脱。这就是历史上著名的鸿门宴事件。前204年，刘邦因项羽切断粮道而陷入困境，向项羽请求休战，项羽再欲退让，幸被范增劝阻。刘邦采取陈平的反间计离间项羽与范增之关系。项羽中计，怀疑范增私通刘邦，随之将范增的权力削弱，范增愤而离去，不幸在途中患病去世。

3.垓下之战

垓下（在今固镇县东濠城集附近，一说在今灵璧县境内）之战是楚汉之争中刘邦攻打项羽的最后决战，奠定了西汉政权的基础。垓下之战前，楚汉之间经历固陵、陈下两次交锋，楚军一胜一负。固陵之战前，刘项以鸿沟为界宣布休战，项羽率军东归。刘邦听从张良、陈平等人之意见，背弃鸿沟之约攻击楚军。汉五年（前202），汉军追击楚军到达阳夏之南驻扎，等待韩信与彭越的军队到来与之合击楚军。但韩信与彭越并未如约支援，致使汉军大败，退入营垒。汉王与张良分析，韩信、彭越未来支援的原因是楚势虽衰而其未得好处。为取信韩信、彭越，汉王派使者与二人订立约定，败楚之后共分天下。双方达成约定后，韩信与彭越立即率军与汉王合力击楚，围之于垓下。每到夜晚，合围的汉军歌唱楚地歌谣以动摇项王军心。项王作诗（后名《垓下歌》）吟唱，众人听之皆泪流满面。项王借机率800余人夜间向南突围。次日凌晨，汉军派兵追击。逃亡中楚军被人误导，陷入沼泽，再次被汉军包围。项王率28名骑兵逃至东城，仍未摆脱汉军追击。项王与汉军相互搏杀中退至乌江（在今和县乌江镇），自感无颜面对江东八千子弟，在击杀数百汉军身受重伤后拔剑自刎。垓下之战汉胜楚败，标志着汉朝历史的开始，这是汉代乃至整个中国古代史上的重要历史事件，也是安徽历史的重要篇章。

4.霸王别姬

霸王别姬是中国古代重要历史典故，主要讲述西楚霸王项羽被汉军围困之际与爱妾虞姬生死离别的故事。前202年，项羽被汉军围于垓下，兵力所剩无几，粮草亦十分缺乏。夜闻四面皆唱楚歌，项羽震惊，以为楚地尽数被汉军占领。项羽自知大势已去，便饮酒于军帐之中。项羽非常宠爱一虞姓美人，常使之傍于身侧；还有一匹非常喜爱之坐骑名骓。面对四面楚歌之境，感慨吟诗："力拔山兮气盖世，时不利兮骓不逝！骓不逝兮可奈何，虞兮虞兮奈若何！"项羽将此诗吟唱数遍，美人虞姬从旁和之。项羽吟时泪下数行，左右侍从听后亦俯首哭泣而不能抬头仰视。深夜，项羽率800余人向南突围。突围时美人虞姬因不愿拖累项羽而自刎于项羽面前。项羽突围至乌江，身边士卒却所剩无几，心灰意冷，自知无颜面对江东父老，于是将坐骑赠与渔夫，自刎于乌江。

（二）西汉

1.韩信王楚

楚汉战争时期韩信于垓下配合刘邦打败项羽后被封为楚王之事。韩信（？—前196），淮阴人，汉初杰出军事家，与萧何、张良并称"汉初三杰"。其熟谙兵法，在西汉政权建立过程中战功显赫，先后被封齐王、楚王、淮阴侯。楚汉战争时，汉王刘邦被困固陵，用张良计召齐王韩信将兵会于垓下，合围楚军。项羽兵败后，刘邦夺取韩信军权。汉高祖五年（前202）正月，改封韩信为楚王，建都下邳，将韩信从富庶的齐地调到相对落后的楚地。韩信王楚仅10个月，便因收留项羽亡将钟离眜而被人告发谋反。刘邦采用陈平计，巡狩云梦，召会诸侯于陈。韩信前来谒见，虽献上钟离眜首级，仍被刘邦剥夺王权，改封为淮阴侯。韩信被夺王权后，常推脱有病不去朝觐。汉高祖十年（前197），陈豨谋反自立为代王，刘邦亲自指挥平定。韩信称病不肯从征，被人告发与陈豨暗中策应，试图乘夜释放官囚和官奴去袭击吕后与太子。汉高祖十一年（前196），吕后与萧何用计诱骗韩信至长乐宫钟室，并以谋反罪杀之。

2.夏侯婴封侯

西汉初年夏侯婴被封汝阴侯之事。夏侯婴（？—前172），沛县人，西汉开国功臣之一。少时便与刘邦交好，刘邦任泗水亭长，他任马厩司御。

秦二世元年（前209），刘邦占据沛县，夏侯婴以县属官身份做刘邦的侍者。因参与举事有功，赐七大夫爵，封太仆，掌管刘邦御车，随刘邦征战南北。其骁勇善战，与秦军在砀东、济阳等地的作战中，皆使用战车猛攻敌军，大获全胜。在亡秦战争中，其因在洛阳之战中表现出色，被刘邦赐封滕令。秦亡后，刘邦赏赐夏侯婴列侯爵位，号昭平侯，为太仆，从汉王入蜀汉地区。楚汉战争中，夏侯婴随刘邦出蜀汉，定三秦。汉王二年（前205），汉军与楚军爆发彭城大战，汉军大败。刘邦奔逃途中，恰逢徒步逃亡的儿女——后来的汉惠帝刘盈与鲁元公主。由于情况紧急，刘邦几欲将儿女扔掉，夏侯婴不忍，屡将两人救至车上。在他的坚持下，大家一起脱离险境。刘邦即位后，夏侯婴随刘邦平叛燕王、攻伐韩信。汉高祖六年（前201），夏侯婴被改封为汝阴侯，食邑汝阴。此后他随刘邦平叛陈豨、英布叛军，平城之围中助刘邦脱险，后多次与刘邦打败匈奴，陷阵克敌，屡立大功，其间高祖多有赏封。惠帝时感念昔日救命之恩，赐夏侯婴为北方第一户侯，仍为太仆。吕后去世后，夏侯婴与东牟侯刘兴居一起废去少帝，迎立代王刘恒为文帝，仍任太仆之职。汉文帝前元八年（前172），夏侯婴病逝，谥号文侯。

3. 英布之死

汉初淮南王英布被刘邦诛杀之事。英布（？—前195），六县（在今六安市）人，因触犯秦律而被施黥刑，又称黥布。陈胜、吴广起义时，英布至番县与县令吴芮聚集1000余人反秦，大泽乡起义失败后带兵北上而后东进，归附项梁。因作战身先士卒、英勇善战而得项梁重视。拥立楚怀王后，英布被封为当阳君。项梁在定陶战役牺牲后，英布聚兵守卫彭城。巨鹿之战中项羽杀宋义，破秦军，奠定反秦势力胜利之基础。章邯投降后，项羽向新安前进，命英布夜击秦卒二十余万。项羽屠咸阳后自封西楚霸王，并分封诸将。英布被封九江王，都城在六。返回封地时，又奉项羽之命杀楚怀王于郴县。在反秦过程中，英布一直是楚之主要战将。前206年，齐王田荣叛楚，英布称病对项羽伐齐之事不予支持。后刘邦击楚，英布仍不助楚，与项羽产生嫌隙。后刘邦派人游说归汉，加之项羽疑心而走上背楚投汉之路，刘邦封其为淮南王。刘邦称帝后，在高祖十一年（前196），异姓王韩信、彭越等先后被诛杀，英布害怕祸事降临而暗中聚兵防备。后因贲赫告发而灭贲赫之族，叛汉。七月，英布东进杀荆王刘贾。继而渡淮河攻楚王刘交，于徐、僮间击破楚军。英布遂引军西进。高祖听从原楚国令尹薛公意见，制定方略，赦天下死罪以下皆令从军，并征发诸侯兵，自将以击之。十月，高祖亲率12万大军前往镇压，两军对峙蕲县西。英布军被击败，逃亡江南。后被原妻弟长沙王成王臣诱至番阳，杀于乡下。

4. 刘濞铸钱

西汉前期吴王刘濞大规模冶铜铸钱之事。刘濞（前216—前154），沛县人，汉高祖刘邦之兄刘仲之子，汉初诸侯王。高祖十一年（前196），刘濞被封为沛侯。英布谋反时，他随刘邦破英布军。高祖十二年（前195），刘邦惧怕江东人士不服皇权，乃封刘濞为吴王，统辖吴地3郡53县。汉天下初定时，社会经济凋敝，汉朝政府曾一度实行自由铸钱政策。于是各地诸侯、官员开始在自己辖区内铸造钱币，努力经营，安抚百姓。吴王刘濞领东阳、鄣、吴3郡，其中丹阳郡（汉武帝元封二年即前109年鄣郡改置）辖县因产铜著名，在皖南境内者有今之铜陵、当涂、南陵、繁昌、贵池、青阳等地。凭借良好的资源优势，刘濞招募天下亡命者为之采冶铜矿，并随山铸钱。其私铸钱币流通于整个西汉境内，数量相当可观。

5. 刘长谋反

西汉前期淮南王刘长行事骄纵、涉嫌谋反而被流放之事。刘长（前198—前174），沛县人，刘邦幼子，汉初诸侯王。汉高祖十一年（前196），淮南王英布反，刘长被封为淮南王，定都寿春。高祖死后，刘姓宗室前后多人被诛，刘长因曾依附于吕后而幸免。文帝即位后，刘长自恃与文帝最亲，骄纵跋扈，屡不奉法。文帝以亲故，常宽恕之。文帝前元三年（前177），刘长袖藏铁锤，锤杀吕后宠臣辟阳侯审食其。文帝念其为母报仇，赦免其罪。无罪归国的刘长更加骄恣，出入拟于天子，不遵汉法，自为法令。文帝前元六年（前174），棘蒲侯柴武之子柴奇与开章等70人策划用40辆辇车在谷口县谋反，派开章与刘长联系，并暗中遣人出使闽越和匈奴。事泄，有司告刘长谋反，张苍、冯敬等人上书奏列刘长罪状，要求将刘长弃市。文帝赦其死罪，但废其诸侯王爵位，流放其与子女至蜀地，并尽诛其他参与谋反者。在流放途中，刘长意识到因自身以骄不闻过才致如此下场，最终绝食而亡。谥号厉王。

6.淮南之狱

西汉时期统治阶级内部因权力争夺引起的多次斗争。汉高祖十一年（前196），刘邦诛灭淮南王英布后，封幼子刘长为淮南王。刘长骄纵跋扈，屡不奉法。文帝以亲故，常宽恕之。文帝前元三年（前177），刘长击杀辟阳侯审食其，文帝不予治罪。刘长归封地后，不遵汉法，自为法令。前元六年（前174），刘长密谋造反。事泄，刘长诸侯王位被废，并与子女流放至蜀，参与谋反者被诛。刘长在流放途中绝食而亡，此为第一次淮南之狱。前元八年（前172），文帝封刘长之子刘安为阜陵侯、刘勃为安阳侯、刘赐为阳周侯、刘良为东城侯。前元十六年（前164），文帝将淮南国一分为三，分别立刘安为淮南王、刘勃为衡山王、刘赐为庐江王。景帝前元三年（前154），吴楚七国反叛时，吴国遣使至淮南，刘安欲发兵应之。淮南相洞察此事，骗取刘安的兵权，不听王而为汉，汉廷亦派曲城侯率兵增援淮南，是以淮南得以保全。武帝建元二年（前139），刘安入朝，武安侯田蚡对其谗言：今天子无太子，王为高祖孙，仁义天下闻，一旦天子驾崩，唯王当立为天子。刘安大喜，自此始为叛逆事。元朔二年（前127），汉武帝采纳主父偃的建议实行推恩令，刘安庶长子刘不害不得封侯，自此埋下隐患。元朔五年（前124），淮南王太子刘迁与郎中雷被比剑，被雷被误伤。后雷被欲从军奋击匈奴，刘安却因刘迁一事，罢免其职。雷被逃至长安，上书申诉其冤，最终武帝削夺淮南国两县作为惩罚。此后，刘安加紧防卫，谋反心益甚，日夜与伍被、左吴等部署兵备。元朔六年（前123），淮南国事被刘不害之子刘建告发。刘安见情势日益危急，于元狩元年（前122）与谋士策划叛乱，并制作玉玺，丞相、御史大夫等印及使节法冠。汉武帝令公卿案治，伍被自首供出谋逆之事，参与淮南王谋反者皆受惩治。淮南王刘安自杀，除淮南国为九江郡。衡山王因参与谋反，亦被迫自杀，其子刘爽等弃市，衡山国除为衡山郡。此为第二次淮南之狱，牵连甚广，死者数万。

7. 刘安编《淮南子》

淮南王刘安组织宾客方术之士集体编著《淮南子》之事。刘安（前179—前122），沛县人，西汉思想家、文学家。汉高祖刘邦之孙，淮南厉王刘长之子。汉文帝前元八年（前172）被封阜陵侯，前元十六年（前164）被封淮南王，都寿春。刘安为人好书，博学多才，曾招致宾客方术之士数千人聚于王都寿春。在其主持下，编著了流传至今的著作《淮南子》。《淮南子》约成书于西汉景、武之际，于武帝初年被献出，本名《鸿烈》。《淮南子》有《内篇》21篇，《中篇》8篇，《外篇》33篇；《内篇》论道，《中篇》养生，《外篇》杂说。该书撰写所采集的文献及其他材料涉及当时社会生活的各个方面，例如天文、地理、物理、化学、农学、医学、军事等。其内容以道家思想为主体，广泛地吸收各家学术之长，特别是集儒家的仁政学说、法家的进步历史观、阴阳家的阴阳变化理论等思想为一体，构建了一整套哲学及社会政治理论。《淮南子》是当时的一部集大成之作，是后世研究先秦及秦汉文化的重要参考资料。

8. 淮南炼丹术之兴起

西汉时期因淮南王刘安的喜爱而推动淮南国炼丹术的兴起。炼丹术，又称炼金术、点金术、金丹术、黄白术，是指通过烧炼某种矿物以提取长生不死之药的一种冶炼技术。一般认为古代炼丹术是近代化学的先声，而淮南学派在早期炼丹术中扮演了非常重要的角色，并取得了重要成就。西汉时期淮南王刘安不仅喜欢文化科学，还喜欢神仙方术，他对于炼丹术很热衷。他不仅自己研究，还在淮南国宫中招致了方士千余人一起研究修炼金丹，而其目的主要是为了追求长生不老。另外刘安主持编写了《淮南子》和《淮南万毕术》等著作，这两部书中都对炼丹术有相关记载，其中《淮南子》言神仙黄白之术20余万言。由于淮南王刘安对炼丹术的热衷，炼丹术在淮南国兴起，淮南国成为炼丹术的一个重要中心。东汉以后，道家丹鼎派如魏伯阳、葛洪等，都尊淮南王刘安及其门客尤其是"八公"为炼丹前辈。

9. 吴王发难

汉景帝时期吴王刘濞联合多个诸侯王举兵叛乱之事。刘濞（前216—前154），为汉高祖刘邦之侄，汉初诸侯王。汉高祖十二年（前195），刘邦惧怕江东人士不服皇权，乃封刘濞为吴王，统辖吴地3郡53县。文帝时，吴太子入朝时被太子（即景帝）击杀。刘濞由此怨恨朝廷，长期称病不朝。其在封国内私自铸钱、煮盐，大量招募各地逃亡人士与任侠，扩大割据势力。景帝刘启即位后，中央皇权与地方诸侯国势力的矛盾日益激化。前元三年（前154），景帝采纳晁错的"削藩"之策，削夺部分诸侯王封地。刘濞恐被削夺封地，于是联合赵王刘遂、胶西王刘卬、楚王刘戊、济南王刘辟光、淄川王刘贤、胶东王刘熊渠，以"清君侧、诛晁错"为名发动叛乱。景帝最初为平息叛乱，采用袁盎之谋诛杀晁错。但七国并未罢兵，刘濞公然对景帝使者声称其已为东帝。景帝遂派遣周亚夫、窦婴率军镇压叛乱，历时三月，七国联军战败，刘濞逃至丹徒，后被东越人所杀。

10. 文翁化蜀

西汉教育家文翁任蜀郡太守时在地方建立学宫教化百姓之事。文翁（生卒年不详），庐江舒县人，西汉初官员、教育家。少好学，通《春秋》。景帝末年，文翁由郡县小吏擢升为蜀郡太守。其见蜀地偏僻，文化落后，风俗陋坏，于是选拔有才能的小吏十余人，派遣至京师，受业于博士，或学律令。数年之后，这些蜀生学成归来，文翁委以高职重用，有的后来还被擢拔为太守、刺史。文翁又在成都市中修建学宫，招属县子弟为学宫弟子，免其徭役。成绩优异者补郡县官吏，负责治政理民；次者为孝悌力田，负责社会教化。文翁每至各县巡查，让学宫诸生随行传达教令。这些措施引来蜀郡吏民羡慕，数年之后，吏民争做学宫弟子。由是蜀郡大化，蜀郡学于京师之人可与齐鲁相比。由于文翁办学的成功，汉武帝下令各郡仿照文翁，设立学校。文翁化蜀的措施，推动了蜀地文化教育的发展和弊风陋俗的改变。其办学经验，对以后学校教育的发展也产生了深远影响。后文翁卒于蜀地，蜀地人民立祠祀之。

11.黄河侵淮

汉武帝时期黄河决口入侵淮河之事。元光三年（前132），黄河决口于瓠子口，从东南流入巨野，然后入泗侵淮，这是目前可考黄河侵淮的第一次记载。黄河决口后，汉武帝命汲黯、郑当时等人，组织人堵塞决口，却总是被水冲坏。当时汉武帝舅父武安侯田蚡，封邑在河北鄃县，黄河决口河水南流，鄃县则无水患，其邑丰收。于是田蚡上言"江河决口取决于天意，勉强堵塞，则违背了天意"，并借用气数之说制造舆论，阻挠堵塞工程。汉武帝听信田蚡之言，未再堵塞决口，致使豫东、鲁西南、皖北和苏北一带遭受洪水侵害达20多年。元封二年（前109），汉武帝因封禅至泰山，经过瓠子口，亲见河水泛滥，命汲仁、郭昌发卒数万堵塞决口，并令群臣从官自将军以下皆负薪运土堵塞缺口。经过此番努力，才结束了因黄河首次侵淮，而带给淮河流域人民长达20多年的灾难。

12.六安建国

西汉六安国是淮南、衡山除国后，在今安徽省六安市境内建立的一个刘姓王国。开国国君刘庆（生卒年不详），是汉景帝之孙，胶东康王刘寄少子，死后谥恭王。前122年淮南王谋反，其父刘寄暗中制作兵车箭镞，准备响应。叛乱被镇压后，刘寄因与武帝关系亲厚而未遭追究，但倍感压力，不敢立后，最终重病而亡。元狩二年（前121）七月，汉武帝封刘庆为六安王，都六。新立的六安国分辖原刘安淮南国、刘赐衡山国部分领地。六安国历5世，存131年，至新朝建国三年（11）被王莽废绝。促使六安国建立的因素：一是淮南王刘安谋反时，刘寄虽嫌疑在身，但因与汉武帝关系亲近，故汉武帝对刘寄一族采取了宽宥措施。二是为解决刘寄家族的矛盾。刘寄诸子中，刘贤为长，刘庆为少，但因刘寄宠爱刘庆母，故刘寄想让刘庆承继其位。刘寄病亡后，汉武帝出面解决难题，让长子刘贤继位为胶东王，刘庆另封为六安王。西汉六安国的建立，反映了西汉专制皇权与地方割据力量之间的复杂关系。

13. 安徽汉墓之发现

安徽境内发现、发掘的大批汉代不同等级墓葬或墓葬群。目前安徽境内发现一批不同等级的汉代墓葬，主要代表如三角圩汉墓群、放王岗汉墓、双古堆汉墓、虞姬墓、六安王墓等。三角圩汉墓群位于天长市区东北的低洼圩田，因与北塔河相隔呈三角形而得名。该墓群共清理墓葬25座，除一座为战国晚期外，其余皆为西汉早中期。埋葬形式分单人葬与双人合葬，墓葬形制均为长方形竖穴土坑，以棺椁为葬具，多南北向，大小不一。出土遗存包括陶器、铜器、铁器、漆器、木器、玉器、玛瑙、琉璃、银器、角器等，共计700余件。该墓群被国家文物部门评为1991年度全国十大考古发现之一。放王岗汉墓，位于巢湖市东郊亚父乡亚父行政村的"放王岗"上。该墓葬为土坑木椁墓，重椁重棺。墓室东西长9.2米，南北宽7米。墓主为吕柯，为当地重要官吏。出土遗物有铜器、玉器、漆木器、滑石器和陶器近800件。出土文物种类多，内涵丰富，是研究西汉时期政治、经济及手工业生产的重要资料。1996年入选全国十大考古新发现，1998年被安徽省人民政府公布为省级重点文物保护单位。双古堆汉墓位于安徽省阜阳市西南双古堆。墓葬有2座。根据墓中出土的漆器、铜器铭文中"汝阴侯"等文字，以及墓葬形制、随葬品特点等判断，1号墓主可能是第二代汝阴侯夏侯灶，卒于汉文帝十五年（前165），2号墓主可能为夏侯灶妻子。两墓皆为土坑木椁墓，墓道南向，均被盗，棺木、尸骨无存。

墓中出土器物包括竹木简、漆器、铜器、铁器、陶器等，共200余件。其中重要的发现是记载有《诗经》《周易》《仓颉篇》《万物》等内容的竹木简，以及六壬式盘、太乙宫占盘等。虞姬墓位于安徽省灵璧县东。墓南与垓下古战场相连，墓西紧靠老唐河，墓北临近古汴河隋堤。墓葬形制为土坑竖穴石质单室墓，南北向，墓冢原高10多米。1968年因修老唐河大桥，墓封土被削去多半，墓前碑石也被毁并转移至别处。1980年至1987年先后4次修复虞姬墓，增加封土，修筑护冢墙，建立门楼，并将3通古碑修复后重新树立在墓周围。整个墓区约4125平方米。1986年7月被安徽省人民政府公布为省级重点文物保护单位。六安王墓位于安徽省六安市三十铺双墩村境内，为西汉中期诸侯王墓。2006年对双墩1号汉墓进行了抢救性发掘。通过对葬制和陪葬品的考证，初步判断墓主为西汉六安国第一代诸侯王刘庆。1号墓由主墓和3座陪葬坑（车马坑）组成，墓西有3座陪葬墓。主墓地面有封土，墓室内为"黄肠题凑"木结构，葬具自内向外由套棺（二棺）、棺室（木、石双层）、内回廊、题凑墙、外回廊（分15室）组成。主墓室外围，有一周用方木构成的储藏室，被隔分为不同小区，放置有不同陪葬品。发掘的随葬品有铜（包括镜、钱）、铁、陶、玉、骨、竹、漆木器500余件。这些汉代不同等级墓葬的发现，为研究安徽地区的汉代文化与社会发展问题提供了重要资料。

14.汉铜官之设立

汉代在丹阳郡设立铜官之事。铜官，古代官名，掌采铜、铸作器用之事。汉景帝中元五年（前145）前为诸侯王少府属官，七国之乱后为中央少府属官，武帝元鼎二年（前115）至西汉末为水衡都尉（水衡都尉掌上林苑及铸钱等事）属官。据《汉书·地理志》载，汉代丹阳郡设置有铜官，且是西汉时期唯一的郡设铜官，由此可推断丹阳郡在西汉时期应是铜矿采冶的重要地区。丹阳郡治宛陵（今宣城市），铜官也应设在郡治所在地。丹阳素以产上乘铜闻名，境内产铜之地主要集中在今铜陵市、南陵县、芜湖市繁昌区、泾县、青阳县、当涂县等地。当地所产铜镜即"丹阳

镜"，不仅选料精细，质地优良，铸工精巧，且字体清晰，被公认为汉镜中的精品，具有实用与收藏的双重价值。

15.庐江楼船之建设

西汉庐江郡修建大型战船之事。楼船是一种具有多层建筑和攻防设施的大型战船，是秦汉时期造船技术高度发达的标志，外形似楼，故曰"楼船"。楼船上层建筑三至四层，高27.6米，可载一千人。各层均设舱室、女墙、战格等依托与防护设施。利用帆作为补充动力，船尾配舵，用橹划船，船上竖旌旗以壮军威。楼船成为汉朝水军的主力舰，也用来指代水军。汉武帝为征伐百越、平定南方，在庐江郡设楼船官，负责建造楼船，训练水军，以备水战。汉时庐江郡，郡治舒县（在今庐江县西南），有巢湖、长江之利，处于战争前线。武帝元鼎五年（前112），南越相吕嘉不愿附汉，杀南越王及汉使。武帝发兵江淮以南十万楼船军讨伐南越国，杨仆为楼船将军，与路博德的陆军一起平定南越国。次年（前111），楼船军又参与平定东越的叛乱，南方遂平。庐江作为楼船重要的生产基地和楼船军驻地，展示了安徽地区造船技术的先进水平，而江淮人民也为统一南方付出了沉重的代价。

16.武帝南巡

元封五年（前106）汉武帝南巡登天柱山礼祭之事。汉武帝刘彻（前156—前87），沛县人，汉景帝之子，前141—前87年在位。4岁时封为胶东王，7岁时立为太子，16岁时即帝位。汉武帝雄才大略，但一生巡游无度。元鼎四年（前113）起巡行郡县，元封元年（前110）又亲率封禅大军巡行。巡行中，先祭祀嵩山，又东巡，夏四月封泰山。封禅当年，他将年号改为"元封"，并确立五年一修封的制度。元封五年（前106）冬，汉武帝开始南巡之行。此次南巡的具体行程是：从长安出发，南下至江陵，向东抵盛唐，遥祭苍梧九嶷山。再辗转登天柱山礼祭。祭毕，汉武帝一行又南下巡行大江，路线是从寻阳、彭蠡进入江道，东下至枞阳。出枞阳后，武帝一行北上山东琅邪，到达黄海边上，进行礼祀，再返登泰山进行封祀。汉武帝南巡，是围绕其再次封禅泰山而展开的一系列封禅前礼祀名山大川的活动。这次南巡是汉武帝在安徽境内进行的一次重要的巡行活动，在客观上彰显了汉王朝对于原衡山、淮南国的统治权威，并加强了这些地区与中央王朝的联系。

17.丹阳铜之采冶

丹阳郡铜矿大规模开发、采冶之事。丹阳即丹阳郡，元封二年（前109）由鄣郡改置。它是西汉初期吴王刘濞所辖三郡之一，范围包括今安徽省铜陵市、当涂县以及江苏省南京市。该地盛产铜，且铜质优良。丹阳铜矿的开采，是丹阳郡的重要经济支柱，早在西周时期已经开始。经考古发掘，南陵县大工山铜矿遗址，是我国目前发现最早、规模最大、沿用时间最长的硫化矿采冶铜遗址群。汉初，吴王刘濞招致亡命之徒，在鄣郡铜山大量采冶铜矿，并随山铸钱，遂致国用充足，为之后发动叛乱提供了经济基础。丹阳郡境内产铜之地甚多，主要集中在今安徽省铜陵市、南陵县、石台县、芜湖市繁昌区、当涂县、泾县以及江苏省南部的句容市等地。丹阳郡是西汉唯一设有铜官的郡，可见丹阳郡是西汉时期重要的铜矿冶炼地区。

18.朱邑治绩

舒县人朱邑恪尽职责、勤政爱民之事。朱邑（？—前61），字仲卿，庐江舒县人，西汉官员。出身农家，少时为舒桐乡（在今桐城市北）啬夫，掌管桐乡的诉讼和赋税等事务。为人廉洁公正，以仁义之心广施于民，从未笞辱他人，抚恤慰问耆老和孤寡之人，深受当地吏民的爱戴和尊敬。数年后迁补为太守卒史，兢兢业业协助太守发展生产，处理日常事务。汉昭帝时，经举贤良成为大司农丞，协助大司农掌管钱谷租税、盐铁和财政收支。汉宣帝时，升任为北海太守。在任期间，他力劝农桑，发展经济，奖励后进，以治行第一入朝为大司农，位居列卿，受到皇帝的器重和廷臣的尊敬。其为人淳道，为官清正，待人平恕。贡荐贤士大夫，多得其帮助。他居处俭节，常用自己所得俸禄接济邻里，为官数十年家无余财。神爵元年（前61），他病重弥留之际，嘱咐其子曰："我故为桐乡吏，其民爱我，必葬我桐乡。后世子孙奉尝我，不如桐乡民。"朱邑死后，葬于桐乡西郭外，桐乡之民起冢立祠祀之，以示敬重。

19.何武重教

何武任扬州刺史时爱护人才、重视学校教育之事。何武（约前71—3），字君公，蜀郡郫县人。汉元帝时从博士学习《周易》，初以射策甲科为郎，任鄠县县令，后犯法被免职。复举贤良方正，授谏大夫。曾任扬州刺史、兖州刺史、司隶校尉、御史大夫（元帝时改为大司空）等职，封汜乡侯。哀帝时，与丞相孔光拟定限田、限奴婢方案，但遭到反对，未能实行。后为王莽诬陷，自杀。何武一生秉公执法，关心民间疾苦；为人仁爱厚道，喜爱举荐人才。他非常重视学校教育，任扬州刺史五年间，每次巡行地方时，总是把视察学校作为各项工作的首位，亲自考问学生的学习情况，问其得失，然后才询问农业丰歉，最后才会见地方郡守，并定为常制。当时扬州刺史部的六个郡国皆设有官学，其中六安国、庐江郡、九江郡、丹阳郡四个郡国的治所都在今安徽境内，说明当时皖地郡国学校不少于四所。这与何武重视学校教育密切相关。

20.召信臣治南阳

寿春人召信臣治理南阳、发展农业、安定社会之事。召信臣（生卒年不详），字翁卿，九江寿春人，西汉时名宦、水利家。通晓经学儒术，以明经甲科出身任职为郎中，出补为谷阳长。因治理有方，改为上蔡令。元帝时，升任零陵太守，后因病辞官归家。不久，召为谏议大夫，调任南阳太守。召信臣任南阳太守时，发展生产，劝导农耕，开通沟渠，修筑堤闸数十处。他利用水源，发展灌溉，增广灌田多至三万顷，并订立均水公约，以防民众纠纷。为了移风易俗，他提倡勤俭，反对奢靡之风，力禁官宦富家子弟及游手好闲者为非作恶。由此郡中大治，俗趋敦厚，社会安定，人们尽心耕作，户口倍增。继召信臣之后，建武七年（31）任南阳太守的杜诗同样重视发展农业，二人被百姓并称为"前有召父，后有杜母"。

21.王州公起义

新莽时期王州公庐江起义倒莽之事。王州公（生卒年不详），庐江人，西汉末年地方农民起义军领袖。天凤四年（17），临淮人瓜田仪吹响了农民起义的号角，凭借会稽长洲险阻之地，聚众与王莽政权抗衡。21年，王莽采纳上谷名士储夏的建议，并命其前去招降瓜田仪。但瓜田仪未降，死后王莽为之厚葬，并谥之为"瓜宁殇男"。在瓜田仪起兵的同时，王州公在庐江起义倒莽。起义军声势浩大，聚众达十多万人，并夺取了很多郡县。当时，颍川许昌人李宪为庐江属令，于是王莽以李宪为偏将军、庐江连率（王莽时称郡守为连率），很快击破王州公起义军。

22.巢湖唐嘴遗址之发现

巢湖唐嘴遗址是一处典型的以汉代遗存为主的聚落遗址。巢湖唐嘴遗址（又名巢湖唐嘴水下遗址），位于安徽省巢湖市居巢区烔炀镇唐嘴行政村，巢湖市市区通往中庙的湖滨大道19至20公里碑处，巢湖南面一侧。冬季时部分露出水面，遗址地势略显北高南低，伸入巢湖。2001年12月，文物爱好者反映，在该地发现大量陶片堆积。据当地村民介绍，这里地下文物丰富，常被附近村民捡拾。原巢湖市文物管理所工作人员根据遗址上大量出现的汉代陶器残片，初步认为这是一处以汉代遗存为主的聚落遗址。2002年7月，巢湖市文物管理所在公安部门与当地政府的配合下，从遗址表面和村民手中收集文物260件。这批文物按材质可分为玉石器、陶器和金属器三大类。玉石器4件，玉器质地有和田玉和阳起石之类的软玉，石器类有斧、印章等。陶器有8件完整陶罐，除1件为夹砂陶外，其余皆为泥质灰陶。从造型上可分为双系罐和无系罐，多为素面圆底，每个罐子底部均有拍印的弦纹。金属器主要有铁器、铜器和银器，铜器数量最多。

根据采集的遗物标本分析，该遗址具有以下特点：一是遗址延续年代久远，目前发现的时代最早的1件玉斧属新石器时代，最晚的是王莽时期的钱币；二是遗址上发现大量完整陶器，以及玉器、银器等经济价值较高的遗物，由此判断遗址不是普通的聚落废墟，可能是某些特殊原因导致的废弃，当然这还有待进一步的考古发掘和研究。

23.铜陵罗家村冶铜遗址之发现

铜陵罗家村冶铜遗址是大规模的古代铜矿冶炼遗址。罗家村冶铜遗址位于安徽省铜陵市郊铜官山北侧的罗家村南水沟边，与铜官山矿冶遗址毗邻。现代地表仍可见大量炼渣堆积和少量炼铜炉残块，以及建筑材料、残陶片等遗物。发现的炼渣为褐色，其中一块呈巨石状，直径约1.2米，厚度在0.8米以上，侧面观察可分20—30层。根据考古发掘估算，该遗址炼渣分布范围约5平方公里，估计在20万吨以上，可见当时的矿冶规模之宏大。炼渣是古代炼铜的主要遗物之一，也是反映当时冶炼水平的重要标志，炼渣遗址主要形成于汉代至唐宋时期。罗家村大炼渣的形成是由于地炉多次放渣烧结所致。唐代诗人李白曾以"铜井炎炉歘九天，赫如铸鼎荆山前"的诗句，描绘当时铜官山地区宏伟壮观的矿冶场面。罗家村大炼渣是古代铜陵地区规模宏大的矿冶活动最好的实物见证，证明铜官山在古代已成为全国冶炼中心之一，这是中国乃至世界冶金史上的一大奇观，为我国冶金史的研究提供了重要依据。

24.皖北汉代画像石墓之发现

画像石墓是西汉晚期至东汉末年以石刻画像为装饰的石结构或砖石混合结构的墓葬。皖北地区发现的汉画像石墓主要分布在今淮北市、宿州市、亳州市、定远县等地。代表墓葬有宿州市褚兰画像石墓、定远县坝王庄画像石墓等。1956年秋，安徽省博物馆在宿县褚兰墓山北坡发掘1号墓（九女坟）和2号墓（建宁四年即171年墓）。两座墓葬皆为汉画像石墓，但均遭盗掘且未发现随葬器物。墓室及地面上的建筑物均为石材建筑，墓室建在挖好的土坑内，上面封土成冢，四面设方形矮垣，冢南立祠堂1间。宿县褚兰汉画像石墓的发掘，获得了一批有关墓室结构、墓上建筑设施、画像石配置等考古资料和32块（画面60余幅）珍贵的画像石。1958年4月，定远县永康乡三八农业社社员在坝王庄北挖塘时，发现古画像石墓1座。6月，安徽省文管会在县文教局和乡社的配合下对墓葬进行清理。该墓为石料所砌，画像石共7大块，10幅画。出土遗物有限，仅在中室内清理出10余件，有陶器、铁器、铜器等。从墓葬形制及画像石内容看，其时代应属东汉末期。1992年秋，安徽省文物考古研究所在濉溪县古城发掘了两座汉画像石墓，两墓同埋在一个封土堆下面，前后错开，墓门向西。1号墓是用几何纹花砖砌筑的多室墓，室顶为覆斗式，2号墓为砖石结构的多室墓，以长条石做梁柱，墓顶及墙体用几何纹花砖砌筑。室顶为覆斗式。甬道和前室横梁上横列浅浮雕动物画像，共10幅，有龙、凤、虎、麒麟、玄武、羊、鹿、鸟等38个个体。

（三）东汉

1.桓荣讲学

东汉经学家桓荣研习经学、授徒讲经之事。桓荣（约前23—59），字春卿，沛郡龙亢（今怀远县龙亢镇）人，东汉初年经学大师。少时游学长安，师从博士朱普学习《欧阳尚书》。桓荣幼年家贫，常做工以维持生计。读书精力充沛而不倦怠，十五年未回故乡，终学成业就，新莽政权建立后方归桑梓。朱普病卒故里，桓荣到九江奔丧，为老师背土筑坟，并留下讲学，门徒达数百人。新莽末年天下大乱，抱经书同弟子避难山中，虽饥寒交迫，仍讲论不息。后客居江淮一带授徒。建武十九年（43），桓荣年60余岁，被大司徒府征辟。又为弟子何汤引荐，为光武帝讲说《尚书》，拜为议郎，并入宫教授太子（即汉明帝刘庄）。每逢朝会，刘秀还让桓荣当众讲解经义，后拜为博士，刘秀称其为"真儒生"。建武二十八年（52），拜太子少傅；建武三十年（54），拜太常。明帝即位，尊桓荣以师礼，每次求教，必称其"大师"。永平二年（59），三雍（辟雍、明堂、灵台，合称三雍，是帝王举行祭祀、典礼的场所）落成，拜为五更（古代乡官名），封关内侯。同年病卒，明帝亲自送葬。桓荣传经50余年，门生无数，又为两代帝王师，天下儒者无不称慕。东汉安徽世家大族，首推龙亢桓氏（亦称谯国桓氏）。光武中兴以来，桓氏家族十分昌盛，桓荣及其子郁、孙焉三代帝师，门生也多高官显贵，形成了一个庞大的政治利益团体，自东汉至东晋一直活跃于政治舞台。

2.李忠兴学

李忠任丹阳太守时在地方兴办学校、教化百姓、发展教育之事。李忠（？—43），字仲都，东莱郡黄县（今龙口市）人。东汉开国功臣，云台二十八将之一。其父曾任高密都尉，汉平帝时期承父荫为郎；历任新莽政权新博属长（相当于汉朝都尉）、更始政权信都都尉。刘秀称帝次年（26），任五官中郎将，封中水侯。后又参与平定庞萌、董宪的战争。建武六年（30），李忠任丹阳太守，辖境相当于今安徽省长江以南、江苏省大茅山及浙江省天目山脉以西、新安江支流武强溪以北地区，治所宛陵。当时国家刚刚安定，南方滨海、长江、淮河地区，还有不少割据势力。李忠到任后，剿抚兼施，一个多月全郡平定。丹阳郡地处长江以南，境内越人众多，李忠有感于越人风俗不爱好学习，男女婚嫁、礼节和仪式较之中原地区落后。于是积极兴办学校，选用通晓经学的士子，讲习礼制仪容，于春秋两季举行乡饮酒礼。李忠兴学，极大地提高了读书人的地位，促进了汉代皖南地区教育的发展。

3.朱浮谏政

东汉初年朱浮多次就官吏考课、人才选拔等事务劝谏刘秀之事。朱浮（约前6—66），字叔元，沛国萧县人。初从刘秀起兵，为大司马主簿，迁偏将军。后拜大将军，领幽州牧，守蓟城。建武二年（26），封舞阳侯。朱浮因恃才傲物，激起渔阳太守彭宠攻幽，兵败弃城。刘秀不忍加罪，任其为执金吾，改封城父侯。刘秀即位后，吸取前朝教训，整顿吏治，以御史监察州郡，凡有劾举，即刻惩处，动辄易换地方长官。建武六年（30），朱浮上书劝谏刘秀，应效仿前代完善考课，对官员谨慎处罚，勿以小过频繁罢州郡之官，致使官吏人人自危，难以显现政绩，地方和百姓亦不得安宁。希望刘秀要从长远利益出发："游意于经年之外，望化于一世之后"，不要急于求成。刘秀把朱浮奏疏交群臣讨论，多获赞同。西汉时，刺史检举地方官需三公审查核实，事情属实，方能罢黜。刘秀鉴于前汉末年权臣擅事，不再倚重三公，听任刺史。朱浮又上书曰：皇帝以监察官员为心腹，而监察官员又以小吏为耳目，以致千石高官任免取决于百石小官。不经三公审核，则无从得知所奏是否属实，容易造成冤假错案。希望刘秀能"留心千里之任，省察偏言之奏"。建武七年（31），转任太仆。是时，兴建太学，设五经博士，朱浮谏言宜广求博士之选，勿限洛阳一地，为刘秀采纳。建武二十年（44），官至大司空，徙封息新侯。明帝时因事被赐死。

4.李广起义

东汉初年李广利用宗教组织徒众起义之事。李广，庐江人，师从卷县人维汜习方术。维汜弟子数百，传播巫术、宗教，被指控妖言惑众，为官府俘杀。后李广宣扬维汜未死，而是变化为神，以此吸引百姓加入。建武十五年（39），刘秀下诏"度田"，清查垦田、户口，大量官吏借口查田，讹诈百姓。建武十七年（41）七月，趁郡县度田不实、民怨沸腾之际，李广率徒众起义，攻占皖城，杀皖侯刘闵，自称"南岳大师"。朝廷派张宗领兵数千镇压，被李广击败；继而遣马援、段志调发诸郡兵万余讨伐，两个月后，起义失败。李广死后，其弟子单臣、傅镇再次起事，数月即败。李广起义是史籍所载原始道教的第一次起义，是汉末黄巾起义的先声。

5.桓谭著《新论》

东汉经学家桓谭研习儒家经典著述《新论》之事。桓谭（前23—56），字君山，沛国相县（在今淮北市相城区）人，东汉哲学家、经学家。博学多识，遍习五经，好古文经学。以父荫出仕为郎，因讥讽俗儒而受排挤，哀平之间，位不过郎。新莽时任掌乐大夫，更始时为太中大夫。光武帝时，桓谭被征召待诏，因上书不合刘秀意愿，未受任用。后被大司空宋弘举荐，认为他多闻博识，堪比扬雄、刘向父子，授为议郎给事中。桓谭屡次上奏陈述时弊，引起刘秀不满。中元元年（56），刘秀修灵台，欲以图谶决定灵台位置。桓谭因坚决反对谶纬神学，竭力陈说"谶之非经"，被刘秀斥为"非圣无法"，险遭处决。后被贬为六安郡丞，赴任途中病逝，终年70余岁。桓谭著《新论》29篇，主旨在于"术辨古今，亦欲兴治"。抨击了王莽对鬼神的迷信；针对东汉初年的兴利除弊，阐述了"霸王道杂之""知大体"的政治理念，主张任用贤人、设法禁奸、重农抑商、统一法度；提出了自己对于形神论的思考，"以烛火喻形神"，批判精神可以离开形体而独立存在，是无神论思想发展的必要一环。《新论》约宋时亡佚，以清严可均辑本较好。

6. 刘辅封沛

东汉光武帝之子刘辅被封沛王之事。刘辅（？—84），东汉光武帝刘秀与郭后次子。建武十五年（39），封右冯翊公；十七年（41），加封中山王，并把常山郡增入中山国为其食邑；二十年（44），徙封沛王。当时法令还不严格，诸侯都留在京师，竞相树立自己的名声，招揽宾客，刘辅亦然。更始帝之子、寿光侯刘鲤因怨恨刘盆子杀害其父，借助刘辅的势力结识刺客，谋杀了刘盆子的兄长即原式侯刘恭，刘辅受牵连入狱三天。此后，诸王、宾客犯法，皆按法律处罚。二十八年（52），刘辅到沛就国，治相县。刘辅治沛谨慎有节，始终如一，被人称为"贤王"。汉明帝很敬重他，多次加以赏赐。沛王国历八世，东汉灭亡始废。辖境相当于今安徽省淮河以北，蒙城县、亳州市以东，灵璧县、萧县以西，及江苏省丰县以南地区。

7. 刘英崇佛

楚王刘英崇信佛教之事。刘英（？—71），光武帝和许美人之子，汉明帝异母弟，正史所载中国最早信奉佛教的贵族。建武十五年（39）封为楚公，十七年（41）进爵为王，二十八年（52）到彭城（今徐州市）就国，楚国境跨今苏皖两省边界。刘英很早就亲附太子刘庄，刘庄即位后多次加以赏赐。刘英早年喜好结交游侠、招纳宾客，晚年更喜黄老之学。佛教初传，时人多把佛教视作一种黄老之术，刘英亦如此，将二者等量齐观，一并祭祀。永平八年（65），汉明帝诏令天下犯死罪者可以用细绢赎罪，刘英让属下捧着黄绢白绸到国相府请罪，国相把此事告诉了明帝，明帝下诏回复："楚王诵读黄老微言大义、奉行佛教仪式，曾斋戒三月，对神发誓，何嫌何疑当有悔。"刘英崇佛，不仅将其与黄老之术等而视之，也将其看作是谶纬方术的一种。其崇佛行为带动楚国境内民众信仰佛教，史籍所载今安徽省境内最早信佛的区域即为临近江苏的一些地区。

8. 刘英之死

汉明帝时期楚王刘英涉嫌谋逆被贬泾县自杀而死之事。永平十三年（70），燕广告发楚王刘英与渔阳人王平、颜忠等编造图谶，阴谋叛乱。朝廷派遣官吏调查罪证，主管官员上奏，认为刘英大逆不道，其罪当诛。明帝念及刘英是自己骨肉兄弟，不忍批准，只是废掉他的王位，让他迁往丹阳郡泾县，赐食邑五百户，并派大鸿胪持节护送。其子女待遇如故，母亲继续留楚王宫居住。永平十四年（71），刘英到丹阳后自杀，明帝令以诸侯之礼将其葬于泾县。燕广因告发有功，封折奸侯。刘英谋反案持续多年，牵扯甚广，京城内外处以死刑、流放者数以千计。自此之后，诸侯作谶纬方术，视同谋反。受此案株连，此后近百年，史籍不见佛教在中土传播的记载。但佛教也随着刘英一行，传入皖南地区。

9. 大修陂塘

东汉时期地方官修建陂塘水渠等水利工程以蓄水灌溉之事。陂塘是利用地形起伏、经人工围筑而形成的蓄水工程，其主要功能是蓄水灌溉和防洪除涝。东汉初期，战乱初定，淮河流域的农田水利得到恢复和发展，形成了九江灌溉农业区，其主要形式是陂塘的大规模修建。《水经注》所载淮河两岸陂塘近百处，淮北90余处（汝水流域37处）、淮南3处，陂塘以渠道串联，形成长藤结瓜式灌溉系统。建初八年（83），王景为庐江太守，重修芍陂，陂塘周长120余里，修有5个水门，蓄泄兼顾，以蓄为主。据估计，芍陂在全盛时期的灌溉面积逾万顷。1959年，寿县安丰塘（原芍陂）越水坝，发现一座东汉时期的闸坝遗址，闸坝用草土结合的"散草法"筑成，推断为王景"墕流法"的实际遗存。遗址中出土的一柄铁锥，有"都水官"铭文，应是负责管理水利的官员。永元二年（90），何敞为汝南太守，修复鲖阳旧渠，当地垦田增加3000余顷。以汝水为纽带，鲖阳渠与诸陂串联，在皖豫交界地区形成了一个庞大的农田灌溉网络。今安徽省阜南县一带，因陂塘密布、水资源丰富，被称为"富波（陂）县"。两汉安徽地区大兴陂塘、筑堤蓄水，改变了水资源的时空分布，为后世江淮地区农业发展奠定了基础。

10.广设水门

东汉时期地方官员在皖北地区广泛修建水门以治水灌溉之事。水门即古代水闸，也称斗门、陡门或牐。东汉时期，水门设施被广泛运用，采用筑堤束水的方法，设涵闸沟通堤防内外，据水位高低与灌溉需要，调蓄水量、防洪排涝。东汉建武年间，时任汝南太守的邓晨修复了鸿却陂，与之相通的即有上中下三个慎陂，甚至通过汝水及其支流与鲖阳渠相串联。永平五年（62），鲍昱任汝南太守，因当地陂塘经常决坏，维护昂贵，于是改用"方梁石洫"，即用石头建水门、砌石涵洞排蓄，使水常饶足，溉田倍多，人以殷富。水门技术应是鲍昱任职期间在全郡推广，当时的汝南郡东部大致相当于今皖西北地区。水门实现了从人工蓄水到人工灌水的转变，是水利灌溉工程史上的一次飞跃。

11.徐防改革经学

沛国人徐防围绕"五经"问题改革考试科目和举官制度之事。徐防，字谒卿，沛国铚县（在今濉溪县西南）人。世习《周易》，祖父徐宣曾为王莽讲学。明帝时举孝廉，特补尚书郎，职掌机要。后任司隶校尉、司空、司徒等职。延平元年（106），拜太尉，参与总领尚书事。永初元年（107），因拥立有功，封龙乡侯，不久因灾异免职。永元十四年（102），刚任司空的徐防认为："五经"历时久远，时人难解其意，应对章句进行注释，易于后代学者理解。而今太学传授弟子，以己意解经，牵强附会。于是作《五经宜为章句疏》，上疏改革考试科目和举官制度。主张博士教授弟子按家法师承解释章句，甲乙科考试时出五十道难题考核他们，解释多者为上，引文准者为高；如不依前辈老师所说，或释义抵牾，皆判错误。并建议"五经"考试各取上等成绩六人，《论语》不宜作为考试内容。汉和帝随即下诏，一切听从徐防的建议。徐防经学改革，统一学习内容，一改太学多年来争论不休、学问浅薄之弊，维护了汉朝的统治秩序。

12. 蔡伯流起义

东汉后期九江人蔡伯流率众起义之事。永建四年（129），青、冀、扬三州爆发起义，数年之间，蔓延全国，安徽省境内农民起义此起彼伏，直至东汉灭亡。永和三年（138）四月，九江人蔡伯流率众起义，沿长江一线作战，进攻九江、广陵，攻破江都县城，杀江都县县令。是年闰四月，蔡伯流投降徐州刺史应志。

13. 马勉称帝

东汉末年马勉起义称帝之事。自永和四年（139）起，徐、扬各州起义接连不断，遍及江淮。永和六年（141），九江人马勉、阴陵人徐凤在九江起义，以当涂山为根据地。马勉穿黄衣、戴皮冠、称"黄帝"，徐凤称"无上将军"，建年号、置百官，并遣部将黄虎攻占合肥。永熹元年（145），朝廷任命滕抚为九江都尉，与冯绲、赵序合兵数万镇压起义，马勉战死。徐凤率余部继续战斗，攻占并烧毁东城，后遭下邳人谢安埋伏杀害，起义失败。

14. 刘矩谏诤

萧县人刘矩以礼义教化百姓，对帝王直言进谏之事。刘矩，字叔方，沛国萧县人。自小气节高尚，因其父刘叔辽没有做官，拒绝了州郡官员的举荐。太尉朱宠、太傅桓焉赞赏他的志向和节操，授其父议郎，刘矩也被举为孝廉。刘矩逐渐升为雍丘令，以礼义谦让教化百姓，使不孝不义者自觉感悟，改过自新。百姓发生争执诉讼，刘矩经常将双方叫到跟前，谆谆告诫他们愤怒可以克制，不要轻易诉诸官府，劝他们回去三思而行。当事人有感于刘矩的教诲，便各自撤诉。刘矩在雍丘4年，道不拾遗。后被举为贤良方正，累迁至尚书令。刘矩生性耿直，不事权贵，曾受到大将军梁冀的迫害。延熹四年（161），任太尉，与黄琼、司徒种暠号称贤相。后因蛮夷反叛免官，汉灵帝初年，复为太尉，任用为德高望重的儒者。刘矩为官，从不与地方官吏来往。言辞谦恭，好暗中进谏，多被采纳。因日食被免职，自请退职，后在家中去世。其事迹被范晔收入《后汉书·循吏列传》。

15.范滂案察冀州

汝南人范滂案察冀州、整肃吏治之事。范滂（137—169），字孟博，汝南细阳（在今太和县东南）人。少时即正直高洁，被举为孝廉、光禄四行（敦厚、质朴、逊让、节俭）。是时冀州饥荒，盗贼群起，以范滂为清诏使，案察情由。范滂揽辔登车，"慨然有澄清天下之志"。郡守县令有贪赃枉法者，纷纷自解印绶、望风而逃。每次上奏检举，皆力排众议，调任光禄勋主事。后为太尉黄琼掾属，举奏刺史、郡守20余人。汝南太守宗资闻其名，聘范滂为功曹，委以政事。在职期间，严整疾恶。郡中中层以下官员，没有不怨恨他的，把其所用之人，称为"范党"。延熹九年（166），第一次党锢之祸时，范滂与李膺、杜密等同时下狱，因同囚之人生病，请先受刑。次年（167），释放还乡，汝南、南阳士大夫迎接他的有几千辆车。建宁二年（169），第二次党锢之祸时，再度被捕，身死狱中。

16.严佛调兴佛

东汉灵帝时期严佛调译经研佛、弘扬佛教之事。严佛调，又称严浮调，灵帝时期临淮郡（今苏皖交界地区）人，现存文献所载汉代第一位出家僧人，安世高弟子。自幼颖悟，聪敏好学，悟性极高，遂出家为僧。时灵帝礼敬浮屠，安息国太子安世高来华主持译经工作。严佛调因通晓梵语，奉命协助译经，与来华安息国人安玄合译大乘经典《法镜经》。安玄口译，佛调笔受，译文质量极高。《高僧传·支娄迦谶传》云："理得音正，尽经微旨，郢匠之美，见述后代。"东晋高僧道安称"省而不烦，全本巧妙"。除翻译佛经外，严佛调主要从安世高习小乘佛教的禅数之学，著《沙弥十慧章句》，目的在于宣传小乘佛教的修行方法，弘扬佛教道德，启蒙天下众生，实现自己的佛学志向，是中国最早的佛教著作。严佛调被称为"阿祇黎"，译为规范师或导师，即今所言"大和尚"。其出家对推动汉地僧侣集团的形成起了重要作用。

17. 华佗研医

东汉末年著名医学家华佗精研医术之事。华佗（？—208），又名旉，字元化，沛国谯县（在今亳州市境内）人，东汉末年著名医学家。早年游学徐州，兼通数经，沛国相陈珪举孝廉，太尉黄琬征辟，皆不应召。精通内科、外科、妇科、儿科、眼科和针灸诸科，尤擅外科手术，行医足迹遍及今苏、鲁、豫、皖等地。史籍所载，华佗的外科手术包括肿瘤摘除和肠胃缝合等。若病在肠中，可断肠洗涤，缝合腹部敷以药膏，四五天后愈合，一个月即可康复。为减轻手术时病人的痛苦，华佗发明名为"麻沸散"的麻醉剂，从而成为世界上最早应用全身麻醉的医生。华佗重视疾病预防，强调通过体育锻炼增强体质、延年益寿。他认为人的身体需要活动，但不应过于疲劳。活动身体可使食物消化吸收，血脉通畅，不易生病，如同经常转动的门轴不会朽烂。他模仿虎、鹿、熊、猿、鸟的动作姿态，编排了一套名曰"五禽戏"的健身操。据说其弟子吴普按此法锻炼，九十多岁依然耳聪目明，牙齿完整。建安十年（205）前后，曹操为"头风"所困，召华佗为侍医，虽多次被治好，但难根治，便强留华佗。华佗不愿久侍，后因不从曹操征召，被下狱杀害。华佗死前，将一卷医书交给狱吏，告诉他此书可以救人，狱吏怕受牵连，不敢接受，华佗便将书付之一炬。华佗著作虽皆散佚，但因其重视医疗教育，弟子吴普（著《吴普本草》）、李当之（著《李当之药录》等）、樊阿（善针灸）等，部分继承了其医学经验。华佗的医德、医术被后世尊崇，被称为"神医华佗"，行医之地，至今仍有纪念他的庙宇，如华祖庙、华祖阁等。

18.《孔雀东南飞》原型事迹

《孔雀东南飞》讲述的是汉献帝时期庐江府小吏焦仲卿与妻子刘兰芝之间的爱情故事。两汉时期，五言古体诗兴起，汉末建安文学群体的创作，推动五言古诗走向成熟，《孔雀东南飞》即其中代表。这是中国文学史上第一部长篇叙事诗，乐府诗巅峰之作，与北朝《木兰辞》并称"乐府双璧"。《孔雀东南飞》原篇名为《古诗为焦仲卿妻作》，取材于建安年间发生在江淮之间的一桩婚姻悲剧。全诗共353句，讲述汉献帝时期庐江府小吏焦仲卿与妻刘兰芝恩爱甚笃，而焦母却对刘氏百般挑剔。焦仲卿迫于母命，劝说刘氏暂避娘家，但私下与妻子"誓天不相负"。刘兰芝回家后，其兄长又逼她嫁给太守儿子，焦仲卿闻讯赶来，约定"黄泉下相见"。太守儿子迎亲当天，两人双双殉情。《孔雀东南飞》揭露了纲常礼教和封建家长制的罪恶，表达了人们对爱情、婚姻自由的向往，在中国古代文学史上占有重要的地位。

19.亳州曹氏宗族墓葬之发现

亳州曹氏宗族墓葬是安徽境内具有代表性的东汉家族墓地。亳县博物馆于1974年在亳州市老城东南连续清理发掘10余座东汉墓葬，被确认为曹氏宗族墓群。据《水经注》记载，亳州城南有曹腾、曹褒、曹嵩、曹灿、曹胤等人的墓葬。考古发掘证实，除曹腾等人的墓以外，还有曹鼎、曹鸾、曹勋、曹水、曹宪，以及许多不知名的墓。整个墓群沿今魏武大道两侧自北向南绵延4公里，占地约10平方公里，主要包括元宝坑1号墓、董园村1号墓、董园村2号墓、马园村2号墓、袁牌坊村2号墓等。除曹腾墓为石结构多室墓，其余如曹嵩墓等均为砖结构多室墓。规格较高，一般具有甬道、前室、中室、后室，以及数量不等的耳室和偏室。已清理的墓葬均被盗或遭破坏，但仍出土银缕玉衣、铜缕玉衣、玉枕、玉猪、象牙尺、青瓷碗等一批珍贵文物。曹氏宗族墓群对研究东汉后期的墓葬形制和丧葬习俗具有重要学术价值。墓中出土的大批带字墓砖备受瞩目，有篆、隶、楷、行、草等书体，是研究中国古代书体演变的重要资料。文字内容有造砖数量和时间，曹氏宗族成员和地方官的姓名，造砖工匠和民夫的姓名，记录的事务和往来家书，以及如元宝坑1号墓30号砖上刻有"岁不得眠，人谓壁作乐，作壁正独苦，却来却行壁，反是怒皇天。壁长契"；32号砖上有"苍天已死"，即黄巾起义的口号；39号砖上有"为将奈何，吾真愁怀"等，记录了造墓工匠对当时政治与社会的不满。此外，74号砖上刻的"有倭人以时盟不"，反映了当时倭国大乱、汉倭结盟结束的史实，对研究古代中日关系有重要价值。2001年，曹氏宗族墓群被国务院公布为全国重点文物保护单位。

（三）

魏晋南北朝

（一）东汉末至三国

1.袁术灭袁遗

袁术与袁绍争夺扬州统治权的战争。初平三年（192），东汉朝廷委任的扬州刺史陈温病死，冀州牧袁绍派遣袁遗为扬州刺史，引起一直想窃取扬州的后将军袁术的愤怒，起兵进攻袁遗。袁遗被袁术击败，逃至沛郡，被乱兵杀死。袁术占据扬州，任命吴郡太守陈瑀为扬州刺史。

2.袁术夺寿春

袁术进攻扬州刺史陈瑀夺取寿春控制权的战争。初平四年（193）春，袁术在封丘招抚溃散的黑山军余部，以及流亡的南匈奴单于于夫罗，扩充实力。当时，兖州刺史曹操不容袁术在自己的地盘扎根，于是率兵进攻袁术，袁术连败，曹操穷追不舍，袁术被迫向扬州逃窜。扬州刺史陈瑀拒绝袁术入城，袁术只得退保阴陵，集结部众计划攻打寿春。陈瑀惧怕，派其弟陈琮求和，袁术扣押陈琮后继续进兵。陈瑀大为惊恐，逃往下邳。袁术顺利占领寿春，自称扬州牧、徐州伯。此时，把持东汉中央朝政的董卓旧部李傕、郭汜二人欲结交袁术为外援，以皇帝的名义晋升袁术为右将军、封阳翟侯。自此，袁术成为拥兵江淮的割据势力。

3.丹阳之战

袁术派部将吴景击败丹阳（又称"丹杨"）太守周昕的战争。兴平元年（194）十二月，自称徐州伯兼领扬州刺史的袁术，与丹阳郡太守周昕不和，欲吞并其地，表奏部将吴景为丹阳太守，令其率兵进攻丹阳。吴景击败守军，夺取丹阳郡城宛陵，周昕败逃。

4.郑宝拥兵自重

郑宝占据巢湖，组建水师对抗袁术。郑宝（？—约198），扬州人，史载其骁勇果敢，才干和武力出众。建安初年（约196），郑宝聚众万人，占据巢湖，庐江郡一带的地方势力多依附于他。郑宝利用巢湖之利，组建巢湖有历史记载的第一支水师，对抗袁术。后因郑宝计划掳掠百姓南渡长江，在胁迫刘晔支持他时被杀，其部曲被庐江太守刘勋所收。

5.袁术寿春称帝

袁术不顾众人反对在寿春称帝。袁术（?—199），字公路，汝南汝阳人，其家族东汉时四世为三公，门第显赫。东汉末为折冲校尉、虎贲中郎将，董卓专权后，拜后将军。在与曹操、刘表以及众多地方军阀混战过程中，逐步占据淮南、扬州等地。建安二年（197），袁术不顾部下的劝阻，在寿春称帝，建号仲氏（又称仲家），置公卿百官，郊祀天地。

6.袁术之死

袁术众叛亲离，被迫离开寿春投奔袁谭未果，返程途中积郁而亡。建安四年（199），在称帝后的两年内，袁术连年征伐，极其奢侈荒淫，横征暴敛，使江淮地区残破不堪，民多饥死，部众离心。在大势已去的情况之下，袁术被迫焚毁宫室，率余众前往潜山，欲投靠部曲陈简、雷薄，被简等人所拒，袁术顿陷窘境，士卒多乘机逃散。袁术无奈，只好遣使将帝号归于袁绍，欲前往青州投靠袁绍的儿子袁谭。结果却遭到曹操派遣的刘备、朱灵半路拦截，未能通行，不得不折返寿春，在归途中呕血而死。

7.孙策荡平江东

孙策率领其父孙坚旧部征服江淮、江南各派割据势力，奠定东吴立国基础。初平二年（191）四月，袁术派破虏将军孙坚攻打荆州牧刘表。次年（192）正月，孙坚在追杀刘表部将黄祖时中箭身亡，其余部归附袁术，其子孙策携母先迁江都，后投附其舅丹阳太守吴景。兴平元年（194），孙策来到寿春拜见袁术，讨要他父亲的旧部。袁术未给，却令孙策回丹阳。孙策遂复回丹阳，募得数百人，却被泾县大帅祖郎所袭，几乎丧命。不久，孙策又去拜见袁术，袁术终于将孙坚旧部千余人还给孙策。袁术原先曾答应孙策任九江太守，却因疑忌之心，而用陈纪代任，这使孙策心生不悦。袁术为攻徐州，向庐江太守陆康求米三万斛，陆康不予，袁术遂令孙策攻陆康，并许诺攻克庐江后封孙策为该郡太守。孙策率兵出征，击败陆康，攻克庐江郡城。但袁术背弃前言，任命其旧部刘勋为庐江太守，使孙策大失所望，遂起背离之心。同年，袁术又向朝廷请封孙策为折冲校尉，派其去平定据守江东曲阿的扬州刺史刘繇。孙策率步兵千余人、骑兵数十人，由寿春南下，沿途招兵买马，在好友周瑜等支持下，实力大增，队伍很快发展到五六千人。兴平二年（195），孙策集中兵力从历阳（今和县）渡江，攻下扬州刺史刘繇囤积粮秣军械的牛渚山。此后不久，孙策便顺利地攻下刘繇根据地曲阿，后又攻杀吴郡太守许贡，击败山贼严白虎和会稽郡王朗。建安二年（197），孙策同僭越称帝的袁术断裂关系。建安三年（198），孙策派徐琨平定宣城以东各地，之后孙策亲自进攻丹阳泾县以西地区，攻下陵阳（今青阳县陵阳镇），擒获祖郎，又进击勇里（在今泾县西北），擒获太史慈。此年，汉廷任命孙策为讨逆将军，封为吴侯。孙策因此在舆论上得到汉政府的承认。建安四年（199），袁术死后，其部多投奔皖城刘勋。孙策用计诱使庐江太守刘勋为掠夺粮秣出兵上缭，自率大军经石城（在今池州市贵池区），乘虚攻占刘勋大本营皖城。接着，孙策率部多次挫败刘勋与黄祖联军。十二月，孙策进至黄祖屯兵的沙羡，大败黄祖，基本消灭了黄祖集团势力，为其父孙坚报了仇。建安五年（200）初，孙策东进豫章，驻军椒丘，豫章太守华歆举城投降。至此，孙策在短短的三四年时间内，迅速削平了江东主要割据势力，占有了吴郡、会稽郡、丹阳郡、庐江郡和豫章郡，基本上控制了扬州的广大地区，完成江东统一大业，为孙吴立国奠定了基础。不过，天有不测风云，同年四月，正暗中盘算袭击许昌，迎取汉献帝的孙策，在丹徒山中打猎时，被吴郡太守许贡门客所刺，面颊中箭重伤而亡。在托付张昭等人后事时说道："中国方乱，夫以吴、越之众，三江之固，足以观成败。"为东吴政权的建立和发展定下基本策略和方向。

8.刘晔献计平陈策

曹操攻打山贼陈策受阻，谋士刘晔献攻心之策，助力曹操击败陈策。建安四年（199），曹操到达寿春，因孙策而败的庐江太守刘勋来降。当时在庐江郡边界地带，山贼陈策聚众数万人，呼啸山林，据险而守，严重威胁到了曹操的战略布局。曹操曾派偏将攻打陈策，但未能成功。其后，曹操采纳随刘勋而降的谋士刘晔的计策，派有威名的前锋将领在前进攻震慑，征讨主力大军随后进逼施压，然后先悬赏劝降，涣散敌方军心，再用兵进攻，这样果然动摇了山贼军心，陈策部众迅速溃败。战后，刘晔被曹操辟为司空仓曹掾，成为曹室的重要谋臣。

9.刘馥建合肥

刘馥奉曹操之命建造合肥城。建安五年（200），孙策所置庐江太守李术领兵袭击扬州，杀曹操所置扬州刺史严象，庐江人梅乾、雷绪、陈兰等人趁势起兵作乱。曹操为占领江淮之地，举荐刘馥为扬州刺史。刘馥在江淮地区广施仁政，建造合肥城，建立州治，召集四方流民，开荒屯田，兴修水利，恢复生产。同时，加固城池，强化武备，使局势稳定。他派人招抚梅乾、雷绪、陈兰等乱军归顺曹魏，扩大曹魏在江淮的势力范围，为曹操开拓江淮创造了有利条件。

10.孙权平丹阳之叛

妩览、戴员据丹阳反叛，被孙权攻灭。汉献帝建安九年（204），丹阳大都督妩览、郡丞戴员趁孙权攻黄祖、平山越之机，发动叛乱，杀死孙权所封太守孙翊、将军孙何，迎接汉献帝所封扬州刺史刘馥进驻历阳。孙翊的遗孀徐氏联合孙翊生前亲信，设计诱杀了妩览、戴员二人。孙权获悉后，立即从前线回军丹阳，将妩览、戴员所部叛军全部攻灭。

11.三分独数一周瑜

周瑜倾力辅佐孙策、孙权兄弟，为三国鼎立局势奠定基础。周瑜（175—210），字公瑾，庐江舒县人，其父周异，为东汉洛阳令，东汉末年著名的军事家。周瑜与孙策同龄，独相友善，曾邀孙策家徙迁于舒。周瑜先协助孙策开拓江东，在孙策遇刺身亡后，以中护军之职同长史张昭共同辅佐孙权，巩固江东，联刘抗曹，率孙刘联军在赤壁大败曹操，奠定了三国鼎立局面。孙权称赞他道："公瑾雄烈，胆略兼人，遂破孟德，开拓荆州。"建安十五年（210），周瑜不幸英年早逝，病死于巴丘。孙权亲赴芜湖迎丧，痛哭流涕道："公瑾有王佐之资，今忽短命，孤何赖哉！"宋代名臣、诗人范成大在《吊周瑜》一诗中写道："年少曾将社稷扶，三分独数一周瑜。世间豪杰英雄士，江左风流美丈夫。功迹巍巍齐北斗，声名烈烈震东吴。青春年纪归黄壤，提起教人转叹吁。"

12.鲁肃、孙权密议"鼎足江东"

鲁肃和孙权密议"鼎足江东"之策，为东吴政权创立立下汗马功劳。鲁肃（172—217），字子敬，临淮郡东城（今定远县）人，东吴杰出的战略家、外交家。东汉末年，出身士族家庭的鲁肃见朝廷腐败，社会动荡，便招募乡里练兵习武。周瑜在任居巢长时，因缺粮向鲁肃求助，鲁肃非常慷慨地将一仓三千斛粮食相赠。从此，两人成为挚友，共同匡扶孙吴大业。建安五年（200），鲁肃率领部属投奔孙权，孙权说："子敬来东，致达于孤，孤与宴语，便及大略帝王之业，此一快也。"孙权与他密议鼎足江东的战略规划，鲁肃答曰："昔高帝区区欲尊事义帝而不获者，以项羽为害也。今之曹操，犹昔项羽，将军何由得为桓文乎？肃窃料之，汉室不可复兴，曹操不可卒除。为将军计，惟有鼎足江东，以观天下之衅。规模如此，亦自无嫌。何者？北方诚多务也。因其多务，剿除黄祖，进伐刘表，竟长江所极，据而有之，然后建号帝王以图天下，此高帝之业也。"鲁肃因此深得孙权赏识，成为孙权心腹谋臣。建安十三年（208），曹操率大军南下。孙权部下多主张投降，惟鲁肃与周瑜力排众议，坚决主战，最终战胜曹操。赤壁之战后，他又从大局出发，劝孙权将荆州借给刘备；在刘备占领益州后，他又与蜀汉商议和平划分荆州，将江夏、长沙、桂阳三郡划归孙权，南郡、武陵、零陵三郡划给刘备，为奠定三国鼎立格局立下汗马功劳。建安二十二年（217），鲁肃病卒，孙权亲自为其发丧，蜀相诸葛亮也为其举哀。黄龙元年（229），孙权在称帝登坛祭天时，依然不忘鲁肃对东吴政权创立的功绩，他对公卿大臣们说："昔鲁子敬尝道此，可谓明于事势矣。"

13. "天柱真人"左慈

左慈居天柱山学道炼丹，被誉为"天柱真人"。左慈，字元放，庐江人，道号乌角先生，东汉末年著名方士，精通五经，被誉为"天柱真人"。《后汉书·方术传》记载，左慈少居天柱山学道，研习炼丹之术。曾游走四方，戏弄曹操等诸侯。曹植《辩道论》中称他擅长房中术。葛洪《抱朴子·金丹篇》记载，左慈收葛玄（葛洪祖父）为徒，传授《太清丹经》《九鼎丹经》《金液丹经》等，对魏晋以后道家的炼丹术有较大影响。

14. 孙权围攻合肥

孙权乘赤壁之胜围攻合肥的战争。建安十三年（208）十一月，曹操赤壁之战大败，主力部队撤退至荆州北部防御。十二月，周瑜率军攻打驻守江陵的曹仁，孙权则亲自率军进攻合肥。当时驻守合肥的是曹操任命的

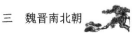

扬州刺史刘馥，孙权率军围困合肥，又派张昭为偏师，进攻九江当涂，但兵败。曹操接到消息后，派将军张喜率军紧急驰援。此时的合肥城遭数月的攻击，又逢连日大雨，城墙坏损，刘馥率部众白天用草、棕榈叶等补修城墙，夜晚则点火照亮城外，观察敌军行动，以作防备。由于张喜援军迟迟未到，别驾蒋济便向刘馥献计，假称4万援军已到雩娄，让当地主簿假扮迎接张喜，又从合肥城派出3名信使悄悄出城，而后再佯装成张喜援军派来的信使，携密信分三路入城。孙权截获信使，得知曹操援军将至，果然中计，烧阵撤退，合肥之围遂解。

15.曹操重修芍陂

曹操重修水利灌溉工程芍陂，以屯田解决军队粮饷问题。赤壁之战后，曹操无力南进，孙权不断北上侵扰，双方在淮河以南以合肥为中心展开激烈角逐。从战略上讲，合肥对于曹孙双方都十分重要，若曹操占得合肥，西起柴桑、东至建业的孙吴长江皖江段广大区域，便直接暴露在曹军面前。曹孙双方一旦隔江对峙，孙权柴桑以西的江北湖荆地带便形势险恶，都城建业也完全暴露在曹军的面前。反之，若孙吴攻占合肥，曹操淮河南北地区则危在旦夕。建安十四年（209）七月，曹操率水军从涡水入淮水，由淮水进至合肥，在打破孙权对合肥的包围以后，在合肥及附近增加驻防军队。为解决军队粮饷问题，曹操开始重修芍陂，并在此地屯田。芍陂，又名安丰塘，是淮水流域最著名的水利工程，相传为春秋时期楚令尹孙叔敖所修，灌溉田地4万余顷，在历史时期对淮水流域的农田灌溉作用巨大。曹操重修芍陂、开建屯田取得很大成效，解决了驻防军队的粮饷问题，为与孙权长期相持提供了物质基础。

16.张辽平定六安

张辽攻灭陈兰、梅成叛乱的战役。建安十三年（208），庐江人陈兰、梅成乘孙权率部围攻合肥之机，起兵反曹，攻占六安等地，规模有数万之众，对合肥形成威胁。合肥之围解除之后，曹操急忙派张辽为荡寇将军率于禁、臧霸、张郃等将前往平叛。张辽不畏山深路险，勇猛攻击，最终诛杀陈兰、梅成，歼灭叛军，稳定了六安等地的局势，保卫了合肥侧翼的安全。

17.曹操肃清江淮

曹操肃清江淮地区依附孙权的各方势力。建安十四年（209）七月，在打破孙权对合肥的包围以后，曹操亲率大军到达合肥，立即采取措施强化对江淮地区的经营。一方面，他设置扬州郡县长吏，重修芍陂，发展屯田。另一方面，他派夏侯渊督率张辽等将，肃清依附孙权的江淮各地方势力。经过半年左右的打击，原先活跃在江淮地带的梅乾、雷绪、陈兰等亲吴势力均被曹军击溃。此后，曹操进一步加强合肥防务，巩固巢湖以北地区，在江淮地带继续兴修水利、扩大屯田，为防范东吴北上侵袭和曹军南伐攻略奠定了基础。

18.贺齐平定山越

贺齐奉孙权之命平定山越叛乱的战役。建安十三年（208），孙权派部将贺齐平定黟、歙地区山越豪强叛乱。山越人是居于深山的东越国和闽越国国民的非编户后代，故被称为山越。当孙权初定江东之际，其辖区内的丹阳郡所属黟县、歙县经常发生山越豪强反叛事件。如山越头领毛甘率万户屯守乌聊山，歙帅金奇率万户山越民屯守安勒山，山越黟帅头领陈仆、祖山等率2万户屯守林历山。当时，孙权正率吴军主力围攻合肥，为稳定后方局势，便派将军贺齐率部前往镇压。贺齐部首先进攻林历山的山越头领陈仆、祖山部。由于林历山山高路危，四面悬崖，叛众居高临下，占尽地利，吴军久攻不下。贺齐趁夜色亲自察看地形，选择山越人不备的隐蔽山道，精选身手矫健的士兵，乘夜色凿石登山偷袭，攻敌不备，山越叛众四面逃窜，吴军又鸣鼓角，扰乱敌方军心，待敌军慌乱不已时，猛攻敌营寨，一举破敌，斩首7000余级。盘踞歙县的山越叛军金奇、毛甘率众投降。此役，贺齐出奇制胜，是一次出色的中国古代山地攻坚战。战后，孙权将原歙地一分为五，即歙、休阳、黎阳、新定、始新，再加上黟共六县，从丹阳郡析出，另立新都郡，隶属扬州。

19.曹操首攻濡须口

曹操南征孙权，双方首次在濡须口（在今无为市东南）对峙激战。建安十七年（212），曹操占领关中地区，稳固了大后方，为遏制孙权在江淮地区的扩张，决定南征。十月，军队集结后，曹操亲率步骑大军，号称40万，沿合肥、巢湖一线，南下征吴。建安十八年（213），曹操军至濡须口。濡须的得失事关东吴门户，闻知曹操亲自率军伐吴，东吴上下积极应对，随即修建军事防御堡垒濡须坞，并调周泰部驰援，孙权亦亲率7万大军抵达濡须抗曹，拜朱然为偏将军，负责守卫濡须坞及东关。战争初期，孙权为挫曹军锐气，密令甘宁夜袭曹营。甘宁奉命，率百余精勇乘夜潜入曹营偷袭，斩杀曹军数十人。由于孙权急于冒进求战，导致后方空虚，给了曹操可乘之机，曹军夜袭孙权事先在濡须口修筑的船坞江西营，俘获都督公孙阳。为扩大战果，曹操又令水军制作油船，利用夜色掩护偷渡洲上，再次突袭濡须吴军。这次，曹军中了吴军的埋伏，孙权派遣水军将领围攻曹操水军，俘获3000多人，曹军溺亡者达数千人之多。此次水战后，孙权数次率军乘船进入曹军防区挑战，曹操水军坚守水寨不出。曹操见孙权战舰精良、军容整肃，布防严密，内心波澜不定，不禁喟然长叹道："生子当如孙仲谋（孙权字仲谋），如刘景升（刘表字景升）儿子，豚犬耳！"孙权给曹操写信说："春水方生，公宜速去。"曹操由于劳师远征，粮草补给困难，军心和士气又有所下降，长期对峙并无利处。再加上曹操也担心"春水方生"后，将更有利于东吴水军活动，便对诸将说："孙权不欺孤"，于是撤军北还。此战，孙权借助濡须坞与曹操相持月余，互有损伤。曹操也探知了孙权的实力，知道江东不可易得，遂专力经营北方。

20.孙权灭朱光

孙权攻灭庐江太守朱光的战事。建安十九年（214），庐江太守朱光叛吴，不听孙权号令，接受曹操之命在皖城屯田，大开稻田，又招诱鄱阳贼帅，使作内应。孙权大怒，采纳吴将吕蒙的建议，计划在稻谷将熟之际进攻皖城。闰五月，孙权率军溯江而上，进逼皖城。朱光闻之，立即收聚部众，据城坚守。吴军到达皖城后，孙权又采纳吕蒙的建议，不给守城的曹军任何喘息待援机会，抓紧战机，一鼓作气，四面齐攻皖城。吕蒙推荐甘宁为升城督，率领精锐士卒从拂晓开始发起猛攻，甘宁身先士卒，吕蒙擂鼓助威，率精锐紧随攻城，最终成功攻破皖城，擒杀朱光，迁徙李术部曲3万人，以孙河为庐江太守。曹操听闻皖城告急，急派驻守合肥的大将张辽率军驰援。当张辽抵达夹石时，得闻皖城已失，遂撤军返回。七月，曹操亲赴合肥督战，想重新夺回皖城。经过一番对峙后，双方相持到十月仍无一方胜出，曹操见短期内难以取胜，便暂时放弃了对皖城的争夺，留张辽率7000余人驻守合肥，自己率部返回许昌。此战，孙权不仅保住了下游江防，对控制江淮南部地区也起到了重要作用。

21. 张辽威震逍遥津

孙权久攻合肥不下而撤，魏将张辽乘机追击，在逍遥津（在今合肥市东北隅）大败吴军的战事。建安二十年（215）八月，孙权乘曹操西征张鲁，挥军10余万人进攻合肥。当时曹军守将张辽率7000余人驻防合肥。张辽按照曹操布置的作战方略，留乐进等将守城，在吴军围城未合之前，自己与部将李典率精兵800人，在凌晨偷袭立足未稳的吴军，一直冲杀到孙权的主帅旗下，奋力护主的吴偏将军陈武战死，孙权仓皇退守高地。双方战至中午，吴军锐气大挫，张辽得以顺利返回合肥城内，膺城固守。孙权久攻合肥十余日不下，又逢军中疫疾流行，被迫撤军。撤退途中，为避免发生混乱，孙权亲率少量将士殿后。张辽乘机率兵追击，在逍遥津截住孙权。张辽采用分兵毁桥的战术，先毁断逍遥津桥，切断孙权退路，再与吴军交战。结果由于孙权护卫力量不够，张辽大破吴军，击败凌统、甘宁、吕蒙、蒋钦等吴将，差点活捉孙权，幸亏吴将贺齐领3000名援兵及时赶到，孙权才得以蹴马趋津，跃过逍遥津断桥，脱险南归。经此一役，张辽威震江东。

22.陆逊平定山越

陆逊平定山越头领费栈的战事。建安二十二年（217），丹阳山越头领费栈被曹魏策反，煽动山区越族人起事，充当曹军内应，配合曹军行动。陆逊向孙权建议："方今英雄棋跱，豺狼窥望，克敌宁乱，非众不济。而山寇旧恶，依阻深地。夫腹心未平，难以图远，可大部伍，取其精锐。"孙权采纳其策，命右部督陆逊率兵前往征伐。由于敌我双方力量悬殊，陆逊采用多种疑兵之计，如多插牙幢、分布鼓角、夜潜山谷吹号击鼓等，令越人自乱阵脚，很快击破费栈武装，宿恶荡除，所过肃清。陆逊强制山越人迁徙到平原地区，编入户籍，种田纳赋，并从中挑选数万强壮者补充到军队中，一同随陆逊回驻芜湖。此役，东吴荡除了后顾之忧，增强了经济和军事实力，使得皖南一带的统治得到加强和巩固。

23.曹操再攻濡须口

曹操南伐东吴第二次进攻濡须口的战事。第一次濡须口之战结束后，曹操退回北方，继续开疆拓土，西征得汉中后，便再次带领号称40万的军队南下伐吴。建安二十二年（217）正月，曹操到达居巢。二月，进军屯驻江西郝谿，大军直指吴军驻守的濡须口。孙权得知军情后，立即集结军队，并亲率援军来到濡须，以濡须坞为基地进行防御迎战，同时任命吕蒙为濡须督，作为前军主将。两军对垒，经过多次交战，互有胜负。但毕竟孙权兵力与曹操兵力相差甚远，两军相持时间越长，对孙权越为不利。再加上这一年吴蜀联盟破裂，出于孤立刘备等战略考虑，孙权遂派都尉徐详向曹操递书请降，主动与曹操修好结盟。曹操也因濡须一时难以攻克，故顺水推舟，报使修好。三月，曹操引兵退还，留夏侯惇、曹仁、张辽等将驻屯居巢。此次濡须口之战，曹操虽然未取得军事上的绝对胜利，但却与孙吴修好媾和，赢得了战略全局上的主动权。

24. 曹丕首伐东吴

　　曹丕第一次讨伐东吴的战事。吴蜀夷陵之战结束后，东吴实力大增，吴魏关系开始恶化，魏文帝曹丕决定南征。黄初三年（222）九月，曹丕兵分东、中、西三路大军南下征吴，东路遣征东将军曹休、前将军张辽、镇东将军臧霸出洞口，中路遣大司马曹仁挥师进逼濡须城，西路遣曹真等围南郡。东路曹休率军抵达洞口后准备渡江，孙权派将军吕范都督五路水军抵御。十一月，狂风暴雨大作，吹断泊于长江南岸的吴船绳缆，吴军战船离散北漂，至曹休兵营附近，魏军乘机袭击，杀、俘东吴军士数千人，吴船来救，击退曹军，收集残军退至长江南岸。中路曹仁统领数万兵马抵达濡须，他采取声东击西的谋略，扬言要东攻羡溪（在今含山县南），引诱据守濡须坞的东吴裨将朱桓分兵救援，然后亲率步骑数万直扑濡须坞。朱桓急令派往羡溪的援兵火速回军，但曹仁已兵临城下。当时，朱桓只有5000余人的守城部队，人人惶恐。朱桓为稳定军心，动员部众说：凡两军交战，胜负的关键在于将领的能力，而非士众的多寡。朱桓激励将士，使将士有了必胜信心，他下令偃旗息鼓，外示形弱，引诱曹仁攻城。果然，曹仁派其子曹泰率兵攻城，又分遣大将常雕、王双等乘油船（一种涂桐油的皮筏子）袭击吴军眷属住地中洲（即羡溪），自领万人留皋（在今巢湖市柘皋镇）作为后援。参军蒋济力劝曹仁不可贸然分兵涉险攻吴，曹仁不听。朱桓临敌不惧，派一部兵力反击常雕、王双，亲率主力部众迎战曹泰。曹泰自恃人众，长驱直入，结果中了朱桓诱敌深入之计，曹军战败烧营撤退。朱桓乘势反攻，诛杀常雕，俘获王双，魏军临阵死伤者千余人，东吴大获全胜。至此，曹丕进军濡须的大军铩羽而归，第一次征吴失败。

25. 曹丕二伐东吴

　　曹丕第二次讨伐东吴的战事。黄初五年（224），志在完成统一大业的曹丕决定再次伐吴。不过，历经濡须之败后，他此次伐吴选择另外一条路线。八月，他亲率水军自许昌沿蔡水、颍水，浮淮河至寿春。九月，到达广陵，饮马长江，并准备渡江伐吴。但因长江辽阔，东吴水军强大，守备森严而不得不退军。

26. 曹丕三伐东吴

曹丕第三次讨伐东吴的战事。黄初六年（225）八月，心有不甘的曹丕再次决定伐吴。他亲率大军自涡水入淮河。十月，到达广陵，在广陵故城临江观兵，戎卒10余万，旌旗林立。但因东吴据江严守，又加上冬季河水结冰，曹船不能入江，曹丕只好写诗叹道："谁云江水广，一苇可以航。不战屈敌虏，戢兵称贤良。"于是，下令撤军北返。曹丕三次南伐东吴，都途经安徽北部，第一次沿巢湖南下，出濡须，第二、三次沿淮河东下广陵，说明其时安徽是南北战略要冲，水路交通对统一南方政权至关重要。

27. 石亭、夹石之战

孙权在石亭（在今潜山县东北）、夹石（在今桐城市北）击败曹休的战事。太和二年（228），东吴鄱阳太守周鲂用诈降之计，写信引诱曹魏扬州牧曹休派兵前来接应。曹休信以为真，五月，亲率步骑10万人向皖城（在今潜山县北）进发。为配合曹休行动，魏明帝曹睿派遣司马懿向江陵，贾逵向东关。八月，孙权率军进驻皖口（在今怀宁县东）。他任命陆逊督中军，朱桓、全琮督左、右军，各领3万人到石亭迎击曹休。曹休发现中计后，本想班师回寿春，但他自恃兵多势众，欲与吴军决一雌雄。东吴三路大军同时冲向曹休军，曹军难以力敌，战败而退。吴军乘胜追击，又在夹石设伏，斩俘魏军1万余人，缴获车乘万辆，军资器械不计其数。东路军贾逵得知曹休兵败，日夜兼程赶往夹石，接应曹休军余部退走。不久，曹休病死。石亭、夹石之役增强了东吴长江北岸的防务，为次年（229）孙权迁都建业即帝位，创造了一个相对安全的环境。

28. 满宠守合肥

魏将满宠据城固守，挫败东吴攻取合肥的战事。太和四年（230）冬，东吴孙权乘陆逊石亭、夹石大败曹休的声威，集合兵力大举进攻合肥，魏守将满宠知军情紧急，一面上报朝廷请求派兵支援，一面据城固守。吴军见魏军准备充分，难以克城，便开始撤军。魏明帝闻知吴军撤退，便也停止向合肥增援。满宠早已料到吴军是以假撤退来麻痹魏军，以便乘虚而攻。他一边向朝廷申明军情，一边加强防守，日夜监视吴军行动。十多天后，吴军果然又返回大举攻城，因满宠的森严戒备，吴军最终没有攻破合肥，只能无功而返。

29.曹植创制《鱼山梵呗》

陈思王曹植创制中国最早的佛教法乐《鱼山梵呗》。太和四年（230），陈思王曹植在游览鱼山时，听到空中有一种梵响（岩谷水声），清扬哀婉，沁人心脾，细听深悟，乃摹其音节，根据《太子瑞应本起经》创写梵呗。梵呗是佛教徒（指比丘、比丘尼）举行宗教仪式时，在佛菩萨前歌诵、供养、止断、赞叹、修持的颂歌，包括赞呗、念唱，等同印度声明学的中国汉化念经系统。曹植所创制的《鱼山梵呗》（即后世所传《鱼山梵》，亦称《鱼山呗》）共有六章，是中国最早的梵呗，被视为中国佛教法乐的创始，曹植因此一直被尊为中国佛教音乐的始祖。后世经支谦、康僧会、觅历、帛法桥、支昙钥、昙迁、僧辩、慧忍、萧子良、梁武帝等僧俗名家对梵呗的传承和发扬，《鱼山梵呗》兴盛于南朝齐、梁，普及于隋、唐。2008年，《鱼山梵呗》被列入第二批国家级非物质文化遗产名录，成为"传统音乐·佛教音乐"类国家级非遗文化瑰宝之一。

30.杨宜口之伏

吴将陆逊进攻皖城地区，魏将满宠在杨宜口（在今霍邱县西北）设伏迎击的军事行动。太和六年（232），东吴大将军陆逊率军进攻曹魏庐江郡。曹魏扬州都督、征东将军满宠认为，庐江城坚兵强，可以固守，而吴军弃舟登陆，长途跋涉，又无后援，易于诱其深入，聚而歼之。因此，满宠没有即刻派军援救皖城，而是督率精锐在杨宜口设伏，以待吴军追兵。

吴将陆逊探知魏军动向，自知不能取胜，遂连夜撤军。

31.孙权首攻合肥新城

孙权率军首次进攻曹魏合肥新城的战事。太和六年（232），因合肥旧城"南临江湖"，常被拥有水军优势的东吴侵扰，曹魏扬州都督、征东将军满宠在原合肥旧城西边30里处修建新合肥城，以作固守之用。次年（233），孙权率水军北上，围攻合肥新城，并遣全琮督陆军进攻六安。孙权兵抵合肥新城，见新城离淝河较远，吴军不敢舍船陆战，便在水上停泊20余日不敢下船。满宠判断孙权不敢攻城，但必定会登陆炫耀武力，遂密遣步骑6000人潜伏在隐蔽处，伺机而动。不久，孙权果然派军登岸，魏军伏兵突袭，斩杀吴军数百人，溺亡者甚众。全琮所率西路吴军也久攻六安不下。至此，东吴水陆两路大军皆无功而返。

32.孙权再攻合肥新城

孙权第二次进攻曹魏合肥新城的战事。嘉禾三年（234）二月，蜀相诸葛亮第五次北伐攻魏，同时遣使联络东吴协同攻魏。五月，孙权派遣三路大军伐魏。陆逊、诸葛瑾率西路军万余人进至江夏、沔口，准备进攻襄阳。将军孙韶、张承率东路军万余人准备进攻广陵、淮阴。孙权自己亲率中路大军10万人从巢湖口北上，再次围攻合肥新城。魏明帝曹睿闻报，一边令满宠进驻合肥新城，坚壁固守，一边立刻派遣步骑8000人作为先锋部队驰援。七月，魏明帝亲率水师向合肥开进。吴军利用攻城器械多次强攻合肥新城，均遭到满宠部将张颖等力战击退，曹军纵火焚烧吴军攻城器械，一举射杀孙权侄子孙泰。吴军久攻不下，军中又出现疾疫，又闻悉魏明帝援军将至，孙权自知难以获胜，只好撤军而退。紧跟着，孙韶、陆逊也先后退兵而回。

33.诸葛恪征山越

吴将诸葛恪奉命征讨丹阳山越的战事。在东吴陆逊征讨山越后的十多年间，孙权大量强征山越人为兵，遭到山越人的反抗，特别是丹阳地区最为激烈。嘉禾三年（234），为扩大兵源，收服山越人，吴将诸葛恪请求再次征讨丹阳山越人。孙权同意诸葛恪的请求，任命其为抚越将军、丹阳太守，督兵征讨丹阳山越。诸葛恪兵临丹阳后，借鉴陆逊采用先武力围困，再招抚使用的策略对付山越人。他先令诸郡严守疆界，随后调集各路将领，分兵扼守险要，修缮藩篱工事，不与山越人直接交兵。待到田野稻谷成熟之时，令士兵全部抢收归仓。旧谷食尽，新谷无收，迫于饥馑，山民不得不出山归降。对于归顺收编的山民，诸葛恪令部下不得随意拘捕，一律统一设屯聚居，这种情形下，大批山民纷纷主动归降。至嘉禾六年（237）十月，诸葛恪先后收降山越人达10万多人，其中4万多青壮丁口被编入吴军，其余徙居平原，成为编户平民，从事农业生产。诸葛恪征讨山越的成功，使东吴消除了内患，扩大了兵源，增强了国力，诸葛恪个人也因此倍受吴主孙权的器重。

34. 东吴开发皖南圩田

东吴在皖南古丹阳湖一带大范围开发圩田以作屯田的措施。赤乌元年（238），负责镇守芜湖、宣城一带的孙权大将丁奉，看中了有20多万亩的金钱湖滩，在奏报孙权获准后，他立即发动军民数万人，披星戴月地围湖造田，并亲自督修圩堤。经过4年时间的垦殖，终于成功"围于湖成良田"。东吴专门设置于湖督农校尉，开发和管理圩田。据《资治通鉴》晋太宁元年（323）胡三省注称："于湖县，本吴督农校尉治，武帝太康二年，分丹阳县立于湖县。"据《读史方舆纪要》卷29记载，金钱圩堤长104里又49步，堤宽丈余，堤高二丈余，堤底宽五丈。圩内高处筑捍田，低处挖沟渠。东吴派驻军队屯田，又迁流民，筑庐舍，建村庄，使军民在圩内耕耘。其后，永安三年（260）、建衡元年（269），东吴又在芜湖、宣城古丹阳湖一带兴建水利，围湖造田，其中就包括今天的万春圩、咸保圩、陶辛圩、易太圩。东吴对皖南古丹阳湖一带圩田的开发，使万顷沼泽之地变为良田，对东吴的经济和军事贡献巨大。

35. 东吴沿长江屯田

东吴在沿长江两岸多地进行大量屯田，以解决军粮问题。三国初期，由于战乱频仍，造成粮食极度匮乏，江淮等区域内人口稀少，大量土地荒芜闲置。曹魏、孙吴政权为供应军粮和改善经济条件，纷纷在军事占领区积极开展屯田。孙吴政权屯田区主要集中在现今的安徽、江苏境内，设有于湖、溧阳、江乘、湖熟等四大屯区。其中，安徽境内除于湖外，沿江防线重要据点均开设屯田区，如沿江江北的皖城、濡须，沿江江南的牛渚、芜湖、赭圻（在今芜湖市繁昌区西北）、虎林（在今池州市贵池区西）、宣城，以及皖南的新都（今黄山市）。东吴屯田制是以国家土地所有制的形式出现的，通常设置有屯田组织和农官，如典农校尉、屯田都尉、屯田校尉等。东吴屯田及屯田户（有时被称为"复田"和"复客"）实际上为各级将领所私有，屯田及屯田户从一开始就被赏赐给功臣将领，也为大族们瓜分土地和劳动力提供条件。如《吴志·吕蒙传》云："权嘉其功，即拜庐江太守，所得人马皆分与之，别赐寻阳屯田六百人，官属三十人。"吕蒙死后，又"与守冢三百家，复田五十顷"。蒋钦死后，孙权"以芜湖民二百户、田二百顷，给钦妻子"。《吴志·潘璋传》云："璋卒，子平以无行居会稽，璋妻居建业，赐田宅复客五十家。"孙吴政权屯田的主要目的在于筹集军粮和发展经济，这在客观上促进了当时安徽、江苏沿长江地区的农业发展。

36. 芜湖首建城隍庙

芜湖是中国历史上最早建筑城隍庙的城市。城隍产生于古代的祭祀，后经中国古代民间信奉和道教演绎成为地方守护神，是中国民间宗教文化中广为流传崇祀的重要神祇之一，常由有功于地方民众的仁人志士、忠臣良将充当原型。据清人孙承泽撰写的《春明梦余录》记载："芜湖城隍庙，建于东吴赤乌二年。"是孙权为纪念亡故的大将芜湖侯徐盛而建，旧址在今天安徽省芜湖市老城区的东内街。据《辞海》记载，芜湖城隍庙是中国历史文献记载最早的城隍庙，可谓天下第一城隍庙。芜湖城隍庙的出现，对后世各地城隍庙建设影响甚远。迨至唐宋明清时期，一般州府县城治地都建有城隍庙，中国民间逐渐形成一整套城隍崇拜和城隍庙会巡游的礼仪和风俗，最终形成中国独具特色的城隍文化现象。

37.芍陂之战

吴将全琮和魏将孙礼、王浚争夺芍陂的战事。赤乌四年（241）四月，吴军分四路北上，其中两路在安徽境内，一路由卫将军全琮率军数万攻淮南，决开芍陂，另一路为威北将军诸葛恪攻六安。另两路在湖北境内，一路为前将军朱然攻樊城，另一路为大将军诸葛瑾攻柤中。曹魏扬州刺史孙礼率部与全琮在芍陂激战，战事自昼达夜，胶着惨烈，将士伤亡过半，仍坚持战斗。曹魏征东将军王浚率援军及时赶到，与孙礼所部会合后，力战全琮，击杀吴将秦晃，全琮败退。同时，西线攻打曹魏樊城的吴军也失利而退，进攻六安、柤中的吴军亦无功而返。

38.曹魏两淮屯田

曹魏军队在安徽境内的淮南、淮北大范围垦殖屯田。汉末魏晋时期，长期战乱，社会动荡，致使社会生产被严重破坏，民不聊生，而淮河南北是袁术割据战乱和魏、吴争夺战略的前沿地带，一度是赤地千里、饿殍遍野。当时，有粮食积蓄是消灭敌人的关键，正始二年（241），主持对吴作战的司马懿始与尚书郎邓艾筹划在淮南、淮北建置军屯。正始三年（242），司马懿开广漕渠，引河入汴，溉东南诸陂，首先在淮北建立了军屯。正始四年（243），魏在淮南、淮北的军屯全面铺开，淮北屯2万人，淮南屯3万人，实行"十二分休"，常有4万人且耕且守，计除众费，每年可获500万斛的军粮。当时在淮南，自钟离而南、横石以西，尽沘水（今淠河）400余里，5里置一营，每营60人进行屯垦。在淮北，整修淮阳、百尺二渠，上引河水与淮、颍沟通，在颍水南、北修建众多水库，供灌溉之用。在这一军屯地区，修水渠计300余里，溉田2万顷，使淮河南北诸屯连成一片。以后，以淮河南北为中心的军屯区域逐渐扩大，自寿春到京师洛阳，农官兵田，鸡犬之声，阡陌相属。自军屯基地创建后，曹魏"大军出征，泛舟而下，达于江淮，资食有储，而无水害"。到三国后期，曹魏在与孙吴的争战中已明显占据上风，曹魏逐渐占据江淮。掌控曹魏政权的司马懿为积蓄吞并吴国的力量，在两淮地区进行更大规模的军屯，淮河南北，到处是曹魏屯田的军队。甘露二年（257），诸葛诞反于淮南，曾"敛淮南及淮北郡县屯田口十余万官兵"。足见，曹魏两淮军屯对恢复战乱破坏的江淮地区社会经济，支持魏晋对东吴的战争，起到了巨大作用。

39. 诸葛恪袭六安

吴将诸葛恪率军袭击曹魏六安的战事。赤乌六年（243），东吴威北将军诸葛恪出皖城北上，再次率军攻袭六安，攻破曹魏守将谢顺的军营，掳掠当地百姓而还。同年冬，曹魏司马懿自舒城南下反击，孙权令诸葛恪自皖城后退至江夏郡的柴桑。诸葛恪随即弃城遁走，司马懿遂焚皖城吴军所积财物而返。

40. 王凌之叛

曹魏太尉王凌据寿春起兵反叛司马懿的战事。高平陵事变后，曹魏大权尽入司马氏之手。时太尉王凌为假节都督扬州诸军事，其外甥令狐愚为兖州刺史，甥舅并统重兵，专淮南之重，司马懿又进王凌为太尉、假节钺，但王凌与令狐愚仍密谋迎立楚王曹彪，都许昌，取代齐王曹芳。嘉平三年（251）春，王凌起兵，时愚已病死，王凌遣将军杨弘将废立事告兖州刺史黄华，华、弘联名上告司马懿，懿率军乘水道讨凌，凌自知势弱，乃只身乘船出迎，被遣还京师，途中饮药而亡。司马懿乃穷治其事，赐楚王曹彪死，诸相连者悉夷三族。这年，司马懿病死，司马师代父掌权，废曹芳，立高贵乡公曹髦为帝。

41.东兴之战

吴将诸葛恪凭东兴堤（在今含山县西南）抵御曹军入侵的战事。建兴元年（252），孙权病逝，刚奉诏辅政不久的东吴太傅、大将军诸葛恪领兵4万人，在东兴结集，修复以前孙策建筑的东兴堤，以用来防御从巢湖沿濡须水南侵的曹军。诸葛恪在大堤两端缘着山势建筑2座坞城，巩固城防，每座坞城驻兵千人，遣将军全端守西城，都尉留略守东城，以备曹魏进袭。东吴的这一举动大大刺激了曹魏，许多重臣认为这是吴国的侵略行为，主张讨伐东吴。十一月，魏军分三道伐吴，王昶攻南郡，毋丘俭攻武昌，胡遵、诸葛诞率主力7万进攻东兴。十二月，胡遵主力抵达东兴城坞，作浮桥渡，陈兵堤上，分兵攻两城。获悉曹魏攻打东兴后，诸葛恪立即兴兵4万救援，以将军留赞、吕据、唐咨、丁奉为前锋。时天寒大雪，魏军胡遵等部以为吴军人少，毫无戒备。遭到诸葛恪援军的突然袭击，魏军乱作一团，纷纷争渡浮桥溃散，造成桥断，许多士兵掉落水中，死者数万人，车马等军资损失殆尽。侧应攻吴的魏将毋丘俭、王昶等军因东兴兵败，亦烧营退走。此役，诸葛恪指挥有方，吴军大胜，振旅而还。诸葛恪进位阳都侯，加荆、扬二州牧，督中外诸军事，集东吴军政大权于一身。

42.诸葛恪北伐

吴将诸葛恪北伐攻打曹魏淮南的战事。建兴二年（253年）四月，诸葛恪联络蜀汉大将军姜维，吴、蜀同时从东西两面攻魏，蜀将姜维率军数万围攻狄道，吴将诸葛恪率军20万进攻淮南。但这次北伐之举，诸葛恪不顾兵民疲劳和多数大臣们的反对意见，一意孤行，决断行事，出兵前引起东吴上下强烈反对。当急于求胜的诸葛恪率军到达淮南境内时，百姓听说吴军来攻，早已溃散。诸葛恪在淮南一无所获，只好于五月回军围攻合肥新城。曹魏派太尉司马孚率20万大军驰援淮南，屯驻寿春以伺战机。曹魏合肥新城守将张特率3000余部众固守待援，吴军围攻月余不下。张特因士卒伤亡过半，遂采用缓兵之策，假意投降。诸葛恪上当，信以为真，下令吴军暂停攻城。张特乘机加固城寨，休整部众，继续坚守。吴军屯兵坚城之下，虽攻伐3个月，却未能攻拔。时值酷暑，疾病流行，士卒伤病过半，斗志涣散。坐镇寿春的司马孚得知消息，立即派援军发动攻势，吴军被迫解围退走。诸葛恪这次徒劳无功的北伐令他威信扫地，其执政的声望降到了最低点，回到吴都后不久，即被孙峻所杀。

43. 毌丘俭之叛

魏将毌丘俭据寿春起兵反叛司马师的战事。正元二年（255），镇东大将军、都督扬州诸军事毌丘俭，扬州刺史文钦等起兵勤王，讨伐专权的司马师。他们令淮南屯兵及吏民皆入寿春城，分老弱拒守，俭、钦自率五六万人渡淮，西至项。司马师统中外军进讨，并遣镇南大将军、豫州刺史诸葛诞和征东将军胡遵分路夹击，令各路军坚守阵地，不要正面交战。俭、钦进退两难，淮南将士的家乡都在北边，军心涣散，纷纷叛降。魏将兖州刺史邓艾用计诱使毌丘俭、文钦出击，结果大破文钦，毌丘俭听说文钦战败后很担心，便在夜里撤兵，士卒逃散，毌丘俭被杀，文钦逃奔东吴。事平后，司马师以诸葛诞继任镇东大将军、都督扬州诸军事。不久，司马师卒，弟司马昭代兄辅政。

44. 诸葛诞之叛

魏将诸葛诞据寿春起兵反叛司马昭的战事。甘露二年（257）四月，不断铲除异己，企图代魏的司马昭听从贾充的建议，征召拥兵淮南的诸葛诞入朝为司空，借以削除其兵权。诸葛诞识破这一阴谋，拒不从召，杀曹魏扬州刺史乐綝，聚兵15万反叛，并派长史吴纲、其子诸葛靓奔赴东吴求援。东吴派全怿、全端、唐咨、王祚、文钦、于诠等将率3万余众前去相助。闻悉诸葛诞叛变，司马昭亲督26万大军征讨，到达丘头后，先派将军王基、陈骞等一部围困寿春。吴将文钦、全怿等乘寿春还未完全被包围之机，率兵3万入城助守。随后，率兵3万驰援赶到的吴将朱异屯于寿春城西南，以作外援。司马昭知道寿春城坚粮足，一时难以攻克，就派王基、陈骞先击败朱异，朱异退却。六月，司马昭到达寿春，四面围城。七月，东吴大将军孙綝统兵屯镬里（在今巢湖市西北），再次派遣朱异领兵5万援救寿春。司马昭再次击败朱异，并出奇兵焚烧了吴军粮秣，迫使孙綝退兵。之后，司马昭扬言撤兵，麻痹寿春守军，并施以反间计，令寿春守军内讧迭起。吴将全怿等相继出城投降，司马昭都委任他们为将。次年（258）正月，寿春城内粮食渐尽，诸葛诞和文钦、唐咨等试图强行突围，结果失败，死伤枕藉，唯有撤回城内，而城中粮食已经告罄，数万兵民出降。文钦想将城中的北方人全部放出城，仅以吴兵据守，以减少粮食消耗，诸葛诞不听，更因忌恨文钦而将他杀害，文钦子文鸯、文虎出降司马昭。二月，司马昭攻克寿春，诸葛诞兵败出城逃亡，被魏将胡奋部下士兵击杀。吴将于诠战死，唐咨和王祚则投降。这样，历经对王淩、毋丘俭、诸葛诞三次淮南兵变的镇压，司马氏成功铲除拥护魏帝的势力。此后，朝廷文武大臣纷纷拥护司马昭。

45. 谯沛集团辅佐曹魏政权

谯沛集团在辅佐曹魏政权中发挥着重要作用。谯沛集团指曹魏政权中谯沛籍的军事将领群体，为曹操统一北方和曹氏政权的发展发挥了巨大的作用。谯、沛地区是曹魏政权的"帝王故里"。兖州谯沛人曹操起兵谋天下的过程中，以夏侯、曹氏为代表的与曹操有密切血缘宗亲关系的庶族地主豪强们，纷纷率领各自的佃客、部曲及乡民投入曹操军中，成为曹操南征北战、创建霸业的核心骨干力量。正如史学家陈寿所称："夏侯、曹氏，世为婚姻，故惇、渊、仁、洪、休、尚、真等并以亲旧肺腑，贵重于时，左右勋业，咸有效劳。"像军事集团中的许褚、典韦、李典、于禁、程昱、韩浩、史涣、王必、卫兹、毛玠、任峻、乐进、吕虔、满宠等重要将领，虽不是夏侯、曹氏成员，但也多为谯沛籍，或是曹氏亲信。至于曹操阵营中来自谯沛籍的中下级将领，更是多不胜数。由此，在曹魏集团中形成了"谯沛集团"。核心成员和曹魏政权有着极为密切的血缘宗亲关系，其成员大多尚武少文，社会出身不高，多为能征善战的武将，主要集中在曹操军事集团中，他们是曹操统一北方，开创"霸府政治"的核心依靠力量。

46.淮泗集团辅佐东吴政权

淮泗集团是辅佐东吴政权的一个重要政治、军事力量。淮泗集团是指南渡淮泗人士在东吴政权内部形成的政治利益群体，他们与江东大族集团共同辅佐东吴政权，包括跟随孙策南渡的淮泗将领和避难江南的淮泗寄寓宾客，其主要代表人物有彭城张昭、张休父子，琅邪诸葛瑾、诸葛恪父子，庐江周瑜、丁奉，临淮鲁肃，沛郡薛综，汝南胡综、吕蒙、吕范，九江周泰等。此外，程普、黄盖、韩当、甘宁、凌统、徐盛、潘璋等，这些被孙权提拔重用的军事将领，虽不是来自淮泗地区，但因其政治立场与淮泗集团一致，所以他们也是淮泗集团政治势力的组成部分。东吴前期，淮泗集团是孙氏政权初期建国的骨干力量，而孙氏政权也是淮泗集团在江南权益的庇护力量。东吴中期，随着孙氏政权的江东化，江东大族的政治地位上升，淮泗集团与江东大族权力争夺日趋激烈，地位逐渐被江东大族所取代，淮泗集团势力受到削弱，地位下降，但是淮泗集团作为东吴政权的一支政治力量依旧存在，对孙氏政权依然起着十分重要的作用。东吴后期，淮泗集团渐次衰弱，吴灭后最终落籍江南。

47."三曹"引领建安文学

建安时期，曹操、曹丕、曹植三父子引领邺下文人，推动了北方文学的繁荣。"三曹"是指东汉末年曹操与其子曹丕、曹植，他们雅爱词章，不但以帝王之尊、公子之豪提倡文学，而且身体力行，创作了各具风格的名篇佳作，促成了五言古体诗歌的黄金时代，是建安时代最为优秀的诗人。曹操的诗气魄雄伟，慷慨悲凉，代表诗作有《观沧海》《短歌行》《龟虽寿》《蒿里行》等。曹丕的诗纤巧细密，清新明丽，代表诗作有《燕歌行》等。他的代表理论著作《典论·论文》，是中国文学批评史较早的一篇专论，内容涉及文学的价值、作家的个性，与作品的风格、文体、文学的批评态度等诸问题，对于当时文学的自觉及后世文学与文学批评的发展都有很大影响。曹植的诗笔力雄健，淋漓悲壮，代表诗作有《洛神赋》《白马篇》《七哀诗》等。他们邃远的心境、杰出的才干，诗词歌赋作风一洗前代文风，对当时的文坛产生了巨大且深远的影响，促成了"建安风骨"的衍生和聿兴。建安九年（204），曹操占据邺城后，在中国北方创建了一个相对稳定的政治局面。曹操善属文，爱文士，倡导"尚刑名""尚通脱"，许多饱经战乱之苦的文士相继奔投邺城，归附曹氏周围，形成了以"三曹"为领袖，以"邺中七子"孔融、陈琳、王粲、徐干、阮瑀、应玚、刘桢为代表的邺下文人集团。他们作诗习文，探讨文学，歌功颂德，抒发情怀，写征战之苦，述社会之乱，发展并繁荣了建安文学，给后世留下了"建安风骨"这一宝贵精神财富，在中国文学史上占有相当重要的地位。故有"无'三曹'，无建安"的说法。

48. 嵇康之学

三国后期，著名思想家、音乐家、文学家嵇康因得罪权贵，被司马昭杀害。嵇康（224—263），字叔夜，谯国铚县人。早年丧父，由母亲和兄长抚养成人，有奇才，但他不修边幅，向往出世的生活，与阮籍、山涛、刘伶、向秀、阮咸、王戎一起被称为"竹林七贤"，是玄学的代表人物。嵇康崇尚老庄，倡导道家的虚静淡泊，非常讲究养生服食，著有《养生论》，提出"越名教而任自然"的养生之学；他通晓音律，尤爱弹琴，著有《琴赋》，对琴的演奏和表演力作了精深的论述。嵇康擅长弹奏名曲《广陵散》，且写出了《长清》《短清》《长侧》《短侧》等四部曲子，号称"嵇氏四弄"。他还著有音乐理论著作《声无哀乐论》，阐明了同一音乐可以引起不同感情的论断，并认为声音的本质是"和"。嵇康的文学修养也很高，有诗歌和散文方面的创作，他的诗今存50余首，多为四言律诗，代表作有《幽愤诗》《酒会诗》《答二郭诗》等；嵇康还擅长绘画、书法，《历代名画记》中收藏有嵇康的《巢由洗耳图》《狮子击象图》二幅画作。与在文学、艺术方面的无比执着和巨大成就相比，嵇康却对官场并不在意。山涛离开选官职位时，举荐嵇康代替自己。嵇康作《与山巨源绝交书》，列出自己有"七不堪""二不可"，坚决拒绝为官。最后，嵇康娶了曹操曾孙女长乐亭公主为妻，官至魏中散大夫。后因得罪钟会，被司马昭斩于洛阳东市。

49.刘伶避世

名士刘伶崇尚玄虚，借酒避世。刘伶（生卒不详），字伯伦，沛国人，魏晋时期名士，"竹林七贤"之一。刘伶出身低微，身高六尺（不到一米五），容貌甚陋，放情肆志，常以细宇宙齐万物为心。他平常沉默寡言，不妄交游，与阮籍、嵇康相遇，则欣然神解，携手入林。刘伶崇尚老庄之学，个性孤僻，不拘礼法，嗜酒不羁，任性放诞，甚至达到了"病酒"的境地，还常有一些惊世骇俗的行为，他也因之被称为"醉侯"。如他经常乘坐鹿车，提着一壶酒，使人扛着锸跟着他，说："死便埋我。"再如，他有时脱掉衣服，赤身裸体呆在屋中。有人看到后讥笑他，刘伶说：我把天地当房子，把房屋当裤子，诸位为什么跑到我裤子里来？这也是成语"曝裤当屋"的出处。刘伶不愿为官。晋武帝泰始初年，官府曾策问刘伶治政之首，他在回答时，强调无为而治，让官府很失望，觉得他百无一用。在文学上，刘伶创作的存世作品有《酒德颂》和《北芒客舍》。《酒德颂》是一篇骈文，文章行文轻灵，笔意恣肆，文中自称"惟酒是务，焉知其余"。《北芒客舍》是一首古体诗，全诗前阕写景，后阕抒情，景中含情，情因景发，意韵散淡，裁剪恰当。刘伶的思想，看似荒诞无稽，却生动的反映了魏晋名士崇尚玄虚、消极颓废的心态，表现出对"名教"礼法的蔑视和对自然道法的向往。表面看来，刘伶被视如酒鬼，实质来看，他心怀崇尚自然、无为而治、追求任性的哲思理念，具有独立人格和反抗精神。

50.王蕃的天文、数学成就

东吴科学家王蕃在天文、数学领域取得了非凡成就。王蕃（227—266），庐江郡人，历任尚书郎、散骑中常侍等职，三国时期东吴著名的天文学家和数学家。《三国志·吴志》称他"博览多闻，兼通术艺"。他继承刘洪创制的东吴历法《乾象历》，并根据张衡的浑天说和自己观察天象的经验，重制浑天仪，写出《浑天象注》，分周天为365.25度，测黄道与赤道交角为24度（今测定为23.5度），提高了黄赤交角的精确性。在数学上，研究出圆周率为π=3.1556，为当时一项重要数学成就。甘露二年（266），为人高尚耿直、名重一时的王蕃被暴君孙皓无故杀害。

（二）两晋

1. 东吴攻晋合肥之战

东吴进攻西晋合肥的战事。泰始四年（268），东吴派丁奉、诸葛靓从芍陂出发，进攻合肥，企图趁魏晋政权更迭，西晋人心不稳的情况下夺取合肥，扩大势力范围，实现"守江必守淮"的防御目的。丁奉还采用离间之计，给西晋大将石苞写了封信，石苞果然从前线被晋廷调回。但接替石苞的西晋安东将军汝阴王司马骏却并没有让丁奉捞到任何便宜。司马骏利用东吴军队水军强、步骑弱的特点，采用坚守策略，利用合肥城坚固的城防工事与吴军进行持久战、消耗战，消磨东吴军队的锐气，同时以小股军队对其进行骚扰作战，破坏其后勤运输线，使得东吴军队在对峙一段时间后就被迫退兵，最终晋军赢得守城战争的胜利。

2. 丁奉攻谷阳

吴将丁奉攻打西晋谷阳的战事。泰始五年（269），吴将丁奉再次率军进驻徐塘（在今含山县南），进而谋攻西晋谷阳（在今固镇县西北）。谷阳的百姓提前得到消息，全部撤离，丁奉一无所获。吴帝孙皓闻之大怒，斩杀了丁奉的向导官。

3. 枳里、涂中之战

晋将陈骞攻破东吴枳里城、涂中屯的战事。泰始十年（274）九月，晋武帝以大将军陈骞为太尉、都督扬州诸军事、假黄钺，率军攻打东吴枳里城，东吴也派遣军队迎战。结果陈骞攻克枳里城，并攻破东吴在涂中的屯兵，俘虏了吴军立信校尉庄祐，陈骞侄子陈惺因此被赐爵关中侯。

4. 皖城之战

晋将王浑派部将应绰攻克东吴皖城的战事。咸宁四年（278），王浑以安东将军、都督扬州诸军事镇守寿春。在获知东吴在皖城大规模开垦田地，囤粮练兵，准备以此为基地北上攻晋时，王浑派遣扬州刺史应绰督领淮南驻军南下进攻皖城。经过激战，应绰攻破皖城，大胜吴军，斩杀东吴屯田军5000余人，焚毁囤积的谷粮80余万斛，践坏稻苗4000余顷，烧毁船只600余艘。此战大捷，使西晋拔掉了东吴长江江防沿线一个经营多年的江北重要军事据点。自此以后，王浑即陈兵晋吴边境关隘，观察吴军情状，为大举南伐灭吴做准备。

5. 板桥之战

西晋灭吴之战时，晋将王浑与吴相张悌在板桥（在今和县北）发生的战事。咸宁五年（279）十一月，晋廷决计灭吴，出兵20余万，分六路水陆并进。安徽境内的一路为司马伷兵出涂中，一路为王浑兵出横江。当王浑大军到达长江北岸时，东吴丞相、军师张悌率护军孙震、丹阳太守沈莹、副军师诸葛靓，领兵3万从牛渚渡江迎战。张悌领兵在杨荷桥围困率7000余众的王浑部将城阳都尉张乔，吴军接受伪降的张乔后，又与王浑所派的安东司马孙畴和扬州刺史周浚在板桥对阵激战。吴军三次冲阵失利，加之诈降的张乔在后军乘机作乱，晋军大败吴军，斩杀吴军7800余人，张悌、沈莹和孙震等被俘后斩杀。王浑所领晋军乘势攻向吴都建业。西晋上游水军占领武昌后也顺江东下，过三山（今属芜湖市弋江区）后，直逼建

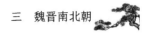

业。次年（280）三月，东吴灭亡。

6. 夏侯湛的文学成就

西晋文学家夏侯湛在文学方面卓有成就。夏侯湛（约243—约291），字孝若，谯国谯县人，东汉征西将军夏侯渊曾孙，西晋文学家。《晋书》本传载，他幼有盛才，文章宏富，善构新词，而美容观，与潘岳友善，每行止同舆接茵，京都谓之"连璧"。著有《魏书》，因得知陈寿在撰写《三国志》，于是便坏己书而停。著有《夏侯湛集》《新论》各十卷，多已佚失。今存《周诗》等诗文20余篇，以四时景色、花草鸟兽为主要内容，文笔清新优美。他的文章以《文选》所载《东方朔画赞》最为著名。另外，他模仿《尚书》创作的《昆弟诰》，文辞古奥，在魏晋散文中颇为独特。

7. 元康寿春地震

西晋元康年间寿春发生的一次震级较高的地震。《晋书·惠帝纪》载，元康四年（294）六月，"寿春地大震，死者二十余家"。同书《五行志》载："六月，寿春大雷，山崩地坼，人家陷死。"这是见于正史记载最早的震中位于安徽境内的地震。根据有关学者研究，这次地震发生在公历7月10日至8月8日间，震级约5.5级，震中位置为北纬32.6°，东经116.8°，震中烈度七度。

8. 嵇含撰《南方草木状》

嵇含撰写地方植物志《南方草木状》。嵇含（263—306），字君道，西晋植物学家和文学家，祖籍谯国铚县，家居巩县亳丘（在今巩义市），是嵇康的侄孙。永兴元年（304），嵇含撰成《南方草木状》，载述岭南及域外植物草、木、果、竹四类共八种，是我国现存最早的地方植物志。此外，嵇含还精通文学，著有三首五言诗即《登高》《悦晴》《伉俪》。《隋书·经籍志》录有《嵇含集》10卷，但今已佚失。

9.杜夷授徒

西晋杜夷淡泊名利，闭门潜心教授生徒。杜夷（258—323），字行齐，庐江灊县（在今霍山县东北）人，西晋隐士、教育家。《晋书》本传记载：杜夷少而恬泊，操尚贞素，居甚贫窭，不营产业，博览经籍百家之书，算历图纬靡不毕究。寓居在汝颍之间，十年足不出户。在他四十余岁时，方始还乡里，闭门教授，生徒千人。西晋惠帝时，他三次被荐为孝廉，州郡辟为别驾。永嘉（307—313）初年，又被征拜为博士、太傅，均不应命。晋元帝时，任国子祭酒。著有《幽求子》20篇行于世。

10.祖逖北伐

东晋将领祖逖北伐，收复淮北、河南大片领土的战事。祖逖（266—321），字士雅，范阳遒县（在今涞水县北）人。祖逖出身于范阳祖氏，曾任司州主簿、大司马掾、骠骑祭酒、太子中舍人等职，后率亲党避乱于江淮，被授为奋威将军、豫州刺史。建武元年（317），祖逖率部北伐，进驻芦洲（在今亳州市东涡水北岸），打败自封为豫州刺史的张平等，占领谯城。因受到广大民众支持，祖逖历经数年苦战，收复黄河以南大片领土，使得后赵石勒不敢南侵，进封镇西将军。但因势力强盛，受到东晋朝廷的忌惮。太兴四年（321），朝廷任征西将军戴渊出镇合肥，以牵制祖逖。北伐难成，祖逖悲愤成疾而死，其弟祖约代领其兵，屯谯城。次年（322），后赵向河南扩张，祖约自谯城退守寿春，后赵很快占领了河南和淮河流域地区，从此南北朝对峙局面出现。

11.后赵攻晋之战

后赵将军石聪攻打东晋寿春等地的战事。永昌元年（322），后赵南侵河南，祖约自谯城退据寿春。咸和元年（326）十一月，后赵将军石聪领兵攻寿春，东晋豫州刺史祖约多次上表请求朝廷派兵援救，但晋廷都没有出兵支援。咸和二年（327）十月，祖约起兵响应苏峻叛乱。次年（328），祖约率兵据历阳。于是，石聪的后赵大军长驱直入，侵扰淮南诸地，攻占逡遒、阜陵（在今全椒县东南），杀掠 5000 余人。晋成帝见后赵大军逼近建康，十分震恐，赶紧调派王导为大司马，统帅诸军在江宁一带设防，历阳内史苏峻奉命遣部将韩晃迎击石聪，石聪战败退走。

12.苏峻之乱

晋将苏峻以讨伐庾亮为名举兵反晋的战事。咸和二年（327）十月，历阳内史苏峻联合豫州刺史祖约，以讨伐庾亮为名举兵反晋。十二月辛亥，苏峻部将韩晃攻占姑孰（今当涂县），屠于湖，掠取官军盐米等战略储备物资。晋廷大为震恐，建康全城戒严，任命假护军将军庾亮为征讨都督，右卫将军赵胤为冠军将军、历阳太守，和左将军司马流共同率军迎战苏峻。辛未，宣城内史桓彝企图从侧背偷袭韩晃，被韩晃在芜湖击败，桓彝经石硊退守广德。次年（328）正月，苏峻向京师建康发起进攻。韩晃同司马流在慈湖交兵，司马流战死。苏峻率兵 2 万从横江渡江，克牛渚，从陵口取道小丹阳，攻破建康。六月，桓彝自广德进屯泾县，派遣副将俞纵率兵 3000 人进驻兰石山，构筑走马城，与桓彝互为犄角，共同御敌。韩晃率兵 5000 人选择首攻走马城，俞纵与之交战不利，左右劝俞纵退兵，俞纵不允，力战而死。韩晃接着进攻桓彝，桓彝固守泾县近一年，最终城破被杀，苏峻实现对京师腹地宣城郡的占领。此时，逃奔寻阳的庾亮和江州刺史温峤共同推举征西大将军陶侃为盟主，建立反苏峻讨伐军，同时三吴地区（吴郡、吴兴郡和会稽郡）也有义兵响应。十月，庾亮、温峤、赵胤共同领兵万人从白石登岸南下讨伐苏峻，苏峻领兵 8000 人迎战失利，率数骑突围未成，被荆州刺史陶侃部将彭世等所杀，苏峻部属推其弟苏逸为主。咸和四年（329）正月，赵胤派部将甘苗进攻据守历阳的祖约，祖约率军北奔后赵，后被石勒诛杀。二月，庾亮等朝廷勤王联军攻破石头城，俘杀苏逸，苏峻之乱平息。

13. 毛宝战祖约

晋将温峤前锋毛宝攻打叛将祖约的系列战事。咸和二年（327），屯驻寿春的晋将祖约响应苏峻叛晋。祖约派遣祖焕、司马桓抚等人自寿春往溢口袭击晋将陶侃所部，不想其属将桓宣背叛。于是，祖焕、司马桓抚等人途中转而进攻屯于马头山的桓宣，桓宣向晋将温峤前锋毛宝求救，毛宝疑其有诈，没有救援。桓宣又遣其子桓戎来请援，为探虚实，毛宝仅带兵1000人前去救援。毛宝军尚未到，桓宣已与叛军交战。由于孤军深入，兵力不足，军械低劣，毛宝被祖焕、司马桓抚打得大败，自己还身中一箭。毛宝连夜奔逃百余里回到主力晋军泊船处，简单疗伤和哭祭阵亡兵士后，就亲率主力军前去救援桓宣，祖焕、司马桓抚被毛宝击败退兵。毛宝成功救出桓宣，桓宣率残部归诚陶侃。之后，毛宝又率军攻占祖约军所扼守的东关，又攻破合肥，祖约被逼投奔后赵。

14. 陈逵得而复失寿春

晋将陈逵收复寿春后，因褚裒北伐失利而撤出寿春。永和五年（349），后赵皇帝石虎去世，其诸子为争夺帝位不断发生内战，后赵陷入一片混乱之中。驻守寿春的后赵扬州刺史王浃归附东晋，于是东晋政府派镇成历阳的西中郎将、领梁与淮南二郡太守的陈逵出兵收复寿春。此际，东晋权臣桓温请求利用后赵内乱之机北伐，没被批准。同年七月，东晋朝廷为制衡桓温，却派无征战经验的褚裒为征北将军北伐。褚裒率军3万从京口开赴彭城，以讨伐后赵新帝石遵，史称"褚裒北伐"。石遵任李农为南讨大都督，带领2万骑兵迎战，与褚裒部将王龛等在代陂交战，王龛等不敌大败，被后赵俘杀。褚裒北伐失利，退兵广陵。陈逵听闻战况后很害怕，马上焚烧了寿春所积财物，毁城南逃。战略重镇寿春得而复失。

15. 袁真攻合肥之战

东晋庐江太守袁真攻克后赵合肥的战事。永和六年（350），冉闵称帝

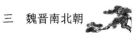

建魏，后赵诸屯皆不愿听其号令，冉闵杀掉割据的石鉴。镇守襄州的石虎之子石祇借机称帝，冉魏境内的各少数民族割据势力，纷纷拥兵响应石祇。冉闵出于无奈，向东晋求援，请求东晋朝廷出兵与其共讨叛逆。在冉闵诛杀后赵司空李农等人后，东晋朝廷派遣庐江太守袁真进攻合肥，俘虏石祇所置南蛮校尉桑坦，并将合肥百姓全部南迁。

16.殷浩北伐

东晋权臣殷浩北伐进攻两淮、河南的系列战事。永和六年（350），东晋朝廷欲乘后赵内乱之机收复中原，遂任命殷浩为中军将军、假节、都督扬豫徐兖青五州军事，为北伐中原作准备。八年（352），殷浩上表北伐许昌、洛阳，获准后，他以淮南太守陈逵、兖州刺史蔡裔为前锋，安西将军谢尚、北中郎将荀羡为督统，挥军北上。在兵至许昌后，守将张遇因后赵灭亡而投降晋军。九年（353）冬天，殷浩率领7万大军从寿阳起兵北伐，命姚襄为前驱，冠军将军刘洽镇守鹿台，建武将军刘遁镇守仓垣。但因东晋豫州刺史谢尚不能安抚新归降的张遇，张遇又据许昌城叛变，并派兵进据洛阳，同时进攻晋军所占据的仓垣。谢尚和姚襄联手进攻张遇，结果晋军大败，刚抵达许昌的殷浩等只好回军退守寿阳。之后，殷浩再次整军北伐。当行军驻扎于山桑时，遭到后赵降将姚襄的反叛，被伏兵袭击，殷浩军大败，丢弃辎重，退保谯城。东晋大量兵械军储都被姚襄所获，俘、斩士卒万余人。十一月，殷浩又派刘启、王彬之进攻山桑，皆被姚襄打败斩杀，殷浩北伐彻底失败。此时，原本与殷浩争权的桓温，闻及浩败，上表弹劾，指责殷浩连年北伐败绩，粮械尽失，反以资敌，请求将其治罪，东晋朝廷遂下诏废殷浩为庶人。

17.姚襄叛晋

姚襄叛晋，占据两淮、河南多地的系列战事。永和七年（351），后赵灭亡，将领姚弋仲携其子姚襄降晋，皆获东晋遥封官职及爵位。次年（352）姚弋仲死，姚襄依从父亲遗命南奔东晋，驻屯谯郡。永和八年

（352），姚襄在谢尚兵败后退屯历阳，并大行屯田及训练将士。然因殷浩忌惮姚襄，竟多次派刺客刺杀他，又派魏憬意图偷袭他，最终令姚襄决心叛晋。永和九年（353），姚襄在殷浩北伐期间临阵叛晋，倒戈攻击殷浩，不但令殷浩北伐失败，而且盘踞淮河一带，在盱眙建立根据地。永和十年（354），江西流民郭敞等人在东晋侨置陈留郡的堂邑叛乱，捕掳陈留太守刘仕向姚襄归降。因叛乱临近东晋赖以自守的长江天险，于是令东晋朝廷十分震惊，立刻加强对京师建康的防守。然而，姚襄没有南进，反倒北归，于是转据许昌。

18.桓温北伐

东晋权臣桓温三次北伐，一度收复河南多地的系列战事。桓温，（312—373），字元子，谯国龙亢人，晋明帝女婿，东晋政治家、军事家。殷浩北伐失利后，东晋大权归于桓温。而此时的北方政权却频生内乱，桓温先后于永和十年（354）、永和十二年（356）及太和四年（369）发动三次北伐，除第二次北伐成功收复洛阳外，其余两次皆被击退，成效不大。永和十年（354），桓温亲率步骑48000人第一次北伐，连破前秦苻健军，直抵霸上。当地居民"持牛酒迎温于路者十之八九"。耆老感慨流泪说："不图今日复见官军！"后桓温因战事不利和军粮不继未能攻克长安，被迫迁关中3000多户南归襄阳。

第二次北伐是在永和十二年（356），桓温从江陵起兵，讨伐叛据洛阳的周成和正在围攻洛阳的姚襄。他先派遣督护高武占据鲁阳，辅国将军戴施驻屯黄河上，领水军逼近许昌和洛阳，又派徐、豫二州之兵经过淮河、泗水进入黄河协助北伐，桓温自己则领兵随后作支援。八月，桓温抵达洛阳城南的伊水，久攻洛阳不下的姚襄于是撤围，转而抵抗桓温，被桓温打败，姚襄先逃至洛阳北山，之后又携余众西逃至并州。周成举洛阳城向桓温投降。桓温建议晋穆帝还都洛阳，又建议自西晋末年南迁的士庶人等均返回故乡。可是这时的东晋王朝上自皇帝下至达官贵人，均乐安于江南一隅，不愿北还。桓温无奈，只好留兵戍守洛阳，在修复晋室皇陵后，就押着降将周成及3000余家归降的平民南归。桓温返回江南后不久，洛阳等已收复的河南之地又相继沦陷。

太和四年（369），桓温第三次北伐。大司马桓温率步骑5万人从姑孰北伐前燕。桓温军一路势如破竹，大败前燕军，直至进抵距前燕都城邺城不远的枋头，遭遇前燕南讨大都督慕容垂部5万燕军的殊死抵抗，前燕求救于前秦苻坚，联手抗击桓温。桓温急遣袁真进攻谯、梁，企图凿通石门以通粮运。但袁真虽攻下谯、梁，却一时难以凿通石门，结果桓温军粮竭尽，粮运不继，只能被迫焚舟从陆道归国。途中先是在襄邑被前燕慕容垂和慕容德设伏打败，退至谯县又被赶来支援的前秦将领苟池、邓羌骑兵劫了归路，死伤者3万多人，回到姑孰时，5万兵马仅剩1万多人。桓温北伐，虽在广大人民的支持下取得一些战果，但限于东晋统治集团内部的钩心斗角、破坏北伐等因素，所以很难成功。

19.谢万北伐

晋将谢万攻伐前燕的战事。升平二年（358）十月，东晋太山太守诸葛攸讨伐东郡。前燕烈祖景昭帝慕容儁诏令慕容恪率军迎战，并发动攻击东晋王朝的"并州之战""河南之战"，诸葛攸等晋军大败。次年（359），东晋朝廷命豫州刺史谢万和北中郎将郗昙分兵攻伐前燕。谢万领兵攻下蔡，郗昙领兵攻高平。谢万率兵卒入涡、颍，进据梁、宋两郡后，原打算进兵入援洛阳，但此时郗昙因病退屯彭城，而谢万却以为前燕军队强盛，故引兵自退，仓促退兵。部众不知情由，惊慌溃散，谢万单骑逃归建康。慕容恪遂领兵南下，侵占汝、颍、谯、沛四郡，在设置了地方长官后，慕容恪撤兵而返。

20.袁真之叛

晋将袁真叛晋降燕引发争夺寿春的战事。太和四年（369），桓温北伐失利后，归罪于豫州刺史袁真，袁真遂据寿春叛晋降燕。太和五年（370）正月，袁真子双之、爱之杀梁国内史朱宪、汝南内史朱斌。二月，袁真病死，其子袁瑾继嗣。三月，前燕、前秦均派兵前往寿春援助袁瑾。桓温对此十分恼火，遣都督竺瑶等将率军至武丘，阻击前秦、前燕援军，又派其弟宁远将军、南顿太守桓石虔率众攻寿春，成功克复南城。夏四月，竺瑶在武丘击败前来救援的2万前燕军。太和六年（371）春正月，苻坚部将王鉴、张蚝率万余人前来救援坚守寿春的袁瑾，桓石虔与淮南太守桓伊等人联兵迎击，在石桥大败王鉴、张蚝，缴获战马500匹，前秦军退守慎城。丁亥，桓温军成功收复寿阳，袁瑾、朱辅被擒。

21. 淝水之战

统一北方后的前秦向南方东晋发起的侵略吞并的一系列战役中的决定性战役。建元十九年（383），统一北方的前秦主苻坚便急欲南下攻灭东晋，以一统全国。八月，苻坚不听臣属劝阻，强征全境各族军民，组成号称90余万人的南征大军（步兵60余万、骑兵27万、羽林郎3万余骑），大举南下攻晋。前秦将苻融、慕容垂为前锋，率步骑25万人先行。不久，慕容垂率领3万多鲜卑部队分兵进攻荆州；前秦将姚苌在西南收复巴蜀后，也率7万大军沿长江顺流而下。闻悉前秦大军来伐，主持东晋朝政的谢安临危不乱，调征讨大都督谢石、前锋都督谢玄率军8万余人北上淮河沿线抗敌，龙骧将军胡彬领水军5000人溯淮驰援寿阳。九月，急于求胜的苻坚亲赴项城督战。十月，苻融攻克寿阳，俘获晋将徐元喜等。苻融部将梁成奉命率5万兵马进驻洛涧。谢石、谢玄率军抵达洛涧以东后，见到前秦军容强势，遂不敢前进。胡彬部在驰援途中获知寿阳已破，于是退守硖石，却遭苻融攻袭，粮草尽失，只得送信向谢石求援。苻融截获胡彬缺粮情报后，立刻报请苻坚急速进攻。苻坚获报后喜出望外，怕谢石等不战而逃，贻误歼剿晋军的战机，遂不等主力大军到达，便从项城率轻骑8000人驰赴寿阳。到达寿阳后，苻坚派原东晋襄阳降将朱序去劝降晋军。朱序虽降秦，但却"人在秦，心属晋"。他借机密谏谢石："若秦百万之众尽至，诚难与为敌。今乘诸军未集，宜速击之；若败其前锋，则彼已夺气，可遂破也。"谢石采纳朱序谏言，在军事战略上作出调整，改被动防守为主动进攻。十一月，谢玄派北府兵勇将刘牢之率领5000名精兵夜袭梁成，击杀前秦梁成等将10人，损伤前秦兵1.5万人。谢石等率主力军乘胜追击，直抵淝水东岸。前秦军的失利使苻坚惊慌失措，他紧忙登临寿阳城头察看军情，远观淝水对岸军容严整的晋军，又远眺远处的八公山，错将山上的草木皆以为是枕戈待旦的晋兵，便悻然回头对苻融道："此亦劲敌，何谓弱也！"东晋主力军逼近淝水东岸列阵，准备渡河与前秦军一决胜负。谢石派使者前往前秦军营，要求苻融将阵营由淝水西岸略微后移，腾出场地，让晋军渡河后再决胜负。苻坚、苻融企图趁晋军半渡而击，便答应谢石要求，命令秦军后撤。就在秦军后移之时，早已预谋在先的朱序借机在秦军阵后大喊："秦军败了！"临时拼凑起来的，指挥不统一，又不明真相的秦军后阵士兵信以为真，以为前军打了败仗，纷纷溃逃，秦军阵形顿时大乱，一退而不可止。谢玄等见机率军抢渡淝水，发起猛攻。秦军全线溃败，自相蹈藉、投水死者不可胜数。主帅苻融死于乱军，苻坚中箭负伤后单骑逃往洛阳。逃亡途中的秦军兵士听见风啸声、鹤叫声，都幻为是晋兵追来，昼夜不敢停息地惊慌奔逃，此亦为成语"风声鹤唳"的典故来源。淝水之战后，前秦军后续部队全线瓦解，苻坚前秦政权迅速崩溃，北方中原地区再次陷入混乱。次年（384）正月，晋将刘牢之成功收复谯县；八月，谢玄进据彭城，黄河以南城堡多所归晋，南北力量再次有所平衡，为南北朝长期对峙奠定了基础。

22.侨置郡县

东晋、南朝时在其管辖地区内用北方地名设立的郡县。西晋永嘉之乱后，北方地区战乱不止，为逃避战乱，北方人口大量南迁，前后持续2个世纪。通常是由大族地主率领其宗族、宾客、部曲、佃客、奴婢，以及少量无力自保的零散编户一起南迁，他们多以宗族或乡里关系聚居，保持原籍贯，时称他们为"侨人"。东晋规定侨人可免除赋役，用以吸引更多北人南迁。为安抚南渡士族百姓，加强对南迁流民管理，东晋遂在大江南北侨人居住集中地区，设置与侨人籍贯同名的州、郡、县及其行政机构，称为侨州、侨郡、侨县，因是寄治在别的州郡境内，故称为"侨置"。《读史方舆纪要》记载："晋弃中原，南北淆乱，州郡县邑，纷纷侨置。"战乱频仍的东晋南北朝时期，位于南北接壤的江淮一带，即今天的安徽、江苏两省境内，是南北拉锯争锋中的焦点和缓冲地带，也是东晋南朝时期侨置州、郡、县的主要区域。东晋南朝政权每遇有州郡沦陷敌手，则往往暂借别地重置，仍然用其旧名称。以安徽为例，如春秋、汉代的慎县，原本在今安徽颍上县境内，刘宋时期，慎县失于北魏，刘宋侨置慎县于今安徽肥东县境内。如太元八年（383）十一月，东晋在寿阳侨置南梁郡，撤销寿阳县，侨置睢阳，兼郡治，属豫州。南梁郡领睢阳、蒙、虞、谷熟、陈、义宁、新汲、崇义、宁陵、阳夏、安丰、义昌12个侨县。东晋末年，刘裕北伐收复青州后，在原州、郡名前加"北"字，以示和侨置州、郡相区别。刘裕代晋后，取消"北"字，在侨州、郡、县名前加"南"字。如刘宋在合肥设置南汝阴郡，属南豫州。据《宋书·州郡志》记载，当时的南汝阴郡共领5个县，有编户2710户，人口19585人。东晋南北朝的侨置政策，使大量黄河流域人口流入安徽江淮境内，增加了耕地垦殖面积，带来了中原地区先进的农业生产技术，使农产品的产量有了很大提高。但也因"魏晋以来，迁徙百计，一郡分为四五，一县割成两三"，"朝为零、桂之士，夕为庐、九之民"，"去来纷扰，无暂止息"，导致行政区划和户籍制度混乱。同时，侨人不负担政府的赋税和徭役，严重影响封建国家的收入，世家豪族竭力吸收部曲、佃客，增加自己的剥削对象，民户大量流入私门，也严重影响了国家的收入。后东晋南朝政府一再实行土断政策，多数侨置郡县或合并或取消，数量减少。隋朝统一南北后，侨置郡县全部被废除。

23. 慈湖、牛渚、白石、横江之战

王恭之乱中，东晋朝廷中军和起事的地方军在安徽境内的慈湖、牛渚、白石、横江发生的系列战事。太元年间（376—396），把持朝政的会稽王司马道子崇尚佛教、宠信佞臣王国宝等，造成晋孝武帝司马曜的不

满，主相不和。于是，孝武帝着力培植心腹外援势力，任命外戚王恭为青兖二州刺史、殷仲堪为荆州刺史、郗恢为雍州刺史，以抗衡司马道子势力。孝武帝死后，司马道子借机希望通过一系列人事安排削弱外藩力量，遭到王恭、殷仲堪以及豫州刺史庾楷、广州刺史桓玄等外藩宰守的强烈反对。隆安二年（398）七月，王恭、庾楷、殷仲堪、桓玄及南郡相杨佺期联合举兵进攻建康。司马道子将军事委托给其子司马元显，司马元显率司马尚之等领晋廷中军抵抗。庾楷派汝南太守段方出战，与司马尚之在慈湖交战，段方兵败被杀。不久，庾楷率军来攻，被司马尚之在牛渚击破。八月，桓玄等率外军在白石与晋廷中军主力对决，大败晋廷中军，攻至横江，司马尚之退走，司马恢之所领中军水军全军覆没。接着，桓玄主力很快攻至石头城，殷仲堪攻打至芜湖，威胁京师建康安危。之后，司马道子成功策反王恭部下北府兵将领龙骧将军、彭城内史刘牢之，王恭被倒戈的刘牢之杀死，战局也随之出现反转，桓玄、殷仲堪、杨佺期等外军将领因各怀目的，并不团结，纷纷退兵西撤，最终被朝廷下诏安抚，建康方转危为安。

24.杯渡修道九子山

天竺高僧杯渡在九子山建寺修道。杯渡，是东晋时来自天竺（古印度）的高僧，具体姓名、生卒年不详，因擅长乘木杯渡河，故得法名。东晋末年，杯渡来到安徽，先到五华山（在今芜湖市繁昌区境内）修行，创建修佛道场隐静寺，隐静寺也成为著名的"南朝四百八十寺"之一。隆安五年（401），杯渡来到九子山，兴建寺庙，修行布道。九子山就是现今安徽池州市的九华山，因有九峰形似莲花，因而得名。在杯渡等高僧创寺和布道影响下，唐代时新罗王子金地藏选择九华山岩栖涧汲，苦心修持。自此以后，九华山逐渐成为古代学仙修道圣地，成为今天中国名扬天下的四大佛教名山之一。

25.洞浦之战

桓玄叛乱时在洞浦发生的战事。隆安三年（399），屯兵夏口的桓玄出兵攻占江陵，袭杀荆州刺史殷仲堪、雍州刺史杨佺期，夺取荆、雍二州，占有东晋大部分国土。隆安五年（401），孙恩循海道溯长江进攻京口，逼近建康。此际，一直在荆州、江州等辖区积蓄实力、伺隙而动的桓玄自称勤王起兵，想借机壮大自己的力量。孙恩败走远离京师后，已代替父亲司马道子柄权东晋朝廷的司马元显令桓玄撤兵。但这时桓玄已羽翼丰满，不听朝廷号令。元兴元年（402）一月，司马元显下令讨伐桓玄，命其兄司马尚之为前锋。二月，桓玄随即起兵反叛，挥军从江陵沿江东下至姑孰，派部将冯该分兵攻历阳。驻守历阳的东晋襄城太守司马休之固城坚守，桓玄大军很快攻克洞浦渡口，尽焚东晋豫州刺史司马尚之水军舰船。司马尚之亲率9000名步兵列阵浦上与桓玄军对峙，又派武都太守杨秋驻守横江，以迎战桓玄军。不料杨秋临阵倒戈，向桓玄投降。司马尚之只得出兵相战，亦败，逃往涂中后被捕遇害。司马尚之兵败后，司马休之也率历阳城中的500名军士出战，结果战败。桓玄遂乘胜前进，进军建康。

26.桓玄姑孰称帝

桓玄在姑孰登位称帝。元兴元年（402），洞浦之战胜利后，桓玄继续挥军东下，直逼建康。东晋朝廷最为依赖的精锐北府兵统领刘牢之，因担忧击败桓玄后会被司马元显所不容，临阵率北府军投归桓玄。司马元显力图守城，然大势已失，被桓玄大军破城溃败，桓玄入京夺取朝政大权。元兴二年（403）十一月，经过一系列的图谋篡位准备之后，桓玄逼迫晋安帝司马德宗禅让帝位。为粉饰自己的意图，他授意百官到姑孰劝进，还假意多次辞让，最终实在推辞不掉才"不得不同意"。十二月，桓玄在姑孰筑坛告天，正式登位称帝，国号"楚"，改元"永始"。永始二年（404）二月，刘裕等将举兵讨伐桓玄。桓玄先后兵败于建康、寻阳、江陵，最后打算逃至梁州时，被益州督护冯迁斩杀。

27.桑落洲之战

东晋豫州刺史刘毅水师与卢循、徐道覆农民军在长江桑落洲一带的战事。义熙六年（410）二月，卢循、徐道覆带领的农民起义军乘刘裕北伐南燕，东晋后方空虚之际，兵分两路从广东北上。一路由卢循率领越五岭，击败荆州刺史刘道规后，攻克长沙、巴陵，直指江陵。另一路由徐道覆率领直下庐陵、豫章，在豫章之战中击杀东晋江州刺史何无忌。随后，卢、徐会师东进。东晋豫州刺史刘毅率舟师2万自姑孰发兵溯江迎击。五月，双方舟师在桑落洲长江水面展开激战。结果晋将刘毅大败，弃船百艘，被俘者数以千计，所遗辎重堆积如山。此战后，农民军继续挥军向东晋都城建康挺进。

28.南陵、大雷之战

刘裕率晋军追击卢循败军在南陵、大雷发生的战事。义熙六年（410）七月，卢循进攻建康，受到刘裕顽强抵抗，农民军屡攻受挫后，卢循下令退却，命范崇民领5000人留守南陵，自率剩余主力退守寻阳。十月，农民军西攻江陵，未克。同月，刘裕率大军追击农民军。十一月，范崇民遭刘裕军攻击，弃南陵而逃。十二月，刘裕率军自雷池进军大雷戍，农民军与晋军在大雷、左里相继展开死战，农民军惨败，南退番禺。但此时番禺已被晋军占领。义熙七年（411）三月，卢循攻番禺不下，转至交州。次月，兵败自杀。

29.戴逵父子的艺术成就

两晋及晋宋交替之际，安徽籍的戴逵、戴勃、戴颙父子在美术、雕塑和音乐方面成就突出。戴逵（326—396），谯郡铚县人，初就学于名儒范宣，博学多才，善鼓琴，工人物、山水、雕塑，终生不仕。《晋书》称"（戴）逵能鼓琴，工书画，其余巧艺靡不毕综"，是当时鼓琴、绘画、雕塑艺术的集大成者。唐人张彦远《历代名画记》收录存世的戴逵人物、肖像画有十余幅，包括《阿谷处女图》《胡人弄猿图》《董威辇诗图》《孔子弟子图》《五天罗汉图》《杜征南人物图》《渔父图》《尚子平白画》《孙绰高士像》《嵇阮像》等。他还工于山水画，被《历代名画记》收录存世的有《狮子图》《名马图》《三牛图》《三马伯乐图》《南都赋图》《吴中溪山邑居图》等。比他稍晚的东晋著名画家顾恺之，称赞他的绘画作品世人"莫能及之"。在崇礼佛教的东晋时期，他同时擅长雕刻及铸造佛像。他曾在会稽以整棵树雕成一尊一丈六尺高的无量寿佛木像，为了创造新佛像的样式，这尊佛像雕塑他积思三年才完成。他还曾为建康瓦官寺雕塑名气很大的五躯佛像，和顾恺之的维摩诘像及狮子国赠送的玉像，被时人共称"瓦官寺三绝"。戴逵的两个儿子戴勃、戴颙均以琴画名世。戴勃善鼓琴，工书画，曾自创新声五部，其画有父风，善人物、兽畜，画作有《九州名山图》等。戴颙自创"新声十五部，长弄一部"，并加工传统琴曲，其改编的三调《游弦》《广陵》《止息》皆与世异。他还对民歌进行了加工改编，曾将《何尝》《白鹄》二声合为一调，称为《清旷》，他还著《戴化琴谱》四卷，只可惜今已佚失。

30.桓伊善吹笛

桓伊善于演奏吹笛，被誉为"笛圣"。桓伊，字叔夏，小字子野（一作野王），谯国铚县人，东晋将领、名士、音乐家，丹阳尹桓景之子。平生乐器演奏水平堪称一绝，善吹笛，能弹筝，他业余时间苦心钻研吹笛技法，尽得其妙，他的表演出神入化，名闻天下，在当时被称为"江左第一"，素有"笛圣"之称。他还擅长作曲，初创笛曲《梅花三弄》，后来由唐代颜师古改编为古琴曲，又名《梅花引》《玉龙引》，成为传世名曲，曲谱最早被明代朱权编纂的《神奇秘谱》所收录。桓伊除爱吹笛子，也非常喜爱听别人唱歌，每当听到优美的歌声，就会情不自禁地击节赞叹。他常和同样喜爱音乐、造诣很深的宰相谢安谈论音乐，谢安见桓伊喜欢音乐到了如此地步，便说："桓子野对音乐可谓一往有深情！"这也成为后世成语"一往情深"的来源。

（三）南北朝

1.何尚之主持玄学馆

何尚之主持玄学馆聚徒授学。何尚之（382—460），字彦德，庐江灊县人。刘宋文帝、孝武帝时大臣，官至侍中、左光禄大夫、开府仪同三司，兼领中书令。玄学即"玄远之学"，指的是魏晋南北朝时期出现的一种以《老子》《庄子》和《周易》（又称"三玄"）等为研究和解说核心的崇尚老庄、研究幽深玄远问题的哲学思潮，最初来源于《老子》"玄之又玄，众妙之门"，玄学又称"新道家""形而上学"，在魏晋南北朝时期取代两汉经学思潮成为当时的思想主流，夏侯玄、何晏、王弼、嵇康、阮籍、山涛、向秀、刘伶、阮咸、王戎、郭象、张湛、韩伯、陶渊明、裴頠、王衍、庾敳、王承、阮修、卫玠、谢鲲、袁宏等名士都是玄学代表人物。南朝刘宋时期，玄学进一步发展，成为除儒学外唯一被定为官学的学问。元嘉时期，雅好文艺的安徽人何尚之成为首位创办和主持玄学馆的名流。据《宋书》本传载：元嘉十三年（436），何尚之任丹阳尹，于南郭城外置玄学馆，聚生徒。东海徐秀，庐江何昙、黄回，颍川荀子华，太原孙宗昌、王延秀，鲁郡孔惠宣等名流学者，都仰慕远道来游，称之为"南学"。同书《隐逸传》记载："元嘉十五年（438），征次宗至京师，开馆于鸡笼山，聚徒教授，置生百余人。会稽朱膺之、颍川庾蔚之并以儒学，监总诸生。时国子学未立，上留心艺术，使丹阳尹何尚之立玄学，太子率更

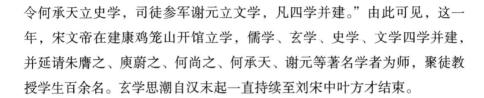

令何承天立史学，司徒参军谢元立文学，凡四学并建。"由此可见，这一年，宋文帝在建康鸡笼山开馆立学，儒学、玄学、史学、文学四学并建，并延请朱膺之、庾蔚之、何尚之、何承天、谢元等著名学者为师，聚徒教授学生百余名。玄学思潮自汉末起一直持续至刘宋中叶方才结束。

2.北魏太武帝伐宋之战

北魏太武帝拓跋焘南伐刘宋的系列战事。元嘉二十七年（450）七月，宋文帝刘义隆大举北伐失利。十月，北魏发起全面反攻，魏太武帝拓跋焘率军分五路南下，分别是：一路为征西大将军、永昌王拓跋仁自洛阳向寿阳；二路为尚书长孙真向马头；三路为楚王拓跋建向钟离；四路为高凉王拓跋那自青州向下邳；五路为太武帝亲率主力自驻地东平向邹山。宋文帝诏令淮、泗诸郡守将：若小股魏军侵犯，即各自坚守；若大股魏军侵犯，则率领百姓撤至寿阳集结。刘义隆从悬瓠调回刘康祖军8000人，保卫寿阳。十一月底，魏军各部进抵淮河一线。魏将拓跋健率军首攻萧城，击败刘宋守将马文恭后继续南侵。魏将拓跋仁率8万骑兵向寿阳进攻，在尉武与宋将刘康祖军遭遇激战，宋军虽击杀魏军1万余人，但终因众寡悬殊，刘康祖战死，其部全军被歼。魏军继续进逼寿阳，分兵焚掠钟离戍、马头戍，宋南平王刘铄闭寿阳城固守，力保城池不破。北魏太武帝拓跋焘见彭城、寿阳等坚城急攻难下，遂决置这两座孤城不顾，渡淮南进，兵锋直指长江。十二月初，北魏诸军陆续渡淮南下，高凉王拓跋那出山阳，永昌王拓跋仁出横江，中书郎鲁秀出广陵，太武帝自率大军直趋瓜步。魏军未带军粮，沿路烧杀抢掠，刘宋许多城邑守将望风奔逃。十二月十五日，太武帝率魏军抵达瓜步，与建康隔江而对。宋文帝命令建康内外戒严，命令征发丹阳地区丁壮为兵，王公以下子弟全部入役。宋领军将军刘遵考等领兵分守建康津要，派水军沿江巡逻，上接于湖，下至蔡州，自采石至于暨阳，六七百里，船舰盖江，旗甲星烛。元嘉二十八年（451）正月，魏军掠民户5万余户，焚庐舍撤军北还。这场持续半年多的宋魏战争，以刘宋失去长江以北大片领土而告结束。

3.刘义宣之乱

刘宋宗室刘义宣起兵反抗孝武帝的系列战事。孝建元年（454）一月，荆州刺史、南郡王刘义宣联合江州刺史臧质、豫州刺史鲁爽、兖州刺史徐遗宝起兵反叛宋廷。二月，宋孝武帝刘骏诏令领军将军柳元景为抚军将军，统率左卫将军、南豫州刺史王玄谟等将迎击刘义宣。柳元景坐镇采石，王玄谟等将扼守梁山洲，在长江两岸筑偃月垒，陈列舟师，以待反军。兖州刺史徐遗宝攻彭城不克，弃众焚烧湖陆城后投奔鲁爽。四月，刘义宣率10万大军从江陵沿江东下，到达寻阳后，令臧质为先锋先发，令鲁爽自寿阳南下，引兵直趋历阳，分兵水陆俱进，剑锋直指建康。臧质前哨军至南陵，被朝廷殿中将军沈灵赐所率水军击败。臧质所率主力军至梁山，夹阵两岸立营，与宋廷中军对峙。同月，宋孝武帝派左军将军薛安都、龙骧将军宗越等屯驻历阳，击斩鲁爽前锋杨胡兴。鲁爽被阻，留军于大岘，其弟鲁瑜屯于大岘之西的小岘。这时，刘骏派镇军将军沈庆之渡江督战，薛安都攻破大岘，斩鲁爽，鲁瑜也为部下所杀。朝廷军继而乘胜追击，攻克寿阳，徐遗宝弃城逃至东海郡被杀。五月，刘义宣进驻芜湖督战，臧质遣将攻克梁山西垒，又遣部将庞法起攻南浦，想从侧背直捣宋廷中军，被宋廷游击将军垣护之击败。臧质军攻下梁山西垒后，宋廷梁山东垒守军仅有万余兵力，臧质急忙向刘义宣请战进攻梁山东垒。刘义宣收到太傅刘义恭离间信，称臧质"少无美行，倘使此次反叛成功，恐也难免成为其池中之物"，刘义宣遂对臧质起了疑忌之心，于是就不同意攻打梁山东垒。梁山东垒守将王玄谟兵力不足，急忙向柳元景告急，柳元景尽遣精锐驰援。刘义宣至梁山后，屯兵梁山西垒，派臧质、刘谌之进攻梁山东垒。王玄谟督率诸军奋力还击，最终大败臧质；垣护之更借顺风火攻，叛军大败，臧质所领水军舰船尽焚。因风势迅猛，大火还蔓延到了刘义宣的营垒，宋廷中军借着火势，纵兵出击，刘义宣军溃败，乘船逃回荆州。

4.刘休祐征殷琰之战

义嘉之乱中，刘休祐奉宋明帝刘彧之命征讨殷琰的系列战事。泰始元年（465），宋明帝刘彧杀掉残暴的侄子刘子业即位。江州刺史、晋安王刘子勋拒绝承认宋明帝的建康政权。次年（466）正月，在邓琬、袁顗等人拥立下，刘子勋在寻阳称帝，年号"义嘉"，并得四方响应。同月，宋明帝闻悉后立即下旨征讨，这场叔侄之间的争战也被称为"义嘉之乱"，其战事主要发生在安徽境内，分合肥—寿阳和芜湖—池州沿江一带两条战线演进。在合肥—寿阳战线，合肥戍主、南汝阴太守薛元宝逃奔刘子勋，前太守朱辅之占据合肥城池归顺朝廷。驻守寿春的南梁郡太守殷琰被宋明帝任命为督豫司二州、南豫州的梁郡诸军事、建武将军、豫州刺史，西汝阴太守庞道隆为长史，殿中将军刘顺为司马。殷琰因家眷在京城，打算拥护朝廷。但前右军参军杜叔宝，殿中将军刘顺，前陈、南顿二郡太守皇甫道烈，前马头太守皇甫景度，前汝南、颍川二郡太守庞天生等人，都劝说其拥护叛军。一向没有亲兵部属的殷琰只能受制于杜叔宝等人，对抗朝廷，并派兵进攻朱辅之，朱辅之逃走，殷琰任前右军参军裴季为南汝阴太守，驻防合肥，裴季又归顺朝廷。刘彧任命山阳王刘休祐作为统帅坐镇历阳指挥，辅国将军刘勔、宁朔将军吕安国等率军征讨。二月，刘勔军攻占小岘。其时，占据彭城反叛的徐州刺史薛安都率部将薛元宝等攻打合肥，刘勔先后派遣许道莲、黄回、孟次阳及屯骑校尉段佛荣、武卫将军王广之等紧急驰援，希望助力合肥守将裴季，结果援军未到，合肥已被薛安都子薛道标攻陷，守将裴季及武卫将军叶庆祖战死。刘勔即刻派垣闳统率各军攻打合肥，并收复。三月，殷琰部将刘顺、柳伦、皇甫道烈、庞天生等率骑步兵8000人据守离寿阳城向东300里的宛唐。宋明帝又增派宁朔将军刘怀珍、段僧爱，龙骧将军姜产之率军增援刘勔。殷琰派遣长史杜叔宝率领5000人、运输车辆500乘援助刘顺，在横塘被刘怀珍部将王广之及军主辛庆祖、黄回、千道连等截击，抄断粮道，杀伤1000多人，烧毁粮车。刘顺得悉粮车被烧，遂率众奔退。刘勔军至寿春，吕安国与辅国将军垣闳屯据城南，殷琰闭门自守。其时，合肥城守将叛变，刘勔军腹背受敌，遂派王广之回军再次攻打合肥。杜叔宝集合兵民，加固城防，刘勔和各路大军分别驻扎在城外。黄回在淝水边建立浮桥渡河，杜叔宝派步骑3000人袭击浮桥，被黄回军奋力反击，大败杜叔宝军，烧毁叛军船舰。七月，刘子勋遣庞孟虬率军援助殷琰，刘勔派遣吕安国、垣闳、龙骧将军陈显达、骠骑参军孟次阳迎战，在蓼潭大败庞孟虬。八月，皇甫道烈、柳伦等听闻庞孟虬败逃，于是归降刘勔。九月，在刘勔写信的劝说下，殷琰投降。十月，薛道标突围，走奔淮西，投奔常珍奇，薛元宝开城归降，寿阳平定。

5.浓湖之战

义嘉之乱中，刘宋中军镇压刘子勋叛军在浓湖一带发生的战事。泰始二年（466）正月，拒绝承认宋明帝刘彧建康政权的晋安王刘子勋在寻阳称帝后，即发兵攻打建康，与宋明帝派出平叛的朝廷中军在合肥—寿阳和芜湖—池州沿江一带两条战线展开角逐。其中，在芜湖—池州沿江一线战场，双方发生了决定战局胜负的"浓湖之战"。刘子勋遣右军将军孙冲之作为先锋率1万人进据赭圻，又遣豫州刺史刘胡领主力军10万人东屯鹊尾。宋明帝刘彧闻讯后立刻调兵遣将应对，他任兖州刺史殷孝祖为抚军将军、都督前锋诸军事，率大军前往虎槛，与在那驻军的建安王刘休仁会师，联合抵御寻阳军。四月，刘宋中军率先发动对据守赭圻的寻阳军孙冲之部的进攻，不幸的是殷孝祖在作战时中箭阵亡，刘休仁随即令宁朔将军沈攸之、江方兴紧密配合，一举围攻赭圻。寻阳军右卫将军陶亮急令孙冲之率主力突围退守鹊尾，留龙骧将军薛常宝坚守赭圻，自己防守浓湖。薛常宝被围粮尽，无奈被迫弃守赭圻，突围逃奔鹊尾。六月，刘子勋又派尚书左仆射袁顗率军2万人增援鹊尾，固守浓湖。七月，沈攸之采纳龙骧将军张兴世所献之策，攻占位于鹊尾上游的钱溪，截断寻阳军后勤粮运，继而再攻浓湖。屡遭败绩、后勤不继的寻阳军力渐不支，战局形势急下，刘胡放弃鹊头撤走，袁顗放弃浓湖沿鹊头西逃至青林山被杀。刘休仁见袁顗逃走，乘胜追击，收编浓湖降卒10余万人。八月，宋明帝平定寻阳，稳定政局。

6.齐魏寿阳之战

南齐军与北魏军争夺寿阳的一场战事。太和三年（479）十一月，北魏孝文帝以奉刘宋丹阳王刘昶复国为由，分兵数道大举伐齐。次年（480）二月，梁郡王拓跋嘉率流亡北魏的刘宋宗室刘昶领步骑20万攻寿阳。面对严峻局势，南齐豫州刺史垣崇祖利用地理优势，在城西北的淝水上筑堰，堰北又筑一小城，城周深挖壕堑，待北魏军来攻，决水冲之。不久，北魏军果然上当，在攻堰北小城时，被垣崇祖下令决堰放水，顿时一片汪洋，北魏军攻城之众均漂坠堑中，溺死人马以千数。刘昶见战事不利，遂以雨季将至为由，奏请班师。

7.下蔡之役

南齐军与北魏军在下蔡（今凤台县）发生的一场战事。建元三年（481）二月，为防范北魏军再次南下侵扰，南齐豫州刺史垣崇祖将下蔡戍驻军调往淮河东岸戍守，并修治芍陂等沿淮水利，积极军屯贮粮。同年冬天，北魏军果然再次南下侵袭下蔡戍，结果扑空，北魏军遂令掘平下蔡旧城。正盯着北魏军一举一动的垣崇祖立即抓住战机，趁北魏军军心松懈不备之际，引兵渡淮发动突袭，大败北魏军，斩获甚多。

8.钟离之战

南齐在钟离（在今凤阳县境内）阻击北魏军入侵的一场大规模战事。太和十八年（494）十一月，刚迁都洛阳不久的孝文帝元宏，利用南齐萧鸾篡夺帝位、政局不稳之际，发兵南征。第二年（495）正月，北魏徐州刺史拓跋衍率军攻袭钟离，被南齐守将徐州刺史萧惠休击退。二月，北魏孝文帝御驾亲征，他率30万大军途经寿阳，沿淮河东进围攻钟离城。南齐遣派左卫将军崔慧景、宁朔将军裴叔业等将火速增援。北魏军久攻钟离城不克，士卒伤亡惨重。三月，孝文帝在钟离城北淮河中的邵阳洲上筑城，建树栅栏切断淮河水路，以阻止南齐水路援军。北魏军又在淮河南北夹岸筑2个城堡，驻兵戍守，企图困死南齐军。但南齐军顽强坚守，北魏军多次强攻钟离城均不能克。无奈之下，元宏只好听取部下建议，放弃南伐企图，与齐将崔慧景议和，回军北撤。南齐军利用北魏军撤退之际，突然袭占邵阳洲，并用战舰阻断淮河水路，拦截北魏军从水道撤退。北魏军随即组织反攻，利用木筏火攻，顺风烧毁南齐军拦截舰船，重新夺回邵阳洲，打通撤军通道。吸取教训的北魏军派将军杨播领步骑兵8000人，在淮河南岸结阵掩护，北魏军始得顺利渡淮北撤。

9. 刘瓛咨政

南齐大儒刘瓛为齐武帝咨政献言。刘瓛（434—489），字子珪，沛国相县人，南朝齐学者，文学家。《南史》本传载："（刘）瓛笃志好学，博通训义。"他年少笃学，博通"五经"，聚徒教授，常有数十人，推动了儒学和易学发展。刘瓛与丹阳尹袁粲和竟陵王萧子良交好。袁粲遇诛，刘瓛微服往哭，并致赙助。永明初，竟陵王萧子良请他为征北司徒记室。齐武帝执政后，召刘瓛到华林园谈话，并问以政道。他答曰："政在孝经。宋氏所以亡，陛下所以得之是也。"武帝嗟叹曰："儒者之言，可宝万世。"又问瓛说："吾应天革命，物议以为何如？"瓛答曰："陛下戒前轨之失，加之以宽厚，虽危可安；若循其覆辙，虽安必危。"等谈话结束出来后，武帝对司徒褚彦回说："方直乃尔。学士故自过人。"南齐时代，刘瓛儒学冠于当时，"京师士子贵游，莫不下席受业"。他著有《周易乾坤义》一卷、《周易四德例》一卷、《周易系辞义疏》二卷、《毛诗序义疏》一卷、《毛诗篇次义》一卷、《丧服经传义疏》一卷等，今已佚。永明七年（489）卒。天监元年（502），梁武帝为其下诏立碑祭祀，谥号"贞简先生"。

10. 谢朓仕隐宣城

追求"仕隐"的谢朓在任宣城太守时，创作了许多脍炙人口的山水诗歌。谢朓（464—499），字玄晖，陈郡阳夏人，南齐时期著名的山水诗人，出身高门士族，与谢灵运同族，世称"大谢"（谢灵运）"小谢"（谢朓）。

《南齐书》本传称他"少好学，有美名，文章清丽"。永明五年（487），初任竟陵王萧子良功曹、文学，与其共游西邸，是竟陵王萧子良"竟陵八友"之一，曾与沈约等共创强调声韵格律的新诗体"永明体"。建武二年（495）夏，谢朓出任宣城太守，短暂地实现了他"凌风翰""恣山泉"的愿望，既不放弃庙堂衮衮公服，又能远离残酷政治现实，追求一种"又要当官，又做隐士"的"仕隐"境界。这在他赴任途中所写《之宣城郡出新林浦向板桥》一诗中可见一斑，诗云："既欢怀禄情，复协沧州趣。嚣尘自兹隔，赏心于此遇。虽无玄豹姿，终隐南山雾。""既欢怀禄情，复协沧州趣"，意思就是他既喜欢做官领俸禄，又喜欢滨水而隐的意境。在宣城任上的两年里，谢朓将他的山水诗歌创作推向了巅峰，在他至今存世的200余首诗中，有近四分之一的作品是在这一时期创作的，所以谢朓又被后人称为"谢宣城"。谢朓的诗多描写自然景致，间亦直抒胸怀，诗风"清新秀丽，圆美流转，善于发端，时有佳句，又平仄协调，对偶工整"，开启后世律绝之先河。宣城任期结束后，谢朓返京任中书郎。其后，又出任南东海太守，寻迁尚书吏部郎。永元元年（499），谢朓遭始安王萧遥光诬陷，入狱死。时至今日，安徽省宣城市宣州区陵阳山还有谢朓在任时修建的一座著名楼阁，称"高斋"，又名谢朓楼、谢公楼。《宣城县志》记载，谢朓"视事高斋，吟啸自若，而郡亦治"。唐朝大诗人李白路过谢朓楼时，写下《宣州谢朓楼饯别校书叔云》一诗，并在诗中称赞谢朓"中间小谢又清发"，从此谢朓楼闻名天下。

11.楚王戍之战

南齐徐州刺史裴叔业率军抵御北魏南伐，围绕争夺楚王戍（在今临泉县西）发生的有关战事。建武四年（497）九月，北魏孝文帝元宏率领从冀、定、瀛、相、济五州征发的20万大军从洛阳出发，再次大举南伐，中军大将军彭城王元勰等率36路兵马前后相继，号称百万。齐明帝萧鸾诏令徐州刺史裴叔业引兵增援雍州，裴叔业却上书齐明帝陈劝说：北人不乐意远道而行，只乐意掠抢，所以如果侵袭敌人境内，则司州、雍州之敌自可撤退。齐明帝采纳了裴叔业的建议，他诏令裴叔业北上攻克魏虹城，俘男女4000余人。十二月，齐明帝又令度支尚书崔慧景领步兵2万人、骑兵1000人援救雍州。裴叔业率领王茂先、李定等人攻魏楚王戍，魏豫州刺史王肃令长史清河人傅永击之。傅永派出心腹驰诣楚王戍守将，令夜晚将戍外城堑偷偷填上，并于城外夜伏千名战士。拂晓之际，裴叔业率兵到城东安营筑垒，傅永伏兵突袭裴叔业后军。裴叔业留将佐守营，自率数千精兵急救。此时，在城墙门楼观测的傅永看到裴叔业率军南行数里，遂抓住战机，开城门率军奋力出击，大败齐军，俘获裴叔业伞扇、鼓幕及大量甲仗器械。裴叔业进退两难，遂撤退。傅永部下欲追击，被傅永制止，其道："吾弱卒不满三千，彼精甲犹盛，非力屈而败，自坠吾计中耳。既不测我之虚实，足使丧胆。俘此足矣，何更追之！"

12.齐魏涡阳之战

南齐将领裴叔业进攻北魏涡阳发生的一场较大规模的战事。建武五年（498）三月，北魏镇南将军王肃率10余万兵进攻义阳。齐明帝萧鸾诏令徐州刺史、宁朔将军裴叔业领兵救援。裴叔业采用围魏救赵之策，领5万兵进围涡阳，减轻义阳之围压力。北魏兖州刺史孟表据涡阳城固守，顽强抵抗齐军的进攻。裴叔业又遣军主萧璝、成宝真分攻龙亢，北魏调派广陵王元羽率步兵2万人和骑兵5000人驰援。双方经过激战，萧璝等不敌。裴叔业亲率3万余人数路进援，大败魏军，元羽仅带数十骑逃走。北魏孝文帝又先后派遣安远将军傅永等赴救涡阳，均被裴叔业击败，北魏军被斩首万级，被俘3000余人。面对涡阳前线糟糕的战局，王肃被迫从义阳撤围，与大将军杨大眼、奚康生等率步骑18万人援救涡阳。裴叔业见魏军来势凶猛，利用夜间引兵悄悄撤退，结果遭魏军追击，伤亡较重，退保涡口。七月，齐明帝萧鸾病卒，太子萧宝卷即位。九月，原本计划大举南伐的魏帝，听闻齐主病死，以礼不伐丧为由撤兵。

13.裴叔业之叛

南齐豫州刺史裴叔业举寿阳城叛变降魏，进而引发的南齐军和北魏军争夺寿阳的系列战事。景明元年（500）正月，南齐豫州刺史裴叔业因新帝东昏侯萧宝卷残杀大臣，在探知自己已不被朝廷信任后惊惧不安，经再三权衡，举寿阳城投靠北魏。北魏宣武帝元恪获悉后喜出望外，急忙诏令彭城王元勰、车骑将军王肃率10万大军南下接应。二月，又增派统军奚康生等率1000名羽林军骑兵作为先遣队，驰赴寿阳，派大将军李丑、杨大眼率领骑兵2000人入寿阳城协防。北魏军还未及渡过淮河，裴叔业却已病逝。奚康生到达寿阳城后，立即接管寿阳城防。东昏侯萧宝卷获知裴叔业叛变，立即下令分兵讨伐。三月，南齐新任豫州刺史萧懿领步兵3万抵达小岘（在今含山县北），裨将胡松等率兵万人抵达死虎（在今寿县东南），交州刺史李叔献率军抵达合肥，骠骑司马陈伯之率水军溯淮至硖石。奚康生在寿阳守城一月，北魏主力援军方才到达。齐将胡松、陈伯之等部进攻寿阳失利，北魏军乘胜南下攻克合肥，俘获李叔献，萧懿弃小岘南撤。此际，由于不满齐帝萧宝卷的暴行，率领水军前去攻打寿阳的平西将军崔慧景也于当月叛齐，回军围攻建康，虽最终失败，但沉重打击了齐国的统治基础。八月，陈伯之再度组织兵马进攻寿阳，元勰固守待援。北魏汝阴太守傅永领兵抢渡淮河援救寿阳，在淝口大破南齐军，齐军被斩俘19000余人，陈伯之兵败逃走。至此，内外交困的齐军在与北魏争夺寿阳的交锋中惨败，淮南地区悉数没入北魏手中。

14.北魏攻萧梁淮南之战

北魏南征和萧梁争夺淮南地区的战争。天监元年（502），萧衍发动政变，建立梁朝。次年（503）六月，逃降北魏的齐明帝子萧宝寅请兵攻梁，魏帝决定南伐。魏帝遣任城王元澄率主力5万人进攻钟离，萧宝寅为东扬州刺史据东城，陈伯之为江州刺史戍阳石等。元澄令军主党法宗、统军傅竖眼、王神念等分路攻击大岘（在今含山县东北）、东关、九山、淮陵等

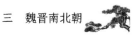

地，同时派高祖珍率领骑兵3000人作为游军开展机动作战。北魏军攻克关要、颍川，斩杀梁军主费尼。接着，元澄派遣统军党法宗、傅竖眼等人进攻大岘，梁军守将宁朔将军韦惠、龙骧将军李伯由不敌溃散，梁军白塔、牵城、清溪三戍也都闻讯溃逃。北魏将党法宗乘胜率军2万人进攻阜陵，被梁守将冯道根击退，冯道根紧接着又击破高祖珍游骑军，北魏军尽数被迫撤退。此时，萧衍派徐州刺史司马明素率部众3000人增援九山，徐州长史潘伯邻屯兵淮陵，宁朔将军王燮驻军焦城。党法宗率军攻拔焦城，破淮陵，擒司马明素，斩潘伯邻。梁济阴太守王厚强、庐江太守裴邃亦奔退。十二月，梁将张嚣之率军进攻北魏淮南，克木陵戍，北魏任城王元澄遣辅国将军成兴击败张嚣之，北魏重新夺回木陵戍。天监三年（504），萧梁军在战略上转守为攻。先是征虏将军赵祖悦夺回东关，但很快又被魏将陈伯之击退。二月，梁将姜庆真趁北魏进攻钟离，寿阳城空虚之际，袭占寿阳城外廓。这时，降魏的南齐鄱阳王萧宝寅闻讯率部驰救，会同寿阳守军合力与梁军激战，梁军战败退走。元澄率北魏军主力围攻钟离，却久攻不下。萧衍令冠军将军张惠绍率兵5000人为钟离守军运送粮草，被元澄统军王足、刘思祖等击败，张惠绍等军主以上27人被俘。此时，北魏宣武帝诏告元澄说："四月淮水将涨，舟行无碍，南军得时，勿昧利以取后悔"，警告他在淮河涨水前要及时退兵。果然不久，天降大雨，持续数日，淮河暴涨，元澄引兵退还寿阳，撤退中被梁军追击损兵4000余人。

15.梁魏两淮之战

萧梁北伐和北魏争夺淮南、淮北地区的战事。天监四年（505）十月，梁武帝萧衍重整军容，大举兴师伐魏。萧衍命其弟临川王萧宏为北伐军统帅，指挥梁军北上进攻魏军，双方在包括今天的安徽中北部，江苏及山东交界一带的淮南、淮北地区，展开多番犬牙交错的争夺战。萧宏首先率梁军进驻洛口。次年（506）二月，梁徐州刺史昌义之与前南齐镇南将军、江州刺史，后降魏被封为平南将军的陈伯之在梁城交战，昌义之不敌败退。萧宏命记室丘迟写信劝降陈伯之，陈伯之被打动，率众8000人归降。

四月，北魏任命中山王元英为征南将军，率10万大军南下抗击梁军。五月，萧衍派太子右卫率张惠绍进攻彭城，进抵宿预。五月，昌义之攻下梁城、宿预。梁将韦睿攻克北魏合肥。六月，梁太子右卫率张惠绍、南徐州刺史宋黑联合进攻北魏彭城。北魏大将奚康生率军增援，大败张惠绍，斩杀宋黑。七月，梁青、冀二州刺史桓和进攻北魏兖州，攻克固城。梁南徐州刺史王伯敖与北魏中山王元英在阴陵交战，梁军不敌，折兵5000余人。八月，魏将邢峦率部夺回孤山、固城。其时，北魏宣武帝元恪诏令平南将军杨大眼率援军向淮河以南推进。邢峦在睢口击败梁将蓝怀恭，进围宿预。蓝怀恭退至清水（即泗水河）以南筑工事坚守。九月，邢峦联手平南将军杨大眼击斩梁将蓝怀恭，俘杀梁军万人。梁将张惠绍、萧昞被迫放弃宿预、淮阳逃回。因梁军统帅萧宏怯懦愚劣，得知魏将邢峦渡过黄河将与中山王元英会合联手攻梁的消息后，甚为惊恐，遂决定撤军。其时，恰逢天气突变，一夜狂风骤雨，萧宏不顾部将反对，领数骑从洛口落荒而逃。其部5万将士随之溃散。昌义之遂被迫放弃梁城，退军扼守钟离。

16.梁魏合肥之战

梁将韦睿进攻北魏合肥的战事。天监五年（506），萧梁与北魏在淮河南北展开一系列争战，期间发生了萧梁名将韦睿攻克北魏合肥的重要战事。五月，萧梁豫州刺史韦睿率长史王超等攻克小岘。随后，韦睿同梁右军司马胡景略部会合，乘胜进攻合肥。北魏军在合肥城东、城西各筑有一座小城，萧梁军先后攻下这两座小城，但主城却久攻不下。韦睿经过认真考察合肥四周山川地势，遂令将士在淝水上游连夜构筑堤堰，很快堰成水通，梁军战船相继开到。此时，北魏援军杨灵胤率兵5万杀到，梁军上下害怕抵挡不住，请韦睿奏请增兵。韦睿力排众议，说道："贼兵已到城下，才又去求救兵，怎么来得及，何况我们求救，他们也会增兵，军队制胜在于齐心协力，这是自古以来的道理。"于是他率众迎击杨灵胤所部，将其击败，梁军军心自此稳定。此时，北魏军意图破坏梁军堤堰。为保卫堤堰，梁军遂在淝河岸边筑城守护，韦睿派部将王怀静在岸边筑城守卫。魏军一度攻破此城，并攻到堰边堤下。素来身体羸弱的韦睿坐着小车亲自下堤指挥作战，击退魏军。为巩固阵地，萧梁军继而又在堤上筑垒守卫，并用高过城墙的战舰，四面攻城。北魏守将杜元伦登合肥城墙督战，被乱箭射死。梁军乘势发起总攻，攻取合肥，俘斩魏军万余人。在进攻合肥的同时，韦睿还派辅国将军、庐江太守裴邃分兵进攻皖西北地区，五月十八日，裴邃攻破羊石城，杀城主元康。二十一日，再破霍邱城，杀城主宁永仁。

17.魏梁钟离之战

北魏中山王元英进攻萧梁，围绕争夺钟离发生的系列战事。天监五年（506），在梁军主帅萧宏自乱阵脚退军南逃后，北魏中山王元英看准时机，率数十万大军南下，在攻陷马头后，将梁徐州刺史昌义之围困在钟离。梁武帝萧衍闻讯后，立即派遣征北将军、右卫将军曹景宗督师20万自建康北上救援。曹景宗驻屯道人洲，却不守萧衍号令，为争功，未待后军毕至而擅自出击，死伤颇多。元英与杨大眼在钟离城外会师，兵力达数十万，而当时钟离城内梁守军仅3000人，双方实力悬殊。魏帝元恪让镇东将军萧宝寅接替邢峦，与元英合攻钟离。因钟离城北临淮河，不利进攻。元英令镇东将军萧宝寅领兵在淮河中的邵阳洲两岸搭建跨河长桥，以通粮运。元英驻军南岸，负责攻城；杨大眼据守北岸，负责粮运补给；萧宝寅则确保桥梁畅通与安全。北魏军下令填堑，欲填平围绕钟离城四周的护城河，并用冲车撞击钟离城墙，派军昼夜轮番攻城。但却遭梁守军顽强反击，导致魏军死伤上万仍未占上风，战况逐渐趋于胶着。为增援钟离，梁武帝又派遣豫州刺史韦睿领兵火速从合肥取道北上，与曹景宗部一起，进至邵阳洲。韦睿率众在曹景宗营前20里外扎营。韦睿部将冯道根善于筑营，在距北魏军营百余步之外，趁夜挖掘长堑，树鹿角，截洲筑城。次日拂晓营立，元英等见后大惊。曹景宗又派人潜水入钟离城送信，使城内守军勇气倍增。是时，北魏军主杨大眼领万余骑兵来攻，韦睿结车为阵，派2000强弩齐发，杀伤魏军甚众，杨大眼亦中箭退走。此间，梁将曹景宗派千余人在淮河北岸修筑城垒，与魏军相峙，除确保梁军粮草无虞外，还切断魏军的补给通道。元英等继续攻击，昼夜不绝，仍未攻克，萧梁军随即发起反攻，曹景宗部攻邵阳洲北桥，韦睿攻南桥。韦睿趁淮水暴涨之际，以小船载干草，灌入膏油，点燃后火攻焚桥；同时，派敢死兵士拔栅砍桥。萧梁军奋勇冲杀，呼声动地，顿时北魏军大败，争相逃走，魏军溺水、被杀者达10万余人。元英放弃钟离，单骑逃往梁城。杨大眼也烧营而去。萧梁军乘胜追至全水，又生俘5万余人，沿淮100余里，北魏军死相枕藉。

18.宝志禅师与白鹤道人斗法

宝志禅师与白鹤道人为争夺天柱山修炼道场而争执斗法。宝志禅师（418—514），《高僧传》称："俗姓朱，金城（在今南京市东北长江南岸）人"，七岁依建康钟山道林寺大沙门僧俭出家，修习禅业。齐宋之际稍显灵迹，崇尚佛教的梁武帝对他尤深敬事，俗呼为"志公"。据《释教会考》载：宝志"心志通达，以佛教宗旨，诱导梁武帝净心修习，皈依佛门，向善归仁，普度众生，百姓平安"。被时人尊为"帝师"。《景德录》卷29收有宝志禅师的《大乘赞》《十二时颂》《十四科颂》等作品。清代在南京大报恩寺塔中发现一铁匣，内藏有《宝志说戒图》。据《花朝生笔记》称，济公这个人物就是以南北朝的宝志禅师为原型，后经艺术创作而传世。白鹤道人（生卒无考），南北朝时云游道士，据《潜山县志·仙释传》记载：白鹤道人游历各地名山大川，朝谒全国三十六洞天、七十二福地。梁武帝时，他慕名来到天柱山，谒拜第十四洞天、第五十七福地，见天柱山的支脉凤凰山山势雄伟，云飞雾绕，神气氤氲，遂萌生留下结庐修炼之意。这时，宝志禅师也因"舒州潜山景色最称奇绝，而山麓尤胜"，欲在此地辟山筑室，修建寺院，开场弘法。梁天监六年（507），二人为修炼道场争执不一，只好奏请梁武帝仲裁，以求封赐宝地。梁武帝"以二人皆具灵通，俾各以物识其地，得者居之"。白鹤道人称："我以白鹤栖止处为记，白鹤落脚立足之处即吾之宫。"宝志禅师则道："我以锡杖为界，卓锡挂地之处乃余之室。"梁武帝诏准。白鹤道人和宝志禅师相约来到凤凰山之巅，施技斗法。结果，白鹤道人的白鹤群落东山，白鹤道人遂得东山，他在山谷中筑一茅庐，后改庐为观，又称白鹤宫，修道炼丹，弘扬道法。宝志禅师的锡杖"卓锡于山麓"，遂得西山创建山谷寺。宝志禅师与白鹤道人斗法虽不无传说成分，但也一定程度上印证了他们为天柱山佛教、道教蒙创所作的贡献，为后世天柱山佛教、道教发展奠定了根基。

19.吴承伯起义

吴承伯率祆教道众发动反梁起义。天监九年（510）六月，宣城郡吏吴承伯利用民间祆教聚集2万余道众起义，以反对梁朝暴政。他们成功攻破宣城郡城，梁宣城太守朱僧勇战败撤退，转战附近各县。闰六月，吴承伯出兵围攻吴兴，遭到吴兴太守蔡撙守军的坚守还击，吴承伯战败被杀。义军余部转战新安郡，攻克黟、歙等地，新安太守谢览拒战失利，逃往会稽。之后，萧梁朝廷调派征讨大军进行镇压，义军最终失败。

20.浮山筑堰

梁武帝萧衍为夺回寿阳而拦淮河修筑的堰坝。天监十三年（514），梁武帝萧衍为夺回被北魏攻占的寿阳，采纳北魏降将王足建议，在浮山、巉石山之间拦淮河修筑长堰（大坝），壅水以倒灌寿阳城，逼迫魏军撤退。萧衍先派水工陈承伯、材官将军祖暅去实地考察地形，论证计划的可行性。陈、祖二人经实地仔细考察后，向梁武帝汇报说，浮山、巉石山之间淮河水流汹涌，沿岸沙土松散，河床不稳固，不宜建堰。梁武帝听到不谐圣意的陈、祖二人汇报后，大发怒火，认为自古以来，兵来将挡，水来土掩，陈、祖二人不认真办事，还蛊惑人心，遂将二位工程专家投入大牢。随后，梁武帝派太子右卫率康绚主持修堰工程，征调徐州、扬州民工，每20户抽5人，两州征集15万人，加上5万士兵，共20万人施工，工程名曰浮山堰。浮山堰南起浮山，北抵巉石，从南北两端相向填筑土方，在淮河中流合龙。以当时的工程技术和条件，合龙难度特别大。在经历各种波折后，最终历时两年时间，浮山堰才得以建成。整个工程堰长9里，下宽一百四十丈，上宽四十五丈，高二十丈，深十九丈五尺。浮山堰建成后淮河被拦腰截断，蓄水水位不断上涨，几乎接近堰顶，开始威胁上下游地区的安全。上游几百里内一片汪洋，寿阳城随即被大水围困，魏军被迫弃城移营八公山。梁军为减轻大坝防洪压力，在浮山堰上游淮河南岸开挖一条泄洪道。魏军为减轻寿阳城洪水压力，在浮山堰上游淮河北岸凿山泄水，于是浮山堰水库就有了两条溢洪道。虽然分流两处，但随着夏季雨季来临，浮山堰建成4个月后的一天晚上，伴随炸雷般的巨响，大堰崩塌溃坝，300里外都能听到。梁武帝这次奇葩构想所建的豆腐渣工程，付出的沉重代价是：工程耗时近两年，前后动用20余万人，死亡15万人，下游10万余户被冲到汪洋之中。浮山堰是淮河历史上第一座用于军事水攻的大型拦河坝，记录着南北朝残酷、悲壮的军事斗争。虽然浮山堰在建成后仅存4个多月就被冲垮，但它在当时却达到了协助战争的目的，在中国科技史上载下了不可磨灭的一页。

21.西硖石之战

萧梁和北魏围绕争夺西硖石（在今凤台县西南）而发生的战事。天监十四年（515）九月，萧梁游击将军赵祖悦袭占北魏西硖石，并构筑外城，以为军事据点，并派其将田道龙等攻北魏诸军据点，以进逼北魏寿阳。十二月，北魏扬州刺史李崇、镇南将军崔亮、镇东将军萧宝寅分兵抗御，进围西硖石。赵祖悦率军迎战，战事不利，后退军固守城池，魏军进攻月余，未能攻克。次年（516）正月，北魏胡太后遣吏部尚书李平为镇军大将军兼尚书右仆射，领步骑2000人进驻寿阳，统一指挥诸军。萧宝寅派轻车将军刘智文等渡淮河攻破梁军三个据点。二月，萧宝寅又在淮河北岸打败梁将垣孟孙等。李平抵达西硖石后，督促李崇、崔亮等率水陆大军加强对西硖石的攻势。在此危情下，梁武帝萧衍令昌义之率太仆卿鱼弘文、直阁将军曹世宗、徐元和等率军前往驰救。崔亮令部将崔延伯守下蔡，他亲率部众夹淮河两岸筑营，并修浮桥，随意出入水面，既断了西硖石守军退路，又使萧梁援军水军战舰不能通行。当时魏军兵势强盛，王神念进攻魏军浮桥失败，昌义之等只能屯兵梁城，不能前进援救西硖石。李平指挥各军从水陆两路攻西硖石，占领外城，守将赵祖悦出降被杀，守军全部被俘。

22.檀公岘之战

梁将裴邃统兵在檀公岘（在今金寨县西南）击破北魏义州刺史封寿的战事。普通二年（521），义州刺史文僧明举州叛梁降魏，北魏派军前来接应。七月，梁武帝萧衍任命裴邃为假节、信武将军，统率诸军平定叛乱。裴邃统兵深入魏境，在檀公岘击破北魏任命的义州刺史封寿，趁势包围城池，封寿被迫请降，义州平定。梁以裴邃为豫州刺史，加督三州，镇守合肥。

23.萧梁攻北魏淮南之战

梁将裴邃、夏侯亶攻复北魏淮南之地的战事。普通五年（524），梁武帝萧衍乘北魏内乱之机，派豫州刺史裴邃指挥各路大军挥师大举北上攻魏。裴邃先平小岘，再攻合肥。六月，裴邃又先后攻占睢陵、荆山戍、狄城、曲阳、秦墟等地，魏军多弃城逃走。九月，裴邃率轻骑3000人攻寿阳，占领外城，因后军未至而退。北魏遣河间王元琛援救寿阳，进至西硖石，击败萧梁军王神念部，占领荆山戍。十一月，裴邃挥军进攻安城，北魏守将投降，马头戍、荆山戍守将也望风归降。次年（525），裴邃攻占郯城后，汝、颍各地纷纷响应归顺。元琛率军5万人进驻寿阳，向梁军求决战。裴邃以逸待劳，布设"四甄阵"，诱使北魏军入伏。北魏军大败，被杀万余人。元琛退守寿阳，不敢复出。五月，裴邃病死军中，梁武帝以夏侯亶接替裴邃指挥各军，与元琛及北魏临淮王元彧等交战，颇有战绩。七月，萧梁豫章王萧琮因憎恨萧衍篡国辱母，率左右降魏。北魏军入驻彭城，乘胜追击，复取诸郡，夏侯亶撤寿阳之围还军合肥。普通七年（526）七月，淮河水涨，寿阳城几乎被淹没。夏侯亶乘机自合肥出发，进攻寿阳。十一月，北魏扬州刺史李宪以寿阳城降。是役，萧梁军获降城52座，男女民众7.5万余人。梁朝复于寿阳置豫州郡，改合肥为南豫州郡，以中护军夏侯亶领豫、南豫二州刺史。

24.梁魏涡阳之战

萧梁进攻北魏涡阳的战事。大通元年（527），梁武帝萧衍派遣兼领军曹仲宗、东宫直阁陈庆之与明威将军韦放率数万人合攻北魏涡阳。韦放梁军营垒还未建好，北魏散骑常侍费穆率援军突然到达。当时韦放只率领200余人，两军众寡悬殊，但梁军将士勠力同心，奋战杀敌，将费穆所部击败。北魏又派常山王元昭率军5万援救涡阳，前锋部队到达距涡阳40里的驼涧。韦放率部将陈度、赵伯超等夹击魏军，陈庆之乘元昭军远来疲乏，后军未集，立足未稳之际，亲率轻骑200人闪电进击，大败北魏军。陈庆之随即和梁军其他各军连营而进，背涡阳城与北魏军对峙，自春至冬，大小战斗百次。北魏军在外围修筑13座营垒，以图保护涡阳，控制萧梁军。陈庆之率部夜袭，攻占4座营垒。涡阳北魏守将王伟降梁。韦放释放30多个俘虏，使之分报北魏诸营，以动摇魏军军心。接着，陈庆之率主力跟进袭击，北魏军其余9座营垒也先后溃败，梁军追击，俘斩甚多。

25.周兴嗣纂《千字文》

周兴嗣（469—537），字思纂，祖籍陈郡项县（今沈丘县），世居姑孰（在今当涂县境内）。萧梁大臣，史学家，博学，善属文。天监元年（502），梁武帝继位，周兴嗣因上奏《休平赋》，拜安成王国侍郎。同年，萧衍升周兴嗣为员外散骑侍郎。因梁武帝十分赞赏周兴嗣的才学，常令兴嗣为文，如《铜表铭》《栅塘碣》《檄魏文》《次韵王羲之书千字》，每成一篇，都会受到梁武帝的称赞和财物赏赐。天监九年（510），任新安郡丞，任满后，重任员外散骑侍郎，协助编撰国史。天监十二年（513），升任给事中，继续为皇室撰写文稿，参撰皇帝实录、皇德记、起居注、职仪等百余卷，著有文集十卷。大同三年（537）七月十五日，病卒。周兴嗣编纂的《次韵王羲之书千字》就是传诵千古、流传至今的《千字文》。史载当年，一生戎马倥偬的梁武帝十分重视子辈的教育问题，却苦于没有一本合适的儿童启蒙读物，就令大臣殷铁石从王羲之书写的碑文中拓下不重复的一千个字，以供皇子们学书使用。但由于字字孤立，互不联属，不好记忆，他就令有"才思"的周兴嗣专门"韵之"。周兴嗣花了一个晚上就编好进呈武帝，梁武帝读后，拍案叫绝，即令送去刻印，刊之于世，这便是传颂至今的《千字文》。全文以儒学理论为纲，穿插诸多常识，用四字韵语写出，语句平白如话，对仗工整，条理清晰，易诵易记，很适合儿童诵读，后来就成为了中国古代教育史上最早、最成功的儿童启蒙教材。宋明至清末，《千字文》同《三字经》《百家姓》一起，构成了自我国古代以来最基础的"三百千"儿童启蒙读物。

26. 侯景降梁

侯景叛变降梁，引发东魏、萧梁对侯景所控制地盘争夺的战事。侯景（503—552），字万景，北魏怀朔镇鲜卑化羯人。早期为尔朱荣的部下，后投靠高欢，得其重用。武定五年（547），高欢死后数日，自念与新帝高澄有隙的侯景据河南反叛东魏，他先后派人向西魏、萧梁请求洽降。西魏授侯景太傅、河南道行台、上谷郡公官爵，但未出兵接应；梁武帝不顾尚书仆射谢举等大臣反对，封侯景为大将军、河南王、都督河南南北诸军事、大行台，并派司州刺史羊鸦仁等率军接应侯景。东魏接到侯景叛乱的情报后，派司空韩轨、武卫将军元柱等出兵围剿，却在颍川被侯景打败。这时，梁军派兵援助侯景。五月，侯景再次向西魏乞求救兵，西魏荆州刺史王思政接收侯景所献颍川，宇文泰派李弼、赵贵等将援王思政，又派韦法保、贺兰愿德等助侯景。随后，心怀防范的宇文泰诏令侯景入朝长安，欲削其兵权，遭侯景断然拒绝。宇文泰因此大怒，断绝与侯景关系，召还所有援助侯景的军队，仅留王思政护守颍川。侯景也不再联络西魏，全心投靠萧梁。七月，梁司州刺史羊鸦仁所部军队进驻侯景控制下的悬瓠城。东魏高澄派慕容绍宗讨伐侯景及梁军，梁武帝派其侄南豫州刺史、贞阳侯萧渊明率兵5万迎战。十一月，双方在寒山交战，结果梁军大败，萧渊明被

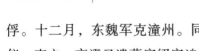

俘。十二月,东魏军克潼州。同月,侯景率军围谯城不下,撤围转攻浚仪,克之。高澄又遣慕容绍宗追击侯景,侯景退入涡阳,此时侯景尚有马数千匹,甲卒数万人,车万余辆,双方相持于涡阳。次年(548)正月,侯景粮尽,士卒又都是北方人,不愿南渡,其将暴显等各率所部向慕容绍宗投降。侯景军溃散,只与数名心腹自峡石渡淮,收集800余名残兵败将逃到寿阳,被梁将韦黯收纳。梁将羊鸦仁等也弃悬瓠而南归,东魏收复了侯景献给梁朝的土地。

27.侯景之乱

东魏降梁将领侯景发动的叛乱事件。太清二年(548)八月,被梁武帝萧衍所收留的东魏叛将河南王侯景,因对梁与东魏通好心怀不满,遂以清君侧为名义在寿阳起兵叛梁,兵力8000人。他挥军先攻占马头,再克木栅。梁武帝萧衍遣军征讨。十月,侯景留外弟王显贵守卫寿阳,扬言欲攻合肥,却亲自领兵偷袭谯郡、历阳,进而引兵临江,自横江成功渡江后,分兵袭占姑孰,进至慈湖,逼向建康。次年(549)三月,侯景在梁宗室萧正德的内应下攻入台城,饿死梁武帝,大肆屠戮门阀世家。天正元年(551)十一月,在杀死简文帝和豫章王后,侯景篡位为帝,建立汉国。次年(552)正月,梁湘东王萧绎大举讨伐侯景,遣征东将军王僧辩、扬州刺史陈霸先等率水陆军从寻阳东下,进据芜湖。侯景恐惧,遣其将史安率兵2000人助侯子鉴驻守姑孰。侯子鉴起先闭营不出,后又轻进挑战。王僧辩用大战舰断其归路,又用伏舰实施突然袭击,侯子鉴大败,逃回建康。王僧辩率大军攻破建康台城,侯景出逃海上,被其部下杀死,给江南民众带来灾难的侯景之乱终被平息。

28.荀朗平乱有功

梁将荀朗在巢湖组建水军,在平定侯景之乱、北齐侵梁等战事中立下了功劳。荀朗(518—565),字深明,颍川颍阴(今许昌市)人。太清元年(547),侯景作乱。时任庐陵王行参军的荀朗,在长江北岸的军事要地巢湖一带招募徒旅，占据巢湖，无所隶属。侯景攻克台城后，梁简文帝密封荀朗为云麾将军、豫州刺史，受命讨伐侯景。荀朗就势扩充势力，"招致部曲至数万人"，以巢湖为水上训练场，进行军事训练。侯景派宋子仙、任约等多次前往征讨，荀朗据山扎寨固守，宋子仙、任约等均告失败，没能攻克。大宝二年（551），侯景在巴陵战败，顺江而退。荀朗见时机已到，率水军由裕溪河出湖入江，阻击侯景，一战奏捷，大破侯景后卫部队，顺江直追而下。侯景之乱平定后，荀朗在踟蹰山一战击退来犯的北齐大将郭元建。承圣二年（553），荀朗率所部渡江南下，进入宣城郡驻扎。梁元帝任命荀朗为持节、通直散骑常侍、安南将军、都督南兖州诸军事、南兖州刺史。北齐萧轨、东方老等进攻建康时，荀朗从宣城前往救援，与侯安都等共同击败齐军。天嘉六年（565），荀朗去世，追赠为南豫州刺史。

29. 王僧辩攻姑孰之战

王僧辩攻打驻守姑孰的侯景部将侯子鉴的系列战事。承圣二年（553），王僧辩在取得巴陵城守卫战胜利后，率军乘胜沿江东下讨伐侯景。二月，与东扬州刺史陈霸先在白茅湾会盟，誓师东下。侯景派侯子鉴据姑孰南洲以拒西师，又派党羽史安等率2000名士兵前往姑孰为侯子鉴助战。癸卯，王僧辩派侯瑱袭占南陵、鹊头二戍。王僧辩的军队到达芜湖时，侯景守将张黑弃城逃遁。三月，侯景前往姑孰巡视垒栅，告诫侯子鉴说：西人擅长水战，不可与其争锋。侯子鉴于是舍船登岸，闭营不出。王僧辩在芜湖按兵不动十多天，景党大喜，向侯景汇报说：西师惧怕我军强盛，必想着遁逸，不进攻他们，将会失去战机。侯景于是令侯子鉴做好出战准备。丁丑，王僧辩抵达姑孰，侯子鉴率步骑万余人渡水洲上岸挑战，并指挥水军一同开进。王僧辩指挥水军小型战船退缩到后头去，只留下大舰在两岸夹江停泊。侯子鉴将士以为梁军水军要退却了，争相追赶攻击。此际，王僧辩突然指挥水军大舰截断侯军归路，梁军战鼓雷鸣，杀声四起，从两边夹攻侯子鉴部队，双方在长江中展开激烈的水战，结果侯军大败，数千士卒赴水而亡。侯子鉴只身逃脱，收罗残兵逃回建康。王僧辩引军而前，收复历阳戍后，挥军直指建康。

30.侯瑱守东关之役

梁将侯瑱在东关抵御北齐军将领郭元建入侵的战事。承圣二年（553）九月，北齐在合肥营建水军，谋划进攻建康。闰十月，北齐派郭元建率军出巢湖，沿濡须水计划入长江，再进攻建康。梁领军将军王僧辩派部将侯瑱带领3000名甲兵，在东关筑垒拦截抵御，经过交战，大败齐军。侯瑱因功被提任使持节、镇北将军。

31.北齐攻萧梁东关之战

北齐逼迫王僧辩迎立萧渊明，攻打萧梁东关的战事。承圣三年（554），萧梁江陵朝廷覆灭之后，晋安王萧方智在建康被王僧辩和陈霸先立为嗣君。梁朝的危亡重任落在了王、陈二人的肩上。萧方智到建康不久，北齐文宣帝高洋不甘心西魏势力南扩，也想趁梁国破败，前来瓜分，派其弟上党王高涣领兵南下，护送原被东魏俘虏的贞阳侯萧渊明来继梁帝位。高洋写信要求王僧辩迎接，王僧辩起先拒不应允。承圣四年（555）三月，高洋见劝说无效，遂派北齐军进至东关。王僧辩派遣徐州刺史裴之横领兵拦击，裴之横战败被杀。王僧辩在惊惧之中亲自领兵出屯姑孰。其间，王僧辩与北齐，与陈霸先均书信往来不断。陈霸先坚持不接纳萧渊明，但王僧辩随着裴之横败亡，渐渐软弱下来，最终屈从于北齐。五月，王僧辩迎萧渊明入建康，即皇帝位，改元天成。

32.北齐攻萧梁姑孰、采石之战

北齐为攻打萧梁建康，在姑孰、采石发生的战事。天保六年（555）九月，梁将陈霸先反对王僧辩屈从北齐，迎立被俘的萧渊明为帝，举兵攻占石头城，缢杀王僧辩父子。十月，废黜萧渊明，复立萧方智为帝（梁敬帝）。王僧辩的姻亲刺史徐嗣徽献谯、秦二州降北齐，并密结豫州刺史任约，率5000名精骑乘隙攻占石头城，与梁军对峙。十一月，北齐派兵5000人渡江，攻占姑孰，策应徐嗣徽，并派柳达摩率军万人从胡墅增援石头城。不久，徐嗣徽部攻冶城失利，遂留柳达摩等将守石头城，亲往采石迎接北齐援军。梁将侯安都率水军在采石偷袭徐嗣徽和任约的水陆联军，获得胜利。最后，齐军与梁军双方和谈，盟约停战，齐军北归。

33.北齐攻萧梁历阳、青墩、七矶之战

北齐为攻打建康，与萧梁在历阳、青墩、七矶一带发生的战事。天保七年（556）三月，北齐派遣仪同三司萧轨等与降齐梁将任约、徐嗣徽合兵10万出兵栅口，剑指梁山，被梁守将黄丛击败，退据芜湖。梁征西将军陈霸先遂派遣沈泰、侯安都等部将率军据守梁山加强防御。四月，侯安都率军突袭驻守历阳的北齐军，俘获和斩杀齐军万余人。五月，北齐军从芜湖入丹阳，到达秣陵旧治所。陈霸先派部将周文育驻守方山，徐度驻守马牧，杜陵驻守大航（时建康南城门朱雀门外横跨秦淮河上的浮桥），以阻击北齐军。北齐军连夜至方山，徐嗣徽率水军在青墩、七矶列舰防守，切断周文育退路。周文育率水军奋勇进击，徐嗣徽等不能抵抗，反被周文育击败。北齐军遂留船芜湖，改由陆路攻入建康城。齐、梁两军在建康城内外经过激烈搏杀，最终北齐军惨败，北齐萧轨等46名将领被俘，徐嗣徽等将被擒杀，伤亡溺死者大半，仅任约、王僧辩弟王僧愔得以生还。

34.王琳反陈霸先之战

梁将王琳反抗陈霸先称帝的战事。永定元年（557），陈霸先废梁建陈。次年（558），梁将王琳拥立永嘉王萧庄为帝，在北齐支持下起兵对抗陈朝。六月，陈霸先派司空侯瑱与领军将军徐度率领水师作为先锋讨伐王琳，侯瑱驻兵梁山。永定三年（559）六月，陈霸先去世，其侄陈蒨（陈文帝）即位。王琳闻讯后，拥奉萧庄出兵屯驻濡须口，北齐也派扬州道行台慕容俨率军逼近长江，以作声援。十一月，王琳进犯大雷，陈文帝命侯瑱、侯安都与徐度率军抵御。陈安州刺史吴明彻溯流而上，乘夜袭击溢

城，王琳派巴陵太守任忠率军进击，大破吴明彻军，吴明彻只身逃脱。王琳乘势引兵东下。天嘉元年（560）二月，王琳率军抵达栅口，侯瑱等屯驻芜湖，两军相持100多天。王琳等在东关待春季水位高涨可供船舰通航后，便令合肥、巢湖一带的部众沿江而下，舳舻首尾相连，军势强盛。侯瑱出兵虎槛洲，王琳隔着虎槛洲列舰于长江之上，双方交战，王琳军稍稍退却，退守长江西岸。到晚上，突然刮起了很强的东北风，王琳军一些战舰被风浪毁坏，搁浅在江滩上。次日，王琳到江边收拾船只，侯瑱等也率军退回芜湖城。此际，北周获悉王琳东下进兵的消息，派荆州刺史史宁率军数万乘虚袭击郢州，陈将孙瑒绕城固守。王琳闻讯后，担忧因军心不稳而溃败，便率领水师加紧东下，直到离芜湖十里地才停泊下来。北齐派仪同三司刘伯球率军1万余人支援王琳，行台慕容俨德的儿子慕容子会率2000铁骑屯驻芜湖长江西岸策应。同月十四日，侯瑱率军防备王琳进犯。当天西南风刮得又急又猛，王琳认为得了天助，打算直取建康，侯瑱等出芜湖城紧随其后。等到双方交战时，西南风反被侯瑱所利用，王琳让士兵往侯瑱的战船上扔火炬，结果因为逆风，反而将自己的战船全部烧毁。侯瑱趁机大破王琳军，王琳军十之二三的兵士溺水而亡，其余的都弃船上岸，被侯瑱军斩杀殆尽。北齐刘伯球、慕容子会所率步骑见王琳水军溃败，仓皇逃窜，陈军乘势追杀，齐军几乎被全歼。王琳乘坐舴艋小船突围而出，逃至溢城，与萧庄奔降北齐。

35. 太建北伐

陈宣帝太建年间，陈朝两次北上进攻北齐、北周两淮地区的战事。太建五年（573）三月，陈宣帝陈顼决定北伐，派遣镇前将军吴明彻作为总指挥，率10万兵马分两路攻伐北齐两淮地区。其中一路由都督黄法氍率军向历阳，另一路由吴明彻率军出击秦郡。北齐遣历阳王率5万人来援救，在小岘筑城相拒。黄法氍派左卫将军樊毅分兵在大岘抵御。四月，黄法氍攻破齐军，尽获人马器械。同时，吴明彻攻拔秦州齐军水栅。北齐派遣援军驰救历阳、秦州，均被陈军所败。五月，陈军建造拍车及步舰，竖拍攻逼历阳，北齐历阳守将先乞降，后又出尔反尔坚守，陈军攻坚破城，尽诛齐军历阳戍卒。其后，陈军迅速进兵合肥，合肥守军望旗请降，秦州亦降。陈军乘胜北进，接连攻克江北、淮南诸城。北齐派降将王琳到寿阳招兵抵御陈军。七月，吴明彻攻克峡石。十月，吴明彻乘夜攻破寿阳廓城，北齐兵退据内城。陈军在淝水上筑堰，拦水灌城，城内北齐守军因饥、疫而死十之六七。北齐急遣行台右仆射皮景和等率数十万大军援救，但皮景和却因怯战而距寿阳 30 里不前。吴明彻一鼓作气攻破寿阳内城，斩杀王琳，传首建康。皮景和引军北撤。陈军接着又攻下北齐颍口、苍陵等地。自三月至十二月，陈军先后攻克北齐数十城。淮南数州郡或占、或降，南陈暂时恢复了对江北淮南地区的统治。太建九年（577）十月，北周灭北齐，陈宣帝诏令吴明彻进军北伐，希望乘机争夺淮北地区。结果吴明彻在山东吕梁境内与北周交战失利被俘，南陈淮北之地尽为北周所占。

36. 北周攻陈淮南之战

北周攻陈淮南地区的战事。太建十一年（579）九月，陈将吴明彻北伐失利后，北周决定出兵进攻陈淮南地区，任命韦孝宽为行军元帅，督率行军总管、杞国公宇文亮、郕国公梁士彦等南下攻陈。十一月，韦孝宽自率大军进攻寿阳，同时，分遣杞国公宇文亮自安陆攻黄城，梁士彦攻广陵。作为应对，陈宣帝陈顼诏令南兖州刺史淳于量为上流水军都督，中领军樊毅为都督北讨前军事，遣军分兵抵抗。其中，仁威将军鲁广达部入淮南，樊毅领 2 万水军进驻焦湖，左卫将军任忠部往秦郡，武毅将军萧摩诃部往历阳。不久，周将韦孝宽攻下寿阳，宇文亮攻拔黄城，梁士彦攻破广陵。陈军无力抵挡，周军乘势又克谯州、北徐州、豫州、霍州等地。至此，陈国淮河以南、长江以北地区皆为北周所控制。

37. 三总管之乱

杨坚平定三总管之乱的战事。北周大象二年（580），宣帝死，周静帝继位，杨坚任大丞相，总管中外兵马事，实行一系列改革笼络人心，并以谋反罪诛杀周宗室诸王，欲禅代北周。六月，相州总管尉迟迥起兵相州，郧州总管司马消难、益州总管王谦响应支援，分别在郧州、益州打着"匡国""匡复"的旗号起兵反坚，史称"三方构难"。杨坚平定三藩战事，主要是分别派韦孝宽、王谊、梁睿率军平定。司马消难起兵郧州，淮南州县大多响应，郑州总管王谊率兵讨伐，司马消难不敌奔陈。包括豫州、荆州、襄州在内，南至江淮、北达商洛、东西约两千里的巴蛮联合尉迟迥，攻城略地，反抗杨坚。王谊派遣各大将讨伐，旬月之内皆平。亳州总管贺若谊亦加入此次平叛之战。尉迟迥起兵相州，西进黄淮，杨坚派韦孝宽、于仲文讨之，平定淮河以北叛军。淮河地区重镇亳州位于东西争战要地，总管贺若谊西遏司马消难，东据尉迟迥。战后，贺若谊因功进爵范阳郡公，授上大将军。益州方面，杨坚派梁睿、于义等率军入蜀，大象二年（580）十月，王谦兵败成都。就这样，杨坚在不到四个月的时间即平定了三总管之乱。

38.丘明传《碣石调·幽兰》

《碣石调·幽兰》相传为丘明所传，为现存最早的文字琴曲谱。丘明（493—590），会稽人，隐居于九嶷山，研究音律，精于《碣石调·幽兰》，并"以其声微而志远，而不堪授人"。开皇十年（590），卒于丹阳县。临终前，他将《碣石调·幽兰》琴谱传给宜都人王叔明。该古琴曲整首曲子节奏缓慢，清丽婉转，通过表现空谷幽兰、素雅静谧的淡雅意境，来表达抑郁伤感的忧者情绪。现今传世最早的《碣石调·幽兰》是唐代写本，该谱前"序言"说，《碣石调·幽兰》是六朝丘明所传，即是依丘明所传琴谱而来。此琴谱是现存最早的文字琴曲谱，是中国历史上第一次记下音高的乐谱，具有很高的史料价值。这首著名的古琴谱和安徽人曹操关系密切。三国时，曹操在其《清商乐》中，作有《步出夏门行》之诗。《南齐书·乐志》曰："《碣石调篇》，魏武帝辞，晋以为《碣石舞歌》，其歌四章。"今存《碣石调·幽兰》谱，也是分为四拍，正与"其歌四章"的曲体结构相合。

39.梅根冶铜

六朝时期，梅根冶是南方冶铜铸钱的中心。梅根冶亦称梅埂冶、梅根监、钱溪，地名，在今安徽池州市贵池区东北五十里梅根河入口处，即今梅龙镇附近。因临近梅根河炼铜铸钱，故称"梅根冶"。六朝之际，江南地区的铜矿采冶和铸钱技艺有了新的发展，官府在重要产铜地设置铜监，负责监督冶铜和铸钱。清人顾祖禹《读史方舆纪要·江南九·池州府》载："梅根监，府东五十里，亦曰梅根冶，自六朝以来，皆鼓铸于此。"可见，六朝时代，位于安徽池州境内的梅根冶是兴盛一时的铜矿冶炼与铸钱中心，六朝官府在此设置梅根监，负责管理监督开矿、冶铜和铸钱。有学者研究认为，梅根冶的铜上承先秦的"吴越之金锡"、汉代的"丹阳铜"，后启宋代四大铜监之一的"永丰监"，将皖南铜冶铸业的历史连缀成千年不断的迷人画卷。

（四）

隋唐五代

（一）隋代

1.韩擒虎经庐州、采石灭陈之役

隋将韩擒虎经庐州、采石攻灭陈国的战事。开皇八年（588），隋文帝杨坚平定突厥和后梁势力后，集中力量准备灭陈。十月，设淮南行台于寿春，以晋王杨广为尚书令，统帅大军51.8万人，兵分八路大举攻陈。十二月，各路隋军进至长江北岸。九年（589）正月一日，庐州总管韩擒虎一路出庐州，乘陈军庆祝年节、麻痹无备之际，于当夜从横江偷渡过江袭取采石。吴州总管贺若弼一路也于当夜自京口渡过长江，陈叔宝仓促应战，令在建康的陈军列阵于钟山以南，迎击隋军。韩擒虎部乘胜攻破姑孰，与攻占京口西进的贺若弼部，形成东西夹击建康的态势。位于上游的陈军均为隋将杨俊、杨素部所阻，不能进援。建康陈军虽尚有兵10余万，但士气涣散，在隋军强大攻势下，非逃即降，无力还击。陈叔宝被俘投降，陈亡。隋统一全国。

2.隋代江南豪族之乱

隋代江南豪族及少数民族酋帅的政治军事叛乱。该叛乱主要集中在江左豪族聚集的长江中下游地区。开皇九年（589）元月，隋王朝平定南陈，隋文帝派苏威巡抚旧陈州县。苏威在江南各州县通过武力强迫当地百姓诵五教，使民无长幼悉诵之，对江南人民进行强制性的思想驯化，引起了江南士大夫的反抗情绪。苏威又奏请江左检籍扩户，这又触犯了江左豪族的经济利益。开皇十年（590）末，江南豪族因内州检责行政过急、苏威复作五教使民强诵等原因起兵反隋，叛军势力迅速扩大至沿江、苏皖南部、浙东西、闽赣及岭南广大地区，陈之故境，大抵皆反。江南豪族及部分少数民族首领的反隋叛乱，以江左豪族聚集的长江中下游的东南诸州郡声势最为浩大。主要割据势力有婺州汪文进、越州高智慧、苏州沈玄侩、乐安蔡道人、蒋山李稜、饶州吴世华、温州沈孝彻、泉州王国庆、杭州杨宝英等，或称天子而置百官，或反隋称大都督而自行封疆。一时间，影响甚重。对于江南豪族的武装政变，隋王朝采取了极为严厉的武装镇压，辅之以适当的政治招抚。因此，不到一年时间平叛工作即顺利完成，实现了江南地区的安定，也为隋王朝在江南施行一系列国家政策及发展南方社会经济提供了重要的条件。

（二）唐代

1.唐招抚江淮杜伏威

　　唐初招抚江淮起义军的事件。大业十四年（618）四月，李渊建唐，面对全国几十个反隋农民政权，采取了剿抚并用的策略，以期统一全国。杜伏威，章丘（今济南市章丘区）人，隋末与辅公祏率众起义，以和州为据点，占据江淮流域广大地区。后宇文化及缢杀隋炀帝，招抚杜伏威为历阳太守，伏威不受。武德二年（619），李渊、李世民因杜伏威占据江淮间广大土地，实力雄厚，遣使晓谕，杜伏威接受招抚，被任为淮南安抚大使、和州总管；翌年（620），又被任为东南道行台尚书令、江淮安抚大使、上柱国、吴王，赐姓，封其子德俊为山阳公，赐帛五千缎、马三百匹。武德四年（621），杜伏威依靠强大的军事力量击败海陵李子通、歙州汪华，编收两部残余，并进一步扩大了势力范围，尽有江东淮南之地，南接于岭，东至于海。武德五年（622），杜伏威入京，受到唐高祖李渊的恩待，拜为太子太保兼行台尚书令，留京师，但实际上杜伏威是被控制起来了。武德六年（623），留守丹阳的杜伏威所部将领辅公祏起兵反唐，次年（624）二月，杜伏威在长安"暴卒"。武德七年（624）三月，辅公祏兵败被俘。杜伏威部是江淮地区农民军反隋的中坚力量，后被唐招抚，加快了唐统一大业的进程，亦使唐代安徽地区迅速进入统一安定的状态。

2. 李靖定江淮

唐初平定江淮叛乱的战事。杜伏威和辅公祏均为隋末唐初农民起义军领袖。武德二年（619），杜伏威投降唐朝。武德六年（623）六月，辅公祏乘杜伏威入朝之际，窃据丹阳，举兵反唐。高祖命李孝恭为帅，李靖为副帅，率李勣等7总管东下讨伐。辅公祏派大将冯惠亮率3万水师驻守当涂，陈正道率2万步骑驻守青林，从梁山用铁索横阻长江，并建造十余里月城防护。李孝恭召集诸将议会，大多数将领认为，辅公祏劲兵固守，若直取老巢丹阳，就可使冯惠亮不战自降。李靖主张先攻冯惠亮和陈正道，再攻丹阳。孝恭从其计，由李靖率军水陆并进，攻打冯惠亮和陈正道军，杀伤敌军万余人，冯惠亮败逃。接着李靖乘胜进军丹阳城，公祏惊恐，弃城出逃，后被活捉。至此，江南悉平。高祖嘉奖李靖军功，赐物千缎，并赐奴婢100口，良马100匹，设立东南道行台，任他为行台兵部尚书。

3. 唐王朝剪灭朱粲

唐初平定朱粲割据势力的战事。朱粲，亳州城父人，隋末在南阳起义反隋，号楚帝。入唐后，势力不断扩大，拥附者数十万人，占据淮北、邓州、南阳等广大地区。武德元年（618）五月，朱粲与山南抚慰使马元规于冠军交战，大败。七月二日，朱粲与宣州刺史周超交战，再度兵败。后朱粲迅速收集余部，重振军势。武德二年（619）闰二月，朱粲归唐，高祖李渊下诏，以粲为楚王，听自置官署，以便宜从事。四月，高祖派御史大夫段确使于朱粲，朱粲杀段确及其随从，前往洛阳投靠王世充，世充以他为龙骧大将军。武德四年（621），李世民率兵攻打王世充，王世充兵败投降，朱粲亦被俘获，被斩杀于洛水之上。历时4年，唐王朝终将朱粲剪灭，进一步加快了统一全境的步伐，安徽地区亦快速结束战乱，走向安定统一。

4.唐招抚江南汪华

唐初招抚江南起义军的事件。汪华，字国辅，歙州歙县登源里人。隋末天下大乱，汪华起兵反隋，受到当地人民的拥护和追随，统领歙、宣、杭、饶、睦、婺六州，建立吴国，自称吴王，并施行仁政，境内百姓安居乐业。李渊建立唐王朝后，对各地割据农民政权实行武力征服与招抚并用的手段。武德四年（621），已归唐的另一农民起义领袖杜伏威，接受李渊之命，征讨汪华。杜伏威派大将王雄诞出兵歙州，利用当地山川地形围困汪华，汪华最终不敌，率土归唐。李渊授其为歙州刺史，封上柱国、越国公。贞观二年（628），汪华奉诏进京，授左卫白渠府，统军事掌禁军，拱卫东西二都。贞观二十二年（648），汪华病逝于长安，太宗赐其谥号"忠烈"，后归葬歙县云郎山。李渊招抚汪华不仅加速了唐王朝统一大业的完成，而且利用了汪华势力以掣肘杜伏威等，更使徽州人民免于战乱之苦，促进了当地社会的稳定和繁荣。

5.唐太宗修建亳州老君庙

唐朝在安徽修建老君庙的情况。唐朝开国皇帝认老子为自己的祖宗，大力提倡道教，以期抬高李氏皇族的地位。贞观十一年（637）秋七月，太宗下诏"修老君庙于亳州"。这对后世影响很大。如唐玄宗加封老子为"大圣祖高上金阙玄元天皇大帝"，各地修建玄元皇帝庙，全国大兴尊崇"圣祖"之风。每州皆兴建道宫，叫做"紫极宫"；各州设崇玄学，设玄学博士1人，讲授道教经典，学士毕业后参加道举考试。唐代尊崇道教，优礼道教徒，道士、女冠均隶属宗正寺。传说中的老君故里亳州谷阳县，格外受到唐朝最高统治者重视。

6.武则天凭吊老君庙

唐代武则天凭吊老君庙的活动情况。乾封元年（666），武后陪同高宗东封泰山。之后，武后又巡幸孔子故里曲阜和传说中的老君故里亳州谷阳县，成为唐代历史上唯一亲临老君故里的最高统治者。她还凭吊了老君庙，下令扩建老君庙的规模，增创祠堂，其庙置令、丞各一员，改谷阳县为真源县，县内宗姓特给复一年，并追赠老君太上玄元皇帝。

7.王绩在宿州大五柳

唐代诗人王绩在今安徽宿州大五柳的活动情况。王绩（585—644），字无功，山西河津人，初唐田园诗的代表人物。唐初，他辞官隐居今宿州武里山，在门前种了五棵柳树，那块地方便被称为大五柳。大五柳这一地名源自王绩《新园旦坐》诗："松栽一当半，柳种五为名。独对三春酌，无人来共倾。"大五柳现在已经成为宿州著名的风景旅游区。王绩好酒，被称为"五斗先生"，他的酒量不在李白之下，他的田园风光诗也不在李白之下，他最有代表性的《野望》诗，正是作于宿州，诗云："东皋薄暮望，徒倚欲何依。树树皆秋色，山山唯落晖。牧人驱犊返，猎马带禽归。相顾无相识，长歌怀采薇。"在孤独中饮酒，在饮酒中作诗，这就是"五斗先生"晚年在宿州生活的写照。王绩死后葬于宿州武里山下，生前著有《酒谱》《醉乡记》《无心子传》等文，后人为之汇编《东皋子集》，其中有些诗文是在大五柳写的，赞美了大五柳风光，并流传至今。

8.刘秩在芜湖

唐代诗人刘秩在芜湖的活动情况。刘秩，字作卿，彭城人，著名史学家刘知几之子，历任尚书右丞、国子祭酒、阆州刺史，晚年被贬至抚州任官。刘秩在赴任途中，路过芜湖，因流连于江城风景，遂写下《过芜湖》一诗。"百里芜湖县，封侯自汉朝。荻林秋带雨，沙浦晚生潮。近海鱼盐富，濒淮粟麦饶。相逢白头叟，击壤颂唐尧。"诗的首联写出芜湖建县久远，表达敬仰之情；颔联则对眼前的景物展开描写：江边秋荻丛生，含雨迷蒙，沙际傍晚潮生，风浪渐起；颈联又将街市所见的富饶景象，与近海、濒淮相联系起来，显示芜湖得天独厚的地理位置和鱼米之乡的优势；尾联写与当地老者击壤而歌，颂扬盛世的愉悦神态，表达作者对芜湖安定、富饶的生活无限留恋和神往。由于芜湖的建制屡有变动，唐代诗人歌咏芜湖的诗歌较少，所以刘秩的这首《过芜湖》有很大的研究价值。

9. 李白与宴喜台

唐代诗人李白在宿州砀山的活动情况。唐玄宗开元、天宝年间，出现了我国诗歌史上的"双子星座"，即李白与杜甫。李白诗歌豪放飘逸，如《将进酒》《蜀道难》等，无不显示了诗人独特的情感色调和艺术个性，史称"诗仙"。杜甫诗歌则沉郁顿挫、忧国忧民，像"三吏""三别"这样的诗歌，实录了唐王朝由盛转衰过程中一系列重大的事件，最负盛名，号称"诗圣"。让宿州人津津乐道的是，李白与杜甫曾经携手游历宿州，并在砀山留下了动人的诗篇。天宝三年（744）四月，44岁的李白与33岁的杜甫在洛阳第一次相见，正值牡丹花开，两位诗人一见如故，当时便结伴同游开封、商丘。次年（745）他们又同游齐鲁，赋诗作歌。李白当时居住在山东兖州，恰巧杜甫的父亲又在兖州当司马，李白与杜甫是在去兖州时途经宿州砀山的，同行的还有大诗人高适。诗仙与诗圣同时光临，砀山县县令亲自作陪，不仅张灯结彩，美酒相待，还有歌女相陪，那场面比过节还热闹。李白有酒便有诗：

明宰试舟楫，张灯宴华池。文招梁苑客，歌动郢中儿。

月色望不尽，空天交相宜。令人欲泛海，只待长风吹。

那是一个月华皎皎的夜晚，李白和杜甫一行在碧水中泛舟，在宴喜台饮酒，主人的盛情和美妙的歌声，真的让他飘飘欲仙了，"令人欲泛海，只待长风吹"。这是何等的浪漫啊！砀山宴喜台，在现在砀山县城东郊1.5公里处，原亭池上复建的宴喜亭，是一座单檐六角亭，台上有石刻"宴喜台"三个大字，相传为李白所书。对于李白来说，这次来砀山并非第一次，也并非最后一次。早在天宝二年（743），他从皖南去长安，就经过宿州的泗县和砀山。时隔多年，即天宝十二年（753）秋，53岁的李白再次来到安徽，在途经砀山县时，因砀山县县令与其相识，就又在此小住。"安史之乱"爆发之时，正隐居在庐山，年已57岁的李白却毅然投奔永王李璘帐下，争夺政权，兵败流放夜郎。这个在诗坛上神思天纵、明慧超群的"谪仙人"，其实不懂政治，但是他"济苍生、安社稷"的报国之志终生不渝。761年，也就是李白逝世的前一年，听说唐太尉李光弼率大军出镇宿州一带追击叛将史朝义，他还要从宣城往宿州从军，半路因病折还，因此写了《闻李太尉大举秦兵百万出征东南，懦夫请缨冀申一割之用，半道病还，留别金陵崔侍御十九韵》，以记其事：

秦出天下兵，蹴踏燕赵倾。黄河饮马竭，赤羽连天明。

太尉杖旄钺，云旗绕彭城。三军受号令，千里肃雷霆。

函谷绝飞鸟，武关拥连营。意在斩巨鳌，何论绘长鲸。

恨无左车略，多愧鲁连生。拂剑照严霜，雕戈鬟胡缨。

愿雪会稽耻，将期报恩荣。半道谢病还，无因东南征。

亚夫未见顾，剧孟阻先行。天夺壮士心，长吁别吴京。

金陵遇太守，倒屣相逢迎。群公咸祖饯，四座罗朝英。

初发临沧观，醉栖征虏亭。旧国见秋月，长江流寒声。

帝车信回转，河汉复纵横。孤凤向西海，飞鸿辞北溟。

因之出寥廓，挥手谢公卿。

临终作诗，他仍然对自己的文才武略充满自信，抒发出多少感慨、多少悲怆！第二年，李白便病逝于当涂。宿州是李白临终前渴望圆梦的地方，虽然"天夺壮士心"，但诗人"拂剑照严霜"的报国之志却永远铭记在宿州人心中了。

10.李白在安徽

唐代诗人李白在安徽的活动情况。李白（701—762），字太白，祖籍陇西成纪。其先世于隋末罪徙中亚碎叶，李白出生于此。5岁随父迁居绵州彰明县青莲乡，自号青莲居士。李白是继屈原之后，中国古代最杰出、最有影响的浪漫主义诗人。他的一生是不平凡的一生，又是失意的一生。他的诗，既具有浓厚的浪漫色彩，又具有鲜明的时代气息。开元十二年（724），李白出三峡到荆门开始漫游祖国大好河山，直到病逝当涂。今天安徽大地，到处留下了他的足迹，并见于诗章。李白诗歌中有很大一部分是在安徽创作的，徜徉于沿江、皖南山水之间，用他那生花的妙笔，绘制了一幅幅令人神往的图画。在《李太白全集》900多首诗中，歌咏安徽风土人情和抒发豪情逸兴的佳章，就有200多首，尤其是皖南一带的秀丽风光，得到最广泛最生动的描绘。李白游历安徽，东到马鞍山、和州，写有《夜泊牛渚怀古》《横江词六首》《对雪醉后赠王历阳》和《赠历阳褚司马》等诗；南到黄山，写有《送温处士归黄山白鹅峰旧居》；西卧宿松，写有《赠闾丘宿松》《赠张相镐二首》；北到砀山，写有《秋兴与刘砀山泛宴喜亭池》；中到合肥，写有《寄上吴王三首》。他曾六游当涂、宣城，三至泾县，二到南陵、秋浦。李白晚年生活困窘，来往于金陵和当涂之间，受族叔李阳冰邀请，李白定居当涂。762年冬天，李白病床授稿，请李阳冰作序，并整理其稿为《草堂集》10卷。但是可惜《草堂集》不传，只有《草堂集序》流传下来。李白去世后，初葬采石矶，不久移到龙山。李白有"悦谢家青山，有终焉之志"的愿望，元和年间，宣歙池观察使范传正遵照李白愿望，将李白墓迁到青山西麓，后人在墓旁建有太白祠。李白在安徽写下的诗文，是安徽丰富的文化遗产。

11. 李阳冰在安徽

唐代文学家李阳冰在安徽的活动情况。李阳冰（722—789），字少温，赵郡人，文学家、书法家，李白族叔，历任缙云县、当涂县县令，后官至国子监丞、集贤院学士。上元二年（761），迁当涂县县令。唐代书法兴盛，书家众多，李阳冰在唐代以篆学名世，精工小篆，圆淳瘦劲，为秦篆之一大变革，对后世颇有影响，尤其是对安徽的书法创作活动影响深远。其在做当涂县县令期间，应友人之邀所书并刻于石的谦卦碑立于芜湖文庙大成殿西侧墙边。此碑，共四石，每石高四尺八寸，宽二尺五寸，以篆书所刻，气势犀利，风骨雄健，卓有古意。清代著名史学家钱大昕在其《潜研堂金石文跋》中所说："谦字凡二十见，无一同者"，对此十分赞叹。由于此碑艺术成就太高，至今仍被习"玉箸篆"者奉为圭臬。

12.李幼卿在滁州

唐代李幼卿在滁州的活动情况。李幼卿，字长夫，大历六年（771），任滁州刺史。其在滁州刺史任上，主持开发了滁州名胜琅琊山。在唐人独孤及《琅琊溪述》中所述，陇西李幼卿，在滁州琅琊山"凿石引泉，酾其流以为溪"，定名"琅琊溪"。在溪岸"建上下坊"，"作禅堂、琴台"。其还与法琛法师在琅琊山中兴建寺院，绘图上呈代宗，得御赐"宝应寺"额。法琛时为该寺的住持，历代的《滁州志》都有记载。另外，刺史李幼卿曾在琅琊山作五言诗刻石传世，诗题为《题琅琊山东峰禅室落成》，诗中表达了李幼卿对东峰禅室落成的欣喜之情。

13.韦应物在滁州

唐代诗人韦应物在滁州的活动情况。韦应物（737—792），唐代诗人。15岁起以三卫郎为玄宗近侍，在安史之乱中失势，失职流落，始立志读书。其诗多以山水田园著称，部分作品反映社会动乱和人民痛苦。建中四年（783），韦应物出任滁州刺史。韦应物在滁州度过3个年头，最后半年在滁州闲居待命。在滁州期间，是其诗歌创作的成熟时期，共写下120多首诗歌，占其500多首诗的五分之一，其中最著名的当属《滁州西涧》《寄全椒山中道士》《寄李儋元锡》《同元锡题琅琊寺》《淮上喜会梁川故人》《观田家》《游西山》《再游西山》《游琅琊山寺》等。其中《滁州西涧》一诗尤受到后人赞赏，诗人通过写眼前实景，抒发自己孤高闲淡的心境。另外，韦应物在滁州期间时常游玩滁州风景名胜琅琊山，邀好友李儋（字元锡）同游时看到琅琊山寒泉淙淙，松竹幽深，以及花香四溢的优美景色，韦应物诗兴大发，在琅琊寺内挥笔题诗，写下《同元锡题琅琊寺》，以纪念这次游玩。韦应物作为地方官，为官政简，与民休息，时常关心农家的辛劳和痛苦，在《游琅琊山寺》中就写到山中幽静虽然可以消暑散心，但农民的疾苦始终不能忘怀。《观田家》一诗用朴实的语言写出了农民常年辛苦，耕作田间，到头来却仓无储粮，徭役不止的悲惨景象，表现了诗人对农民生活的关切，以及深感内疚的心情。贞元元年（785）秋，韦应物迁江州刺史，离开滁州。

14.韩愈在宿州符离

唐代诗人韩愈在宿州符离的活动情况。韩愈在宿州符离寄居3年，他的儿子韩昶就出生在符离，乳名也叫"符"。韩昶在《自为墓志铭（并序）》中自称"生徐之符离"。韩愈《讲学解》和《祭十二郎文》都提到过这个儿子。他的《符读书城南》诗里，叙述了两个从小相邻要好的男孩，一个读书，长大后位列公相，一个没读书，长大后替人赶马驾车，他们"三十骨骼成，乃一龙一猪"。这应是"望子成龙"一语的注脚。他的《贺徐州张仆射白兔状》就是作于符离，他借尚书省长官张建封得到一只毛色纯白的兔子，谈到"符离，实我国名"，因"符离"音为"附丽"，那只兔子见到人并没有逃逸，他认为是"天兆"，四方"逆乱之臣"会"畏威崩析"，归顺朝廷的。

15.韩愈在宣州

唐代诗人韩愈在宣州的活动情况。韩愈（768—824），字退之，河南河阳人，历任国子祭酒、京兆尹，兵部、吏部侍郎等职，自称"郡望昌黎"，世称"韩昌黎""昌黎先生"，著有《韩昌黎集》40卷，《外集》10卷。韩愈为唐代杰出的文学家、思想家、哲学家、政治家，是中唐古文运动倡导者，为"唐宋八大家"之首，与柳宗元并称"韩柳"。他与柳宗元、欧阳修和苏轼被后世并称为"千古文章四大家"。他提出的"务去陈言""气盛言宜""文从字顺""文道合一"等散文写作理论，对后世影响很大。韩愈幼年父母早逝，一直跟随兄嫂生活，后来兄卒于邵州，便和嫂子将兄长葬于河阳。又因当时中原战乱，韩愈又随嫂子和侄儿来到生活比较安定的宣州。韩愈自念是孤儿，从小便刻苦读书，且学有所成。此后韩愈一直在外做官，但对宣州一直充满着感情，尤其侄儿韩老成一直居住在宣州，所以和宣州之间经常有诗文往来。其为祭奠意外在宣州病逝的韩老成写的祭文《祭十二郎文》中，历叙生前琐事，声泪俱下，感人肺腑。另外，韩氏家族在宣州置有田宅，称"韩氏别业"，一直为后人凭吊韩愈的胜迹。在宣州敬亭山先贤祠中，韩愈入选其中，表达了宣州人民对韩愈的尊敬和怀念。

16.白居易与符离东林草堂

唐代诗人白居易在宿州符离的活动情况。白居易，生于大历七年（772）河南新郑县东郭宅。白居易出生不久，河南一带便发生了战事，藩镇李正己割据河南十余州，战火烧得民不聊生。白居易2岁时，父亲白季庚为躲避徐州战乱，把家眷送往符离安居。白居易得以在符离度过了一段童年时光。白居易5岁便学写诗，9岁已可成诵。他最早的诗篇应该是在符离写成的。他与符离山水结下了不解之缘，并和符离人刘翕习、张仲素、张美退、贾握中、贾沅犀并称"符离六子"。他们同泛陂湖，游流沟寺，登武里山，诗酒盘桓。符离的土地养育了他，符离的山水陶冶了他，符离的原野使他流连，名传千古的《赋得古原草送别》使白居易成了名，也使符离古镇出了名。787年，白居易抱着经名人推荐入"仕宦之途"的想法，走进长安古城，一无所获后，又回到符离家中。当然，他在符离读书也很刻苦，每天是"昼课赋、夜读书、间又课诗"，其用功之勤，感人至深。这一次，白居易在符离居住了3年，不仅学识方面得到了长足的进步，身体还恢复了健康。符离留下了白居易最美好的回忆，也留下了白居易的一段凄恻动人的爱情故事。贞元六年（790），白居易和邻居家的女儿湘灵相恋，遭到父亲反对，被父亲带到襄阳求学。临行前的晚上，白居易与湘灵在濉河边见了最后一面，白居易长夜难眠，怀着极其深厚的感情，含泪写下《潜别离》："不及哭，潜别离；不及语，暗相思。两心之外无人知，深笼夜锁独栖鸟，利剑春断连理枝。河水虽浊有清日，乌头虽黑有白时。惟有潜离与暗别，彼此甘心无后期。"自此一别，白居易到37岁都没有结婚，而湘灵也是30岁仍没有出嫁，直到长庆元年（821），白居易已经50岁，仍然和着泪水为湘灵写下《寄远》："欲忘忘未得，欲去去无由。两腋不生翅，二毛空满头。坐看新落叶，行上最高楼。暝色无边际，茫茫尽眼愁。"正是怀着一腔对湘灵的爱情，才使白居易有所寄托，借李隆基与杨玉环的故事，写出了千古哀怨的《长恨歌》。如果把白居易为感念湘灵而写的《潜别离》与《长恨歌》的第三部分对读，不难发现有着明显的移情痕迹，《白香山集》中的十多首有关湘灵的诗，当是《长恨歌》作为爱情之歌的主要生活素材。《长恨歌》被评论家认为是唐代歌行体长诗中最好的一首，在我国诗歌史上占有突出地位。如果说，白居易的创作灵感中有来自对湘灵的思念的话，那么，符离这块风水宝地对中国唐诗的发展便有着不可磨灭的贡献。793年，白居易跟随移官襄阳的父亲离开了符离，万万没有想到，第二年的春天，父亲就在襄阳官邸病故了，这对他的打击非常大。当时，白居易无力安葬，只得把父亲的灵柩寄在襄阳城南，然后护送家人又回到了符离故居。白居易这一次来符离，度过了四个春秋，由于重孝在身，其间他和湘灵没有重温往事，但他和湘灵的恋情依旧。后来他把对湘灵的思念写成了千古名篇《长相思》，这已是不争的事实："汴水流，泗水流，流到瓜洲古渡头，吴山点点愁。思悠悠，恨悠悠，恨到归时方始休，月明人倚楼。"这首《长相思》和《江南好》奠定了白居易在词创作上的地位，他和李白同被认为是当仁不让的"词家之祖"。父亲去世，白居易家庭的经济情况变得非常困难，可是，他也因此得到了接触人民的机会，真实而确切地了解了农民的生活疾苦。他后来之所以确立"兼济天下"的政治理想，应该讲，与他在符离的生活是分不开的。白居易在符离期间写下很多诗文，其中影响较大的是《自河南经乱，关内阻饥，兄弟离散，各在一处。因望月有感，聊书所怀，寄上浮梁大兄、天潜七兄、乌江十五兄，兼示符离及下邽弟妹》，这首诗读来十分亲切，好像听诗人叙家常一样，如怨如诉，有思有盼，感情凄楚而又热切。白居易请"老妪解诗"的良好诗风正是从符离开始的，淮北人的淳朴与直率直接影响了白居易的写作风格。《观刈麦》反映了农民的苦，《村居苦寒》表现了农村的穷，《杜陵叟》哀叹农村的灾难，这些诗并非写于符离，但诗人的人民性则是少年时代在符离"天生地养"的！如今，白居易生活过的古符离已经没有往日的繁华，濉河大堤上空遗下一座古老的桥，据说建于隋唐，曾经是"符离八景"之一。当年诗人白居易经常站在桥上，看濉南平原的风光，并写下许多诗歌。白居易故居在宿州北郊古符离东莱园，原名毓村，离通济桥遗址向东百余米，是濉河和斜河呈"丁"字形交汇而形成的三角洲，传说三角洲的那片芦苇掩映处，就是东莱园白居易的居所，白宅名"东林草堂"。民国年间有人在这里建白公祠，后毁。如今，那里是一片泽国水乡，一点遗址的痕迹也没有了。"东林草堂"不在了，"东林草堂"遗址还在，宿州的文人一直梦想着再建"东林草堂"，和这位唐代伟大的诗人在"东林草堂"探讨中国诗歌的发展方向。

17.白居易在宣州

唐代诗人白居易在宣州的活动情况。白居易（772—846），字乐天，号香山居士，祖籍太原，唐代伟大的现实主义诗人，历任左拾遗、赞善大夫、江州司马，以及忠州、杭州、苏州刺史等职，与元稹世称"元白"，与刘禹锡并称"刘白"。贞元十五年（799），在其叔父宣州溧水令白季康的引荐下，特地到宣州拜见宣歙观察使崔衍，以惊人的才华受到赏识，并被推荐前去长安参加应试，顺利及第且名列第四。白居易为感谢宣州父老的推荐，作《叙德书情四十韵上宣歙崔中丞》一诗表达对崔衍的感激之情，并表示会继续奋进来报答宣州父老的恩情。此后，白居易接连三科登第，任翰林学士，开始自己的仕途之旅。但是白居易并没有忘记宣州，在其《新乐府》组诗中，有两首取材于宣州，一首为《紫毫笔》，另一首为《红线毯》，诗歌借歌颂宣州劳动人民的智慧，以鞭挞昏暗的政治现实。经过白居易的宣扬，宣州的紫毫笔和红线毯不仅名扬一时，而且对后世产生深远影响，宣州也因这两首诗名扬海外，白居易也被选入敬亭山先贤祠中，得到了宣州人民的尊敬。

18.刘禹锡在和州

唐代诗人刘禹锡在和州的活动情况。刘禹锡（772—842），字孟得，唐代著名诗人，贞元九年（793）中进士。长庆四年（824），替换前和州刺史段平仲，直至宝历二年（826）罢和州刺史，在和州为官时间共两年多。在此期间刘禹锡为和州做了很多贡献。和州地处长江流域，水旱灾情不断。刘禹锡到和州时，赶上大旱，人民生活困难，他召集和州父老，商讨计策，亲自指导抗旱，同时上书给皇帝，请求救灾，安抚灾民，慰问黎庶。此外，他还注重对百姓的教化，让百姓"知方"。他还亲自考察和州境内名胜古迹，风土人情，写了《历阳书事七十四韵》。其《和州刺史厅壁记》，对和州的历史沿革、山川名胜、风俗特产等都有描写，与《历阳书事七十四韵》共同成为描写和州的姊妹篇。这期间刘禹锡创作的诗文作品，在中国文学发展史上占有重要的历史地位。尤其那些怀古诗更是脍炙人口，令人深思，如《金陵五题并序》的《乌衣巷》《石头城》都是历代传诵不衰的佳作。刘禹锡在和州，还在厅事堂西侧建一小室，题名"陋室"，作《陋室铭》以言志，成为千古传诵的名篇。

19.李绅在滁州和寿州

唐代诗人李绅在滁州和寿州的活动情况。李绅（772—846），字公垂，唐代宰相、诗人，祖籍亳州，宪宗元和初年及第，历任中书舍人、御史中丞、户部侍郎。文宗太和年间迁滁州、寿州刺史，因其诗歌成就较高，《全唐诗》编其诗共四卷。元和年间卷入牛李党争，为李德裕身边重要人物。长庆四年（824），李党失势，李绅随即被贬，放逐期间经历数郡，之后来到滁州，任滁州刺史，处境有所改善，从而心情逐步开朗，遂写下《滁阳春日怀果园闲宴》。此诗描写诗人到任之后广植桃李，春日繁艳，醉筵就月，把烛频看，表现了诗人悠然自得的心境。另外，李绅游玩琅琊山时写有《守滁阳深秋忆登郡城望琅琊》，描绘了琅琊山的风景。在滁期间，李绅写下流芳百世的七言长诗《悲善才》，整诗共44句，以乐声为主线，通过生动形象地描摹乐声，抒发自己真挚深切的个人感慨，从而将个人遭遇和世事沧桑结合在一起，表现诗人内心无限的惆怅和沧桑之情。太和四年（830），李绅转任寿州刺史。李绅在寿州最为得意的是推行仁政，地方大治，其到任后惩处了一些欺压百姓的官吏，铲除了打家劫舍的匪盗，并在山上设置数十处陷阱捕捉老虎。这些内容在其诗作《忆寿春废虎坑》和《虎不食人》中有所记载。李绅在寿州大约4个年头，推行仁政，地方大治，又接连出现"连理树"这样的"瑞物"，李绅在诗中反复吟唱，因而得以内调，以太子宾客分司东都，政治仕途开始明朗，其心情也随之逐渐开朗。此后，李绅离开寿州，但其在寿州推行仁政，出现"瑞物"的事迹却留在了史册之中，为研究寿州社会、文化留下了珍贵的史料。

20.杜牧在宣州和池州

唐代诗人杜牧在宣州和池州的活动情况。杜牧（803—853），字牧之，号樊川居士，京兆万年（今陕西临潼县）人，唐代著名诗人、散文家。杜牧于文宗太和二年（828）进士及第，先后任弘文馆校书郎，江西、宣歙、淮南诸节度使府幕僚，监察御史，司勋员外郎，黄州、池州、睦州刺史等职。杜牧一生中曾经两次来宣城做幕僚，时间长达6年之久。第一次是太和四年（830）九月，沈传师转任宣歙观察使，杜牧同赴宣州。杜牧游览宣州山水名胜，留下著名的《题宣州开元寺水阁，阁下宛溪，夹溪居人》七律，诗中神驰古今，格调俊朗，又感慨深沉，受到后人的赞赏。第二次是开成二年（837），杜牧再次赴宣州任团练判官。他在任内留下《大雨行》《宣州开元寺南楼》等作品。次年（838）春离开宣州，因流连宣州风景，遂又写下一些名篇，如《宣州送裴坦判官往舒州，时牧欲赴官归京》和《自宣城赴官上京》。杜牧回朝任职3年后转任黄州刺史，在会昌四年（844）秋，转任为池州刺史。池州为山水胜地，杜牧也自然陶醉其中。杜牧对李白十分敬仰，他取李白咏秋浦的诗句，在池州建造了两个亭子：一座是齐山上的翠微亭，取"开帘当翠微"的诗句；一座是府城南通远门外归桥西边的"弄水亭"，取自"饮弄水中月"的诗句。杜牧又留下《题池州弄水亭》《春末题池州弄水亭》两首赞美其美丽的诗歌。杜牧在池州写下几十首诗，如《池州送孟迟先辈》《题池州贵池亭》《池州废林泉寺》《登九峰楼》等，其中最为后人传颂的是《九日齐山登高》和《清明》两首诗，前诗通过描写一幅空阔明净的秋江图，用《晏子春秋》齐景公游牛山的典故，反映一种有志之士的失意情怀。自杜牧咏唱之后，齐山便成为唐宋诗人争相吟咏的胜地。其《清明》一诗可以说是杜牧流传最广的作品，其诗前两句创造一种凄迷感伤的艺术画面，后两句则创造了一种鲜明生动的画面，前抑后扬，对比交错，生机勃发，活泼多趣，耐人寻味。杜牧作为唐代吟咏安徽的重要诗人，在安徽写下几十首诗，值得我们研究的还有很多。

21.许浑在当涂

唐代诗人许浑在当涂的活动情况。许浑（约791—约858），字用晖，晚唐时期有重要影响力的诗人，润州人，历任当涂县、太平县县令、润州司马、监察御史，以及睦、郢二州刺史等职。其诗尚近体，《全唐诗》编其诗11卷，共500余首。当涂，因姑孰溪流经城下，又名姑孰。许浑来到当涂后，政务不多，整日下棋看书，在闲寂中以诗书自娱。他也游览了当涂风光，如青山馆、李白墓、凌歊台等，并写下了《题青山馆》《途经李翰林墓》《凌歊台》《凌歊台送韦秀才》等诗。其诗《姑孰官舍》写到自己闲寂的生活，常以诗书自娱，表现自己欢悦的心情，但同时也显露了作者思乡之情。另外，历史上的名人在当涂留下的遗迹，他都会去拜访，比如许浑在拜访谢朓青山旧宅——谢公宅时（也称青山馆），写下《题青山馆》一诗，作者面对谢公宅的残碑荒井，凭吊前贤，无限神往。在瞻仰李白墓时，许浑留下《途经李翰林墓》一诗，通过对李白墓荒凉景象的描写，抒发作者对于李白穷顿一生的惋惜，以及内心不平的气愤之情。许浑拜访南朝宋武帝所筑的凌歊台时，留下《凌歊台》和《凌歊台送韦秀才》诗，尤其前诗对后世影响较大，整首诗通过遥想当年宋孝武帝登台时的歌舞盛况，以及对现在凌歊台的荒废景象的描写，抒发作者的沧桑之感。而后许浑调任太平县县令，离开当涂。许浑在当涂期间还留下了不少关于当涂的诗，对于研究当涂具有很重要的意义。

22. 李敬方在歙州

唐代诗人李敬方在歙州的活动情况。李敬方,字中虔,诗人,长庆三年(823)中进士,太和年间担任歙州、台州刺史,著有《李敬方诗》1卷,《全唐诗》录存其诗8首。李敬方在歙州刺史任上时,曾有机会去其辖内黄山汤泉沐浴。之后在大中年间,李敬方在黄山亲自体验了黄山温泉的疗效。因其患有头风病和皮肤瘙痒,两次赴汤泉疗养,经过两年,李敬方这两个积年顽症得到痊愈,于是捐资设置"白龙堂",作为黄山温泉治疗堂,供人们沐浴疗养,其在《汤泉铭》中也记载了这件事情。李敬方在建造黄山汤池院竣工后,又写了《题黄山汤院》,其序云:"敬方以头风痒闷,大中五年十二月,因小恤假内,再赴黄山浴汤,并题四百字。"诗中先写了黄山温泉的灵异,然后讲到黄山四季如春的景色,再写温泉的疗效,接着写他来疗病的情况,疗后神清气爽,破除昏闷。题诗和序文中,李敬方现身说法讲述了黄山温泉的疗效,这对于宣传黄山、开发黄山具有巨大的经济意义。此后,这里成了一座僧人的寺院,名为祥符寺,该寺院以布施的管理模式,延续了汤泉"龙堂"的价值。

23. 罗隐在池州

唐末五代诗人罗隐在池州的活动情况。罗隐(833—909),字昭谏,余杭人,诗人、文学家、思想家,历任钱塘令、司勋郎中、给事中等职,著有讽刺性杂文集《谗书》,并存诗近500首,多为近体,《全唐诗》编其诗共11卷。池州沿大江,交通便利,境内多是山水古迹,罗隐曾云游至此,流连忘返,被池州的景色所吸引,遂留下不少关于池州景色的诗篇。罗隐在池州隐居六七年之久,有关池州的诗作有24首,还有2首散句。其诗歌的特点是幽默多讽,感情激愤。唐广明、中和间,罗隐隐居池州梅根浦,自号江东生。罗隐在广明间隐居梅根浦时,池州刺史窦潏曾经专门营造别墅给罗隐住。中和二年(882),窦潏升任宣歙观察使,镇守宣州,不久,被秦彦驱逐代之。罗隐与窦潏交好,多有唱和,《全唐诗》卷655《得宣州窦尚书书因投寄二首》，卷663《寄前宣州窦常侍（一作尚书）》等诗，反映了二人关系密切。梅根浦在今贵池城东北，唐朝时在此冶铜铸钱，称"梅根冶"。罗隐曾在这里写下《下山过梅根》和《江边有寄》，这两首诗主要写作者失意居此的狂放生活。池州境内留有一些古人的遗迹，比如这里曾是南朝梁文学家、梁武帝长子萧统文学活动和游玩的地方。罗隐到池州之后，便去探访遗迹，写有《文选阁》和《昭明太子庙》等诗。这两首充满激情的诗篇，为池州的名胜古迹大增色彩，也使池州这座城市能够闻名后世。另外，池州最著名的景点当数九华山，作为佛家著名大山，罗隐也曾多次登临，因对九华诗人费冠卿征召不仕的高风极为敬仰，遂写下《九华山费征君所居》来表达对费冠卿的景仰之情。罗隐在池州生活时间较长，平日经常与老农、渔父交往。临别之际，对当地父老及九华山依依不舍，作《别池阳所居》一诗，诗歌主要叙述诗人浪迹池州，在日常生活里与农夫渔父交游的闲散生活，而后触景生情，表达了作者的不舍之情。所以在离开池州几年之后，罗隐依然怀念和珍惜池州这段生活，又写下了《忆九华》一诗来表达对池州生活的怀念。

24. 常伯熊临淮煮茶

唐代常伯熊临淮煮茶的相关情况。常伯熊，安徽临淮人，和唐代著名"茶圣"陆羽是同一时代人，其和陆羽一样，为唐代茶艺的发展作出了巨大的贡献，在唐代都享有盛名。常伯熊对陆羽的茶说颇有研究，并在发展陆羽茶学的同时，也写了有关茶叶功效方面的书。据唐代封演所撰《封氏见闻记》中所述，御史大夫李季卿宣慰江南时，来到了临淮县馆，见到了常伯熊，听人说其善于茶道，便让常伯熊为之煮茶。常伯熊煮茶过程中，"著黄被衫、乌纱帽，手执茶器，口通茶名，区分指点，左右刮目"。李季卿对此非常满意。在《新唐书·陆羽传》也有着同样的记载。由于常伯熊和陆羽对茶艺的贡献，所以早在唐代，茶艺的基本形式就已经形成，尤其是常伯熊对陆羽制定的茶艺程式进行了改进和提高，并在表演茶艺时已经有一定的服饰、程式、讲解，具有一定的观赏性。所以说常伯熊临淮煮茶对茶道的盛行起了很大的推动作用，常伯熊也可以被称为中国历史上非常著名的一位茶艺表演艺术家。

25.金地藏与九华山

唐代金地藏在九华山修行的情况。金乔觉，俗姓金，名乔觉，法号地藏，人称"地藏菩萨""金地藏"。他是唐以来中国汉传佛教地区的新罗高僧，是九华山佛教圣地的开创者。在《九华山化城寺记》《宋高僧传》《神僧传》及几种《九华山志》中，对金乔觉都有记载。金乔觉在开元末来到中国，先入京都长安，又四处参访游化，寻找道场，见九华山峰峦叠起，认为是修道的好去处，于是在山中择地而居，潜心修行。后被山民诸葛节发现，民众大为感动。其事迹传开后，得到本地闵姓山主等人的捐助，于是建寺庙，辟道场。金乔觉去世后，葬于神光岭的月身宝殿，俗称"肉身塔"。据传，金乔觉"趺坐函中，经三周星，开将入塔，颜状亦如活时，异动骨节，若撼金锁"。"地藏"是梵文的意译，意为"安忍不动，犹如大地；静虑深密，犹如秘藏"。"地藏"是印度大乘佛教菩萨之一，也是中国佛教的四大菩萨之一。佛经中说，地藏乃是在释迦牟尼圆寂之后，弥勒佛降生之前的无佛时代，受释迦牟尼嘱托来超度众生的菩萨。金乔觉因其生前笃信地藏菩萨，而且传说其容貌酷似地藏瑞相，人们便认定他是地藏菩萨转世。九华山因此被认为是地藏菩萨道场。金乔觉在中国佛教史上具有一种特殊的地位，他对中国佛教的发展，特别是对安徽九华山佛教的兴盛起到了非常重要的作用。

26.淮南藩镇区划变迁

唐代淮南藩镇行政区划变迁的情况。至德元年（756）十二月，置淮南节度使，治扬州，领广陵等13郡。这13郡分别是扬州广陵郡、楚州山阳郡、滁州全椒郡、和州历阳郡、寿州淮南郡、黄州齐安郡、申州义阳郡、庐州合肥郡、舒州同安郡、光州弋阳郡、蕲州蕲春郡、安州安陆郡、沔州汉阳郡。淮南节度使管辖范围不仅仅局限于淮南，安徽江淮之间的滁、和、寿、庐、舒5州均隶属淮南节度使。唐后期由于时局变化，淮南节度使管辖范围有变化。建中二年（781），将淮北的泗州纳入统辖范围。寿州划归淮西节度使，濠州划归徐泗节度使。淮南节度使，位于江淮之间的重要方镇，统领江淮地区的州县。朝廷为加强对淮南藩镇的控制，常派宰相去视察，防止发生内乱。淮南节度使辖区地处江淮之间，唐代后期比较稳定，促进了军镇统治地区经济和社会的进步，对稳定唐代后期的统治具有积极作用。

27.宣歙道区划变迁

唐代宣歙道行政区划变迁的情况。宣歙道，又称宣歙池观察、宣歙观察、宣州观察，乾元元年（758）设置，统领地区包括宣州、歙州、池州，共辖20个县，管辖范围最大时包括今皖南地区，江西省婺源县，江苏省南京市溧水区和高淳区、溧阳市等地境，最高行政长官为观察使。贞元十二年（796），宣歙道改名宣歙池都团练观察，驻宣州。宣歙道第一任观察使为刘赞。大顺元年（890），赐升为宁国军，最高行政长官改为节度使。天复三年（903），再次改称宣州观察。唐哀帝天祐四年（907），唐王朝为南唐吴国所取代，宣州观察为吴国宁国军节度取代，前后存续长达一百多年。

28.淮南刘展之乱

淮南刘展之乱是唐代安徽地区社会动荡的开端。唐代安史之乱时，宋州刺史、淮西节度副使刘展，因其态度强硬，刚愎自用，为节度使王仲升所忌恨。监军使邢延恩在王仲升指使下上奏朝廷，诬刘展有异心，要尽早铲除他。唐肃宗听信邢延恩的上奏，采纳了他的建议，调刘展为江淮都统，淮南东、江南西、浙西三道节度使，暗中命原都统李峘及淮南东道节度使邓景山谋害刘展。刘展并不知其中有诈，上元元年（760）十一月，带宋州兵士7000人到广陵赴任，邢延恩奔广陵与李峘、邓景山发兵拒刘展入职，还向州县传檄称刘展造反，刘展亦发檄文说李峘造反，使州县不知所从。刘展连陷润州、升州、宣州，遣屈突孝标攻陷濠州、楚州，又遣将攻陷舒州、和州、滁州、庐州等地，横行江淮。唐肃宗命平卢兵马使田神功带兵讨伐。次年（761）正月，田神功与邓景山分兵攻下蜀、常州等地，刘展败死，余部溃散。田神功乘机率平卢军兵攻入扬州，大掠10日，使扬州遭受一场浩劫。刘展之乱后，东南藩镇短暂的叛乱时有发生。

29.唐代藩镇对埇桥的争夺

唐代藩镇割据势力对安徽埇桥的争夺战事。埇桥，即埇口，因刘晏在此设置"埇口巡院"而得名，是唐代江淮漕运咽喉要地淮河"三口"（埇口、涡口与汴口）之一。唐安史之乱后，藩镇割据不断，东南军镇叛乱总是会抢夺江淮漕运物资，而埇桥作为淮河漕运的要地受到了藩镇的反复争夺。建中二年（781），"四镇之乱"爆发，淄青镇节度使李正己据兵占领埇桥、涡口，江淮进奉舡（运送上供物资的大船）千余只，泊涡口不敢过，江淮漕运瘫痪，朝廷震怒，派张万福前去解危、护漕。张万福于同年十一月收复埇桥，漕运恢复通畅。很快，建中三年（782），李纳、李希烈起兵叛唐，绝汴河饷路，埇桥失守，漕运只好改道汉江线。次年（783），发生"泾原兵变"，德宗出逃奉天，命李晟收复长安，又命江淮诸节度使以漕运供给李晟粮饷。江淮镇海军节度使韩滉调遣兵将，以强弩数千游汴水，打通汴水航道。兴元元年（784），韩滉成功运送粮饷补给李晟。后韩滉又与刘洽联手收复汴水沿线及埇桥，为李晟输送补给物资，助其收复京师。由于埇桥在淮汴漕运中有重要的地理位置，唐代藩镇割据势力对它反复争夺，唐王朝针对这一情况，亦不断加强埇桥的军事防御能力。

30.裴度平定淮西叛乱

唐代平定淮西割据势力的战事。吴元济（783—817），沧州清池人，其父吴少阳为唐宪宗时淮西节度使，是继吴少诚之后的吴氏集团领袖。由于朝廷姑息纵容，吴少阳在地方上任意掠夺百姓，招集四方亡命之徒练兵养马，扩大自己的军事势力。元和九年（814）八月，吴少阳死，其子吴元济接管军务，吴元济发兵四方，京城为之震恐。朝廷被迫采取措施，下诏削夺吴元济官爵，调集军马，进讨吴元济。吴氏集团纠集相邻军镇为党羽，拼死抵抗。名相裴度号令各路军队，展开了平定淮西的重大战役，吴元济最终兵败被押送京城，斩于长安。淮西总共割据30多年，讨伐淮西的胜利，震慑了河北、山东的藩镇割据势力，推动了唐代后期的社会发展，为安徽区域的发展提供了机遇。

31.高骈占据江淮

唐末淮南节度使高骈占据江淮地区的事件。高骈（821—887），字千里，幽州人，为晚唐诗人、军事家。咸通七年（866）曾率军收复交趾，破蛮兵20余万。黄巢大起义时，高骈多次重创起义军。乾符六年（879）调任淮南节度副大使，后升任淮南节度使，兼诸道行营兵马都统、江淮盐铁转运使等，被授予节制诸道的大权，自己也广为召募，合淮南和诸道之兵得7万人，成为唐末诸藩中的强镇。今安徽江淮地区，唐代属于淮南道，也是唐朝财政来源的重要地区之一。高骈据淮南八州，八州即今安徽境内的寿州、庐州、濠州、滁州、和州、舒州和江苏境内的扬、楚二州，节度使驻节扬州。乾符六年（879），黄巢起义军沿长江南岸西进，高骈中黄巢缓兵之计，大将张璘阵亡。高骈不敢战，拥兵自保，不肯阻挡，使黄巢起义军得以顺利渡过江淮，攻陷长安。唐僖宗幸蜀，屡诏其勤王，高骈不听命。在长安收复的3年间，淮南未出兵援京师，高骈一生功名毁于一旦。高骈此举，受到朝廷责骂，被罢免都统及江淮盐铁转运使之职。高骈嗜好装神弄鬼，宠用方士吕用之，吕用之借机挟制诸将，引起部将不满，部将毕师铎和郑汉章等心存顾忌，密谋反抗。光启三年（887），毕师铎出屯高邮，联合诸将攻扬州，高骈派人向杨行密求救，未至，城陷，高骈被囚，不久被秦彦、毕师铎所杀，连同其子侄40余人被同坑瘞埋。

32.洪贞歙州起义

唐中期发生在皖南的一次农民起义。开元二十六年（738），饶州和歙州均发大水，民不聊生，但朝廷依然横征暴敛，百姓忍无可忍。歙州休宁县回玉乡洪贞起事反抗官府，以休宁县鸡笼山为营寨，聚众活动于歙、衢、睦边境之遂安、开化、休宁等县山区。朝廷发兵镇压，因山区地势复杂，加之起义军灵活机动的游击战术，历经3年终于平定。起义军被镇压后，洪贞侥幸躲过了官府搜捕。洪贞死后，葬在了鸡笼山上。

33.唐代宣歙农民起义

唐中期发生在皖南的一次农民起义。唐肃宗、代宗时期，农民起义相继发生，由局部扩展到全国。这一时期，安徽江南地区爆发了农民起义，其中如陈庄、方清等武装反抗比较著名。上元年间，陈庄、陈五奢在宣州广德领导农民起义，利用广德地区山横交错的特殊地形特点，积聚力量，发展武装。宝应元年（762），歙州土人方清因"岁凶"和赋税沉重压力而召集贫困农民，凭借歙、黟之间山岭险阻的有利地形也举行了起义，队伍发展到数万人。广德元年（763），宣州陈庄和歙州方清两地起义军会合，以乌石山和太平古城为据点，发展实力，向西扩展到长江沿江地区。方清与陈庄领导的义军联合，连克许多州县，占据池州秋浦县的乌石山。永泰元年（765）起义军占领了宣州的山地，稳步发展，势力达到高潮。在起义军势力达到高潮后，开始向不同方向进攻：陈庄、陈五奢领导起义军向南发展，一路攻克了江西地区的一些州县，并将舒州攻破，之后起义军势力一直发展到了长江北岸一带。方清起义军向西发展，攻破石埭县，永泰元年（765），正月间攻下歙州，杀刺史庞浚。之后，起义军向黟县方向开进，并将古阊门县遗址作为起义基地来稳固起义军势力，在黟县山中建立根据地，设立阊门县。于是，两方起义军势力范围扩展到宣州、歙州、池州、舒州、饶州、洪州等7州之地。以宣州、歙州为主的长江沿岸起义，严重威胁了唐王朝的经济命脉和统治。为了稳定财政收入和稳固统治，唐政府派遣李光弼率部镇压起义。李光弼采取隔断方清和陈庄两支义军，分兵进讨，各个击破的战略。永泰二年（766），由于双方实力悬殊，宣歙农民起义被镇压，方清在石埭城壮烈牺牲，陈庄在乌石山率2500人归唐。起义虽然失败，但显示了宣歙人民不畏强暴、无所畏惧的反抗精神。

34.庞勋起义在安徽

唐后期庞勋起义在安徽的争战情况。咸通四年（863），南诏陷安南，唐王朝募徐、泗丁壮2000人前往防戍桂林，初约3年期满更换。至咸通九年（868），已过去6年，戍卒屡次要求更换，徐泗观察使崔彦曾反而要求他们再留1年。戍卒听了大怒，当年七月，公推粮科判官庞勋为都头，劫取库藏兵器，统领500人北还，过浙西，入淮南，所过州县，不能阻挡。起义因是庞勋领导的，因而称庞勋起义。这支起义队伍募兵于徐州、泗州一带，大多是安徽淮北地区人。同年七月，起义开始后，庞勋领导起义队伍水陆兼行，向北行走，一直到达家乡淮河流域。八月，庞勋率领队伍到达潭州时，察觉出山南东道节度使崔铉严打算消灭起义队伍的计划，随即率领队伍向淮南方向进发。十月，起义队伍攻破宿州，物资获得补充。入宿州后，又与驻守于彭城的崔彦兵戎相见，在与城内百姓里应外合后，取得了胜利。之后，在徐州向四周发兵，攻下十余县，又乘胜攻克濠州、滁州、和州等地，起义队伍迅速扩大，达到20万人。然而，十一月，在攻打泗州时受阻，起义队伍损失大半，庞勋迅速乘夜渡淮，与刘行立和王弘立领导的起义军会合，攻打盱眙。在咸通十年（869）九月，由于起义队伍内部的分裂、起义军的骄傲情绪，以及唐朝官兵的不断镇压，在蕲县战斗中，庞勋牺牲，起义军被镇压。庞勋领导桂林戍卒反抗超期服役的起义，历时两年，战火波及淮河两岸，安徽境内宿州、濠州、颍州全部成为主要战场。今天淮北直至徐州一线，集中数十万人厮杀，伏尸五十里、恶战数十次，血流成河。庞勋领导的起义给了唐朝一次沉重打击，在一定程度上削弱了唐朝的统治，为以后的农民起义提供了经验与教训。

35.黄巢起义在安徽

唐末黄巢起义在安徽的争战情况。黄巢（820—884），曹州冤句（在今曹县西北）人，乾符五年（878）至中和四年（884）领导唐末农民起义，是王仙芝起义的继续。乾符三年（876），王仙芝起义军转战淮西，攻随、安、黄及申、光、庐、寿、舒各州，现在的安徽西部地区成为农民起义活动地区。乾符五年（878）二月，王仙芝败于黄梅县，被杀。尚让率仙芝余众归附黄巢，推黄巢为王，号"冲天大将军"，拥河南、山南之民十余万，攻占淮南，建元"王霸"。三月，王仙芝别将曹师雄出没于宣、润之间，与北上黄巢部转战一年多后，又南下攻亳州，率军10万渡淮，攻和州，不下。八月，渡江攻打宣州，宣歙观察使王凝拒之，败于南陵。广明元年（880）六月，黄巢攻占宣州。七月，黄巢自采石渡江，围天长、六合，兵势甚盛，下滁、和二州，唐数易统帅，屡战屡败。黄巢攻淮南时，庐州刺史郑綮，请黄巢无犯州境，巢敛兵不攻，庐州得以幸免于战火。十月，黄巢攻占申州，进入颍、宋、徐、兖之境，直捣唐王朝的政治中心长安。

36.秦彦占据宣歙

唐末秦彦割据宣歙的事件。秦彦（？—887），原名秦立，彭城徐州人。秦彦军旅出身，早年在徐州从军。乾符年间，聚集亡命之徒数百人，袭杀下邳令，盗取军资后投奔黄巢。不久，黄巢兵败于淮南，秦彦投降淮南节度使高骈，积功任和州刺史。秦彦素来具有极强的政治野心，其所处的是有武力者即有地盘的时代，此时据有江淮的高骈逐渐失去了对整个江淮地区的控制，其所属将领开始互相攻伐。乾元元年（758），唐置宣歙观察，领宣、歙、池3州。宣歙便成为江南地区的一个重要方镇，当时在任的宣歙观察使为窦潏。中和二年（882），窦潏患病，不理政事，秦彦率军自和州前来袭击，占据宣城，驱逐窦潏，并上表自请代替窦潏为宣歙观察使，失去对地方控制权的唐中央政府只得照准其请。由此，秦彦任宣歙观察使，完成了对宣歙地区的占领。

37.杨行密庐州起兵

唐末杨行密庐州起义的事件。杨行密，庐州合肥人，为人高大魁伟。

唐末黄巢农民起义军经过庐州，杨行密参加了农民起义，后被抓获，刺史郑綮看他相貌奇特，遂把他放走了。后来他应募为州兵，戍守朔方，迁为队长，一年戍边期满还庐州。中和三年（883），都将又派他去戍边。杨行密很气愤，准备启程，路过都将的住处，都将假装说好话，问杨行密还需要什么。杨行密说：只少你的人头了！当即砍下了都将的首级，携带而出，趁此起兵为乱，自称八营都知兵马使。刺史郎幼复没有办法，只好弃城逃走，向淮南节度使高骈推举杨行密代替自己为刺史，并得到了淮南节度使高骈的默许。杨行密于是占据庐州，拥有了一支活跃于淮南的军事力量。中和三年（883），唐即拜行密为庐州刺史。从此，杨行密以庐州为根据地，不断发展自己的力量，扩大自己的势力范围。到乾宁三年（896），杨行密完全占有淮南和皖南之地。

38. 杨行密占领宣州

唐末杨行密在宣州的军事活动。文德元年（888），杨行密放弃扬州，回到庐州，听从谋士袁袭的建议，率军进攻宣歙地区。宣州为秦彦部将赵锽所据，领有宣、歙、池等州。杨行密派人联络和州刺史孙瑞、升州刺史赵晖，令其渡江汇聚采石，留部将蔡俦守庐州以接应，自己亲率大军从椮潭渡江。和州刺史孙瑞、升州将领张雄刚入宣州境内，遭遇宣州军队迎头痛击，不能前进。当时宣歙观察使赵锽派遣部将苏瑭、漆朗率领军队2万人屯据葛山（葛山）。袁袭建议杨行密坚守不战，待宣州军队懈怠之际，发动攻击。这一仗，宣州军队大败，杨行密乘胜围攻宣州。时赵锽兄赵乾之自池州领兵救援，亦被杨行密部将陶雅打败，逃亡江西。杨行密遂以陶雅为池州制置使，以切断长江上游援兵。龙纪元年（889）六月，宣歙观察使赵锽粮尽，守将陈进思开城出降，赵锽在逃亡途中被擒。朱温与赵锽有旧交，"遣使求锽，行密乃斩锽首以遗之"，以绝后患。随后杨行密上表奏闻，唐昭宗乃授杨行密为宣州刺史、宣歙观察使。大顺元年（890）三月，唐赐宣歙军为宁国，以杨行密为节度使。占领宣州后，杨行密有了稳固的后方基地，还得到一批人才，在这个基础上，杨行密以宣州为基础，不断向外发展，攻占浙西，占领苏州、常州和润州，占领江北的滁州、和州和楚州等地，势力不断扩大。

39.汴扬清口之战

清口之战是唐末驻守开封的朱温汴军与杨行密军队为争夺江淮而进行的战事。朱温在乾符四年（878）随黄巢起义军转战山东、河南地区，后来投降唐朝，占据汴州，任宣武节度使，以汴州为根据地，不断发展自己的势力，控制了淮河以北、黄河以南的广大地区。杨行密也参加了黄巢起义，后来起兵，占有淮河以南及皖南、苏南部分州县，与北方朱温集团形成对峙局面，争夺淮南，展开清口之战。大顺二年（891），泗州刺史张谏以军粮匮乏求援，杨行密命扬州守将张训运粮救济，张谏因而心存感激，至乾宁元年（894）十月，投靠杨行密，这便成了汴扬冲突的导火线。乾宁四年（897），朱温兵分两路南下，分别由大将庞师古、葛从周统领，进攻淮南。庞师古率军7万由徐州直趋淮河北岸，驻于清口，准备渡淮南下，直取扬州。葛从周率军3万从霍邱渡淮，屯驻安丰，以夺取寿州为目标。朱温亲自率领大军坐镇宿州，策应两路人马。楚州位于清口对岸，运河入淮之处。如果汴军主力庞师古据有楚州，便可沿运河南行而直抵扬州城下。杨行密接受河东镇将领史俨建议，把兵力集中到楚州前线，让朱瑾带兵3万拒汴军于楚州，又以涟水镇将张训为先锋，伺机主动出击。清口处于淮河、泗水之间，地势低洼，并不适宜作为屯兵之地。但庞师古自恃兵多，骄傲轻敌，对杨行密水攻的可能性估计不足。朱瑾与其属将侯瓒利用汴军麻痹轻敌的特点，率领轻骑5000人悄然渡过淮河，打着汴军旗号，从北方直插汴军主帅大营。汴军猝不及防，仓皇据战，淮水又从上游浸没下来，全军大溃。杨行密亲率大军主力渡淮，与朱瑾骑兵前后夹击，斩庞师古，杀汴军将士1万多人，余众四散逃亡。时葛从周屯军寿州西北，为淮南将寿州团练朱廷寿所败。朱温得到两路大军溃败的消息，无法救援，也从宿州撤回开封。清口之战是一次具有决定性意义的战争。清口之战后，天下中分，终周世宗之前，中原不能掌握江淮东南半壁。

40.陈少游修宣州德政陂

唐代陈少游在宣州修建的一项水利工程。大历二年（767），宣歙观察使陈少游修筑德政陂，陂在宣州城东60里。这是宣城历史上最早的水利工程，更为重要的是，这项水利工程历经了1000多年，被多次维修，到现在，仍能灌溉农田数万亩，对孙埠等下游4个乡镇人民生产生活供水发挥重要作用，是一项真正造福千秋的民生工程。

41.寿州制瓷

隋唐时寿州制瓷业兴盛。寿州窑，亦称淮南窑，创烧于南朝陈，兴盛于隋唐，停烧于唐末，前后烧造400余年。寿州窑以首创黄釉瓷而著称于世，名列唐朝各大窑口第五。唐代，寿州窑以烧制青瓷为主，青瓷烧制技术已趋于成熟，器型主要有壶罐、碗、枕、盂、罐等。从目前已发现的窑址来看，它地跨寿、濠二州。从东至西，由凤台灵泉寺、官塘至淮南上窑、洞山、李嘴孜、凤台县古城孜和潘集等地，沿淮河、窑河、泥河两岸，长100多公里，都有窑址。其中以上窑地区的窑河、高塘湖沿岸和潘集泥河两岸较为集中。

42.和县韦游沟的修建

韦游沟是唐代韦尹和游重彦在和州乌江县修的一项农田水利工程。和州，位于长江北岸，是春秋时楚地。北齐占领淮南后，始置和州。隋大业时，改称历阳郡。韦游沟，在今安徽和县东北40里乌江镇东南。韦游沟乃是唐玄宗开元中县丞韦尹所开，在郡属乌江县东南2里，引江水至城郭15里，溉田500顷，是县级重要水利工程。到贞元十六年（800），县令游重彦在原有基础上进行疏凿治理，接江浦县界，使民享其利，能够充分利用这项水利工程，扩大耕地面积，促进农业的发展。这项工程以二人的姓氏命名，故称"韦游沟"，亦称"韦游沟渡"。

43.宣州铜官冶

唐代在宣州设立的铜矿开采冶炼的管理机构。唐代设置了比较健全的冶金管理机构，最高管理机构为少府监，下设"掌冶署""诸冶监"和"诸铸钱监"3个部门；在矿藏富饶的地区设置专门派出机构冶、监、坑等；由中央和地方官员共建地方上的冶、监、坑等冶金机构。宣州自古以来铜矿藏量丰富，开采历史悠久，唐贞观年间在宣州南陵县设置宣州铜官冶。宣州铜官冶主要有3项职能：为国家铸造军事所需军用器械，为农民提供农业生产所需的劳动工具，为城市居民及各阶层人民日常生活生产所需的日用品如铜挂饰、铜镜等。宣州铜官冶职能决定了它与稍晚建置的宣州钱监性质有很大不同，宣州钱监是隶属于国家的钱币铸造机构，为国家金融业服务，而宣州铜官冶则属于铜器铸造，包括军事器械、农业工具和日常生活用品，管理方式也实行半开放式的管理制度，即民间"私采"和"官市""官税"相结合。宣州铜官冶建置，不仅代表了唐王朝对南方经济的重视，更显示了宣州冶铜业的发达，进一步促进了宣州乃至整个安徽及其南部地区经济的发展。唐代安徽境内除了宣州铜官冶外，还设置了宣州银坑、铅坑，滁州铜坑及池州铅坑等。设置冶和坑，显示了唐代宣州、池州等皖南地区冶金和金属铸造业的繁荣。

44.宣州钱监

唐代在宣州设置的冶铜和铸造钱币的管理机构。唐代最高冶金管理机构为"少府监"，下设"掌冶署""诸冶监""诸铸钱监"3个部门。其"诸铸钱监"主要职责是钱币铸造。唐廷在产铜地区设置钱监，有一定编制官员，规定监各1人，副监各2人，丞各1人，又规定地方钱监官员以所在都督、刺史兼任，监事以参军及县尉兼任。开元时期，设置宣州钱监。《新唐书·食货志》记载，开元二十六年（738），"宣、润等州初置钱监，两京用钱稍善"。《新唐书·食货志》载，玄宗时期，全国铸钱99炉，每年铸钱327000缗，宣州有10炉，每炉每年铸钱3300缗，占全国十分之一。《元

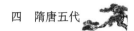

和郡县图志》载，唐代后期宣州钱币制造量在增长，宣州钱监岁铸钱 5 万贯。宣州铜矿藏量丰富，宣州钱监濒临长江，水上运输便捷，制造钱币成本低廉优良，投放长安、洛阳两京，迅速改善了两京钱币供应紧张的局面。孟郊《和宣州钱判官使院厅前石楠树》诗讲到"宣州钱判官"，就是宣州钱监的官员。

五

宋

元

1.樊若水献计平江南

樊若水向宋太祖献计平定南唐之事。樊若水（943—994），字叔清，南唐池州人。屡试科举不中，欲谋北归，择明主而事，以钓线测采石江面宽度，于开宝三年（970）向宋太祖赵匡胤献上平南策，即在采石江面架置浮桥，以渡大军南征南唐，为赵匡胤所采纳。七年（974），宋军依樊若水所献计策先试架浮梁于石牌镇，南唐君臣并未在意。后宋军东移浮梁于采石，三日而成，不差尺寸，大军渡江，如履平地。次年（975），宋军攻下金陵，南唐灭亡。樊若水所献架浮桥的计策使长江天堑变为军事通道，加速了北宋平定南唐，统一全国的进程。

2.陈抟传太极图

北宋陈抟传授太极图之事。陈抟（？—989）字图南，号扶摇子，亳州人，一说重庆人。后唐长兴中，举进士不第，遂绝仕途，以山水为乐，云游四方，访道求仙。后周显德三年（956）世宗命为谏议大夫，固辞不受。宋太平兴国年间两至京师，宋太宗赐号“希夷先生”。此后仍隐居山林，收徒授业。其所传授之《无极图》《先天图》（一说为其所作），前者为宇宙生成之图说，后者为六十四卦象图式。其学说经周敦颐、邵雍吸纳推演后，成为理学的重要组成部分，其所传之卦象图式对中国道教的发展也有着重要影响。

3.张洎任参知政事

张洎在宋太宗时任参知政事一事。张洎(933—996)，字师黯，后改字偕仁，滁州全椒人。南唐进士，历任礼部员外郎、知制诰、中书舍人、清辉殿学士，参预机密。归宋，拜太子中允。太宗即位，以其文雅，选直舍人院。后出使高丽，又出任地方，其任考功员外郎时，与寇准交往密切。至道间，升任参知政事，与寇准同列中枢，但政事一决于寇准。不久，因见太宗忌准专谘，为自固权位，上疏奏寇准退后多诽谤，寇准被罢。洎亦上章求解职，太宗不允。后月余，罢知政事，十余日后乃卒。

4.吕文仲参与修类书

吕文仲参与修撰宋初三大类书之事。吕文仲（？—1007），字子臧，歙州新安人，南唐进士。入宋，授太常寺太祝、少府监丞。文仲气质典雅，工书善词。宋太宗每到便殿观古碑刻，必诏文仲等人侍读，曾让文仲读《文选》《江海赋》，闲暇之时，常以书法字学请教之。太平兴国二年（977）太宗命李昉等编撰《太平御览》和《太平广记》，七年（982）又命苏易简等编辑《文苑英华》，文仲皆得以参与编修。此三部类书与真宗时所修《册府元龟》并称为"宋代四大书"。吕文仲亦因此迁官著作佐郎。

5.姚铉编成《唐文粹》

宋初姚铉汇编唐人文章为百卷《唐文粹》之事。姚铉（968—1020），字宝之，庐州合肥人。太平兴国八年（983）进士甲科，历任直史馆、右正言，充京西、河东转运使，徙两浙路转运使，后因与杭州知州薛映有隙，遭贬。铉文辞敏丽，藏书至多，颇有善本，乃搜集唐人文章编为百卷，称之为"文粹"，后人为《唐文粹》。《唐文粹》选录文赋惟取古体，四六文不收，诗歌亦惟取古体，五、七言近体不录。作者特别推崇韩、柳的古文，想借此来矫正晚唐、五代的文风之弊。姚铉去世后，其子将《唐文粹》献于朝廷，被收藏于内府。今通行本以顾广圻校刻大字本及影印明嘉靖间刊本为善。

6.高琼助寇准

高琼帮助寇准劝宋真宗亲征之事。高琼（935—1006），字宝臣，亳州蒙城人，少勇鸷无赖，太宗为京尹时，知其材勇，召置帐下。太宗即位，擢御龙直指挥使。咸平中随真宗巡视河朔，授殿前都指挥使。景德元年（1004），辽兵再次南侵，直抵澶州，朝野震惊。真宗召集群臣议策，言论各异。宰相寇准力排众议，请真宗亲征。帝至澶渊，寇准力主过河，众议

不决之时，琼力挺寇准，云"敌师已老，陛下宜亲往，以督其成"。帝遂渡河，宋军士气大振，击退辽军。

7.两淮引种占城稻

北宋两淮地区引进并推广种植占城稻之事。占城稻，又称占禾、旱占。原产于越南中部占城一带，于唐末五代初传入我国福建沿海，以其耐旱、穗长、无芒、早熟、不择地而生、省工等优点，为旱稻良种。大中祥符四年（1011），两淮大旱，真宗以江、淮、两浙路稍旱，水田不登，遂遣使从福建取占城稻三万斛分给三路，并且将种植方法写成榜文，公布于众，指导农民种植，占城稻由此传至两淮地区。占城稻的引进使两淮地区水稻种植面积扩大，产量大大提高，跃居粮食产量的第一位。

8.圩田大兴

宋代沿江近湖地区利用低洼地筑堤作田之事。圩，即圩堤，圩田内侧为田地，外侧为湖水，水高田低，堤上有斗门，平时闭闸防水，旱时开闸放水，在抗旱御涝、稳产高产方面充分展现了它的优越性。圩田早在唐代就已普遍。北宋时，圩田进一步发展，真宗时，宣州化成圩长40余里，仁宗时，沈披在芜湖筑万春圩长84里。至南宋时期，江南东路出现大兴圩田的热潮，江北的无为、庐江等地也出现了筑堤作田的现象。圩田的兴盛，是东南水利事业发展的结果，也是农业生产力发展的表现。但圩田多利用河道湖塘而成，容易引起水道变化，破坏生态。因而政府又屡有禁令。只有因地制宜，统一规划，合理修治，避免豪强把持，兼顾官民，才能更加充分地发挥圩田之利。

9.歙砚之制

宋代歙州制砚。歙砚原料出自婺源，因婺源地处歙州，始有歙砚之称。砚石开发生产始于唐开元年间，时人以产砚为生。南唐时，后主李煜派人至歙州搜集佳石为宫中造砚，歙州的制砚业进入兴盛时期，歙砚的价值便扶摇直上。入宋,歙砚在停产80余年后到仁宗景祐年间,始恢复生产。此后,砚石的开采时断时续,但歙砚制作却未曾中断。其制作工艺突飞猛进,亦趋成熟。歙砚整体大方浑厚,所刻人物多为单线阴刻,并出现突出石上星眼纹色,对其加以巧做的工艺。众多能工巧匠生产出许多精品佳作,受到书画大家、文人墨客的推崇和赞扬,歙砚亦成为中国四大名砚之一。

10.吕夷简为政

北宋吕夷简辅政仁宗之事。吕夷简(979—1044),字坦夫,寿州人,咸平三年(1000)进士,累升至刑部郎中、权知开封府。仁宗即位,拜参知政事,后加拜平章事。刘太后临朝十余年间,夷简主持朝政,协和两宫,天下晏然无事。仁宗亲政后,仍担任宰相之职。曾向仁宗提出八条规劝,即:正朝纲、塞邪径、禁货贿、辨佞壬、绝女谒、疏近习、罢力役、节冗费。其后西夏用兵,契丹乘机遣使索要关南地,夷简筹划应付,荐富弼等与辽谈判,终免于割地,但增加岁币,增募军队,造成国库渐绌。又因范仲淹屡言事,指为朋党而加以贬斥,颇为清议所不满。庆历三年(1043)授司徒,以太尉致仕。

11.鲁宗道"鱼头参政"

北宋鲁宗道直言极谏之事。鲁宗道(966—1029),字贯之,亳州谯县人,真宗咸平二年(999)进士,天禧中为右正言,多所论列,以敢于直言极谏,真宗书殿壁称其为"鲁直"。仁宗即位,迁户部郎中,不久拜右谏议大夫、参知政事。宗道为人正直,办事公道,从不营私,为朝中权贵奸臣所忌惮;故得名"鱼头参政"。因其姓,且言骨鲠如鱼头,硬且坚,难以对付。

12.整治舒州吴塘堰

北宋整治舒州吴塘堰之事。舒州吴塘堰亦名潜山吴塘或吴塘陂,是一

座以"聚竹落石为堰，长百丈，折水而南，历五门北至竹子陂，凡十七堰，溉田千顷"的水利工程。仁宗天圣九年（1031），因周围富户豪民多近塘设水碓、水硙，争夺水利，旱涝灾害增多。明道元年（1032），朝廷下令，由本县派令佐一员，每年检核工料，并由上户为陂头召集人夫，重新整治。并严格禁止在塘堰及周围设水碓、水硙以及于陂腹种莳，一旦发现盗决者依律惩处。经过治理后的吴塘堰又发挥了其原来的作用，民甚利之。

13.治理芍陂

北宋整治芍陂之事。芍陂是淮河流域古陂塘灌溉工程，位于今安徽省寿县南（古称寿州），与都江堰、漳河渠、郑国渠并称为我国古代四大水利工程。宋仁宗明道元年（1032），李若谷知寿州时，芍陂美田多被当地豪强侵占，盛夏多水，不加治理，水多外溢，淹没周围的民田。干旱时，豪民盗决以灌溉私田，多数民田干枯，收成极低，影响国家税收。李若谷到任后，严厉打击侵占芍陂美田的富豪地主，对芍陂进行水利整治，使其重新发挥作用，造福百姓。至庆历中，安丰知县张旨又浚渒河30余里，疏支流进入芍陂，为斗门，并对外堤进行加固。经过整治，在其流域内，灌溉便利，土地肥沃，民甚利之。

14.欧阳修作《醉翁亭记》

北宋欧阳修创作《醉翁亭记》。欧阳修（1007—1072），字永叔，号醉翁，晚年号六一居士，庐陵人，天圣八年（1030）进士，庆历三年（1043）知谏院，赞助范仲淹行新政。五年（1045），上疏反对罢免范仲淹、韩琦、富弼等人，亦被贬，出知滁州。在任期间，他在城西修了丰乐亭并作《丰乐亭记》，又在城西南的琅琊山上修筑醉翁亭，并作有著名的《醉翁亭记》，不仅描写了亭子周边的景色，同时直抒胸臆地表达了太守与民同乐的主题，成为流传千古的名篇。

15.陈翥撰《桐谱》

北宋学者陈翥撰写《桐谱》。陈翥（982—1061），字凤翔，号虚斋，又号铜陵逸民，安徽铜陵人。出身于官宦之家，因家道中落，且疾病缠身，乃隐居故里，闭门读书，人称"闭门先生"。庆历八年（1048）始于家后西山之南数亩荒地上种植泡桐和竹子，自号桐竹君，并于皇祐元年（1049）开始编写《桐谱》，成书1卷，分为10篇，前7篇分别记载了泡桐树的源流、种类、种植、采伐、用途等情况，后三篇则主要记载有关桐树的杂说、记志、诗赋的情况，是一部集实用性和文学性于一体的科学专著。

16.诸葛高制笔

宋代笔工诸葛高改良毛笔。诸葛高（生卒年不详），宣州人。出身制笔世家。诸葛笔自东晋王羲之时代始有盛名，至唐、五代以来经久不衰。至北宋时，诸葛高对"诸葛笔"的制作工艺做了进一步改进，捻心用栗尾（江南人称之为蛣蛉鼠），不过三株，笔锋健锐，使用起来更加顺手，克服了之前圆熟少锋，书写无力的弊病，且外形美观，大概笔长寸半，藏一寸于管中。此笔深受官僚文人的钟爱，书画家林逋认为用诸葛笔似挥百胜之师，"横行纸墨，所向如意"。欧阳修、黄庭坚皆称其为"葛老"，而不直呼其名。梅尧臣有诗赞道"笔工诸葛高，海内称第一"。

17.梅尧臣革新诗风

北宋梅尧臣提倡新诗，改变诗坛浮艳文风之事。梅尧臣（1002—1060），字圣俞，宣州人，因宣城古名宛陵，人称"宛陵先生"。初以荫补为官，仁宗皇祐三年（1051）召试，赐进士出身，以荐授国子监直讲，累迁都官员外郎。参预编修《唐书》。善谈笑，喜饮酒，贤士大夫多从之游。擅诗，其诗作题材广泛，多反映社会现实和民生疾苦，风格力求平淡写实，反对艳丽晦涩，内容空洞。他与欧阳修、尹洙、苏舜钦等发起了诗文

革新运动，并将其推向高潮，对宋代诗风转变影响极大，备受陆游、刘克庄等人推崇，刘克庄称其为宋诗的开山鼻祖。

18.潘谷制墨

北宋工匠潘谷制造徽墨。潘谷（生卒年不详），歙县人，制墨工艺精湛，为当时的著名墨工。歙州制墨用境内松树，杂用高丽煤，作松烟墨。潘谷制墨擅用胶，可保持墨质坚挺，遇湿不散，香彻肌骨。所制之"松梵""狻猊""枢庭东阁""九子墨"等，被称为"墨中神品"，是文人争购收藏的对象。宋徽宗御藏之极品宝墨"八松烟"，即出自潘谷之手。潘谷不但精于制墨，也善于辨墨，只要用手一摸，即知粗精，被时人称作"妙手唯潘翁"。

19.包拯知开封府

北宋包拯知开封府一事。包拯（999—1062），字希仁，庐州合肥人，天圣五年（1027）进士，历知天长县及端、瀛、扬、庐、池等州，为官以断讼明敏、正直著称。嘉祐元年（1056）权知开封府，变旧制开正门，令诉讼者直达堂前，自陈曲直，杜绝吏奸，立朝刚毅，闻者惮之，贵戚宦官为之敛手。时中官、势族筑园榭多跨惠民河，以致河道堵塞，导致京师大水，包拯令尽毁之。为官清廉，衣服饮食器用如布衣时，故人、亲党皆与之绝，人以包拯笑比黄河清，童稚妇女亦知其名，京师有"关节不到，有阎罗包老"之语，人称"包青天"。卒后，因素无积蓄，依赖其弟出钱葬之。其主张和人品受到人民称颂和敬仰，事迹长期流传于民间，小说、戏剧多取为题材，形成丰富的传说。

20.灵璧引汴淤田

北宋发汴河淤田、淤灌之事。神宗熙宁、元丰间行淤田法，引黄、汴、漳、滹沱、胡卢等河水淤田，位于淮北的宿州灵璧是引汴淤田的地区之一。经过几年的引汴放淤，不仅汴梁附近的盐碱地"尽成膏腴，为利极

183

大"，灵璧县的放淤地也是"浊流经过，泥沙停积，其地最为肥美，旱涝无虞"，淤积淤灌过后的农田土壤肥力得到提高，收成增长，造福百姓。

21. 崔白作花鸟画

北宋崔白创作花鸟画。崔白（生卒年不详），字子西，濠梁（在今凤阳县境内）人。神宗熙宁初，奉命与艾宣、丁贶、葛守昌画垂拱殿御用屏风夹竹海棠鹤图，被补为画院艺学，官至左班殿直。崔白擅画花竹、禽鸟，其中秋荷凫雁为最佳，也画佛道、鬼神、山水，人物亦精妙绝伦，尤长于写生，笔迹劲力，色彩较淡，改变了宋初以来注重浓艳的画风，王安石赞其画功胜于古人。崔白现存作品有《双喜图》与《寒雀图》等。

22. 李公麟画马

北宋李公麟创作五马图。李公麟（1049—1106），字伯时，号龙眠居士，舒州舒城人，熙宁三年（1070）进士，官至朝奉郎。元符三年（1100）因右手麻痹，辞官归乡。他博学多能，尤喜作画，集顾恺之、陆探微、张僧繇、吴道子等前代名家之长，又独树一帜，善用线描，多不设色，用澄心堂纸，人称"白描"，擅长画人物与佛道，自成一家，被誉为"宋画第一"。最擅画马，常观察马的生活、形态、特点，故下笔入神，栩栩如生。亦其作品有《罗汉图》《考经图卷》《五马图》《五百应真图卷》等，存世作品有《五马图》及《临韦偃牧放图》等。

23. 张耒论文

北宋张耒议论文风。张耒（1054—1114），字文潜，号柯山，人称宛丘先生，原籍亳州谯县人，随父留居淮阴，弱冠登进士第，累迁起居舍人。绍圣初因卷入政治斗争，坐元祐党籍，贬至宣州、黄州、复州等地。徽宗即位，起为黄州通判，召为太常少卿。崇宁初，又坐党籍，贬居闲职。有雄才，善诗文，为"苏门四学士"之一。张耒论文，以理为主。他认为"六经"之外，诸家百氏，骚人辩论也都各有其理。崇尚自然顺达，明白通畅的文风，反对在文字技巧上专奇斗胜，或者刻意追求简奥，强调文章形式必须符合内容需要，必须符合自然之势，而不是故意造作。作诗务平淡，效仿白居易体，其文以理为主，笔力雄健。苏轼称其诗汪洋冲淡，有一唱三叹之声。其传世著作有《柯山集》《张右史文集》《宛丘集》等。

24.吕公著辅政

北宋吕公著辅助国政之事。吕公著（1018—1089），字晦叔，寿州人，吕夷简之子，庆历年间登进士第，召试馆职，不就。任颍州通判，改天章阁待制兼侍读。英宗时，知蔡州。熙宁二年（1069）知开封府、御史中丞，反对青苗法，又言吕惠卿奸邪不可用，出知颍州。哲宗即位，元祐元年（1086）拜尚书右仆射兼中书侍郎，与司马光共同辅政，废除王安石新法。三年恳辞位，加司空、同平章军国事。卒，封申国公，谥正献。

25.高后垂帘

北宋高太后垂帘听政之事。高太后（1032—1093），宋英宗皇后，亦称宣仁太后，亳州蒙城人，生神宗皇帝、岐王赵颢、嘉王赵頵、寿康公主。治平二年（1065）册封为皇后。神宗立，尊为皇太后。元丰八年（1085）神宗病逝，哲宗年幼嗣立，尊为太皇太后，临朝听政。起用司马光、吕公著为相，废除熙宁以来各项新法，史称“元祐更化”。临政九年，抑绝外家私恩，朝廷清明，人称“女中尧舜”。

26.苏轼颍州治淮

北宋苏轼颍州任上治理淮水之事。苏轼（1037—1101），字子瞻，号东坡居士，嘉祐二年（1057）进士，神宗熙宁中上书论王安石新法不便，出知地方。哲宗元祐六年（1091），召为翰林承旨，寻因谗出知颍州。当时，因开封附近水患频繁，水注惠民河，使之不能承受，以致陈州亦多水患，朝中有人建议从陈州经颍州开八丈沟，引颍水入淮，以减轻水患。苏轼到任后，经过对颍河、淮河的实地考察和测量，乃三上疏论八丈沟不可开，它不但不能解决水患，还会造成上下游洪水在颍河遭遇，使颍州倍受其害。朝廷最终取消了这项劳民伤财的无益工程。苏轼于颍州任内，又疏浚清河，修治颍州西湖，使汇集颍河诸水以利农耕。颍人立生祠以感恩其造福百姓。

27.刘五起义

北宋末年的一次农民起义。政和六年（1116），六安军刘五率数千人在庐州、寿州起义。起义军攻占县城，裁撤驿站，其锋甚锐。宋廷派遣数万兵马前去镇压，起义军坚持斗争一年有余，重和元年（1118），起义军首领刘五被俘，起义宣告失败。

28.方腊起义

北宋末年的一次农民起义。北宋后期，赋役繁重，统治阶级穷极奢侈，江南倍受"花石纲"之扰，民怨沸腾。歙县人（一说睦州青溪）方腊，以明教组织群众，得到广大农民拥护。宣和二年（1120）在青溪县聚众起义，自号"圣公"，年号"永乐"，置官吏将帅，以巾饰为别，自红巾以上分六等，正式建立政权。四方响应，众至数十万。三个月内相继攻占睦、歙、婺、衢、处、杭等六州，兰溪、剡县、仙居、苏州、归安等地皆有响应者，东南大震。宋徽宗急命童贯、谭稹为宣抚制置使，率军南下镇压。三年（1121）正月起义军攻秀州，失败。四月方腊退至青溪帮源洞，终因腹背受敌，战败被俘，八月被杀于开封。起义最终失败。

29.徐兢奉使高丽

北宋徐兢随行出使高丽之事。徐兢（1091—1153），字明叔，号自信居士，和州历阳人，侨居长洲徐林第。18岁入太学。政和年间，以父任补通州司刑曹事，代理知雍丘县事，移原武县，皆有治绩。宣和六年（1124），以国信所提辖官身份随给事中路允迪出使高丽。归国后，撰《宣

和奉使高丽图经》40卷，叙高丽建国立政之体，风俗事物之宜，上之朝廷。徽宗召对，赐同进士出身。

30.歙州制墨

北宋歙州制造名墨。歙州制墨传统始于唐末奚超、奚廷珪父子。唐末藩镇割据，北方战乱频繁，易水墨工奚超举家来到歙州，此地多松，尤适宜制墨。奚氏利用古松，改进制墨技术，制出了佳墨，尤其受到南唐后主李煜赏识，令奚超父子世代为墨务官，全家赐"国姓"李氏，从此李墨名满天下，一度价比黄金。宋代歙州制墨以张、潘二家为优。张氏墨创始人为张遇，子孙皆精于制墨，其孙处厚用远烟鱼胶制墨，世不多有。而潘家用煎胶之法制墨，独成一格。潘谷所制的"松丸""獭髓""九子墨""枢廷东阁"等被誉为墨中"神品"。另有耿任遂、高庆和等制墨高手相继涌现，并出现白墨、药墨等特色墨。宋代文教事业兴盛，墨的需求量与日俱增，不仅拥有制墨传统的歙州本地出现"家传户习"的盛况，更带动周边地区制墨业兴盛。

31.汪伯彦蠹政

南宋初年汪伯彦专权擅政之事。汪伯彦（1069—1141），字廷俊，号新安居士，祁门人，崇宁二年（1103）进士，积官为虞部郎官。靖康改元（1127）以直龙图阁、知相州，奉命阻止金兵南下。康王赵构使金至河北，乃以帛书请康王还相州，并率军迎接护卫。高宗即位，任知枢密院事，不久擢为右仆射，与黄潜善同居相位逾年，专权自恣，不能有所经画。遭谏官御史多人弹劾，罢相，寻落职永州。绍兴初复职，言者论之，乃不得回朝任职。

32.吴棫作《韵补》

南宋学者吴棫撰写音韵学著作。吴棫（生卒年不详），字才老，祖籍福建，迁居舒州。举进士，召试馆职，不就。绍兴间始任太常丞，以忤秦桧，出任泉州通判。著述颇丰，作《韵补》5卷，所补之音，皆陆德明未及者。朱熹注《楚辞》、作《诗传》，多采其说，谓近代训释之学，唯才老为优。

33. 朱弁使金

南宋初朱弁出使金国之事。朱弁（1085—1144），字少章，号观如居士，徽州婺源人。既冠入太学，晁说之爱其才，选为侄女婿。建炎元年（1127），朝廷欲遣使赴金谈判徽、钦二帝归宋之事。毛遂自荐，乃授以吉州团练使，随王伦出使金国。至云中被金人扣留。绍兴二年（1132），王伦得归，弁乃持节印同起卧，以示气节，多次拒绝出任伪齐和金朝官职。金朝显贵慕其才识，多遣子弟就学受教。绍兴十三年（1143），宋金和议成，乃得归。

34. 龚楫和州抗兀术

北宋末龚楫率众抗击金兵之事。龚楫(1108—1129)，字济道，和州人，兵部侍郎龚原孙，世代以儒学显。高宗建炎二年（1128），金兀术率兵侵占和州，以偏师万人筑堡于新塘，阻断长江与巢湖之间水路。龚楫亲率家僮百余人及百姓2000余人，击金兵，俘获千户两人，兵卒数百。归途中遭遇金兵主力，率众取道圩岸，奋力死战。兵败被围，拒不就擒，被金兵所杀。

35. 流寇扰淮

南宋初年流寇袭扰江淮地区之事。宋金战争之始，中原失守，继而高宗南渡，宋政府对中原与江南地区都失去了有效控制。建炎年间两淮地区倍受由溃兵叛将组成的流寇集团的侵扰。李成率其部众两次进入淮东，大肆掠夺，尽取强壮充军。王善率其部众在淮南东路的亳、宿和淮南西路的濠、庐等州，沿途劫掠资财，淫侮妇女，在滁州龚家城立寨，粮尽之后杀人为食。张用率部流窜抄掠京西和淮南西路数州，所至一空，千里残破，

又沿淮筑木寨为久驻之计，尽收禾稼入寨，给农民带来巨大灾难。直至绍兴初年，流寇集团才被击溃或被招安。

36.吕本中与江西诗派

南宋诗人吕本中继承并将江西诗派发扬光大。吕本中（1084—1145）字居仁，世称东莱先生，寿州人。吕好问之子，少以荫补为承务郎。绍兴六年（1136）召赴行在，赐进士出身，升任起居舍人兼权中书舍人。秦桧为相，忤桧被弹劾罢官。诗学黄庭坚、陈师道，作《江西诗社宗派图》，首立江西宗派，以黄庭坚为宗，形成共同的文学主张和创作风格。南渡后，江西诗派影响越来越大，又因统治者提倡，一时学者率宗江西。

37.广德之战

南宋初年抗金战役之一。建炎三年（1129）冬，金将完颜宗弼率大军渡长江侵宋，欲经广德直抵行在临安，时岳飞驻守建康，闻讯乃率军至广德，邀击金军，六战皆捷，斩敌千余，擒获敌将王权，俘获金军首领40余人，又设计纵降卒归金营，趁机劫营，大败金兵。

38.两淮义军抗金

两淮人民抵抗侵淮金军的事迹。建炎三年（1129）金人突袭淮泗，各城守将闻风而逃，或开城投降。唯有百姓自发进行抵抗。义军头领王之道率义军坚守山泽，并袭击金军。宋昌祚被民众拥为和州守城头领。义军英勇抵御金军，射伤完颜宗弼（金兀术）左臂，但和州城还是被攻破，和州军民只能退保水寨继续击敌。两淮义军袭击兀术军后方，迫使其引兵北归。绍兴三十一年（1161），金主完颜亮大举南侵，淮北民兵万人南归为国效力。时金人渡淮，淮南忠义军与庐州权知州杨春联合抗击金兵，期间收复军事要地顺昌，重创金军，完颜亮败走。两淮义军英勇抵抗金军，使金人之愿终不得偿。

39.濠州保卫战

濠州军民齐力抗金，保卫城池的事迹。绍兴四年（1134）九月，金与伪齐刘豫政权联合攻宋，十月十四日，重兵围濠州。时州治钟离城内宋军少。濠州知州寇宏临危不惧，动员组织和尚、道士和市民共同守御。寇宏身着便服，日夜在城上巡视指挥，并安抚人心。金军以云梯、冲车攻城，而寇宏则作铁锤，上插琅琊钉，以铁锤击杀登城而上的敌兵，尸积于城下者有数尺厚。金、齐援兵源源而至，向城中万箭齐发，城东北角女墙被鼓声震塌二三十步。寇宏命人修城墙，并张幕布御箭，如是坚守七天七夜，但城终不可守。二十一日夜，寇宏率众突围。濠州保卫战延缓了金人南下计划。

40.淮南军民抗金齐

南宋淮南军民抵抗金兵、伪齐军的英勇事迹。绍兴三年（1133）金和伪齐联军南下侵宋，遭到淮南军民的奋力抵抗。次年（1134）五月，岳飞收复襄汉六郡，九月，韩世忠诱敌深入取得大仪之捷。淮南军民屡获胜利，迫使金军北归。绍兴六年（1136）伪齐刘豫兵分三路进攻两淮。一路由光州攻六安，一路由寿春攻合肥，一路由涡口攻定远。当时，张浚指挥杨沂中、王德等奋力抗击，迭获胜利，并取得藕塘大捷。大军合力夹击，大败伪齐军。淮南军民抗金齐联军大捷，维护了南宋统治。

41.胡舜陟经略淮西

南宋胡舜陟为政淮西之事。胡舜陟（1083—1143），字汝明，号三山老人，徽州绩溪人，大观三年（1109）进士，历州县官，为监察御史。高宗即位，以集英殿修撰，出任庐州知州。时淮西盗贼充斥，到任后修城池，治战具，人心稍安，不久改任淮西安抚使，散财发粟，流民渐归。绍兴年间，上疏弹劾秦桧十大罪状，又为岳飞辩诬，十三年（1143）被转运使吕源诬告，被秦桧借机报复，死于狱中。胡舜陟曾惠政地方，闻其死，

邦人为之哭。

42.藕塘大捷

南宋与伪齐的战役之一。绍兴六年（1136），伪齐发兵30万，号称70万，以刘麟、刘猊、孔彦舟为帅分三路侵宋，刘豫亲率10万大军，次濠州、寿州间，以为声援。十月，伪齐东路军欲奔合肥，行至藕塘与宋军杨沂中部相遇，宋军据险列阵坚守。两军胶着之际，恰逢江东宣抚司前军统制张宗颜自泗州率兵来援，合力击败伪齐军。伪齐中路军闻风而遁，西路军亦退兵，南侵失败。七年（1137）十一月，金人废弃伪齐。

43.金安节弹劾奸臣

南宋金安节不畏权贵，弹劾奸臣的事迹。金安节（1095—1171），字彦亨，歙州休宁人，宣和六年（1124）由太学擢升进士，调任洪州新建县主簿。绍兴初，被范宗尹荐为删定官。七年（1137）升监察御史、殿中侍御史，上章弹劾任职台州的秦桧之兄秦梓勾结宦官梁师成，接受贿赂，鬻卖官职，倚仗官势，欺压百姓的种种罪恶，朝廷遂罢秦梓官，遭秦桧嫉恨，遂愤然辞官归里。桧死，起知严州，升为浙西提刑，相继任礼部侍郎、侍讲、给事中。孝宗即位，任礼部尚书兼侍读，多所建言，为孝宗所勉，张浚称之为"金石人"。为人正直，不攀权贵，为朝中一股清流。

44.顺昌大捷

南宋抗金战役之一。绍兴十年（1140）五月，金兀术率兵南侵，攻占陕西、河南。新任东京副留守刘錡正率八字军自临安往东京赴任，行至顺昌（在今阜阳市境内），闻金兵已陷东京，逼近顺昌，即入顺昌城，与知府陈规决定守城，并凿破船只，修筑工事，以示死战。五月底，金将葛王褒率兵10余万至。六月，金兀术攻城。刘錡兵不足2万，除守城外，能出战者5000人。时值盛夏，刘錡军以逸待劳，待金军气衰之际突击，专攻敌军铁浮图及左右翼铁骑拐子马，杀敌5000人。金军退守近郊，遇雨，平地水深数尺，宋军趁夜劫营，致使金军混战，互相残杀。至二十二日，金军退往开封。顺昌之战是宋以少胜多的著名战役之一。

45.王德收复亳州

南宋抗金战役之一。绍兴十年（1140），金兀术率兵南侵，六月，宋都统制王德收复宿州，乘胜趋亳州，与淮西宣抚使张俊会于城父。当时金将郦琼镇守亳州城，郦琼与王德旧为同部，后叛降于金，郦琼闻信惧怕王德，遂劝金三路都统制，王德有勇有谋，不易抵挡，请避之。金军遂弃亳州城，不战而退。王德成功收复亳州。

46.柘皋之战

南宋抗金战役之一。绍兴十一年（1141）初，金兀术突入淮西，陷庐州，趋历阳，刘锜所部退守东关，宋廷急令张俊、杨沂中援之，从采石渡江，败金人于含山、昭关，金兀术退至柘皋镇。二月，刘锜、杨沂中、王德会兵于此，与金军夹石梁河对阵。宋军积薪叠桥，并进渡河，分三路进击金军。王德领兵攻其右翼拐子马，杨沂中使兵万人持长斧，如墙而进，金军溃逃，刘锜部追击至东山，遂复庐州。金军又攻濠州，宋援兵未至而城陷，岳飞、韩世忠两军援至，金兀术退出濠州，撤回淮北。

47.俞一起义

南宋初期的一次农民起义。绍兴八年（1138），俞一在宣州泾县传播吃菜事魔教，教徒动辄千百，连乡接村，夜聚晓散，秘密组织准备起义，有人告之官府，安抚使张守下令禁止传教，但屡禁而不止。十四年（1144）六月，俞一在泾县正式率众起义，宣州知州秦梓和通判赵公智即刻调兵拘捕。十月，官兵攻入起义军营寨，俞一被俘，起义失败。

48.采石之战

南宋抗金重要战役之一。绍兴三十一年（1161）十月，金主完颜亮率军南侵，宋淮西将领王权不战而遁，淮东刘锜军退守镇江，十一月金军自西采石杨林渡渡江。当时王权已被罢免，新任李显忠未至，宋军无帅。中书舍人虞允文至采石犒军，召统制时俊、张振、王琪等聚议，激励诸军，命诸将列阵于江岸，迎战敌军。金军误以为采石无备，贸然渡江，及见设防，欲退不能。宋军奋力出战，杀敌4000余人，杀万户2人，俘虏千户5人及生擒500余人，金军大败。次日，虞允文又命盛新率领水师逼近杨林渡口，击退敌骑，焚毁船只。金主完颜亮率残部退回瓜洲。此役阻止了金军渡江，为张浚北伐提供了条件。

49.庐州军民收复城池

庐州军民合力抗金，收复城池的事迹。绍兴三十一年（1161）十月，金兵趋庐州，宋守将闻风而逃，金兵遂入城。驻泊兵马都监杨春乃招募壮丁及游兵散勇攻城，多次派人潜入城中杀敌，袭击出城取粮金军，获战马、军械无数。又进逼城下，金兵紧闭城门，不敢出战。十二月三日夜，杨春率众于二更再入城中，金将康定山被杀，纥石烈逃走，庐州遂复。百姓为杨春建祠立庙，以此为谢。

50.李显忠复灵璧

南宋李显忠收复灵璧之事。绍兴三十二年（1162），宋孝宗即位，锐意北伐，隆兴元年（1163）以张浚为枢密使，都督江淮军马，部署北伐。张浚命李显忠出师濠州攻灵璧。李显忠（1110—1178），初名世辅，绥德军清涧人，年十七随父从军，陷金为官，以计脱身，举家遭金人杀害。绍兴九年（1139）终得归宋，高宗赐名显忠。隆兴初，为御前都统制兼淮西招抚使，献计北伐，张浚遂命其渡江督战，至陡沟，金石翼都统制萧琦用拐子马拒宋军，显忠力战，大败金兵，遂入灵璧城，不伤一人，中原百姓相继归附。

51.符离之败

南宋张浚北伐战役之一。绍兴三十二年（1162），高宗禅位孝宗。隆兴元年（1163），以张浚为枢密使主持北伐，以图恢复。五月，李显忠克灵璧，邵宏渊复虹县，又合兵克宿州。论功行赏以李显忠为淮南、京东河北招讨使，邵宏渊为副，李、邵原本不和，于此嫌隙更深。金兵反攻宿州，显忠主战，约宏渊夹击，宏渊按兵不动，诸将亦相继违命遁逃。显忠退守城中，终因力量悬殊，乃退至符离，军溃，军资器械丧失殆尽。

52.宗杲话禅

宋代高僧宗杲参禅。宗杲（1089—1163），字昙晦，号妙喜，宣州宁国人，俗姓奚，幼时出家，17岁落发受戒，刻苦钻研佛法。宣和六年（1124）参谒天宁寺，分座说法，声名大振。绍兴七年（1137）移居杭州能仁寺。十一年（1141）因反对朝廷与金议和，被诬与张九成等"谤讪朝廷"而褫夺衣牒，充军湖南、福建等地。二十六年（1156）获赦免，恢复僧服。孝宗即位，召对称旨，加号大慧禅师。宗杲为临济宗传承者，著有《正法眼藏》《临济正宗记》。后在江西永修云居山创禅宗"参话头"的悟道方法，主张将修行置于日用之中，又提出"菩提心则忠义心"，推进禅学世俗化。

53.胡仔作《苕溪渔隐丛话》

南宋文学家胡仔编著诗话集。胡仔（1110—1170），字元任，绩溪人，胡舜陟次子。宣和间，以荫补为将仕郎。绍兴六年（1136）随父至广西，任广西经略安抚司机宜文字、提刑司干办公事等职。十三年（1143），因其父遭秦桧陷害，遂隐居湖州苕溪，以渔钓自适，号苕溪渔隐。隐居期间作《苕溪渔隐丛话》前集60卷。三十二年（1162），复入仕途，三年任满，重新归隐。乾道三年（1167）完成续编后集40卷，合为100卷。所收诗话、评论上起国风，下至南宋初，为宋代诗话之集大成。

54.张孝祥作爱国诗词

南宋张孝祥创作爱国诗词。张孝祥（1132—1170），字安国，号于湖居士，历阳乌江人。绍兴年间，随父卜居芜湖升仙桥。二十四年（1154）中状元，用为秘书省正字、权中书舍人。孝宗即位，任集英殿修撰兼知平江府，历任地方多有惠政。乾道五年（1169）致仕。善诗文，尤工词，词作追踪苏轼，情调苍凉，风格豪迈，与张元干并称南宋初期词坛双璧。其词作如《浣溪沙·荆州约马举先登城楼观》《水调歌头·和庞佑父》等，表达了要求收复中原的激情，对朝廷苟且偷安的强烈谴责，开南宋爱国词作风气之先。

55.程大昌著地理书

南宋程大昌撰写地理著作。程大昌（1123—1195），字泰之，休宁人，绍兴二十一年（1151）进士，授太平州教授，又招为太学正，参加馆职考试，迁秘书省正字。孝宗、光宗时历任要职。笃学多才，精于考证，著述颇丰，尤重经世致用，地理著作有《禹贡论》52篇、《禹贡后论》8篇、《禹贡山川地理图》5卷、《雍录》10卷、《北边备对》6卷。其《禹贡》研究引论历代经史著述，绘制正确的地理图，订正前人错误，阐发新的见解，而《雍录》与《北边备对》旨在对都城和边境的地理山川形势险要之处进行研究和总结，寄意于恢复和统一。

56.两淮造会子

南宋两淮地区发行纸币之事。南宋时铜铁产量减少，铸钱量大减，加之铜钱外流，致使金属货币不足，纸币开始广泛使用。高宗后期，临安有豪民富商私印便钱会子，后收权归官。绍兴三十一年（1161），由户部主持，设立专门机构"行在会子务"，正式发行会子。自此，淮南东、西路便一直行用。乾道二年（1166），孝宗下诏以铁钱为币值本位，分别印造二百、三百、五百、一贯面值共300万会子，仅限两淮地区使用。后因弊端甚多，重新整顿，将旧会子悉数回收。三年（1167），另发行新会子，并控制发行量，但由于兑换中的不当，到乾道八年（1172），流通基本中断。直至绍熙三年（1192），又印行另一批新会子300万贯，200万付淮东，100万付淮西，并规定3年一兑，成为两淮地区最重要的流通支付工具。

57.魏杞通问金国

南宋时魏杞出使金国一事。魏杞（1131—1184），字南夫，人称碧溪先生，寿州寿春人，初以荫补入官，高宗绍兴十二年（1142）登进士第，授宣州泾县县令。孝宗隆兴二年（1164）宋金议和，以宗正少卿为金国通问使。行至盱眙，金人求观国书，又议割商、秦地及归正人，欲得岁币20万等事，他一概不许。至燕见金主，金以所递国书不称臣而称侄不合体，绝其饮食。魏杞慷慨陈词，金主终以礼待。使金还，迁给事中、同知枢密院事。

58.汝阴王氏著史

两宋时期汝阴（在今阜阳市境内）王氏父子编撰史学著作之事。王铚（生卒年不详），字性之，自号汝阴老民，汝阴人。绍兴初，曾任迪功郎，权枢密院编修官，后以事罢职为主管台州崇道观。学问渊博，尤长于典故，依据建隆至元符以前史料，编成《七朝国史》。又著《默记》多记北宋遗闻轶事，可补正史之缺。其次子王明清（1127—?），字仲言，少承家学，熟知历代史实典制，著述颇丰。历任滁州来安知县、签书宁国军节度判官、泰州通判等职。庆元间寓居嘉兴，搜集遗闻典故，撰《挥麈录》20卷，多为《建炎以来系年要录》《高宗实录》所采用。又有《玉照新志》《投辖录》《清林诗话》等著作。

59.辛弃疾经营滁州

南宋辛弃疾在滁州进行改革之事。辛弃疾（1140—1207），字幼安，号稼轩，历城人，绍兴三十一年（1161）加入耿京所部抗金，为掌书记。

次年高宗召见，授承务郎、天平节度掌书记。孝宗时迁司农寺主簿，乾道八年（1172）出知滁州，滁州地处淮西庐州和淮东扬州之间，扼江淮要冲，为兵家必争之地。此时屡遭兵燹，城郭已若废墟，百姓流离失所，市衢冷落，田地荒芜。辛弃疾到任后，宽征薄赋，招集流散，屯田垦荒，组织民兵训练，以抗外敌。又创建"繁雄馆""奠枕楼"，振淮抚民，鼓舞人心。

60.罗愿撰《新安志》

南宋罗愿撰成《新安志》。罗愿（1136—1184），字端良，号存斋，歙县人，罗汝楫之子，绍兴二十五年（1155）以荫补为承务郎，监临安府新城县税务。孝宗乾道二年（1166）进士，历任鄱阳知县、赣州通判、知南剑州。淳熙十年（1183）知鄂州，有治绩，卒于任上，人称"罗鄂州"。博学好古，长于考证，为文精炼醇雅，颇受朱熹等人推重。淳熙二年（1175）撰成《新安志》，内容丰富，体例周备，在中国方志编撰史上具有较高的学术地位。

61.王日休出儒入佛

宋代学者王日休弃儒理佛。王日休（1105—1173），字虚中，舒州人，高宗时为国学博士，进士出身。学识渊博，深研"六经"，曾著书辨左氏、公羊、谷梁三传及孙复解经之失，所解"六经"及《论语》《孟子》《庄子》，不蹈袭前人一言一字。尤笃信佛教净土之说，曾校正六译本《金刚经》。绍兴三十年（1160）校补《大阿弥陀经》，受信众欢迎。又著《净土文》11卷，浅显易懂，广为流行。晚年访庐陵周必大，为学者讲《易经》。坐化之后，郡人绘像以事之。

62.朱熹集理学之大成

南宋朱熹兼采前说，糅合佛道，建立一套完整的理论体系。朱熹（1130—1200），字元晦，号晦庵，祖籍徽州婺源，自祖父因官留居闽中，故又称福建人。绍兴十八年（1148）进士，曾任泉州同安县主簿，创学宫，建经史阁，筹集图书，镇压饥民暴动，勤于政事。三十年（1160），正式受业于李侗，得二程之传，兼采周敦颐、张载等人学说，集北宋以来理学之大成。乾道元年（1165）任武学博士，与宰相议不合，辞归。淳熙二年（1175）与陆九渊、陆九龄辩论于上饶鹅湖村，朱熹主"即物穷理"，陆九渊主"发明本心"，自此人称朱学为"理学"，陆学为"心学"。五年（1178）知南康军，任上办赈济、减赋税、筑江堤，重建白鹿洞书院并订《学规》，由书院培育出一批学生，弟子众多。晚年居建阳考亭，故人称考亭学派，或称闽学、程朱学派。一生在官十余年，讲学和著述四十余年。有《四书章句集注》《大学中庸章句》《诗集传》《伊洛渊源录》《通鉴纲目》等。朱熹提出"理"是宇宙万物的本源，未有天地之先，毕竟也只是理，有理而后有气，理在气先。主张通过"内省""践履"去认识"天理"，格物致知即可以穷事物之理。又糅合二程和张载的人性说加以发挥，"性者，人之所得于天之理也"，将人性论与本体论联系起来，强调"天理存则人欲亡，人欲胜则天理灭"。以"天理""人欲"将自然观、认识论、人性论相联系，完成了新的哲学体系，集理学之大成。

63.黄榦筑城守安庆

南宋黄榦为保安庆筑城之事。黄榦（1152—1221），字直卿，号勉斋，少受业于朱熹，朱熹以女嫁之，以所著书授之，托传其学。宁宗即位，黄榦以荫补官，历知新淦县、汉阳军，所至有政绩，以病乞归。不久被任知安庆府，时金人攻破光山，沿边多警，光山与安庆不远，战报频传，民情震恐。黄榦乃请于朝，筑城安庆以备战守，未待批准，即刻动工，分城为十二区，先自筑一区，计算所需人力财力，然后每日亲自督办筑城大小事宜。他积极处理府事，清理民诉，检阅士卒，探讨边防利病。待每日事情处理完毕，又巡视筑城工程。晚上则到书院讲经论史，不知休息。城成之日，士民扶老携幼，共同庆祝。后两年，金军攻破众多关卡，两淮州县皆震，惟安庆城安堵如故。

64.吕祖谦调和朱陆

南宋吕祖谦约请朱熹与陆九渊进行辩论之事。吕祖谦（1137—1181），字伯恭，学者尊称东莱先生，寿州人。南渡后，居金华。吕好问孙，初以荫补入官，隆兴元年（1163）进士，复中博学鸿词科。历任严州教授、博士兼国史院编修、秘阁著作郎。与朱熹、张栻齐名，时称"东南三贤"。为学主明理躬行，反对空谈心性，开浙东学派先声。淳熙二年（1175），欲调和朱、陆二派分歧，遂约请朱熹和陆九龄、陆九渊在信州鹅湖寺论辩，讨论的主题是治学方法问题，朱熹主张"泛观博览而归之约"，陆九渊则认为需"先发明人之本心而后使之博览"。双方各执己见，不欢而散。

65.淮西冶工起义

南宋冶户汪革发动的起义。汪革原浙江遂安人，到宿松开办烧炭厂和铁冶厂，是淮西的著名冶户。淳熙年间，汪革请军士程某二人教子骑射，二人因嫌酬劳少，回到江州扬言汪革有异谋，将于秋天造反。得到消息孝宗下诏逮捕汪革，舒州郡郡守遣将往捕。淳熙八年（1181）六月五日晚，汪革领导500冶工起义，进攻宿松县城，不成乃转至无为天荒湖芦苇丛中，相邻郡县大震。孝宗诏发江州、池州官军，待官军进入湖中，义军早已散走四方，遂下令悬赏捉拿。年底，汪革在临安被捕，就义。

66.寿春府创突火炮

南宋寿春府创制突火炮之事。火药是我国古代的四大发明之一，宋时火药已广泛应用于军事领域。庆元元年（1195），寿春府新创突火炮，以巨大的竹子为筒，内安火药和子窠，借助火药之力将子窠发射，子窠类似子弹，以碎石子、铁块、瓷片制成。这是世界上最早的原始步枪，开管形火器使用子弹之先河。

67.华岳谋去韩侂胄、史弥远

南宋华岳欲除权臣以正朝纲之事。华岳(约1175—1225),字子西,号翠微,贵池人,为武学生。时韩侂胄擅权,欲兴军北伐以固位。开禧元年(1205)华岳上书极论天时、人事不宜用兵,请诛韩侂胄以谢天下。韩侂胄大怒,命下大理寺,入建宁狱。韩侂胄诛,放还,复入学,登嘉定十年(1217)武科第一,为殿前司属官,郁郁不得志。朝中丞相史弥远专擅,公取贿赂,朝纲不正。华岳谋去之,事情败露,被囚临安狱,宁宗知岳名,欲免其死刑,史弥远竟将其杖死于东市。著有《翠微北征录》《翠微南征录》《南迁录》等。

68.首复泗虹

宋军攻克泗州、虹县的事件。开禧元年(1205)韩侂胄欲北伐立功自固,命内外诸军,密为行军之计。以殿帅郭倪招抚山东、京东,遣毕再遇与镇江都统制陈孝庆取泗州,再遇率87名敢死军为前锋。泗州有东西两城,再遇命士卒佯攻西城,亲自带兵攻打东城,金人大溃,遂克泗州。五月,陈孝庆攻下虹县。首复泗虹,一战告捷,二年(1206)宁宗下诏北伐,对金战争全面展开。

69.邓友龙两淮失利

南宋时邓友龙防守金军攻两淮的事件。开禧二年(1206)四月,宋廷以邓友龙为两淮宣抚使。五月,宁宗下诏伐金,以郭倬攻宿州,皇甫斌攻唐州,王大节攻蔡州,李爽攻寿州,皆不克。金军反攻,集中优势兵力于两淮及邓、唐二州,宋军败退,光化、枣阳、江陵、信阳、襄阳、随州失守,金兵渡淮,入真州,淮西县镇皆为金人占领。宋廷罢邓友龙,以丘崈为两淮宣抚使,宋金乃谋和议。

70.安庆府起义

南宋张军大领导的士兵起义。嘉定二年（1209），安庆府发生饥荒，因未得到政府的及时抚恤，士兵张军大发动士兵起义，进攻桐城县，流民纷纷参加，队伍逐渐扩大。起义军攻打安庆府，知府林忠虎弃城而逃。张军大称进入府城，非有掠夺之意，告示城内居民照常生活。起义军又分发府库钱粮分赈贫乏，得到百姓的拥护和支持。不久，率兵撤离府城，屯兵于潜山真源宫。官兵数千人围之，并放火烧山。张军大转至建康，后被捕杀。

71.程卓使金

南宋程卓奉命出使金国之事。程卓（1153—1223），字从元，休宁人，淳熙十一年（1184）进士，历任扬州户曹、知嘉兴府，后迁刑部郎中。嘉定四年（1211）以朝请大夫、试工部尚书充任贺金国正旦国信使，奉命出使金国。归国后按照惯例向朝廷提交出使记录《使金录》，按日记载出使期间天气、行程、沿途所见所闻以及与金人应对酬答情况。回国后，历任地方，颇有政绩。十五年（1222）升任同知枢密院事。

72.安丰之战

南宋时期抗击蒙古军的重要战役之一。端平二年（1235），蒙古大汗窝阔台发动了第一次全面侵宋战争。嘉熙元年（1237）冬，口温不花率大军再犯江淮，攻占了光、复、蕲、隋等州，进而进攻黄州，孟珙率兵来援，蒙军失利，转攻安丰，宋将杜杲竭力守御。蒙军火攻，焚烧楼橹，又以囚犯为敢死队，令攻城赎罪，被宋军用强弩射退。蒙军填壕为坝，乘风纵火攻城，宋军则分兵扼守，招募壮士夺坝，奋勇死战。池州都统制吕文德率军来援，与安丰守军合力抵御，蒙军受阻，伤亡惨重，被迫撤退，淮右得安。

73.杜杲守庐州

南宋杜杲保卫庐州的事件。嘉熙二年（1238）九月，蒙军察罕率领大军进围庐州，企图破庐州后，在巢湖造船，训练水师，进军江南。蒙军以数倍于攻安丰的攻具，在城壕外筑长达60里的土城，又筑起高于城楼的高台，用以攻城。负责守城的知庐州杜杲，用油灌草，焚烧敌坝，又于城内立七层高的雁翅架炮轰击蒙军高台，蒙军惊乱。宋军乘胜追击，蒙军败走。杜杲又操练舟师，扼守淮河，蒙军不敢进，乃引兵北归。

74.张即之书佛经

南宋书法家张即之书写佛经。张即之（1186—1263），字温夫，号樗寮，乌江（在今安徽和县境内）人。南渡后，居明州鄞县，以荫授承务郎，中进士后，历任地方官，累官至司农寺丞。张即之以书法闻名天下，先师颜欧，后受教于米芾而借鉴欧阳询、褚遂良体势笔法，善写大字。先后书写了许多佛家经典，如淳祐四年（1244）书《莲华经》7册，宝祐元年（1253）书《金刚经》，宝祐三年（1255）书"佛遗教经"。存世书迹有《报本庵记》《金刚经》《书杜诗卷》等。

75.陈文中作儿科医书

南宋名医陈文中编撰儿科医书。陈文中（生卒年不详），字文秀，宿州苻离人。家乡被金人占后，移居扬州，赴宋廷征召，任和安郎判太医局，兼翰林良医。精通内科、儿科，对小儿疮疹造诣尤深。曾在涟水行医15年，能辨证施治，救治病人很多。淳祐中编著《小儿病源方论》4卷，论述小儿的发育和保养，指纹及面部形色望治，惊风及痘疹证治，并附列方药。又集家传已验之方于宝祐二年（1254）撰成《小儿痘疹方论》1卷，专论痘疹受病之源，治疗方法，并列出药方。有些痘疹疗法，民间传用至今。

76.董槐整顿纲纪

南宋丞相董槐整顿朝纲之事。董槐（？—1262），字庭植，濠州定远人。少喜谈兵，有恢复之志，又自比诸葛亮、周瑜。嘉定六年（1213）登进士第，任靖安主簿。十四年（1221）起为广德军录事参军，平反李桷冤案。嘉熙元年（1237）提点湖北刑狱，平息常德军乱。三年（1239）知江州兼都督府参谋，安置流民10余万。又历任签书枢密院事、同知枢密院事、参知政事。宝祐三年（1255）拜右丞相兼枢密使，为政凡于国有利之事无不为之，尤以整顿纲纪为先，向理宗建议去除有害朝政者三：皇亲国戚不奉法，执法大吏久居其官而擅威福，皇城司不约束部下，恐会横生变乱。丁大全等疾之，欲私结党于槐，遭到拒绝后，屡进谗言，槐乃被罢相。

77.吴潜为相

南宋吴潜两度为相之事。吴潜（1196—1262），字毅夫，号履斋，宣州宁国人。嘉定十年（1217）进士第一，授承事郎、签镇东郡节度判官。绍定四年（1231）迁尚右郎官，上疏论都城大火致灾之由，又致书史弥远论治道六条，改吏部员外郎兼国史编修，迁太府少卿、淮西总领。端平元年（1234）上书陈九事，以直言忤时相，改权江西转运使兼知隆兴府，主管江西安抚司。淳祐十一年（1251）入为参知政事，拜为右丞相兼枢密使，次年（1252）因水灾乞罢相。又四年，授沿海制置大使，判庆元府。开庆元年（1259）再拜为左丞相兼枢密使。元兵渡江攻鄂州、广西及湖南等地，上疏论丁大全等误国，又反对贾似道拥立度宗为太子，谪贬建昌军，再徙化州，卒于循州贬所。

78.淮南建山水寨

南宋江淮百姓建山水寨抗敌自保之事。宋政权南渡以来淮南地区受到金兵、蒙古军、溃兵游勇及土匪强盗的骚扰，为躲避战乱，江淮百姓多依山傍水，筑堡立寨，团结自保。有和州双山、鸡笼山山寨，无为军孤鼻山、崑山、巩山山寨，天长县横山山寨，濠州韭山、横涧山山寨，滁州琅琊、独山等山寨。又有和州麻湖、阿育湖水寨，寿州芍陂水寨，庐州焦湖水寨和浮槎、方山山寨等。当地百姓多依附之，其大者可容一两万家。寨中有如吴渊节、招信刘家、王之道兄弟、孙晖等诸多优秀统领，率领百姓，共同抵御外敌，让战乱中的百姓有生息之地。

79.吕文焕守襄阳

宋末抗元的重要战役之一。襄阳、樊城夹汉水，居鄂州上游，是南宋阻挡蒙古军出汉入江东的战略重镇。咸淳三年（1267）十一月始，元世祖纳降将刘整的建议，派兵南侵，围困襄阳城。先筑白河城，断其外援。宋将吕文焕（生卒年不详），安丰军霍邱县人，时以知襄阳府兼京西安抚副使为襄阳守将，襄阳城内物资紧缺，对外联系断绝，朝廷先后派夏贵、范文虎、张顺、张贵等率军救援，皆败。襄阳城粮尽援绝，吕文焕捍御应酬，撤屋为薪，缉麻为衣，死守城池。九年（1273）正月九日，樊城先被攻破，襄阳更加势孤无援，二月下旬，吕文焕在坚守五年多之后，开城投降。襄樊陷落，江东门户大开，元兵遂长驱直入。

80.姜才抗元

南宋名将姜才抗元事迹。姜才（？—1276），濠州人，少被掠入河朔，稍长逃归，隶属淮南军，懂兵法，以骁勇善战知名，以功升通州副都统。德祐元年（1275）贾似道出兵迎击元伯颜大军，姜才为孙虎臣部先锋，与元军大战丁家洲。兵溃后，协助李庭芝守扬州城，屡挫元兵。次年（1276），伯颜大军入临安城，元兵掳宋太后、少帝赵㬎北上，经过瓜洲，姜才领兵营救未成。七月应益王赵昰召，与李庭芝一起突围至泰州，将入海，被元将阿术俘获，拒绝投降，被杀于扬州。

81.贾似道丧师芜湖

南宋贾似道在芜湖被元军所败之事。南宋末，元兵得鄂州，顺江而下，沿江诸将多为吕文焕旧部，望风降附，黄州、蕲州、江州、安庆相继陷落，临安大震。德祐元年（1275）正月，丞相贾似道迫于朝议，集精锐兵马13万出师江上，到达芜湖与淮西制置使夏贵合兵抵御。二月，贾似道以孙虎臣为先锋，命其率精锐7万驻丁家洲，夏贵率战船2500艘横亘江中，自率少量军队驻澛港，欲与元军决战。贾似道并多次派人到元军营求和，约贡岁币，被拒后阴备快船准备逃跑。二月十九日，元军发起进攻，水陆并进，两岸步骑炮击宋船，水军直冲孙虎臣部，宋军溃败。贾似道见无力接战，下令退兵珠金沙。元军乘胜追击，宋军13万人全线崩溃，被杀溺死者不可胜数。夏贵率舟师逃回庐州，贾似道召集流亡，无肯应者，便弃军逃往扬州。

82.杜道坚传道

宋元之际道士杜道坚传播道教之事。杜道坚（1237—1318），字处逸，号南谷子，太平当涂人。生性聪慧，14岁开始学道，17岁拜天庆观蒙庵葛师中为师，受到宗师蒋玉海的器重，被授予大洞经法，为茅山宗嫡传弟子。宋淳祐中，度宗召为御前道士，赐号辅教大师，赐予紫衣，命主持吴兴计筹山升玄报德观。景炎元年（1276）元军大举南下，至元军营见主帅伯颜，阻谏杀无辜百姓。江南既平，随伯颜至上都觐见忽必烈。元至元十七年（1280）奉旨提点杭州路道教，住持宗阳宫。大德七年（1303），被授予杭州路道录、教门高士，仍住持宗阳宫。皇庆元年（1312），被赐号隆道冲真崇正真人，主持宗阳宫、升玄报德观及白石通玄宫。弟子众多，达官显贵多执弟子礼与其相交，并受到赵孟頫、张翥等人的赞许。著有《道德玄经原旨》《玄经原旨发挥》《关尹阐玄》《文子缵义》等。深谙玄理，认为《道德经》包罗世间万象，多用儒经解释道学。

83.芍陂屯田

宋元时期政府在芍陂屯田之事。淮南地区的屯田历史悠久，相传寿县境内安丰塘（古芍陂）、淮南境内蔡城塘为春秋时期孙叔敖所修筑。宋哲宗元祐元年（1086）六月，发军增垦河南、芍陂等处屯田。元至元二十年（1283），宣慰司吉尔言可立屯田，在芍陂设立屯田以给军饷。二十一年（1284）二月，江淮行省上奏言，安丰的芍陂池可以灌溉万余顷良田，请求派3万人于此屯田，中书省征发军士2000人试行。后来，屯户增加到1.48万户。顺帝至元元年（1335）三月，命令禁军在芍陂、德安、洪泽三处屯种，每地各置万户府进行统领。芍陂屯田所收田赋占淮南田赋大半，故历代皆在此地屯田。

84.孟祺参修《农桑辑要》

元人孟祺参与编修《农桑辑要》之事。孟祺（1241—1291），字德卿，宿州符离人，世以财雄乡里。父孟仁，世为儒者，有德行，后北渡，寓居于济州鱼台。孟祺自幼聪慧，从严实学。以考试入选东平幕府，任掌书记。为大臣廉希宪、宋子贞举荐，任国史院编修，后历任从侍郎，因出使高丽有功，被授予山东东西道劝农副使。至元十年（1273）参与《农桑辑要》的编修，该书凡分典训、耕垦、播种、栽桑、养蚕、瓜菜、果实、竹木、药草、孳畜十门，以《齐民要术》为蓝本，详而不芜，简而有要，于农家之中，最为善本，其中孟祺功不可没。

85.书院兴盛

元代江南地区兴盛书院之举。宋元鼎革之际，战火使书院教育陷入绝境。元朝统一全国后，对文化教育日渐重视，至元二十四年（1287），政府设江南各道儒学提举司，二十八年（1291），下令在江南建立书院，每个书院设山长一名，管理书院的日常事务。政府的鼓励政策，促进了书院的恢复、重建与发展。在政府、地方官、儒生以及民众的推动下，江南地

区的书院蓬勃发展，徽州地区尤甚。书院既有官办亦有民办。后政府控制加强，民办书院逐步官方化。

86.旌德尹王祯创制木活字

元朝时王祯创制木活字之事。王祯（1271—1368），字伯善，东平人。元成宗大德二年（1298），时任旌德尹的王祯，根据北宋毕昇发明的泥活字，创制了"木活字"，并制作了3万余木活字，排印《旌德县志》100多部。木活字是用于排版印刷的木质反文单字，由梨木、枣木或者杨柳木雕成的，取材方便，成本低廉，制造简单迅速。王祯将制作木活字的方法记录在其撰写的《农书》中，流传后世。

87.九路刻印十七史

元代江浙行省下辖的九路儒学分工合作刊刻十七史之事。儒学即元政府在各路府（州）县等各级行政区设立的地方官学。中央各部门、地方的行政机构常通过行政命令颁下儒学刻印书籍，是元代特有之现象。大德年间，九路儒学分刻十七史，由太平路学官陈请，其中宁国路、徽州路、太平路地处今安徽境内。据相关学者考证，十七史并没有完全刻完，只有《史记》《汉书》《后汉书》《三国志》《晋书》《隋书》《南史》《北史》《新唐书》《五代史》刻竣。所刻书版式大致相同，皆为半叶10行20字、细黑口，版框大小也相差不大，字体有赵孟頫笔意。它的价值在于保留了宋本的原貌，而且错误极少。

88.元代新安理学之发展

元代新安理学发展一事。新安理学是以朱熹理学思想为本，流传于徽州一带的学术流派，是朱子学的重要分支之一。该学派崛起于南宋，朱熹是其开创者，发展于元代，全盛于明初，终结于清中叶。宋末元初及整个元代是新安理学重大发展时期，该时期新安理学所肩负的使命是为了挽救朱子之学的衰落，订正"异论"，发明朱子之学本旨。同时不忘讲学授徒，著书立说，政治态度则是隐而不仕，特别崇尚气节。该时期新安理学的代表人物有胡斗元、程逢午等人。胡斗元讲究个人修持，并融入自己的立身行事中。程逢午擅长《中庸》，又辑录朱子语录，引朱熹之语疏证朱熹学说，兼有自己的心得体会。元代新安理学有承前启后之功，既保证了理学的纯洁性，也为明清新安理学的发展奠定了基础。

89.孟汉卿创作杂剧《魔合罗》

元代孟汉卿创作杂剧《魔合罗》。孟汉卿（生卒年不详）约与关汉卿同时，亳州人，参加过大都玉京书会。传世作品有《魔合罗》，全名《张孔目智勘魔合罗》，讲述元代六案都孔目张鼎勘案、昭雪李德昌夫妇冤案的故事，作品忠实描绘了元代的社会状况，暴露了封建家庭的矛盾及元代吏治的腐败，并成功塑造了张鼎正直、干练的人物形象。《太和正音谱》评其词曲"词势非笔舌可以拟，真词林之英杰"。

90.元代新安医学之兴起

元代新安医学兴起之事。新安医学是古代徽州地域医药文化的总称。其发端于隋唐，兴起于宋元时期，明代达到鼎盛，在清代继续发展，传承过程中特别注重家学师传。元代属于新安医学的兴起时期，代表人物程深甫、范天锡、王国瑞、程汝清、马肃等皆是儒而兼医者。程深甫曾为皇帝治病，声震南北。范天锡精岐黄之术，诊脉能决人生死，用药不泥古方。王国瑞擅长针灸，著书颇多。程汝清学得"补泻过注法"，著有《医方图说》。马肃以儒医赴京，授三山路医学教授，后为江西等地医学提举。此时新安医家有坐堂行医、出诊两种行医形式，又受理学"格物致知"和朴学考证的影响，深研医理，并形成了崇尚医德、务实求真的行医风尚。

91.赵汸治《春秋》

元末明初学者赵汸研究春秋之学。赵汸（1319—1369），字子常，休宁人。师从黄泽，受易象春秋之学，后复从虞集游，获闻吴澄之学。晚年隐居休宁东山，建东山精舍，读书著述。曾协助元帅汪同保卫乡里，授江南行枢密院都事。至正十六年（1356）邑人创商山书院，聘为山长。明洪武二年（1369）奉诏参与编修《元史》，书成返乡，未逾月而卒。学者称"东山先生"。通诸经，尤精《春秋》，兼治"三传"，在评析先儒《春秋》研究的基础上，提出求索《春秋》笔削的根本方法是"属辞比事法"，认为学《春秋》必自左氏始，主张先考鲁史之法，再求圣人之法。其论发前贤之所未发者甚多，著有春秋学著作《春秋左氏传补注》10卷，《春秋属辞》15卷，《春秋师说》3卷，《春秋集传》15卷，《春秋金锁匙》1卷。

92.张渥作画

元代张渥创作绘画。张渥（生卒年不详），字叔厚，号贞期生，淮南人，后移居杭州，博学明经，累举落第，遂放意为诗章。工画，尤擅白描人物，师法北宋李公麟，笔法细劲，形象生动有神，被称为"李龙眠（公麟）后一人而已"。其线描技法，被奉为"人物十八描"之一"铁线描"。代表画作有：至元二年（1336）的《弥陀佛像》，至正六年（1346）的《临李伯时（李公麟）九歌图》、至正十四年（1354）的《洗象图》、至正二十年（1360）《龙王礼佛图卷》、至正二十三年（1363）的《仿作赵松雪饮中八仙卷》、至正二十四年（1364）的《罗汉渡海图》等。存世作品有《九歌》《雪夜访戴图》。

93.郑玉、赵汸和会朱陆

元明之际学者郑玉、赵汸阐发理学主张。郑玉（1298—1358），字子美，号师山，歙县人。自幼好学，博究六经，于《春秋》尤精，绝意仕进，讲学于师山书院，受业者众，学者称"师山先生"。至正十四年（1354）征为翰林待制、奉议大夫，不就。十七年（1357），朱元璋大军入徽州，欲予任用，以不事二姓为由，不从，被拘囚，次年（1358），自缢而死。在对待朱子之学和陆氏心学的问题上，郑玉认为朱、陆学说思想核心是一致的，但二家学说又各不能无弊，陆学之弊在空谈说妙，而无致知功夫。朱学之弊在支离泛滥，不能收力行之效。两家唯摒弃门户之见，才可避免各自不足。赵汸（1319—1369），字子常，休宁人，晚年隐居东山，建东山精舍，读书著述，学者称"东山先生"。赵汸亦认为朱子之学和陆学的"入德之门"存在差异，但朱、陆之学是"始异而终同"，尤其朱陆在鹅湖辩论之后，各自反思，终有所悔，而"合并于暮岁"。郑、赵二人对朱陆和合的认识是元末明初学术界"和会朱陆"思潮的直接反映，发扬光大了新安理学的宗旨。

94.詹希元创制五轮沙漏

元末明初书法家、科学家徽州人詹希元创制五轮沙漏之事。詹希元，字孟举，徽州人，元末明初著名书法家。元至正二十年（1360），詹希元创制一种新的计时工具——五轮沙漏。詹希元用沙代替之前以水作为动力的刻漏，以此推动五轮转动。流沙由漏斗形的沙池流到初轮边上的沙斗里，驱动初轮，从而带动各级机械齿轮旋转。最后一级齿轮带动水平面上旋转的中轮，中轮的轴心上有一根指针，指针则在一个刻有一整天时刻的仪器圆盘上转动，以此显示时间。此外，他还在中轮上添加了一个机械拨动装置，以提醒两个站在五轮沙漏上击鼓报时的木人。每到整点或一刻，两个木人便会自行出来，击鼓报告时刻。由于无水压限制，沙漏比漏刻计时更精确。

95.颍上首义

元末农民起义。元顺帝统治末年政治败坏、税赋沉重、天灾不断。至正十一年（1351）五月黄河决口，元顺帝命贾鲁治黄河，动用大量民夫。民夫被迫日夜劳作，餐不果腹，怨声载道。韩山童以白莲教为纽带，宣传"弥勒降生""明王出世""石人一只眼，挑动黄河天下反"策动民夫造反。韩山童与刘福通等在颍上地区发动起义。事泄，韩山童被捕杀，刘福通带韩山童之子韩林儿杀出重围，占领颍州，许多农民纷纷加入，共同抗元。颍上起义拉开了农民群众抗元的帷幕。

96.郭子兴据濠州

　　元末红巾军郭子兴部起义之事。郭子兴（？—1355），定远人。出身富豪，仗义豪爽，元末入白莲教，招纳壮士，聚众数千人，响应刘福通起义。至正十二年（1352）春，与孙德崖、俞志明、曹四七等带众起义，均称元帅，攻占濠州。起义军以红巾为号，闰三月，朱元璋来投。因与孙德崖、赵均用不合，险遭杀害，赖朱元璋之力得免。以义女马氏嫁朱元璋。欲称王，为朱元璋劝阻。十五年（1355），用朱元璋计夺取和州，同年病故，后朱元璋独得其军。明洪武三年（1370）追封为滁阳王。

（六）

明至清前期

（一）明代

1.朱元璋从军

朱元璋投奔元末起义军之事。朱元璋（1328—1398），原名重八，又名兴宗，后改名元璋，字国瑞，濠州钟离（今安徽凤阳）人。先世业农，元末家道渐衰，元璋受雇于地主家。元至正四年（1344）春，淮河流域战乱频繁、瘟疫流行，父母及长兄染疫而死，元璋被迫至皇觉寺出家，后外出化缘3年。十二年（1352）三月，投奔定远人郭子兴，任亲兵，后升九夫长；六月，返乡招募徐达、邵荣、周德兴等700余人入伍，晋升镇抚。十四年（1354）六月，收驴牌寨义兵三千、横涧山义兵两万、洪山寨义兵数千；七月，攻克滁州，升总督。十五年（1355）三月，郭子兴亡；四月，小明王韩林儿封元璋为左副元帅；五月，杀李普胜；六月，占采石、太平，置太平兴国翼元帅府，自命为元帅。至此，朱元璋统辖郭子兴所有部队，为夺取天下奠定了军事基础。

2.小明王之立

韩林儿被立为皇帝之事。元至正十五年（1355）二月，红巾军首领刘福通等自砀山夹河迎韩山童之子韩林儿至亳州，立为皇帝，史称"小明王"，以应"明王出世"之验。建都亳州，国号"宋"，改元"龙凤"。宋政权体制基本仿元制，中央设中书省，下设六部，地方设行中书省。同年四月封朱元璋为左副元帅。次年（1356）置江南行中书省，以朱元璋为平章。龙凤二年（1356），韩宋政权集结兵马，分兵三路，对元军发起强大攻势，挺进黄河以北，刘福通率军一度攻克河南府。龙凤九年（1363）二月，张士诚破安丰，刘福通阵亡，此后韩宋政权日趋没落。

3.朱元璋采石渡江

朱元璋以采石为立足点攻取太平之事。元至正十五年（1355），朱元璋大军在攻克和州后，遭10万元兵围困。元太子秃坚、枢密副使绊住马、地主武装陈野先等屯兵和州城外，包围和州长达三月之久。朱元璋要想彻底扭转困局，唯有渡江。此时恰逢巢湖水师来投。六月末，朱元璋收编巢湖水师后定渡江之策，他率徐达、邵荣、冯国用、汤和、常遇春、邓愈、耿君用、毛广、廖永安、李善长诸将分领水陆大军，分两路自和州东渡大江，一举夺得采石镇。再以采石镇为立足江南之桥头堡，迅速挥师南下，夺取太平府治姑孰城。十六年（1356）二月，朱元璋大败元军，俘降卒近万人，元将蛮子海牙、康茂才败走集庆。采石之战的胜利，使朱元璋在江南获得立足之地，为进一步开拓江南、北定中原奠定了基础。

4.朱元璋进军集庆

朱元璋正式占领集庆（在今南京市境内）之事。元至正十五年（1355）五月，朱元璋联合廖永安、俞通海等在采石大败元将蛮子海牙。六月，兵分两路，一路直取采石镇，一路扑向牛渚矶，均大获全胜。后又进一步占领紧邻集庆路的芜湖、句容、溧水等县，完成对集庆路外围的三面包抄。至正十六年（1356）三月，朱元璋率大军水陆并进向集庆进军。六月，元军苗军元帅寻朝佐、水军元帅康茂才、海军元帅叶撒、右丞阿鲁灰的部将完都等皆率军投降，元军溃败。朱元璋正式占领集庆，并改集庆为应天府。

5.朱元璋安丰大捷

朱元璋在安丰打败张士诚部吕珍的战役。元至正十九年（1359），元将察罕帖木儿攻陷韩宋都城汴梁，北系红巾军首领刘福通护送"小明王"韩林儿冲出重围，奔往安丰，韩宋政权兵势日蹙。至正二十三年（1363）二月，张士诚乘机遣吕珍袭安丰。安丰被围日久，城中粮草奇缺，百姓骨肉相食，韩宋政权危在旦夕。刘福通密遣人至应天向朱元璋求援，朱元璋为沿用龙凤旗号，意图掌控红巾军余部，派徐达、常遇春率重兵相救。至安丰时，吕珍已破城，徐、常初战失利，后朱元璋亲自督阵，三战皆捷，迫使吕珍率兵逃遁。徐、常大军又击败支援吕珍的左君弼，韩林儿、刘福通等获救。安丰大捷进一步壮大了朱元璋的军事实力，提升了其威望。控制韩林儿则为朱元璋"挟天子以令诸侯"创造了条件。

6.小明王之死

韩林儿船沉溺亡之事。龙凤十二年（1366）十二月，朱元璋派廖永忠从滁州迎韩林儿至应天，过瓜步山时船沉没，"小明王"溺亡，韩宋政权结束。关于这次韩林儿溺亡事件，历史上通常有两种说法：一是船自沉溺亡说，认为韩林儿之死与朱元璋无关；二是船被凿沉溺亡说，认为是朱元璋派廖永忠赴滁州接韩林儿，事先将乘船底部凿穿，当船过瓜步山时沉没，韩林儿及家人、亲随等均溺水而亡，即韩林儿之死乃朱元璋所害。韩林儿之死，为朱元璋最终称帝扫清了最后一道政治上的障碍。

7.朱升献"三策"

朱元璋问计朱升得"三策"指导之事。朱升（1299—1370），字允升，元末明初休宁人，后徙居歙县，后世学者称"枫林先生"。少时从学于当时硕儒陈栎、黄泽，曾讲学郡城紫阳祠。元至正元年（1341），以乡贡进士第二名被授池州路儒学学正。元末辞官，隐居于歙县石门山，潜心钻研学问，后至休宁浯溪商山书院讲学。十七年（1357），朱元璋攻克徽州，在邓愈建议下登门拜访朱升并请教进退之策，朱升献"高筑墙，广积粮，缓称王"三策，对朱元璋此后大政方针的制定产生了重要影响。朱元璋正是在朱升"三策"的指导下，一步步成就了统一大业。明洪武元年（1368），朱升被提拔为翰林学士，参与制定宗庙祭祀等礼仪制度，后受朱元璋诏令编修《女诫》一书。明开国之初朱元璋封赏功臣的谕旨、诏令等多出自朱升之手。

8. 淮西人建立明王朝

朱元璋依靠淮西人建立明王朝之事。明太祖朱元璋和明朝诸多开国功臣均来自淮西，淮西集团在明初政治中占据主导地位，故可谓"淮西人建立明王朝"。明洪武三年（1370）十一月，朱元璋在奉天殿封赏开国功臣，以六公、二十八侯最为显赫。"六公"之韩国公李善长、魏国公徐达、郑国公常茂、曹国公李文忠、宋国公冯胜、卫国公邓愈皆淮西人。"二十八侯"也多是淮西人，以凤阳人居多。朱元璋家原居凤阳县广德乡东湖里，后移居太平乡孤庄村，这两乡共出12名侯爵：中山侯汤和、巩昌侯郭兴、武定侯郭英、永平侯谢成、延安侯唐胜宗、吉安侯陆仲亨、江夏侯周德兴、燕山侯孙兴祖、临江侯陈德、济宁侯顾时、凤翔侯张龙、航海侯张赫。此外，其他淮西集团勇武之将、智谋之士，在辅助朱元璋从一介草莽到开国皇帝的过程中，均发挥了重要作用，也是明初政权最重要的人才来源。

9. 胡惟庸案

明初朱元璋诛杀丞相胡惟庸继而大肆株连功臣的历史事件，又称胡狱，为明初四大案之一。胡惟庸（？—1380），濠州定远人，龙凤元年（元至正十五年，1355）赴和州投奔朱元璋，深得信任，任元帅府奏差。至正二十七年（1367），任太常寺少卿，不久晋升太常寺正卿。洪武三年（1370），由李善长推荐，被擢升为中书省参知政事，次年（1371）升为左丞相。胡惟庸担任丞相后，开始独断专权，网罗党羽，引起朱元璋猜忌。

洪武十三年（1380）正月，中丞涂节与中书省吏商暠相继告胡惟庸欲将不法。朱元璋听后大怒，降旨诛杀胡惟庸、陈宁、涂节等数人。随后废中书省，命六部分理全国政务，由皇帝总揽大权。洪武十八年（1385）又将胡惟庸亲家李存义流放崇明岛。洪武二十三年（1390），朱元璋再以伙同胡惟庸共谋不轨的罪名，诛杀韩国公李善长、吉安侯陆仲亨、延安侯唐胜宗等，株连者达3万余人。至此，中国历史上的丞相一职被彻底废除，封建专制主义中央集权空前强化。

10.朱元璋赐死李善长

明太祖朱元璋赐死韩国公李善长并处死其家人的事件。韩国公李善长作为"勋臣第一"，是明朝开国功臣，也是明朝首任丞相。天下初定后，作为中书省左丞相的李善长位高权重，且行事专断，无所顾忌，渐受朱元璋猜忌。洪武四年（1371），朱元璋下诏罢免了李善长的丞相之职，令其致仕回乡。洪武二十三年（1390），李善长为扩建府第，私下向信国公汤和借300名卫卒，汤和将此事密报朱元璋。同年五月，朱元璋以李善长帮助胡惟庸谋反为由，下令将李善长及其弟侄妻女满门共计70余口处死，李善长自缢。开国第一功臣李善长被赐死，是朱元璋铲除功臣、加强专制皇权的需要，也是明初胡惟庸案的继续。

11.蓝玉案

明初朱元璋诛杀大将蓝玉继而大肆株连功臣宿将的历史事件，为明初四大案之一。蓝玉（？—1393），濠州定远人，常遇春妻弟。初入朱元璋军队，先后隶常遇春、傅友德、徐达麾下，为人临敌勇猛，所向披靡。后因战功显赫和权势日炽而常常居功自傲，引起朱元璋猜忌。洪武二十六年（1393）二月，锦衣卫指挥使蒋瓛状告蓝玉谋反，同谋者牵连到景川侯曹震、鹤庆侯张翼、舳舻侯朱寿、东莞伯何荣及吏部尚书詹徽、户部侍郎傅友文等。朱元璋遂兴大狱，前后诛杀一万五千多人，又组织廷臣撰写《逆臣录》以布告天下。

12.营建凤阳陵

明初朱元璋为父母修建陵墓之事。朱元璋幼年居住在濠州钟离太平乡孤庄村，家境贫寒。元至正四年（1344）四月，其父母、长兄因染瘟疫相继去世。朱元璋当时有幸得到邻居帮助得以安葬亲人。同年九月十九日，朱元璋到附近的皇觉寺出家为僧。后因皇觉寺被毁，战争迭起，于是弃僧从戎，直到最后建立大明江山。在从一个普通士兵成长为明朝开国皇帝的过程中，为了以示不忘父母的养育之情，同时向天下展现自己的孝行，朱元璋先后对父母的坟墓进行了四次修建。第一次修建凤阳陵在元至正二十六年（1366），主要修葺父母陵墓；第二次修建在洪武元年（1368）至洪武二年（1369），使皇陵初具规模；第三次在洪武八年（1375），主要是修筑皇城城墙；第四次于洪武十一年（1378），命江阴侯督工重刻重建皇陵碑，修建灵堂、皇城和东西两端廊房等，到洪武十二年（1379）闰五月竣工。

13.朱元璋诏立皇陵碑

朱元璋在凤阳为父母设立皇陵碑之事。为缅怀父母，"俾世代见之"，朱元璋在其父母陵墓之侧竖无字碑与有字碑各一。《皇陵碑记》原由明翰林侍讲学士危素撰，但朱元璋认为词多粉饰，掩盖苦难家史，华而不实，不利教育子孙。朱元璋遂亲自撰写碑文，镌刻于皇陵碑上。御制《皇陵碑记》半文半白，所叙为家庭身世，困顿颠沛，曲折坎坷，及翦灭群雄，推翻元祚的过程，文笔颇有气势。

其文曰：

孝子皇帝元璋谨述：洪武十一年夏四月，命江阴侯吴良督工新造皇堂。予时秉鉴窥形，但见苍颜皓首，忽思往日之艰辛。况皇陵碑记，皆儒臣粉饰之文，恐不足为后世子孙戒。特述艰难，明昌运，俾世代见之。其辞曰：

昔我父皇，寓居是方。农业艰辛，朝夕彷徨。俄尔天灾流行，眷属罹殃。皇考终于六十有四，皇妣五十有九而亡。孟兄先死，合家守丧。

田主德不我顾，呼叱昂昂。既不与地，邻里惆怅。忽伊兄之慷慨，惠此黄壤。殡无棺椁，被体恶裳。浮掩三尺，莫何肴浆！

既葬之后，家道惶惶。仲兄少弱，生计不张。孟嫂携幼，东归故乡。值天无雨，遗蝗腾翔。里人缺食，草木为粮。予亦何有，心惊若狂。乃与兄计，如何是常？兄云去此，各度凶荒。兄为我哭，我为兄伤。皇天白日，泣断心肠。兄弟异路，哀恸遥苍。汪氏老母，为我筹量。遣子相送，备醴馨香。空门礼佛，出入僧房。

居未两月，寺主封仓。众各为计，云水飘扬。我何作为，百无所长。依亲自辱，仰天茫茫。既非可倚，侣影相将。朝突炊烟而急进，暮投古寺以趋跄。仰穹崖崔嵬而倚壁，听猿啼夜月而凄凉。魂悠悠而觅父母无有，志落魄而徜徉。西风鹤唳，俄渐沥以飞霜。身如蓬逐风而不止，心滚滚乎若沸汤。一浮云乎三载，年方二十而强。时乃长淮盗起，民生攘攘。予思亲之心明著，日遥盼乎家邦。已而既归，仍复业于皇住三载，而又雄者跳梁。

初起汝颍，次及凤阳之南厢。未几陷城，深高城隍。拒守不去，号令彰彰。友人寄书，云及趋降。既忧且惧，无可筹详。傍有觉者，将欲声扬。当此之际，逼迫而无已。试与知者相商，乃告之曰："果束手以待非，亦奋臂而相戕。"知者为我画计，且祷阴以默相。如其言往，卜去守之何祥。神乃阴阴乎有警，其气郁郁乎洋洋。卜逃卜守则不吉，将就凶而不妨。即起趋降而附城，几被无知而创。少顷获释，身体安康。

从愚朝暮，日日戎行。元兵讨罪，将士汤汤。一攫不得，再攫再骧。移营易垒，旌旗相望。已而解去，弃戈与枪。予脱旅队，驭马控缰。出游南土，气舒而光。倡农夫以入伍，事业是匡。不逾月而众集，赤帜蔽野而盈冈。率度（渡）清流，戍守滁阳。思亲询旧，终日慨慷。知仲姊已逝，独存驸马与甥双。驸马引儿来我栖，外甥见舅如见娘。此时孟嫂亦有知，携儿挈女皆从傍。次兄已殁又数载，独遗寡妇野持筐。因兵南北，生计忙忙。一时会聚如再生，牵衣诉昔以难当。于是家有眷属，外练兵钢。群雄并驱，饮食不遑。

暂戍和州，东渡大江。首抚姑孰，礼仪是尚。遂定建业，四守关防。厉兵秣马，静看颉颃。群雄自为乎声教，戈矛天下铿锵。元纲不振乎彼世祖之法，豪杰何有乎仁良。予乃张皇六师，飞旗角亢。勇者效力，智者赞襄。亲征荆楚，将平湖湘。三苗尽服，广海入疆。命大将军东平乎吴越齐鲁，耀乎旌幢。西有乎伊洛崤函，地险河湟。入胡都而市不易肆，虎臣露锋刃而灿若星铓。已而长驱乎井陉，河山之内外，民庶咸仰。关中即定，市巷笙簧。玄菟乐浪以归版籍，南藩十有三国而来王。

倚金陵而定鼎，托虎踞而仪凤凰。天堑星高而月辉沧海，钟山镇岳而峦接乎银潢。欲厚陵之微葬，卜者乃曰不可，而地且臧。于是祀事之礼已定，每精洁乎烝尝。惟劬劳罔极之恩难报，勒石铭于皇堂。世世承运而务德，必仿佛于殷商。泪笔以述难，谕嗣以抚昌。稽首再拜，愿时时而来缤。

洪武十一年岁次戊午七月吉日建。

14.大建明中都

明初朱元璋大规模兴建中都凤阳之事。元至正二十八年（1368）正月，朱元璋于应天府即皇帝位，国号大明，建元洪武，正式建立大明王朝。统治集团针对在何地建都展开讨论，经过对关中、洛阳、开封、北平、南京等地建都利弊的分析比较，朱元璋决定在自己的家乡沿淮重镇濠州建中都。洪武二年（1369）九月，朱元璋颁布诏令，以临濠为中都，治钟离县，并命有司仿照京师形制，建置城池宫阙。洪武六年（1373）九月，朱元璋改临濠府为中立府，又于次年八月改为凤阳府，治凤阳县，并析临淮县太平、清洛、广德、永丰四乡置凤阳县，为首邑附郭。洪武八年（1375）四月，明中都营建工程即将完工，朱元璋前来检验工程，不料遇到工匠们集体示威。事后，明太祖担心众怒难平，最终罢建明中都。

15.移民填凤阳

明初官府大规模移民填实凤阳之事。元末明初的安徽是兵燹的主战场，人丁丧亡严重，劳动力锐减，农业经济几乎陷于崩溃的境地。作为龙兴之地，凤阳府是明初官府大规模移民填实的最重要地区。如早在元至正二十七年（1367）朱元璋为吴王时，就曾"徙苏州富民实濠州"。明初还创立了迁徙罪犯前往凤阳屯田的制度。洪武五年（1372）春正月，明太祖诏曰："今后犯罪当谪两广充军者，俱发临濠屯田。"洪武八年（1375）二月，明太祖又谕刑部："吏犯赃，谪凤阳屯种，民犯流罪，凤阳输作一年，然后屯种。"洪武九年（1376），"时官吏有罪者，笞以上悉谪屯凤阳，至万数"。移民填实凤阳，为地广人稀的皖北地区补充了充足的劳动力，是当地农业经济迅速恢复和发展的基础。

16.移富民实江淮

朱元璋仿汉高祖刘邦迁天下富豪于关中之策迁民实江淮之事。明朝建立后，朱元璋迁苏州、松江、嘉兴、湖州、杭州等地富户和无业游民4000余户到濠州耕种，官给农具、耕牛和种子，并3年免赋。为营建中都提供劳动力和恢复凤阳地方经济，又将14万江南民众迁至凤阳。洪武二十二年（1389），因两浙地区人多地寡，务农者少而经商者多，朱元璋下令将杭州、湖州、温州、台州、苏州、松州诸郡无地之民迁往淮河以南滁州、和州等处耕种。二十四年（1391），又迁天下富户5300余户至南京，以充实京师。三十年（1397），再迁富户14300余户于南京。江淮地区在明初政治中具有特殊地位，移富民实江淮对于发展地方经济和明初政治稳定具有重要意义。

17.改立凤阳府

明朝廷在龙兴之地建立凤阳府之事。洪武二年（1369）全国基本实现统一，朱元璋遂下诏在家乡临濠府筹建中都。洪武六年（1373），改临濠府为中立府。洪武七年（1374），因中都宫城建在凤凰山之阳，又改中立府为凤阳府。凤阳府治在今凤阳县城。凤阳府下辖亳州、宿州、颍州、泗州、寿州5州和13县，凤阳、临淮、怀远、定远四县直属凤阳府管辖，其他9县由辖州代辖。明代凤阳府隶属于南直隶，清代隶属于江南省，江南分省后隶属于安徽省。有明一代，作为龙兴之地的凤阳府成为安徽境内排名第一、面积最大的行政区域。凤阳府于1912年废府留县，从洪武七年（1374）至民国元年（1912）延续了500多年。

18.凤阳屯田

明初政府组织移民在凤阳进行屯田之事。洪武三年（1370），明政府将江南豪民14万户移至凤阳进行屯田。洪武八年（1375）规定，凡杂犯死罪以下及官犯死罪获宥者，发配到凤阳进行屯田以赎罪。至洪武九年（1376），官吏因犯罪贬谪到凤阳地区屯田之人已达1万多人。洪武九年（1376），明政府将山西和真定无田地的居民迁移至凤阳屯田。民屯由地方政府管理，与一般里甲制度相同。官府为屯种之民拨给耕牛、种子和农业工具，并征收一定数量的租税。当时的民屯与商屯、军屯同时并举，开垦了大批的荒芜土地，在一定程度上促进了明初经济的发展。

19.凤阳、临淮免赋

明初朝廷免除凤阳、临淮两地赋税之事。为迅速恢复经济，明初统治者在全国各地采取了蠲免赋役、休养生息的政策。安徽各地的赋税蠲免，主要出于以下几个方面的考虑：一是为收买和稳定人心，对饱受元末明初战乱摧残或者对朱元璋集团的崛起和发展作出过牺牲和贡献的府州县人民进行赋税徭役的蠲免，蠲免的主要地区包括凤阳、临淮两县和太平、宁国、广德、滁州、和州等府州；二是明代凤阳、临淮二县是"龙飞之地"、皇陵所在，且长期被作为中都附郭，这些特殊身份使得两县在有明一代都受到特殊优待。赋役减免政策大大促进了当地农业生产的恢复，在一定程度上缓和了社会矛盾。

20.设置中都国子监

明政府在中都凤阳设置国子监之事。洪武八年（1375），朱元璋下令在凤阳建中都国子监。据《凤书》记载，中都国子监正中是一座大成殿，殿内供有孔子等人的圣贤像。此外还建有彝伦堂、率心堂、修道堂、诚心堂、正义堂、崇志堂、博士厅、典籍厅、掌馔厅、厨库等建筑。它的四周围墙外栽种了松柏，乾门外还树立着大成、兴贤、育秀等牌坊。元末明初著名教育家、名儒贝琼曾执教于中都国子监。据《明太祖实录》记载，洪武十九年（1386）时，考入中都国子监的监生有270人，二十一年（1388）考入的有132人。在并入南京国子监之前，中都国子监监生总数约1000人，规模颇为庞大。中都国子监的设立是明代官学教育发展的独特表现。

21.宦官祸凤阳

明代凤阳守备宦官祸害凤阳之事。凤阳守备太监本为救治"地方灾伤"所设，成化九年（1473）始为明朝的一项常设官职。守备太监倚仗皇权的殊恩异宠，往往威柄独操，骚扰军民，主要表现在：一是包揽词讼，压迫军伍。凤阳守备太监依仗"钦命内臣"身份常常压榨地方军官，剥削地方军伍，任意干扰军户词讼，腐蚀军队力量，甚至使军卫沦为守备太监满足贪欲、得遂私志的罪恶帮凶。二是折辱官民，骚扰地方。凤阳守备太监涉足官民事务大体上从正德元年（1506）倪文"奏乞辖凤阳、庐州等府、卫、州、县军民"之事以后，从此凤阳守备太监变得愈发志骄意傲，暴戾恣睢，至万历时期终激起民变。

22.矿监税使掠安徽

明万历年间主要由宦官充当的税务官吏劫掠安徽的事件。明神宗为了敛财，于万历二十四年（1596）派太监赴各地担任矿监、税使。矿监、税使劫掠安徽主要体现在对皖南各地的敲诈勒索，也体现在对徽商的敲诈勒索上。当时商业发达的长江、运河沿线各城市，都是矿监、税使肆虐之处，也恰恰是徽商辏集之地。矿监、税使四处搜刮，而手握巨资的徽州商人正是他们搜刮的重要对象，徽商罹祸之惨不言而喻。矿监、税使的倒行逆施，激起了皖南各地广大人民和徽商的强烈反抗，几乎在徽州激起民变。

23.倭寇肆虐安徽

嘉靖年间倭寇劫掠安徽的事件。明中期起，海防废弛，官府腐败，给倭寇侵犯以可乘之机。嘉靖三十四年（1555），倭寇在浙江杭州湾南岸上虞县登陆，后在杭州分兵，一路北向新关，一路西窜淳安。西窜这一路倭寇从淳安突进至歙县，途中经绩溪、旌德、泾县，过芜湖，奔太平府，犯江宁镇，侵南京，后在苏州被明军包围全歼。这路倭寇不过六七十人，深入中国腹地，窜逃浙、皖、苏三省，径行数千里，杀伤中国官民4000余人，历经80余日才被消灭。这次倭寇之祸不仅是军事侵略，更是政治事件，严重损害了明朝国威，同时倭寇沿途的烧杀劫掠，危及人民的生命安全，也给人民造成极大伤害。

24.胡宗宪平倭

明代绩溪人胡宗宪领导指挥东南沿海军民的平定倭寇之事。胡宗宪（1512—1565），字汝贞，号梅林，明代徽州府绩溪县人。嘉靖三十三年（1554），胡宗宪出任浙江巡按御史，专事平倭大业。上任伊始，胡宗宪严明赏罚，大力整顿所辖明军。在张经领导的"王江泾大捷"中，身为浙江巡按御史的胡宗宪立下战功。次年，升右佥都御史巡抚浙江。嘉靖三十四年（1555）十一月初七，亲率三军东渡钱塘，在浙江萧山之龛山出奇兵大败倭寇；十二月初四，亲率狼土兵于浙江萧山清风岭大败倭寇。嘉靖三十五年（1556）升总督，总制南直隶、浙、福等处军务，抗击倭寇。胡宗宪计除徐海、智擒王直，献俘于京师，平定东南倭乱。胡宗宪平定倭寇，有两个方面特别值得一提：其一，胡宗宪不仅诉诸武力，而且提出"攻略为上，角力为下"，以抚为主、以剿为辅、抚剿并举的平倭谋略，这是明王朝抗倭战略方针的一个历史性转变；其二，胡宗宪十分重视人才，能够充分使用人才。

25.皖南兴茶业

明代皖南茶业兴盛之事。皖南是全国重要的产茶区之一，尤以池州、徽州等地最为出名。池州出芭茶，青阳县九华山出甜茶，石埭县出芽茶。徽州松萝茶早在唐代就有记载，到了明代更是盛名远播。明冯时可在《茶录》中说，徽州"近出松萝茶最为时尚"。皖南茶叶品种丰富，形味俱佳，到明清时期成为徽州商帮的基本经营品之一。明代皖南茶业的发展从徽州茶课上可见一斑，徽州早在元至正二十五年（1365）就首次开征茶课，弘治时期徽州府每年共征茶课钞一万四千多锭，数额甚巨。

26.皖南造宣纸

明代皖南宣纸制造业繁盛之事。宣纸是安徽宣城生产的一种高级毛笔书画用纸，因产地而得名。宣纸起于唐代，历代相沿。明代宣纸制造业发展进入繁盛时期，当时的宣纸以青檀树枝条皮为主要原料，具有质地绵韧、洁白细密等特点，被喻作"莹润如玉""冰翼凝霜""滑如春冰密如茧"等。并且，宣纸墨韵层次丰富，善于表现笔墨的浓淡润湿，变化无穷，能使画面别开生趣，具有极强的不可替代性。另外，宣纸少蛀虫、不易褪色、经久不坏，又被称赞为"纸中之王""纸寿千年"。宣纸是我国主要的书画用纸，至今享誉世界，与湖笔、歙砚（一说"端砚"）、徽墨并称为"文房四宝"。

27.徽州印"四大墨谱"

明万历年间徽州府印制出《方氏墨谱》《程氏墨苑》《方瑞生墨海》和《潘氏墨谱》4部墨谱之事。这4部墨谱的印制凸显了当时徽州府是全国刻书中心之一的地位。《方氏墨谱》共收录方于鲁所造名墨图案和造型385式，分国宝、国华、博古、法宝、鸿宝、博物6类。《程氏墨苑》共收录程大约所造名墨图案520式，有彩色图版，分玄工、舆地、人官、物华、儒藏、锱黄6类，附"人文爵里"。《方瑞生墨海》共收录古代墨造型148式，方瑞生造墨图案234式。《潘氏墨谱》主要讲制墨工艺过程，插图8幅，另有李廷珪墨图案造型32式。这些带有广告性质的图谱画册，由于有名画家和刻工的融洽参与和通力合作，从而造就出了明代版画史上里程碑式的作品，成为明万历年间版画的扛鼎之作，留下了丰厚的历史文化遗存。

28.重修安丰塘

明朝政府屡次重修安丰塘之事。安丰塘又名芍陂，为春秋时期楚国令尹孙叔敖始建。安丰塘历史上是一个"陂径百里，灌田万顷"的人工水库，东汉王景建置5门，隋代改建为36门。至明代，由于年代久远，加上人为破坏，明政府不得不对安丰塘进行多次修缮。因为安丰塘修治需耗费巨大人力、物力，单靠民间力量无法完成，必须在地方官府组织下才能进行。据《安丰塘志》等统计，明代安丰塘较大规模的修治有9次，都是由地方官府直接介入并组织实施，塘下士民积极参与。据嘉靖《寿州志》载，弘治二年（1489）江南巡按李昂，檄寿州、六安官府会勘，拆除拦河水坝，以确保芍陂能及时补充水源。经过明政府多次修缮，使安丰塘水历久弥新，水利设施不断强化，水利灌溉功能得到了较好的发挥，确保了寿州地区农业的发展。

29.霍邱赵玉山起义

明景泰年间由霍邱县民赵玉山发动的农民起义。景泰六年（1455），霍邱县民赵玉山自称宋朝皇室后裔，"以妖术煽惑流民谋乱"。此次农民起义的主体是破产失去土地的农民，生活的压迫，官府的欺压，再加上白莲教的活动与策划，这场起义迅速爆发。在明政府派兵镇压后起义失败，首领赵玉山亦被总督漕运的左副都御史王竑所擒，随后王竑针对霍邱县流民进行大规模的搜捕，以期杜绝民患。明代自景泰至正德年间，发生过4次大规模的流民起义，赵玉山起义为后来刘通、石龙起义之先声，而赵景隆起义可看作李原起义之继续。这四次流民起义此起彼伏，一方面反映了明中叶社会矛盾和阶级矛盾日益激化，另一方面说明了白莲教随着流民的南北大迁徙而得到广泛传播。

30.安庆保卫战

明代宁王朱宸濠叛军围攻安庆的战役。朱宸濠于弘治十年（1497）袭封宁王，正德二年（1507）通过贿赂近臣刘瑾、钱宁、伶人臧贤等人得以恢复宁王护卫，开始大肆畜养亡命之徒，进而仗势大肆强夺官民，劫掠商贾，密谋起兵，阴谋夺取皇位。后被太监张忠、御史萧淮等告发，明武宗收缴其护卫并勒令归还抢占的官田和民田。正德十四年（1519），朱宸濠起兵十万造反，杀死江西巡抚孙燧、江西按察副使许逵，并建立政权。后企图由安庆顺江而下占领南京，作为据点与中央政权相抗衡。是年六月，叛军包围安庆城。七月初，叛军先后攻下彭泽、湖口、望江等地。七月己酉，朱宸濠乘战舰至安庆江边黄石矶督战。由于劝降未果，叛军加大攻势，遭到了殊死抵抗。守军在阻挡叛军攻势同时，用箭向叛军军营射劝降信，并招募敢死队夜袭叛军大营，引起叛军大乱，取得胜利。安庆保卫战是一场以少胜多的典型案例，它使朱宸濠夺取南京与中央政权相抗衡的企图成为空想，打击了叛军士气，同时也为朝廷的平叛行动争取了时间。

31.匠人刘汝国起义

明万历年间在今安徽、江西、湖北交界处爆发的由刘汝国领导的农民起义。刘汝国，安庆府宿松县人，出身匠户，为武术教头。万历十六年（1588），蕲黄农民梅堂起义，刘汝国前来参加。梅堂在宿松古车岭被官府逮捕，刘汝国逃脱，自称"顺天安民王""铲富济贫替天元帅"，继续领导起义。起义军出没于英山、潜山、太湖、宿松、蕲州、黄梅、广济之间，在各处没收富豪财产，招徕饥民，从者数万人。官府派人招降未果，镇压屡遭失败。安庆、宿松诸府县地方官，慑于起义军的压力，纷纷借故离任而去。万历十七年（1589）二月，明廷命应天巡抚周继、湖广巡抚邵陛、江西巡抚庄国祯、提督操江王用汲等大员，协力剿捕起义军。起义军失败，刘汝国被俘后在安庆被杀。另据《明神宗实录》载："又广德州盗凌子登欲从汝国，为知州所擒，余党悉平。"可知此次起义还波及皖南广德等地。

32.黄山大狱案

明天启五年（1625）大宦官魏忠贤制造冤案造成歙县徽商吴养春家族灾难之事。万历、天启年间，歙县吴养春因为经商有术而声名远播，引起了魏忠贤的注意。于是魏忠贤在天启五年（1625）皇极殿、中极殿、建极殿工程动工之时，诬告吴养春强占黄山林地、违逆圣旨、私立书院、倒卖木植。明熹宗大怒，下旨将吴养春等押至京师并追赃。其家族共有8人成为钦犯。吴养春至京之后，不久即在狱中身亡，吴氏家族另有4人死于狱中。消息传到徽州后，吴养春母亲、妻子、女儿相继上吊自杀。族人身亡后，魏忠贤的爪牙吕下问以钦差大臣身份前往徽州，共追解92万余两"赃银"。吴养春之亲族、邻居无一不受牵连，后引起了声势浩大的徽州民变。

33.徽商崛起

明代徽州府商人群体形成发展之事。所谓徽商，是指明清时期徽州府籍的商人群体。由于徽州地区贫瘠的自然环境，徽州人不得不将经商作为他们谋生的手段，"以贾代耕"。长期的经商实践，使他们获得了丰富的经验。徽州地区文化氛围的熏陶更为他们商业的成功提供了坚实的文化素养。因此，在经商活动中，徽商显示出了较高的商业智慧。自明代成化、弘治之际到万历中叶，徽州从商的风气逐渐形成，从商人数越来越多，徽商在徽州人口中所占比例越来越大，在盐业、典业、茶业、木业、粮食业、布绸业、渔业等领域中都能看到徽商活跃的身影。徽商的活动范围涉及全国甚至国外，故时有"钻天洞庭遍地徽"之谚。明清时期，徽商以其巨大的商业资本雄踞商界，其中犹以徽州盐商资本最为雄厚，执商界之牛耳。

34.宁国商帮崛起

明代宁国府商人群体形成发展之事。宁国商帮是指明清时期安徽宁国府籍的商人群体。明清时期的宁国府下辖宣城、宁国、泾县、旌德、南陵、太平6个县。因宁国府历史上系古宣州之地，故宁国商人通常又被称为"宣州商人"。宁国商帮的出现，主要因为宁国府自然条件恶劣，山多田少，耕作方法落后，从而导致尖锐的人地矛盾。随着明清时期社会商品经济的发展，以及在徽州府的经商习气的影响下，为了谋生，很多宁国人放弃了延续千年的男耕女织的农耕生活，逐渐转变观念，走出家门，投身于商业竞争，经商渐成风气。宁国商帮与当时的徽商等大商帮一起，构成了明清商帮的重要力量。

35.吴昆著《医方考》

明代歙县人吴昆著《医方考》之事。吴坤，歙县人，字山甫，因考进士未中第，15岁时随歙县医生余午亭学习中医。其医著颇丰，有《黄帝内经素问吴注》《脉语》《医方考》《十三科证治》《参黄编》《砭满考》《药纂》《针灸六集》《素问语》等，其中以《医方考》价值最高。该书是我国第一部注解医方书，以病症为分类依据，每个病症先阐释病因，再辨明各家的治疗方法，汇集名方，条理清晰，因症致用，在方剂学中亦颇有影响。《医方考》不但深受国内医家欢迎，而且在短短两年内就流传至朝鲜等国，并多次刊刻发行，后来日本亦有多种版本的《医方考》刊行流传于世。

36.江瓘著《名医类案》

明代歙县名医江瓘著《名医类案》之事。江瓘（1503—1565），字民莹，歙县篁南人。初学儒，屡试不售，转而经商。后因自身多病而自学医术，竟成名医。江瓘摘录古往今来治验医案，于嘉靖二十八年（1549）编成《名医类案》一书，但是江瓘未及将此书刊刻而殁。其次子应宿（少微）为之重加编次、补遗，并增入父子2人验案，五易其稿，历19载，始克成书。《名医类案》萃集了明以前名医医案，辑录某些医案专著之案例，又搜集历代医著中散在医案及经史子集、稗官野史有关内容共2300余则。此书集明以前医案之大成，开我国医案类书编纂之先河，"多新驳正发明，颇为精当"，"然可为法式者，固十之八九，亦医家之法律矣"，是我国现存第一部研究古代医案的专著。

37.程大位著《算法统宗》

明代著名数学家休宁人程大位著《算法统宗》之事。程大位（1533—1606），字汝思，号宾渠，休宁率口人。少时就对数学颇感兴趣，后因经商的需要，他更加留心数学。40岁时，弃商归乡，撷取名家之长，历经20年，于明万历二十年（1592）写就巨著《算法统宗》17卷，万历二十一年（1593）刊行。《算法统宗》全称《新编直指算法统宗》，著录了北宋元丰七年（1084）以来的数学书目51种，详述了传统的珠算规则，确立了算盘用法，完善了珠算口诀，搜集了古代流传的595道数学难题并记载了解决方法，堪称中国16—17世纪数学领域集大成的著作，对中国民间珠算的普及起了很大的作用。明末，此书流入日本，开日本"和算"之先河。后该书又传入朝鲜、东南亚和欧洲，成为东方古代数学的名著。

38."二喻"疗马

明代六安人兽医喻仁、喻杰兄弟二人著兽医典籍《元亨疗马集》之事。喻仁，字本元，号曲川。喻杰，字本亨，号月川。兄弟二人为庐州府六安州人，大约生活于明嘉靖至万历年间，长期以兽医为业，活动于当时养马业发达的江淮一带。"二喻"在长期临床实践的基础上，广泛搜集民间兽医技术，综合前人研究成果，结合自己的心得体会，著成总结性的兽医典籍《元亨疗马集》（附《牛经》《驼经》），于万历三十六年（1608）印行。《元亨疗马集》分春、夏、秋、冬4卷，另附《牛经》《驼经》各1卷，共约30万字。全书以阴阳学说为基础，注重整体观念，强调防重于治，把局部症状与全身症状归纳为表、里、虚、实、寒、热、正、邪八证，辩证施治。把阴阳学说贯穿于病理、诊断和治疗等方面。自成体系，见解独到，被誉为是"祖国兽医遗著中流传最广，而最被人珍视的一本不朽之作"。

39.符离集煤工起义

明天启二年（1622）宿州符离集煤工为反抗"窑户"压榨而掀起的反抗斗争。明万历年间，由于严重灾荒，许多破产逃难的流民成群结伙沦落于宿州东北30里的徐溪、宋町白塔山一带，他们在挖掘草根过程中发现当地遍山都是煤炭，于是开始以挖煤为业，时称"煤工"。那些有山有地的当地豪民则争相趋利，纷纷投资采煤业，开办煤窑，称为"窑户"。起初取煤者仅数十人而已，不久则"行煤之地益广，取煤之地益多，而凿煤之人益众"。仅仅几年时间，到天启初年开采的煤矿已多达70余处，煤工人数不下3000人。窑主们为获厚利，对煤工进行残酷剥削和压榨，迫使煤工于天启二年（1622）初在这里集体罢工，掀起了我国历史上第一次大规模的煤工反抗斗争，即符离集煤工起义。经过"窑户"和官兵的联合镇压，煤工起义最终以失败告终，但也迫使"窑户"在经济上对煤工采取了一定的让步措施。

40.凤阳设税关

明代凤阳设置税关之事。凤阳钞关正式设立于明朝成化元年（1465），包括正阳、临淮两个税关。正阳关位于正阳镇，在寿州南3公里处。嘉靖《寿州志》评价其"东接淮颍，西通关陕，商贩辐辏，利于鱼盐，淮南第一镇也"。正阳关为南北货物水运要道，水路沿西北方向可达河南周家口。沿淮河东下可以直接至江苏沿海一带，往南可到六安等州县，交通十分方便。临淮关设在凤阳府城。此两关口过往的商贾云集，帆樯林立。凤阳税关直属明朝户部，具体事务则由凤阳府通判管理，规定"凡商贾欲赍货贿于四方者，必先赴所司起关券"。该关负责征收过往商船的竹木、茶、酒、醋等诸项杂税。随着税收的日益增多，凤阳关渐渐成为封建国家的财政支柱之一。

41.芜湖设钞关

明代芜湖设置钞关之事。成化年间，明政府在芜湖设立钞关，主要征收过往商船的货税，直属户部管辖，故又称"户关"，当时户部派定芜湖钞关的税额是每年3万两。芜湖钞关主管上下水客船一切货物等税，分守口岸有内河、东河、鲁港、下关、裕溪等13处，覆盖网络较广。芜湖钞关相对全国诸榷关来讲，设置较晚但税收的增长却相当迅速，到弘治十五年（1502）时税银达37000多两，在明诸关中的地位也随之日渐重要。清承明制，作为芜湖关下属机构之一的芜湖钞关仍然由户部主管，康熙九年（1670），芜湖关中的"工关"移交由钞关监管。芜湖关在明末及清初的这段时期里税收一直居长江诸榷关之首。

42.铜陵开矿

明代铜陵矿业开采之事。铜陵自然资源十分丰富，尤其矿产资源十分丰富，以有色金属铜矿著称。铜陵铜矿开采，历史悠久，至明初又有很大的发展，铜、铁、铅、锡均有出产。但到了宣德十年（1435），罢各处金银铜铁等官矿，明初一度兴旺的铜陵铜矿开采趋于衰落。此外，嘉靖年间，铜陵开始有了石炭（煤）的开采，到崇祯年间，太湖、望江等县农民来铜陵五峰山陈待冲与当地江姓农民合股开采煤矿。

43.胡瓒宗重修吴塘堰

明嘉靖元年（1522）安庆知府胡瓒宗重修潜山吴塘堰之事。吴塘堰又名吴塘陂，坐落在今安徽省潜山县西10公里的潜水南岸，系东汉建安五年（200）扬州刺史刘馥所创。建安十九年（214），曹操派朱光为庐江太守，屯田皖县，大修吴塘堰。后该地被孙权所夺，孙权遣吕蒙镇守其地。吕蒙凿石通水，灌田300顷，以吴名塘，故后人称此为吴塘堰。吴塘堰建成后历经唐宋元，代有修葺。明中叶，堰荒废，已经不能发挥应有的灌溉效益。为此，嘉靖元年（1522），安庆知府胡瓒宗奉巡抚李充嗣之命，重修吴塘、乌石二塘堰。他亲至吴塘相地宜，"于上流凿山麓之石为渠，凡二百余尺，广十有六尺，深加广四之一，水入石渠，顺其性，安流徐行，以达于土沟，以灌于田"，当年粮食就取得大丰收。

44.修筑西圩

明朝历代地方官修筑望江县西圩之事。据《方舆纪要》记载，望江县西圩在"县东北六十里。周三十余里。堤长三千九百七十余丈，高二丈。圩中田三万七千余亩。"明永乐年间，望江知县马宾，其最显著政绩是筑西圩。原有上、中、下三板闸，为木闸，容易被水侵蚀，而导致水灾，影响农业生产。于是弘治间，圩民申诉官府，县府委教谕张夒等修葺之，并修筑了两个石制的闸门，并且增筑了堤岸，圩民才可以免除水患。嘉靖十三年（1534），知县朱轼亦修葺之，后堤岸崩。嘉靖四十五年（1566），知县蔡几修筑。万历十五年（1587）安庆府推官张程重修，万历十九年（1591），洪水冲啮其堤，知县罗希益修筑。天启年间，西圩遇涝为灾，县令方懋德亲临圩堤，目击了严重的水灾，下令开闸泄水，灾情才得以缓解。

45.亳州薛氏种牡丹

明代亳州薛氏家族大规模种植并研究牡丹之事。亳州薛氏牡丹种植开始于正德、嘉靖年间。明代亳州人薛凤翔先祖西原、东郊二先生嗜爱牡丹，其中西原就是薛凤翔的祖父薛蕙，他是明朝嘉靖年间的大臣，离任后归隐故里亳州，与弟弟东郊一起营造了薛家园林"常乐园"，在园中大量种植花树，特别是牡丹花色品种繁多，他还写下了《道院看牡丹》《牡丹》等诗，表达了对牡丹的喜爱之情和超然世外的隐逸之思。薛凤翔的父亲又扩大了园林的规模，造出了更加富丽堂皇的牡丹园"南园"。薛凤翔归隐家乡后，常在"南园"治学，同时努力经营园林，大量栽种牡丹，他不仅把牡丹作为他研究的对象，很大程度上，牡丹已经成为他生活内容的一部分，是他情感的寄托，"培之最良"而且"嗜之亦最笃"，并著有《牡丹史》4卷。

46.含山牛头山采煤

明代含山牛头山采煤业发展之事。明代是我国煤炭开发利用显著发展的阶段，明代的煤炭已应用于普通居民的日常做饭和手工业加工之中。安徽从唐宋时期开始开采煤炭，至明代煤炭的开采更加普遍，除萧县白土镇继续采煤外，淮南洛河山、宿州符离集一带、含山县牛头山、池州馒头山以及宣城等地均有煤炭开采。牛头山位于含山县县城北30里，明正德年间，当地居民就以采煤为业。到了清朝康熙年间曾有数万人入山挖煤。

47.祁门瓷土进景德

明代景德镇瓷器烧制依赖祁门瓷土之事。祁门瓷土是当地著名土产，从唐代起就供应瓷都景德镇。祁门东乡上下程、胡坑和庄岭脚一带瓷土最多，俗称上脑，色纯白，带花纹，是石英斑岩风化而成。景德镇的瓷器虽然是"器成天下走"，但并不产土。明代科学家宋应星《天工开物》载：景德镇"从古至及为烧器地，然不产白土，土出婺源、祁门两山。"瓷器烧制所用的陶土种类极多，其中最纯粹者，西人称高岭土。祁门南乡龙风壁，西乡伊坑，产量均高，即景德镇所用之上等原料，亦多取于此。《陶冶图》中"采石制泥"一节中说："石产江南徽州祁门县平里、郭口两山，距窑厂二百里，开窑取之"。

48.芜湖兴铁冶

明中后期芜湖大力发展铁冶之事。芜湖是我国最早的铁的冶炼与制造基地之一，丰富的铁矿资源、优越的交通位置，为传统冶铁业的发展提供了条件。早在春秋战国时期，这里就开始了铁的冶炼与铸造。民间一直流传着干将莫邪在此铸剑的传说，在今天市区的赤铸山上还保存着传说中干将炼剑的遗迹。明中后期，芜湖铁冶业十分发达，富商巨贾竞相投资。其中徽商对芜湖的冶铁业贡献卓著，史载，嘉靖时，休宁人汪尚权行商于芜湖数年，其冶铁作坊拥有工匠百人，规模已相当可观。工匠是招募而来，其身份已是雇佣劳动者。冶炼作坊内还实行了分工，而且"斩斩有序"，劳动效率和产品质量均大幅提高。

49.齐云山兴道

明朝皇帝重视齐云山道教之事。齐云山又名"福寿山"，位于休宁县境内。早在唐肃宗乾元年间，道士龚栖霞来到此地，隐居在乐天门的岩洞里，齐云山道教由此兴起。南宋宝庆年间，方士余道元自黟县北游至齐云山天门岩，建佑圣真武祠于齐云岩，供奉真武大帝。相传真武帝神像为百鸟衔泥所塑，十分灵验，致使信徒纷纷献地输财，筑祠建观，香火日盛。朱元璋建立明朝之后，对道教特别是正一道大力扶植。齐云山获敕建香炉峰铁亭一座，铁亭铸成后，通体抹金描银，雕龙刻凤，造型非凡。到明朝嘉靖、万历年间因皇室崇道颇烈，故天下道风大盛，齐云山道教亦发展到鼎盛时期，嘉靖帝曾敕命齐云山"玄天太素宫"，并亲题"齐云山"匾额。

50.九华山弘佛

明朝皇帝重视九华山佛教之事。九华山佛教在明代达到鼎盛。明洪武二十四年（1391）、宣德二年（1427）两次赐金修建化城寺，万历十一年（1583）、三十一年（1603）又屡次赐金重修。万历十四年（1586）、二十七年（1599），万历帝更是接连两次给九华山化城寺颁赐《藏经》。明代九华山还有3位僧人受到朝廷敕封：永乐年间妙峰寺主持妙广和尚被敕封为护国瑜伽上师，景泰年间净居寺主持圆慧被敕封为大度禅师，崇祯年间万年禅寺无暇和尚被敕封为应身菩萨。由于朝廷重视，九华山佛教日益兴旺，佛教寺庵大量新建。此时，九华山已同五台山、峨眉山、普陀山共称中国佛教四大名山，常住山上的僧众日渐增多，来朝山礼供祈福的信徒络绎不绝，香火十分旺盛。

51.皖南重葬

明代皖南人民因惑于风水等说而高度重视丧葬事宜之事。明代,在程朱理学盛行的徽州,人们对死极其重视。"六十不办前程,死倒别怪儿孙",当地人一般到五六十岁,便开始为自己准备后事,备置棺材,请风水先生选取"风水宝地",作为葬身之所。棺材一般都用杉木,普通棺材是"十二斗"(由十二块板做成),上等棺材为"十斗",最差的"十八斗"。棺材叫"寿木",寿木完工,至亲好友送礼庆贺,祝愿主人百年长寿。在丧葬的墓地选择上,还颇讲风水堪舆之术。史载,徽州人其亲人死后,一定要求得风水好的地方才下葬。在无好风水葬地以前,就先将棺材放到别室,或在郊外的道左建一厝所,暂时安放棺材,有些一放甚至就是几十年。等到家庭致富,或者求得一块风水宝地,才将死者入土为安。

52.朱橚著《救荒本草》

明太祖朱元璋之子、科学家朱橚著野生植物学著作《救荒本草》之事。朱橚,字诚斋,原籍濠州,明太祖朱元璋第五子。朱橚专心学术,热爱科学,广泛搜集各种图书资料,广采博访民间各种可食植物,查明它们的分布和生长环境,然后组织人力将400多种植物"植于一圃",最后命画工为之作图,编著成图谱式的野生植物著作《救荒本草》2卷,并于永乐四年(1406)刊行于世。该书搜集草类、木类、米谷类、果类、菜类等各类植物共414种,不仅绘以图形,而且附以说明,详细说明每种植物的产地、形态、性味及可食部分和食用方法。该书不仅在救荒方面产生了巨大作用,而且开创了对野生食用植物的研究。被近代国际学术界公认为十五世纪植物学界调查研究最忠实的科学记录。

53.朱权著《太和正音谱》

明太祖朱元璋之子古琴家、戏曲家朱权著北杂剧曲谱《太和正音谱》之事。朱权(1378—1448),明太祖朱元璋第十七子,明代著名琴家和戏曲家。自号大明奇士、涵虚子、丹丘先生。一生不问国事，终日闭门读书、弹琴。在音乐、戏曲上均有很高造诣。为广泛吸取各家传曲，曾派5名弟子遍拜天下名师，积12年编成《神奇秘谱》，这是中国现存最早的琴曲谱集。后作《太和正音谱》，涉及戏曲的体制、流派、制曲方法、杂剧题材分类、古剧角色源流和对元代至明初戏曲作家的评价等，甚为珍贵。该书为古典戏曲理论的研究提供了具有参考价值的史料，特别是曲谱部分，是现存最古的北杂剧曲谱，后来明清人的曲谱中北曲部分都是以《太和正音谱》为依据。

54.汪机著《外科理例》

明代著名医学家祁门人汪机著外科著作《外科理例》之事。汪机（1463—1539），字省之，号石山，祁门人。其人医德高尚，医术高明，医理精深，著作等身。《外科理例》为中医著名的外科著作，该书有正文7卷，附方1卷，成书于嘉靖十年（1531）。书中以154节全面地叙述了外科病的证治，并附作者的临床验案和附方256首。汪机主张治疗外科疾病，不能单凭手术，而应从整体出发，提出"外科必本诸内，知乎内以求乎外"。在临床治疗上，一方面反对滥用刀针，另一方面对适宜用手术者，强调早期手术。该书持论公允，见解独特，随症变通，学验皆备，对后世外科发展产生了较大影响，是中医学习、研究和临床的重要参考书。

55.陶辅著《花影集》

明代文学家凤阳人陶辅著传奇小说集《花影集》之事。陶辅（1441—1523），字廷弼，号夕川老人，又号安里斋、海平道人，明代凤阳府凤阳县人。凭祖先军功荫补应天亲卫昭勇之爵，后致仕居家，闭门著书。他一生著作甚丰，著有《花影集》《桑榆漫志》《四端通俗诗词》《夕川愚特》《蚓窍清娱》《夕川咏物诗》等。《花影集》4卷20篇，约成书于明成化、弘治年间，是一部表现爱情题材的传奇小说集，其中不少篇章都以现实主义和浪漫主义相结合的手法，描写了青年男女的爱情婚姻生活。该书是明代前期传奇小说的代表作之一，虽然其完全摹拟唐代传奇，却一反宋代传奇之平实，颇受市民和文人的欢迎和喜爱，对当时和后世小说产生了较大的影响。

56.徐春甫创宅仁医会

明代著名医学家祁门人徐春甫在顺天府组织宅仁医会之事。徐春甫（1520—1596），字汝元，号东皋，又号思鹤，祁门县人。隆庆二年（1568）春，春甫在顺天府组织了我国最早的医学协会"一体堂宅仁医会"，入会会友46人。该会宗旨是"穷探《内经》'四子'之奥，精益求精；深戒徇私谋利之弊"，会友之间"善相劝，过相规，患难相济"。另有"会款"22则，强调学医应该诚意、力学，而且要持之以恒，不秘其长，不掩其短，若有一得之见，应公开于众，传之于世；自己不足应当不耻下问，提倡师生、会友之间，共同讲习，相互切磋，以广博识，大力倡导医德等。宅仁医会对于医学家端正学风、促进交流、取长补短、相互切磋、共同提高等发挥了积极的作用。

57.梅鼎祚著《青泥莲花记》

明代文学家宣城人梅鼎祚著短篇轶事小说集《青泥莲花记》之事。梅鼎祚（1549—1615），字禹金，号胜乐道人，宣城人。少年时即负诗名，与汤显祖交往深厚。于万历年间被大学士申时行荐于朝廷，辞不就。归隐书带园，构天逸阁，好聚书，长于编撰，著述甚丰。除文言小说集《才鬼记》和《青泥莲花记》外，还有杂剧《昆仑奴》、传奇《玉合记》《长命楼》，以及诗文集《鹿裘石室集》20卷。《青泥莲花记》13卷，是一部以青楼故事为题材的短篇轶事小说集，记历代女伎事迹，辑录正史、别集、笔记、传奇、诗话、佛经等书籍中的故事，分类编纂而成。此书宣扬进步思想，批判现实，反对礼教。作品语言质朴，文笔生动，情节完整，有着较高的艺术水平和价值。

58.胡正言创套版印刷

明代画家、印刷家休宁人胡正言创造套版印刷之事。胡正言（约1580—1671），字曰从，自号"十竹主人"，徽州休宁人。他擅长篆刻绘画，又能造好纸好墨，著有《印存玄览初集》《胡氏篆草》《十足斋画谱》等，官至南明弘光朝中书舍人。明亡后，隐居30年，约卒于康熙十年（1671）。胡正言在印刷史上的贡献，是他在前人套版印刷的基础上以"饾版"和"拱花"编印了《十竹斋画谱》和《十竹斋笺谱》。二书刊版之精良，施墨着色之娴熟雅妍，使套版印刷在技术上达到了新的高峰。饾版和拱花的发明和完善，使中国印刷术别开生面。至此，中国雕版印刷术发展到又一新的高峰。

59.方以智著《物理小识》

明代著名哲学家、科学家桐城人方以智著以记叙自然科学为主的百科全书式的杂著《物理小识》之事。方以智（1611—1671），字密之，号曼公，又号鹿起，桐城浮山人。方以智一生著述宏富，其中较为著名的是《物理小识》。该书写作时间大致在1631—1652年，前后历22年。该书共12卷，分为15类，依次为天类、历类、风雷雨旸类、地类、占候类、人身类、医药类、饮食类、衣服类、金石类、器用类、草木类、鸟兽类、鬼神方术类、异事类。从内容来看，它广泛涉及天文、地理、物理、化学、生物、医药、农学、工艺、哲学、艺术等诸多方面，是一部百科全书式的著作。书中方以智提出了许多独特见解，其中所论及的光学和声学知识远较前人为强，并批驳了传教士有关太阳直径将近有日地距离三分之一大的说法。

60.张献忠直取凤阳城

明末张献忠率农民军在高迎祥、李自成农民军配合下攻占凤阳城之战事。崇祯八年（1635）正月，高迎祥在河南荥阳召开有各农民军首领参加的"荥阳大会"，这次大会同意了李自成提出的"宜分兵各随所向"的意见，并作了分工。高迎祥、李自成、张献忠等部主力向东进发，目的是攻占明中都凤阳。崇祯八年（1635）正月初，高迎祥、李自成、张献忠等自荥阳出发，直取凤阳。沿途于初七日围攻颍州（今安徽阜阳），初八日围固始。同时分兵前进，八日夜攻克霍邱。初十日，攻克颍州，俘获知县尹梦鳌，将其处决。先头部队也于初十日夜攻下寿州（今寿县）正阳关。十五日，张献忠部乘雾围攻凤阳，镇守凤阳的官军将领朱国相领兵相抗，先前潜入城内的农民军乘势四处放火，与城外农民军主力内外夹击，官军阵势大乱，朱国相自杀，4000余名守城官军被歼，农民军取得空前胜利。张献忠焚毁皇陵楼殿，自称"古元真龙皇帝"。高迎祥、李自成随后分别率部赶至凤阳与张献忠部在城内会合，三日后又分头进军，各谋新的发展。张献忠部自凤阳南下，高迎祥部转向西北，回师河南，直取永城等县，李自成部向西南，回师河南，直取鹿邑等县。

61.张献忠下皖中

明末农民军领袖张献忠率军连续进攻皖中各地之战事。张献忠部自凤阳南下后直逼庐州。因明军早有准备，遂弃之继续向南，于同年（1635）正月二十一日至巢县北面的柘皋。二十二日攻克巢县以后，张献忠继续率部于二十四日攻克舒城，二十六日攻克庐江，二十八日攻克无为州，含山、和州亦相继为农民军攻下。二月，进攻安庆，接着又西克潜山、太湖、宿松，经霍山等地，进入湖北东部地区作战。

62.高迎祥、李自成破和州

明末高迎祥、李自成领导的起义军攻破和州之战事。崇祯八年（1635）十二月，高迎祥、李自成领导的起义军由河南地区转战到江淮之间。崇祯九年（1636）春，高迎祥、李自成率部攻打庐州，没有攻下，转而攻陷巢县、含山、和州。和州知州黎弘业纠集地主士绅据城固守，在城上发炮射击起义军，起义军离城10里扎营。三日后，明守军疲惫不堪，起

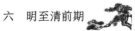

义军于夜间出动精锐部队奋勇攻城，用长梯攀登城墙，顶方桌挖掘城脚，又以大炮轰击西门，城破，守军溃散，和州知州以及在家乡的御史马如蛟等人死于乱军之中。和州之战的胜利，为农民军进一步攻打江北奠定了基础。起义军占领和州后声势盛大，合诸部兵数十万，联营近百里，并于次年（1637）一月进围滁州。

63. "革、左五营"挺进大别山

明末老回回马守应、革里眼贺一龙、左金王贺锦、治世王刘希尧、争世王蔺养成等义军联合依托大别山脉主动向官军发动进攻之事。崇祯十年（1637）以后，活动在中原地区的各支义军经历了一个时分时合的过程。一部分集中在湖北郧阳、襄阳附近，形成了以张献忠、罗汝才为核心的集团；另一部分活动于安徽、河南、湖北三省的交界地区，最后形成了以老回回马守应、革里眼贺一龙、左金王贺锦、治世王刘希尧、争世王蔺养成为核心的五营联合作战的比较稳定的集团，俗称"革、左五营"。"革、左五营"主要依托大别山脉（史称英霍山区）开展斗争。这里地势险要，战略地位重要。"革、左五营"作战机动灵活，使官军常常处于被动。崇祯十四年（1641），"革、左五营"攻克洛阳、襄阳，农民战争转入高潮，开始主动出击。崇祯十五年（1642），"革、左五营"一度向东进军，连克巢县、含山、全椒等县，兵锋直指南京。后来又同张献忠部义军配合，攻取六安、霍邱、无为、庐州等府州县。"革、左五营"挺进大别山加速了明朝的灭亡。

64. 酆家店之战

明末农民军领袖张献忠率军在安庆酆家店全歼官军的战斗。崇祯十年（1637）三月，张献忠农民军在攻克应城、随州等地之后，自湖北东进，攻安庆，在安庆酆家店打了一次干净利落的歼灭战。三月下旬，农民军先头部队约3000人到达安庆宿松之酆家店一带，与明官军发生小规模战斗。明安庆兵备史可法侦察到农民军士气旺盛，作战力强，主张退守要害，以

243

避锋芒。这时，率领苏州兵3000人的副将程龙、守备陈于王和率领安庆兵900人驻于鄒家店的参将潘可大，则妄图顽抗。四月初，农民军主力接连攻克安庆以西之太湖、潜山等城后，于二十七日率7个营数万人到达鄒家店，将鄒家店6000官军包围并全歼。鄒家店之战，是张献忠农民军打击官军有生力量最大的一次歼灭战，不仅展现了农民军将士高昂的作战士气，也表明了农民军运用包围战术的成功。

65.张献忠破庐州

明末农民军领袖张献忠攻陷庐州之事。庐州在明末城坚池深，易守难攻，历史上有"铁庐州"之称。张献忠曾先后三次进攻庐州，直到崇祯十五年（1642）第三次进攻庐州时，才以巧取制胜。崇祯八年（1635）正月二十二日，张献忠自凤阳南下抵达庐州城下，会同混天王等包围庐州，发起进攻。在激烈的战斗中，农民军将领二大王张进嘉不幸中炮弹牺牲，"至二十八日解围去"。同年十二月，张献忠自鄂东的光山、固始东进，第二次进攻庐州。因守城官军早有防备，又侦知敌援兵分路将到，未作久攻，即分兵转战，攻克巢县（今巢湖市）、含山、和州等地。十五年（1642）五月四日，张献忠第三次进攻庐州，后占领庐州全城。"铁庐州"攻不破神话破灭。

66.张献忠舒城建政

明末农民军领袖张献忠在舒城建立政权的历史事件。崇祯十五年（1642）初，张献忠率部进入今英山、霍山一带，与"革、左五营"等部汇合后实力大增，窥伺庐州、舒城和六安一带。崇祯十五年（1642）三月，张献忠率大军自霍山直扑舒城。四月，攻入舒城，改舒城为得胜州，并且在这里建立了最初的农民政权。设立丞相，分设各官，并设立了吏、刑两个部，由张献忠亲自掌管。八月十五日又攻克六安州并建立政权，称"大西王"，改元"天命"。不久仍率军回舒城驻守，在今舒城七里河一带扎营数座、驻守数月之久。张献忠在安徽舒城、六安所建立政权虽不甚完善，但意义重大，它标志着义军已经将建立政权的任务，提到日程上来。九月下旬，张献忠队伍进一步扩大，并经太湖、黄梅等地西入鄂东地区，结束了在安徽地区的作战。

67.张献忠巢湖练水师

明末农民军领袖张献忠在巢湖建立水师之事。崇祯十五年（1642）七月六日，张献忠捣毁庐州城；八日，进击庐江并占领白石山，在三河缴获了明军双樯巨舟三百余艘。张献忠以此为基础，在齐头咀等地收集渔船货船，建立起第一支水师，在巢湖大举练兵。水师的建立，给明王朝以直接的打击和威胁，兵部侍郎冯元飙向崇祯帝上书说："巢湖环八百里，经由濡须口达大江。今舍之以资寇盗，俾收艅艎窥天堑，南都危矣！""南都"是指南京。张献忠部的巢湖水师，成为明代农民军的第一支水师营。农民军水师营在安徽巢湖的建立，培养了大批能够进行水上作战的农民军，为以后的水战中更好地打击官军创造了条件，同时在战术上也收到了声东击西的效果，使官军无法捉摸农民军的行动计划，从而麻痹了官军，并牵制了官军的兵力。

（二）清前期

1. 江北四镇的设立

南明政权在江淮地区设立军事行政区的重要事件。明末清初南明的弘光政权在江淮地区设立的四镇，即淮安、扬州、庐州、泗州。弘光政权建立之初，为屏障南京，史可法建议设立江北四镇。其中黄得功驻庐州，管辖滁、和两州；高杰驻泗水，管辖徐州、泗水；刘泽清驻淮北，管辖淮海；刘良佐驻临淮，管辖凤、寿两州。江北四镇每镇额兵3万，可自行征取岁供，又可自行招商收税，权力很大。又因"定策"有功，深受弘光帝喜爱，志骄气盈。但是四镇之间为争夺各自的利益，互相火并，矛盾重重，经常发生私斗。因此，江北四镇的设立并没有达到御敌于门庭之外，以贻堂奥之安的目的，反而使得朝政、民生更趋恶化。顺治二年（1645），弘光帝身亡，江北四镇也随着弘光朝廷一起覆灭。

2. 左良玉父子进军安徽

明末清初安徽历史上的重要军事行动。左良玉（1599—1645），字昆山，明末将领，山东临清人。他出身行伍，骁勇善战，先后参加了辽东抗清，镇压李自成起义军，后辅佐南明福王。左良玉兵号百万，实20万左右，且其自朱仙镇败后，精锐尽失，军队战斗力较差。顺治二年（1645）三月，左良玉以奉"皇太子"手书血诏为由，以"清君侧""诛马阮"为号召，引兵东犯。四月东进至九江时，左良玉死，其子左梦庚继续东进至安徽，先后攻陷安庆、庐州、池州等地。后被黄得功率军击败两次，东进受阻，退回九江。五月三十日，左梦庚率12总兵、10万兵马及大小船只4万只投降清军，其所占安庆、庐州、池州、太平等府文武官员及所统万余官兵均被清军招抚，安徽沿江各地易帜。

3.清军攻占安徽

清初安徽的重要军事事件。顺治二年（1645），乘南明诸军内乱回撤、拱卫南京的有利时机，清军迅速南下攻取太和，于四月初九日攻占亳州，明总兵王之纲降清。不久，左梦庚在池州投降清军，其所占安庆、庐州、池州、太平等文武官员及所统万余官兵均被清军招抚，凤阳等府也望风纳款、归附清廷，皖北及安徽沿江各地纷纷易帜。与此同时，已降清的刘良佐引领图赖率领的清军到达芜湖，捕获弘光帝朱由崧。同年六月，清军进入徽州地区，迅速平定当地政权。此后，清军很快就控制了包括安徽在内的南明所辖各地。清军攻占安徽后，传谕各地"剃发"，这种"留头不留发，留发不留头"的做法激起了广大汉人的极大愤慨，安徽各地遂掀起了抗清运动的高潮。

4.皖南抗清斗争

清初皖南地区人民的抗清斗争。清军攻占安徽后，谕令各地剃发易服，安徽各地绅民既不满于民族压迫和清军胥吏的暴虐，又痛感故国之亡纷举义旗、聚众抵抗。一时一方举旗，四方争为响应，皖南的抗清斗争便是其中的一支重要力量。先是金声、江天一在绩溪首举抗清义旗，继而温璜呼应于徽州，邱祖德响应于宁国，吴应箕等举义旗于池州，尹民兴等起兵于泾县，吴源长等抗清于广德。这些队伍此呼彼应，一唱百和，先后攻克和收复了青阳、建德、宁国、旌德等县，抗清斗争的烽火燃遍了皖南各地。然而在清军的大举进攻下，皖南抗清斗争迅速转入低潮。至顺治三年（1646），随着金声等领导人的陆续被俘，皖南各地的抗清斗争最终失败。

皖南的抗清斗争虽然失败了，但是沉重打击了清朝的民族高压、野蛮屠杀政策，极大地配合了其他地区的抗清斗争。

5.皖南奴变

明末清初皖南地区佃仆武装反抗豪绅地主之斗争。明清时期徽州、宁国、池州三府佃仆制颇为流行。豪绅地主对佃仆进行残酷的压榨剥削和奴役。明末清初，在李自成农民大起义的影响推动以及动荡社会环境下，皖南地区也多次发生了佃仆的武装反抗斗争。如黟县万村人万黑九因为主仆名分之事与其田主韩氏发生了冲突。诉讼无果后，万黑九等人连夜围攻韩氏地主家，杀其老小、放火焚屋。后上山结寨，揭开了徽州佃仆起义的序幕。清军进入徽州境内后，收买义军，无果。清顺治三年（1646）三月，义军围攻黟县城池，被清政府援兵击败，首领被俘。徽属其他各县也纷纷组织地主武装对抗义军。在清政府和地主武装的镇压下，佃仆起义遭到了失败。

6.皖北抗清斗争

清初皖北地区人民的抗清斗争。顺治二年（1645），随着清军攻入安徽，皖北人民也和皖南人民一样，奋起抗争。皖北乃明朝龙兴之地，这里的抗清活动多以明宗室为号召，皖北人民先后拥戴抗清的明宗室有杜阳王、荆王、瑞昌王、石城王等。顺治五年（1648），在金声桓反正的影响下，安庆义士冯宏图、潜山人余公亮、大别山地区的张福寰等人又掀起了皖北抗清斗争的高潮。但是由于这些队伍没有形成统一的军事、政治实体，各自为战，缺乏有效配合和统一领导，再加上明朝遗臣的错误引向和清朝军队的大举进攻，皖北地区的抗清斗争最终以失败告终。皖北的抗清斗争虽然失败了，但它是全国抗清斗争的一个重要组成部分，迫使清王朝不得不适当地调整统治措施，尽量采取适合广大先进地区的统治方式。

7.清初经略安徽

清初清廷从政治、军事、文化等方面治理安徽的重要活动。顺治二年（1645）清军攻略南直隶后，从军事、政治、经济、文化等方面采取一系列措施稳定其在安徽的统治。行政区划上，清政府改南直隶为江南省，江南省下设安庐池太、凤阳、江苏、操江4个巡抚。其中，和安徽相关的有安庐池太巡抚（后改称安徽巡抚），负责安庆府和皖南各地；凤阳巡抚除负责今江苏苏北外，还负责今皖中、淮北各地；操江巡抚主要负责今皖江江防，后撤并入安徽巡抚。清政府分别在各府、州、县设官治理。军事上，在安徽各地驻扎兵马，相对而言，皖北驻军较少，安庆及皖南驻军较多，有8400余名，其中，马兵3000余名与骡马3000多匹。此外，还多方争取汉族官绅士庶归顺清政权，政治上争取汉族官僚士绅；经济上尊重汉族地主利益，在一定程度上减轻百姓经济负担；习俗上清政府也作了让步，"礼俗衣冠，暂从明制"；文化上尊孔崇儒，发展和学习汉族的文化；为进一步争取汉族士绅支持，清政府还实行了捐纳制度和特科。此外，清政府还采取措施，招徕流民、奖励垦殖、兴修水利，发展农业生产。清政府恩威并施，有力地控制了安徽的局面，而安抚政策大大降低了安徽民众对清政权的不满情绪，同时大大增加了安徽民众对新政权的认同度，进而再没有发生大规模的抗清武装斗争，清政府对安徽的统治已经确立。

8.张煌言经略安徽

清初郑成功部署张煌言从政治、军事、文化等方面对安徽进行短暂统治的活动。顺治十六年（1659）郑成功包围南京，为剪除南京羽翼，派遣部将张煌言率部进入南京上游地区，招抚安徽各地，"略如巡按行部故事"。张煌言先抵芜湖，随即兵分四路：一路出兵溧阳进攻广德；一路镇守池州阻截上流；一路攻拔和州固守采石；一路进入宁国以图徽州。与此同时，还以郑成功的名义传檄各地，以安民心。在张煌言的苦心经营下，光复太平、宁国、池州、徽州4府3州24县之地，庐州府、凤阳府也相继归降。张煌言在安徽采取了一系列措施，以稳定统治：思想文化上，祭拜孔庙，坐明伦堂，宣扬儒家文化；政治上，选用干吏，任贤使能，进贤退愚；军事上，一是严明军纪，秋毫无犯，二是大力扩军，发展势力。张煌言的举措，不仅仅受到士子文人们的欢迎，而且受到人民的支持，为稳定安徽的统治发挥了积极作用。但是由于郑成功在围困南京时战略上出现失误，与张煌言等部将意见出现分歧，致使全军败退，撤出长江，张煌言所部成为孤军，只得撤出安徽，进军鄱阳湖，继续抗清斗争。

9.杨光先与“康熙历狱”

清康熙初年中西历之争的事件。杨光先（1597—1669），字长公，安徽歙县人。杨光先反对使用西历的主张前后经历三个阶段。清朝建立后，任用传教士汤若望、南怀仁等人按照西方天文学成果制定新历法，遭到杨光先的激烈反对，写出《辟邪论》等文章加以驳斥，并屡次上书，称汤若望等意图谋反，需要将天主教信徒“人其人，火其书，庐其居”，但这些奏疏并未受到朝廷的理会。康熙四年（1665），在鳌拜的主持下，杨光先的上疏得到了审议，结果导致汤若望被判处凌迟（后在孝庄皇太后斡旋下未执行），南怀仁被流放，钦天监中与传教士合作的中国人如李祖白等被处决，史称“康熙历狱”。从此废弃“时宪历”，恢复使用原“大统历”，并以杨光先代汤若望为钦天监正。康熙七年（1668），鳌拜倒台，经过多次的实验和调查，证明汤若望、南怀仁所制历法先进，精确度高。因此康熙毅然决定停用“大统历”，复用“时宪历”，并罢黜杨光先钦天监监正，恢复汤若望“通玄教师”称号，南怀仁被任命为钦天监监正。杨光先反对使用西历的主张虽然失败，但它的意义超越历算和权力斗争本身，其实质仍在反对基督教对中国传统宗教、伦理和治国理论的冲击，反对西洋人的渗透而暗示“华夷之辨”的传统观念。

10.安徽建省

清代前期安徽设置省级行政区划的重要事件。清政府从政治上、经济上考虑，先在顺治二年（1645）将南直隶更改为江南省进行行政区划调整，后来江南省又分为安徽、江苏二省。安徽建省是一个过程，经历了布政使、按察使、巡抚三个主要官员设置及其辖区的调整过程，于康熙六年（1667）基本完成。江南省原设左、右布政使各一员，均驻江宁，同管江南全省的财政。顺治十八年（1661），考虑到苏州、松江、常州、镇江等财政事务繁重，将右布政使移驻苏州，专管江宁、苏州、松江、常州、镇江5府；左布政使仍驻江宁，管辖安庆、徽州、宁国、池州、太平、庐州、凤阳、淮安、扬州9府及徐州、滁州、和州、广德4州。左、右布政使的分辖，使江南省的财政管理区域一分为二，康熙初年，左布政使司所属各府州相关的钱粮数据，由安徽巡抚上报户部，安徽巡抚与江南左布政使成为上下级关系。江南左、右布政使的分设，拉开了安徽建省的序幕。康熙四年（1665），凤阳巡抚裁撤，左、右布政使的辖区随之调整，左布政使辖下的扬州、淮安两府和徐州划归右布政使管辖。江南省初建时，设按察使一员，管理全省司法事务。康熙三年（1664），江南省增设江北按察使一员，与江南按察使将江南省的司法管理一分为二。康熙五年（1666），江北按察使改称为安徽按察使，移驻安庆，与安徽巡抚同城，辖区与安徽巡抚相同。康熙四年（1665），清政府裁去凤阳巡抚，并对安徽巡抚的辖区进行调整，安徽巡抚管辖的区域包括安庆、徽州、宁国、池州、太平、庐州、凤阳7府及滁州、和州、广德3州，安徽省的辖区基本划定。康熙五年（1666），清廷对江南左、右布政使，安徽、江苏两按察使的辖区也进行了调整，使安徽巡抚、江南左布政使、安徽按察使的辖区完全一致，安徽事实上完成了建省过程。康熙六年（1667），江南左布政使改名安徽布政使，安徽建省过程基本完成。乾隆二十五年（1760），安徽布政使从江宁移驻至安庆，自此安徽省的三位主要官员——巡抚、布政使、按察使都驻安庆，同城办公，安徽省不仅在实际上，而且在形式上也独立成省。江南分治、安徽建省有利于防止地方割据，加强中央统治，维护国家统一。

11. 方以智创立"质测通几"理论

明末清初安徽籍物理学家方以智创立的著名物理学理论。"通几"与"质测"是明末清初学者方以智提出的一对命题，其寂感之蕴，深究其所自来，是曰"通几"，物有其故，实考究之，大而元会，小而草木蠢蠕，类其性情，征其好恶，是曰"质测"。方以智在接触西学的过程中，认识到学术活动有不同的类型。他开始对学术进行分类，提出："考测天地之家，象数、律历、音声、医药之说，皆质之通者也，皆物理也。专言治教，则宰理也。专言通几，则所以为物之至理也。"这是把有关学术分为三类：物理、宰理、所以为物之至理。与之相应的学术活动就是质测、治教、通几。方以智对于前者和后者尤为感兴趣，认为需要大力提倡，这就是他提出"通几"与"质测"这对概念的由来。"通几"与"质测"概念的建立，在中国科学史上是一件十分重要的事情，它标志着中国人已经开始对传统科学这一学科本身进行思考，认识到科学是一种独立的学术活动，它有自己的研究方法，这种方法就是实证。这些认识的阐发，是为实现中国古代科学脱离自然哲学形态，向近代实验科学转化所迈出的必不可少的第一步。

12. 梅文鼎著《梅氏历算全书》

清代前期安徽著名数学家梅文鼎创作的数学群书。梅文鼎（1633—1721），安徽宣城人，清初著名数学家和历学家，一生著述颇多，约有70余种。他逝世后第三年（1723），其著作经杨作枚全面整理并由魏荔彤的兼济堂刊刻出版，名为《梅氏历算全书》。该丛书就包括梅文鼎的数学著作10余种，即《笔算》5卷、《筹算》2卷、《度算释例》2卷、《少广拾遗》1卷、《方程论》6卷、《勾股举隅》1卷、《几何通解》1卷、《几何补编》4卷、《方圆幂积》1卷、《平面三角举要》1卷、《堑堵测量》2卷、《环中黍尺》5卷、《弧三角举要》5卷。在上述著作中：《笔算》5卷，是我国第一部自著的笔算著作（我国古代用筹算进行数学计算）；在几何学方面，对于正多面体互容问题也做了深入的研究，《平面三角举要》和《弧三角举要》，是我国最早面三角和球面三角著作，如此等等。作为清代著名的历学家、数学家，梅文鼎的天文、数学研究及其著作的行世，对清代的天文、数学发展起了重大的推动作用，被誉为"盖历算之术，至是而大备"。该书传入日本后，对江户时代日本数学的发展也产生了重要影响。

13.梅文鼎提出"西学中源"说

清代前期安徽著名数学家梅文鼎提出的著名历算学说。"西学中源"说，即"欧美的学问起源于中国"说。西方历算学的传入和历法斗争的不断进行，促使明末清初的学者去探寻当时科技的古代源流。由于受到中国传统的正统论思想的影响，演变成中国科学中心论，即"西学中源"说。"西学中源"思潮兴起的内容由徐光启、方以智等发挥引申，至梅文鼎集大成，他不仅积极宣传这一学说，而且做了种种论证，使其系统化。梅文鼎的论证大致包括三方面：中西二法的诸多差异性论断实质上是相同的，均见于中华典籍；用"历学古疏今密"说明西法胜于中法是青出于蓝；以及"中土历法得传入西国之由"。上述思想主要集中在他所著的《历学疑问》和《历学疑问补》这两本书中。梅文鼎提出的"西学中源"说，至清末则进一步发展，形成一股社会思潮，并且至近现代余韵犹存。

14.清代前期黄淮水利的整治

清代前期清廷为防范水旱灾害对安徽境内黄淮水利进行综合整治的事件。明末清初的战乱，使黄河下游水利失修，淮北平原洪涝灾害加剧。顺治、康熙、雍正年间，黄河下游几乎连年决溢，危及淮河流域，黄河决口加上淮河自身的洪水，使得淮北频繁受灾。由于黄河水患严重影响运河，为保证漕运安全.清朝统治者非常重视黄河治理。多尔衮入京不久，即派人整治黄河。顺治帝即位不久，就任命杨方兴为河道总督，开始治理河堤。康熙帝亲政后，更是注重对黄河的治理，他把河务看成是必须解决的一件大事。康熙朝对黄河的治理特别注重增修堤坝，并任用靳辅等人沿用明潘季驯的"束水攻沙"法,利用洪泽湖之清水冲刷黄河河淤,取得一时效果,但时间一长,淮河灾害问题仍不能根本解决。雍正朝同样非常注重黄河的治理,曾修筑大堤数处。乾隆即位后,从治淤济运出发,对黄河、淮河又一次进行综合治理。明、清两代朝廷都仰给东南粮食,清代治河的目的与明代一样,也是为了确保漕运安全。因此,他们的重大工程措施都集中在黄淮下游,方法主要是加固黄河河堤、加高加固洪泽湖大堤、浚挖出海河河道,而至于淮河本身的灾害,并非朝廷关注的首要问题,以至于对淮河中游干支流没有采取有效工程措施。虽然上述黄淮下游的治理方法和工程措施减轻了黄河夺淮之患,却使淮河下泄不畅,反而加剧了淮河中游的洪涝灾害,安徽沿淮州县深受其害。

15.清前期安徽圩区治理

清代前期中央和安徽地方政府为维系安徽圩区社会秩序而对其进行综合治理的事件。圩田是一种在浅水沼泽地带或江河湖海淤滩上通过围堤筑圩,围地于内,挡水于外的土地开发利用方式。圩区则是由圩田发展而来,包括农田、河网、湖泊、滩地、城镇及农村等在内的一个地区。安徽地区的圩田主要分布在沿江沿湖平原,有"筑土作围以绕田"而形成的围田,有围垦湖滩而形成的湖田,数量多,分布广。这些圩田是安徽的主要产粮区,一般都地势低洼,每当大雨不止,江河湖水暴涨,圩田便很容易遭受水灾。因此,修筑和维护堤坝,保护圩田免遭水毁,是沿江沿湖圩区官民的重要任务。清初,朝廷就很重视东南地区的水利建设。清代前期,安徽圩区既兴建了新的堤坝,又对过去的堤坝进行了重修。除了官方的重视,清代圩区还建有管理机构和维护体制。每个圩区一般都设圩长,负责对圩区水利兴修等事务进行管理,如圩堤岁修、征税、管理经费等。黄淮平原和沿江圩区涉及的耕地和人口甚巨,通过治理,促进了农业的发展。总之,清代前期安徽圩区水利工程在修治之后,对防洪和灌溉起到了重要作用,极大地促进了当地农业生产。

16. 摊丁入亩在安徽的推行

清代前期安徽赋税改革的重要事件。康熙五十一年（1712），随着人口的增加和社会经济的稳定发展，清廷决定以康熙五十年（1711）全国人丁数为标准征收丁税，此后"滋生人丁，永不加赋"。嗣后，安徽即以康熙五十年（1711）人丁138万为固定数征收。雍正帝即位后，进一步推行"摊丁入亩"政策，仅按土地征税，丁口不再是征税单位。安徽在雍正五年（1727）施行了这一政策，"亩摊一厘一毫至二分二厘九毫不等"。"摊丁入亩"是继明代"一条鞭法"之后的又一次重大赋税改革，改变了长期以来以土地和人丁双重标准征税的做法，简化了赋税征收手续。它不仅减少了对农民的剥削，而且削弱了人民对封建国家的人身依附关系，促进了经济发展。

17. 《南山集》案

《南山集》案是清初继庄廷鑨案之后的又一桩文字狱。《南山集》乃安徽桐城人戴名世的著作，是由其门下弟子将其百余篇古文抄录刊刻而成并取名《南山集偶钞》。康熙五十年（1711），刑部在该书中查出：《与余生书》文内录写南明三王年号，并将南明政权与偏居川中的蜀汉、退守崖州的南宋相提并论；《与弟子倪生书》文内提到清朝开端应是康熙元年，顺治不得为正统等，"悖逆"之言处处可见。康熙惊怒，刑部遂以"大逆"定罪，牵连入狱者300余人，朝野震动。康熙五十二年（1713），康熙帝下诏"法外施仁"，仅斩戴名世一人，其他人或发配、或入旗。此后，《南山集》被封，直至清中叶道光以后，《南山集》才广泛流传于世。

18. 康乾时期徽商的鼎盛

清代徽商在经济实力、活动范围等方面发展的鼎盛时代。徽商于明代中叶崛起后，其活动范围更为扩大、经营行业更为广泛、财力更为雄厚。明末清初战乱，社会经济遭受严重破坏，徽商的经营活动也遭受极大影响，其发展受到严重挫折。清初顺治年间，清廷采取了"恤商"政策，继续实行纲运制，使得徽商取得了经营盐业的垄断地位，进而促使徽商逐渐达到鼎盛。到了清代中前期，徽商的活动范围之广、经营行业之多、商业资本之巨，为其他商帮所无法比拟。这里仅以盐业为例。当时清政府财政收入中，"盐课居赋税之半，两淮盐课又居天下之半"，但是要比较两淮盐课中谁纳税最多，则"徽居三分之二，较西商不啻两倍之"。根据现有资料考证，仅"乾隆朝六十年，两淮盐商的利润总额可达4.5亿两"，其中徽商在乾隆一朝六十年的时间里应得利润额高达"22821万两"，占据总利润额的一半多。由此可见，徽商不仅足迹几遍天下，而且已然成为"十大商帮"之首。徽商经营的行业十分广泛，号称"其货无所不居"，尤以盐、茶、木、典为大宗。此外，粮业、棉布业也是其经营的重要行业。徽商的经营方式不拘一格，根据当时的市场需求和行情变化而采取灵活的、有利于其获利的经营方式，主要有：走贩、囤积、放债、垄断。清代前期纲运制盐法的实行，不仅是以盐业为"龙头"的徽商发迹的重要原因，也是促使徽商达到鼎盛的重要因素之一。

19. 开豁世仆令在皖南的推行

清雍正时期安徽废除佃仆制的重要举措。自雍正元年（1723）开始，清政府发出一系列诏令，开豁某些贱民为良民。"伴当"和"世仆"是存在于徽州府、宁国府的一个身份卑贱的贱民阶层，社会地位极为低下，是一种世袭的农奴。因所承担的劳役和主人关系的不同，这个贱民阶层有不同的名称，如世仆、伴当、佃仆、庄佃、奴婢、火佃、细民、地仆、庄仆、庄人和往佃等，佃仆、世仆、伴当是常见的称谓。佃仆来源有多种形式，依据当地风俗，凡"葬主之山、佃主之田、住主之屋"皆为佃仆。此外，有的是由家内奴仆释放而来，有的因入赘、婚配佃仆的妻女而沦为佃仆，有的因生活所迫卖身为佃仆。佃仆的子女仍为佃仆，世代传承，故有"世仆"之称。社会地位极其低下的佃仆居住条件非常恶劣，不仅要向主家缴纳地租，而且要承担各种差役。不仅如此，主人与佃仆、伴当等所享有的法律待遇不同，佃仆在法律上处于劣势地位。受商品经济发展和明末农民大起义的影响，清初徽州各地爆发了世仆、伴当争取人身权利的斗争，这些斗争使清政府不得不正视贱民问题。雍正年间，雍正帝发布一系列将各地贱民"开豁为良"的圣谕。雍正五年（1727）四月，雍正帝颁布谕旨，开豁徽州、宁国的伴当和世仆。安徽巡抚魏廷珍遵旨议奏："江南徽宁等处，向有伴当、世仆名色，请嗣后绅衿之家，典买奴仆，有文契可考，未经赎身者，本身及其子孙，俱应听从伊主役使。即已赎身，其本身及在主家所生子孙，仍应存主仆名分。其不在主家所生者，应照旗人开户之例，豁免为良。至年代久远，文契无存，不受主家豢养者，概不得以世仆名之，永行严禁。"这一办法，得到允准，但是在具体实施中，却受到徽州地方官及地主的阻挠。雍正七年（1729）正月，休宁知县在给徽州知府的公文中，以"徽俗向来如此"为借口，提出新的开豁条件："种主田，葬主山，住主屋三事……有一于此，俱在应主之例"。除非"倍价退田还业"，否则不予开豁。直到嘉庆十四年（1809），条件稍微宽松的开豁令才成为清朝的正式法律，十二月庚戌，嘉庆帝谕："该处世仆名分，统以现在是否服役为断，以示限制。若年远文契无可考据，并非现在服役豢养者，虽曾葬田主之山及佃田主之田，著一体开豁为良，以清流品。"但直到民国年间，徽州山区仍有佃仆制残余。虽然世仆、伴当争取人身自由之路十分艰难，但是雍正、嘉庆年间的开豁令，其进步意义是不容置疑的。

20.集镇经济的繁盛

清代前期安徽市镇经济繁荣兴盛的重要表征。清朝前期，国内商品经济出现了前所未有的发展，安徽以其襟江带淮的地理位置成为商品流通的重要地区。在商品经济大潮推动下，安徽城乡经济有了显著的发展。本地大量的米粮、土特产品进入流通领域，加之在此销售和转运的外地商品，为清代中前期安徽集镇的发展、繁荣奠定了充足的物质基础。集镇作为整个市场体系的重要基础，在清代也有了显著的变化。安徽农业经济的发展带动了农村集市快速地发展，也造就了一批交通型和商业型集镇，成为安徽与外界商品交流的重要节点。安徽集镇的发展是当时商品经济发展的重要表现，不仅满足了城乡居民生产生活的需要，也推动了农业和手工业进一步发展，加快了集镇城市化的步伐。

21."连科三殿撰，十里四翰林"

"连科三殿撰，十里四翰林"是徽州民间流传的科举佳话。清乾隆三十六年（1771）状元黄轩是休宁人；乾隆三十七年（1772）状元金榜是歙县人；乾隆四十年（1775）状元吴锡龄又是休宁人，接连三科状元俱为徽州儒生所得，颇不寻常。同治十年（1871）洪镔、郑成章、黄家惺、汪运轮四人同科考中进士，俱授庶吉士。四人皆属歙县西乡人，他们的家乡岩镇、郑村、潭渡、西溪南四村都在丰乐河畔且相距10余里，如此相近的同乡四人同榜高中，俱归翰林，诚为罕见。以后，"连科三殿撰，十里四翰林"更成为人们称赞明清徽州文教昌盛的典故。

22.张小泉剪刀业发展

张小泉剪刀是由清代安徽黟县人张小泉在杭州创办的传统手工业品牌，至今已有300多年历史。张小泉剪刀以"钢铁分明、磨工精细、剪切锋利、开合和顺、样式新颖、手感轻松"的特点，闻名中外。该剪刀早在明末清初即颇有名气。张小泉父亲张思家自幼在以"三刀"闻名的芜湖学艺，制剪工艺精湛。康熙初年，父子二人在杭州城隍山脚大井巷开设"张大隆剪刀店"，悉心钻研制剪技术，吸收龙泉宝剑的镶钢工艺，采用江苏镇江的泥砖磨剪，产品刃口锋利，刀面闪亮，因质量优异，销路颇广。后张小泉继承父业，继续对生产技术与花色品种进行改进、提高，易店名为"张小泉剪刀店"。至张小泉之子张近高接业，又于"张小泉"下加"近记"两字，以示真传。清乾隆年间，张小泉剪刀更被列为贡品，闻名全国。张小泉剪刀于1910年在南洋劝业会上获银牌奖；1915年在巴拿马万国博览会上获四等奖；1919年在国货展览会上获二等奖。中华人民共和国成立以来，张小泉剪刀经历公私合营改造后继续发展，不断革新产品，至今仍然是畅销品牌。

23.芜湖铁画的诞生

铁画是芜湖特有的工艺美术品，名扬世界。芜湖冶铁业历史悠久，而且地理位置靠近九华山，因此全国各地每年有很多香客途经芜湖去九华山进行朝拜，而此时芜湖当地铁工冶铁巧制单枝铁花和铁花灯（内裱绢纸），则成为过往香客供香朝拜必带品，进而在芜湖形成了专门用于进香朝拜的铁花、铁灯市场。直至清初，祖籍徽州的汤鹏自幼便来芜湖在铁作铺当徒工，熟练掌握制作铁花和铁花灯的技术，并在操作中进行创新，把单枝铁花和铁花灯的内容揉合到一起，制成一种新的工艺品，因而产生铁画艺术。他以铁为素材，"冶之使薄"，制成山水花卉，并向芜湖画家萧云从求教作画技艺，"曲折尽致，各尽其妙"。铁画一出现，备受人们喜爱，达官贵人以至劳动人民争相购买。铁画技艺，世代相传。中华人民共和国成立后，濒临绝境的铁画技艺，推陈出新、发扬光大、誉满中华，为芜湖乃至中国增添光彩。

24.萧云从始创姑孰画派

姑孰画派为明末清初著名画家萧云从创立的画派。萧云从（1596—1673），原名龙，字尺木，号于湖渔人、无闷道人等，安徽芜湖人，明末清初芜湖著名画家，姑孰画派创始人。因科举不顺且不愿降清，萧云从遂"优游尘土，画青山而隐"，于芜湖城东"梅筑"隐居。萧云从画品卓异，初学倪瓒、黄公望，后博采众长，自成一家，其笔意"清疏韶秀，饶有意致"，代表作有《太平山水图》《离骚图》，刻印传世，最为著名，由此开创了专绘江南风景的山水画派"姑孰派"。此派用笔圆劲古朴，渴笔枯擦，淡墨渲染，其代表人物有萧云倩、萧一旸、萧一芸、方兆曾、孙据德等。当时太平府治所在姑孰镇，而且芜湖又是太平府辖三县之一，兼之出自萧云从所创画派的众多杰出人物又为芜湖人，故称萧云从所创画派为"姑孰派"。

25.新安画派的兴盛

新安画派是在明清时期盛极一时的画派,此派由画家渐江始创。渐江 (1610—1664),明末清初画家,俗姓江,名韬,字六奇;又名舫,字鸥盟,后为僧,法名弘仁,安徽歙县人。他于山水中悟画,形成了自己独特的画风。其画风冷静萧疏、空旷幽深,奠定了新安画派的基础,与其并称为"海阳四大家"的查士标、孙逸、汪之瑞在"渐师导先路"的影响下,都主张师法自然、寄情山水,并在他们的影响下,一批徽州画家与寓居外地的徽籍画家渐渐形成了一支绘画流派。这些画家受徽州山水熏陶,取材自然、笔墨独到,画风幽冷飘逸,自成一派,具有鲜明的士人逸品格调。因为他们相同的地缘关系、相近的绘画风格,人们称其为"新安画派"而流行于明清两代。

26.梅清与宣城画派的兴起

宣城画派为中国山水画流派之一,是明末清初受梅清绘画风格影响,于宣城地区出现的绘画群体。梅清 (1623—1697),字渊公,号瞿山,安徽宣城人。因科举屡次落榜,遂开始周游山水、寄情诗画。梅清用笔草草而秀润,充满文人气息,在山水画上独辟蹊径,被誉为"明清两代山水写生画家之领袖"。在梅清的影响下,宣城出现了一个别具一格的绘画群体,此群体多为宣城梅氏家族中人,故称"宣城画派"。其代表人物有梅翀、梅庚等,而梅氏家族之外的重要画家有石涛、半山等。他们长期师友黄山,画黄山各运匠心,既师法造化,又师法古人,所绘奇松秀石,笔墨灵逸,此派作品以表现黄山松、石云海为多,故又被称为"黄山画派"。

27.张潮著《虞初新志》

清代文学家张潮编撰的短篇小说集。张潮 (1650—1709),字山来,号心斋居士,歙县人。《虞初新志》20卷,所收多为明末清初类似传奇之作,有少数反映社会现实的作品。卷首有辑者康熙二十二年 (1683)"自叙"及"凡例",末为康熙三十九年（1700）"总跋",然而据学者考证,跋时是书只有8卷,后陆续刊成20卷,其时约在康熙四十三年（1704）。该书先后历时二十余年方才编成,全书载文150篇左右,所收皆出自明末清初时人之手,以钱谦益、吴伟业、魏禧、周亮工、侯方域、李渔、余怀、王士禛等名人居多。尽管该书体裁丰富,包括传奇、志怪和志人各类,但是仍以情节曲折、富于文采、篇幅较长的传奇为主。传奇诸篇,多以塑造人物见长,上至王公大臣,下至平民百姓,无不有栩栩如生的刻画和呼之欲出的描状。该书之问世,在文言小说编纂史上自呈一种别开生面的崭新容貌,创立了一种独具品格的小说体类,标志着"虞初"体小说的正式诞生。

28.新安医学的发展

新安医学是指以新安地区（原徽州一府六县）为核心的地域性综合性的中医学术群体。新安医学始于宋元,盛于明清。从清顺治元年（1644）至道光二十年（1840）的近200年间,是新安医学最为活跃的历史时期,涌现出一大批著名医学家,他们根据徽州的地理环境、气候条件和生活习性,提出了系统的医学理论,特别重视脾胃、肝肾和气血的调养,用药平正中和,形成了医学史上主张"调补气血,固本培元"的培元派。因徽州古为新安郡,故世称"新安医学"或"新安医学派"。新安医学从宋代至清末涌现著名医学家543人、撰辑医籍460多部,著名医家有宋朝的张扩、张杲;元代的程汝清、王国瑞;明代的程充、汪机;清代的程政通、吴谦等人。其中汪机被誉为明代四大医家之一,吴谦被誉为清代四大医家之一。新安医学的经典著作有《医说》《眼科宝籍》《伤寒论条辨》等。新安医学对经典医学著作的注释整理、临床诊治经验的总结、古医籍的辑复、类书与丛书的编纂、医学普及读本的撰写,以及各种医案、医话等临床医学专著和脉学、诊断、治法等理论专著的编写,在中国医学史上均产生了重要的影响。

29.皖南驱逐棚民运动

清代中期，南方山区掀起了声势浩大的驱棚热潮，安徽各级地方政府对皖南山区的棚民进行了彻底的清查与驱逐。早在明代中后期，我国南方出现了一种称为"棚民"的山区移民，他们在山区搭棚为屋，利用山区的土地、矿产、木材等资源，从事农业、手工业生产。棚民的涌入引发了生态环境问题和社会问题，生态环境方面主要体现在对生态环境的破坏，社会问题方面集中表现在土著与客民的矛盾。皖南地区在清初已有棚民迁入，在乾隆年间棚民已经遍布于皖南山区，棚民与当地土著产生了许多矛盾与联系。嘉庆十二年（1807），休宁县浯田岭村程姓族长遣人赴京控告当地棚民占山扰害一案，使徽州棚民与土著的矛盾完全暴露出来。此案引起了嘉庆帝的重视，谕令安徽官员妥善处置棚民问题，皖南地区掀起了一场驱逐棚民的运动。嘉庆皇帝确定了处理该县棚民的原则，"以期永杜争端，辑宁民业为要"。其具体办法是，选派廉明干吏前往查勘，设立禁约，责令棚民迁移他处，勘定界址，就地妥善安置，不致那些没有户籍的民众愈聚愈众为害地方，也不致为政过甚酿成祸端，而这恰恰否定了一概驱逐的方针。同年五月，对本案作了如下处理，巡抚初彭龄派道员杨懋恬亲临现场，把案中棚民所租之山场，商议租价，退还租金，棚民拆棚回籍，对那些无籍可归之人，听任他们各谋生业，不必概行查办，并议定章程，以租种山场契约年限为依据，限令契约期满棚民退山回到原籍。嘉庆二十一年（1816）又重申，棚民租山期满之后，若地方官拖延不查，必定严加处置。其后，皖南棚民问题，始终按上述条例处理。道光四年（1824）、五年（1825）、十七年（1837）陶澍对皖南棚民的处理，道光二十三年（1843）程懋采、王植对棚民的处理都是如此，即"除历年已久，确有籍可凭者免其驱逐，其新添之户一概逐令回籍"。经过嘉庆年间清政府大规模的驱棚运动，整个皖南山区的棚民大幅度减少，对于稳定地方秩序、缓和土客矛盾具有一定作用，但是清政府未能从根源上解决棚民问题，驱逐运动过后棚民并未禁绝，皖南山区仍有棚民迁入。

30. 四大徽班进京

四大徽班是清代乾隆年间活跃于北京剧坛的四个著名徽剧戏班，即"三庆""四喜""和春""春台"的合称。乾隆五十五年（1790），各省督抚为恭贺皇帝八十大寿，征集各地名戏进京献艺，四大徽班便由此进京。其中"三庆"班被称为"徽班鼻祖"；"四喜"班以擅长昆曲而闻名遐迩；"和春"班于嘉庆八年（1803）以一曲乱弹《收姐姬》一炮而红；"春台"班则以演员年轻活力见长，各有不同的艺术风格。在长期的舞台实践中，它们吸收了京城地区流行的昆曲、弋阳腔、秦腔等部分曲调，后来又与湖北的汉调相互交融，逐渐形成了具有完美艺术风格和成熟表演体系的新剧种——京剧。京剧以其精湛的表演艺术享誉海内外，被称为"国粹"，而促成京剧形成的"四大徽班"，也成为中国戏曲史上光辉灿烂的华章。

31. 闵麟嗣撰《黄山志定本》

明末清初学者闵麟嗣撰写的著名山志。闵麟嗣（1628—1704），字宾连，一字铸尘，号椒庵，歙县岩镇人。好学，工诗及古文，精书法，生平足迹遍天下，所至皆有诗。他参考《黄山志》旧志删定，并在当地众多文人学士的帮助及参与之下，撰《黄山志定本》8卷，内为形胜、建置、山产、人物、灵异、艺文、诗赋7大类。《黄山志定本》集众家之长而成一家之言，其内容自成体系，网罗宏富，详略得当，资料翔实，精于考订，集历代黄山志书之大成，以体例严谨，分类得当，搜罗宏富完备而著称于世。此志是迄今为止流传较广，影响较大的一部山志，也是研究徽州地方史的一部重要文献。

32. 扬州二马刻书

清代康乾时期侨寓扬州的著名徽商马曰琯、马曰璐兄弟刊刻书籍之事。扬州二马是指清代前期扬州徽商的代表人物马曰琯、马曰璐。马曰琯（1687—1755），字秋玉，由附生援例候选主事。马曰璐（1711—?），字佩兮，由贡生援例候选知州。两兄弟为安徽祁门人，侨居扬州，经营盐业，堪称巨富。他们亦贾亦儒，热心文教，不仅乐交文人、资助学者，还好学擅诗，马曰琯有《沙河逸老小稿》《嶰谷词》，马曰璐有《南斋集》《南斋词》等存世。此外，两人还分别辑有诗作集《焦山纪游集》《林屋唱酬集》《韩江雅集》等。马氏兄弟酷爱典籍，有未见书必重价购之，而且还加入私人刻书行列，慎选良工、择要刻印，所刻之书有《千禄字书》《五经文字》《九经字样》《说文解字》等，雕刻精美，广为流传。两兄弟还捐资开扬州沟渠，筑渔亭孔道，设义渡，造救生船，造福一方百姓，其慷慨好义的名声远为传播，人称"扬州二马"。

33.首部《安徽通志》的修纂

该志为安徽建省以来的第一部官修通志，有开创之功。道光三年（1823），陶澍升任安徽巡抚，开始倡修《安徽通志》，后张师诚接任，张调离后，由邓廷桢继任，终于道光九年（1829）告成。该志首设六卷，正文二百六十卷，分十志记之：卷一至卷四十三为舆地志，记星野、疆域、图说、建置沿革总表、形势、山川、风俗等；卷四十四至卷四十九为河渠志，记江、淮、黄河、运河、水利等；卷五十至卷七十二为学校志，记历代学校考、学官、书院等；卷七十三至卷八十四为武备志，记兵制、兵事、江防等；卷八十五至卷一百三十八为职官志，记文职、武职、拔贡等；卷一百三十九至卷二百四十四为人物志，记名宦、忠节、儒林、文苑等；卷二百四十五至二百五十六为艺文志，分经、史、子、集四部；卷二百五十七至二百六十为杂类志，记祥异、撼记、辩讹。从体例上看，该志悉仿（乾隆）《江南通志》体例，不仅十志相同，篇目也类似，但不是原封不动地照抄照搬，"惟《江南通志》援引诸书不注所本，今则多为标出，而亦有未尽者，以行文繁简不同也。其各门类，旧有舛错之处，必旁参曲证，加以按语以析之，倘意指未能邃明，则两说并存，未敢臆断，以俟后之君子互折衷焉"。内容上该志在继承（乾隆）《江南通志》的基础上又加以接续或增补，如《食货志》沿袭了《江南通志》乾隆以前的资料，但补充了乾隆元年（1736）以后朝廷的赋役政策、田地亩额、赋税征收、户口徭役、漕运、盐法、蠲赈等情况；《河渠志》对乾隆以后地方政府和官员治理黄河、江、淮、运河，尤其是内河的情况，全面记载，增补了大量资料，其他如《武备志》《职官志》《选举志》《人物志》等也广为补充。因此（道光）《安徽通志》和（乾隆）《江南通志》相比，做到了横不缺项、纵不缺线，不仅记述的内容广泛丰富，而且叙述简括、考证至精、体例严谨、条理井然，是对全省各地情况的一次完整记录。

34.清代徽州府志的编纂

清代徽州府所修的地方志。徽州府现存清志4种：《徽州府通志》26卷，高暄纂修，康熙十二年（1673）抄本；《徽州府通志续编》8卷，林国柱纂修，康熙二十二年（1683）抄本；《徽州府志》18卷，丁廷楗、卢询修，赵吉士纂，康熙三十八年（1699）刻本；《徽州府志》16卷，马步蟾修，夏銮等纂，道光七年（1827）刻本。另有《徽志补正》1卷，邵棠纂，嘉庆十九年（1814）刻本；《徽州府志辨证》1卷，黄崇惺纂，同治木活字本，许承尧《歙事闲谭》辑录。佚志2种：（康熙）《遗郡志四考》，吴度纂；（乾隆）《徽州府志》18卷，戴知城修。（康熙）《徽州府通志》，全书约30万字，体例分16大类，通记徽州史事，内容略古详今，尤侧重于明嘉靖至清康熙十一年（1672）间徽州社会之记载。该志重人物志，记载人物2000余名，内容充实，并且关于明代中后期至清代前期的徽州贡赋记载亦十分具体。另外，该志收录明末抗清及张献忠等农民起义军转战徽州情况，叙事翔实。（康熙）《徽州府通志续编》以（康熙）《徽州府通志》为基础，将康熙十三年（1674）至康熙二十二年（1683）间有关徽州史事，按前志类目分别增补，内容多涉所续十年间徽州人物、职官、贡赋等，全书约1万余字。（康熙）《徽州府志》始修于康熙三十四年（1695），康熙三十八年（1699）付梓。该志分舆地、秩官、兵防、食货、营建、恤政、选举、人物、杂志9大目54子目，每目之前均有"小凡例"发微，约50余万字，可谓体例完备、内容翔实。该志重人物记载，其中有关孝友传、儒硕传记载十分具体，而所增设经济传、风节传、绩学传亦颇具独创，可以说该志是明清徽州承上启下的一部重要府志。（道光）《徽州府志》是继赵吉士康熙志后的重修，是清志的集大成者。该志以府志为经，县志为纬，删繁就简，尤详明康熙三十八年（1699）以后人物史事。该志与康熙赵吉士志相比，体例安排更为妥当，例如赵志把封建、丘墓、古迹、书籍、仙释等统归为杂志，而该志则对此重新归类，将封建、丘墓归营建志，书籍归艺文志，仙释归杂志。此外，该志更加注重资料来源，对"每门所引书籍必注明出自某人某书，见非杜撰"。《徽志补正》分补遗、正误、大鄣山辨三部分。补遗涉及86条；正误订正舛误44条；全书约1.6万字。《徽州府志辨证》以（道光）《徽州府志》为本，为之辨证，主要涉及两个方面：一是对（道光）《徽州府志》的山川、人物等予以补充和辨证；二是对（道光）《徽州府志》体例作综合评介。全书辨证计达48条，约1万余字，可弥补（道光）《徽州府志》之不足。清代历朝纂修的徽州府志保存了徽州乡邦文化，对于研究明清时期徽州历史文化提供了重要的资料来源。

35. 清代安庆府志的编纂

清代安庆府所修的地方志。安庆府现存清志3种：《安庆府志》18卷，姚琅、陈焯纂修，康熙十四年（1675）刻本；《安庆府志》18卷，刘沄纂修，康熙二十五年（1686）刻本；《安庆府志》32卷，张楷纂修，康熙六十年（1721）刻本。佚志1种：（顺治）《安庆府志》12卷，李士桢修。姚琅、陈焯纂修的《安庆府志》共18卷，分类颇称完备，内容亦称丰富。其于舆地沿革，先列沿革表，后附沿革总记，较之惟重列表者更胜一筹；其于风俗、农政、军储诸事，皆纤细必录，是于国计民生尤知致意；又把旧志所载帝王、后妃、封建移入杂记，亦称有见。在清初方志中，此志可称佳作。张楷纂修的安庆府志开局于康熙五十八年（1719），成编在康熙六十年（1721）。此志补漏正讹，增康熙二十二年（1683）来30多年之人和事，门类设置较为完备，载述亦简核。该志可称之处有数端：一是每志每目前均以"张楷曰"形式设立小序，提纲挈领，概括大意。二是疆域先列

7图（安庆府总图、怀宁县图、桐城县图、潜山县图、太湖县图、宿松县图、望江县图），次附安庆府疆域总论，再次为府属6县疆域分论，图文结合，使览者一见了然。三是改食货志、风俗志、祥异志名，只设一民事志，于有关国计民生者。四是艺文不列书目，惟载原文，保存许多文献资料。尤其序记一门载有大量明清安庆所修志书的序文，对了解安庆府修志源流和佚志情况，提供了资料。

36.敬敷书院的修建

敬敷书院是清代安徽办学规模最大、时间最长、层次最高的官办书院。该书院位于安徽安庆，清顺治九年（1652）操江巡抚李日芃（字培原）创建于府学东魁星楼址，故初名"培原"。有正门，讲堂名礼让堂，经正阁贮经史典籍，号舍东西六斋居诸生，崇儒祠祀宋五子，祠后屋两楹，为培原先生讲学处。康熙十年（1671），巡抚靳辅饬知府姚琅重修，请府学教授庄名弼"勤课生童，讲贯理学"。"月有课，日有讲"，课卷汇集评定甲乙，曾择优刊印《书院会艺》，力崇正学，文风丕振。康熙十五年（1676），布政使徐国相捐俸银320两，复屋15楹；四十八年（1709）巡抚叶九思重修，更名"修永"。雍正十一年（1733），清廷赐帑银1000两，诏建为省城书院，增建碑亭，修葺礼让堂，增号舍，置学田111亩，佐膏火之资。乾隆初，改名"敬敷"，三年（1738）奉旨荐生员陶敬信、江有龙送部引见诏用，十七年（1752）定学额内外课各24名，内课月膏火银1.8两，外课0.6两，附课无定额，亦无膏火。嘉庆二十四年（1819），巡抚姚祖同增外课20名，定每岁二月为巡抚课，三月为藩司课，四月为臬司课，五月为郡守课，六月又为巡抚课，周而复始。每月十八为山长课，课卷评超、特、一等，按等赏银。凡巡抚上任之初，必临书院。每年二月甄别升降内外课诸生，升内课者终年膏火有给，列外课者给少量笔札之费。道光三年（1823），巡抚陶澍倡率捐廉，得银4000两，置桐城新生洲产一处，岁可课银800两，以永为膏火之需，并改新生洲名为崇文。咸丰三年（1853）毁于兵，同治初总督曾国藩移建近圣街后岗，每月提厘局征收银为诸生膏火之费。光绪元年（1875），署布政使孙依言详请巡抚裕禄命有司大加修建，可容生徒百数十人，又倡捐经史书籍存院，藏书益富。二十四年（1898）布政使于荫棠、按察使赵尔巽移建集贤门百子桥。后改为武备学堂。著名山长有刘大魁、王西园、全祖望、姚鼐诸大师。二十七年（1901）改为安徽高等学堂，后改为省立第二中学。敬敷书院培养的大量人才，有力地促进了清代安徽教育文化的发展。

37.桐城派的肇兴

桐城派是于清中期兴起的散文流派，也是清代影响最大的古文流派。因其主要代表人物方苞、刘大櫆、姚鼐等均是安徽桐城人，故得名桐城派。由于清初的古文思潮以及求贤右文的政策措施，桐城派开始登上中国文学的历史舞台。桐城派文人在古文创作上主张"义法"，要求文章内容丰富、结构严谨、语言雅洁、思想透彻。桐城派在清代形成了一个学术谱系，形成了一套系统的理论，张起了一面古文的旗帜，拢聚了一个古文群体，在清代文学发展史上影响深远。此外，桐城派还使崇尚古文成为了一种由区域波及全国的时尚，对清代社会的各个层面、各个角落都产生了一定影响。

38.吴敬梓著《儒林外史》

清代文学家吴敬梓创作的长篇讽刺小说。吴敬梓（1701—1754），字敏轩，一字文本，安徽全椒人。其个人经历使其对当时社会种种弊端深恶痛绝且有清醒的认识，于是"秉持公心，指摘时弊"，积十余年之功著《儒林外史》，于乾隆十四年（1749）完书，共56回。小说语言准确、洗练，其文"戚而能谐，婉而多讽"，所塑造的人物生动形象，为中国古典讽刺文学的佳作。本书不仅奠定了我国讽刺小说的基石，开创了以小说直接评价现实生活的范例，更为后世的讽刺小说发展开辟了道路。

39.皖派朴学的勃兴

皖派朴学又称徽派朴学、皖派汉学，是兴盛于清代的一个以考据为主要治学方式的学术流派。其创始于江永而奠基于戴震，因戴震为安徽休宁人，故名皖派朴学，与当时吴派朴学并称于世。皖派朴学主张从音韵、训诂入手，考订古代典籍中每一字句的准确涵义，从而探寻其蕴含的旨意。皖派治学以考证精断见长，不拘泥于成说，富有创造性，成就较当时其他学派为突出。主要代表有江永、程瑶田、戴震、金榜、洪莹等。皖派朴学的出现，是清代汉学发展达到高峰期的标志。皖派学者不仅在经学，还在算学、天文、地理等方面作出了重要贡献。

40.《九华山志》的编修

清代对《九华山志》进行的多次编修。清顺治九年（1652），青阳吴光锡重修《九华全志》，共12卷。已佚，仅少数诗文散见于清代陈蔚《九华纪胜》。清康熙二十八年（1689），由喻成龙和李灿重辑《九华山志》，共12卷。清康熙二十八年（1689），僧祖格、清时同辑《九华东岩志》1卷，专载东岩（崖）之胜和人文景观，共分8景，附有图，已佚。清康熙五十年（1711），池州知府马世永（字元修）纂修《池州府志·九华山》，今藏安徽师范大学图书馆。乾隆四年（1739），池州知府李暲纂修《九华山志》，共12卷。康熙五十五年（1716），青阳贡生陈捷重辑《九华新志》，共10卷，未刊行，已佚。清道光元年（1821），青阳陈蔚（号梅缘）辑《九华纪盛》，共23卷。清光绪二十六年（1900），青阳知县谢维喈重修，训导周谤纂修《九华山志》，共12卷。该志为九华历代山志中资料最丰富、内容较完备的一部，其中绘有《九华山水全图》，并将九华名胜概括为"九华十景"，图文并茂。《九华山志》保存了大量有关九华山佛教的文献，是研究九华山山水文化、佛教文化的重要素材。

41.太谷学派的兴衰

太谷学派是清代安徽人周太谷创立的民间儒家学术流派。太谷学派盛行于江苏、山东等地，前后经历五代传人，首尾活动达百年以上。清道光元年（1821）起，安徽池州石台人周太谷在扬州传授"圣功"之学，一时从者数千。咸、同时期，张积中和李光炘受周太谷遗命，分别在山东黄崖山创立"北宗"、江苏宜陵创立"南宗"。由于他们接近民众，解除民众的疾苦，因而得到民众的拥护，极盛时达万人，其中多有社会精英，影响遍及当时大半个中国。黄崖山教案后，太谷学派便转入地下，李光炘也转至泰州等地传教。直到光绪年间，太谷学派的"叛逆"之名才得到平反。

42.清代徽州盐商的盛衰

徽州盐商指的是徽州商人中从事盐业的商人或商人群体的总称，是徽商的中坚力量。在盐政制度的数度变化过程中，徽州盐商的实力呈日益增长之势。从明万历四十五年（1617）到清道光十年（1830），徽州盐商基本把持了全国的盐业运输和买卖，是其发展的极盛时期。有清一代，徽州盐商基本上垄断了两淮和两浙的食盐运销，因盐业而成巨富者比比皆是，如乾隆时的汪应庚、江春、鲍志道等人，都是煊赫一时的两淮总商。尤其江春为两淮总商前后达40余年，其"以布衣上交天子"的现象，充分反映了徽州盐商的财雄势大。直至道光十年（1830），陶澍进行盐法改革，取消了徽商对于食盐销售的垄断权，对徽州盐商的发展造成了沉重的打击。此后，徽州盐商日益衰落，徽商亦因徽州盐商之衰而现颓势。

43.黄梅戏的发展

黄梅戏是安徽省著名的地方戏曲剧种，原名"黄梅调"或"采茶戏"。黄梅戏于清乾隆末期形成，至今已有200多年的历史。起源于湖北省黄梅县的采茶调，由民间艺人为谋生计而带入安庆。黄梅戏念唱以安庆地方话为基调，同时汲取徽剧、京剧及秦腔等戏剧的精华，融入了安庆地区流行的"花鼓戏""彩花戏""罗汉桩""道情""连厢""睦剧""送傩神""莲花落",特别是"青阳腔""徽调"等多种民间音调和戏曲艺术,其中《天仙配》《女驸马》等是黄梅戏的经典剧目。20世纪50年代初,在严凤英等人的改革下,黄梅戏发展成熟,并在1952年的上海演出中声名鹊起。20世纪50年代中期,通过影片和唱片传播到香港,引起热烈欢迎,不仅对当地的电影事业影响深远,还推动了当时流行于安庆地区的"独角戏"和"两小戏"(小旦、小丑)及"三小戏"(小旦、小丑、小生)的发展。1992年,第一届黄梅戏艺术节开展,不仅昭示着黄梅戏自身发展的日益壮大,还为安庆地区的经济发展起到了推动作用。

44.程长庚与京剧的形成

程长庚(1811—1880),名椿,谱名程闻樵,字玉珊,安徽潜山人。他是清朝同治、光绪时期技艺非凡、声名赫赫的京剧表演艺术家,工文武老生,是徽班进京后由演唱徽调、昆腔衍变为京剧的13位奠基人之一,曾被清末画家沈蓉圃绘入《同光十三绝》画谱。不仅担任过三庆班主,被同仁尊称为大老板,还担任过精忠庙庙首,三庆、春台、四喜三班总管。他腹笥渊博,能演各种剧目300余出,与四喜班张二奎、春台班余三胜同为京剧第一代演员的三位老生杰出人才。虽比余、张享名较晚,但其威望极高,并称老生三杰、老生三鼎甲,且名列"三鼎甲"之首。程长庚为京剧艺术的形成作出了巨大贡献,被誉为"徽班领袖""乱弹巨擘""京剧鼻祖""伶圣剧神"等。

45.郑复光著《镜镜詅痴》

清代中期歙县著名物理学家郑复光创作的光学名著。郑复光(1780—约1853),字元甫,号浣香,安徽歙县人,清代著名科学家。《镜镜詅痴》是郑复光所写的光学著作,而"镜镜詅痴"可解释为"就镜照物问题之愚见"。此书初稿形成于道光十五年(1835)之前,正好处于西学东渐思潮中断了约有百年的时期。《镜镜詅痴》全书共5卷,分为《明原》《类镜》

《释圆》《述作》4部分，卷末附《火轮船图说》。《明原》论述几何光学的几个重要基本概念；《类镜》介绍镜的材质、颜色和形状，重点阐述了镜能反射和透过光线的原因；《释圆》是全书的中心，主要讲论凸、凹透镜成像原理及其各自成像的特点，对透镜组成像情况做了说明，对凸、凹透镜之间各种量的关系提出了一系列参数；《述作》主要讲17种光学仪器的原理、制法、用法和保养方法。《镜镜詅痴》是中国科技史上第一部比较系统的光学专著。

七

近代

1.程懋采领导抗英备战

鸦片战争时程懋采积极筹备抗击英国侵略之事。程懋采（一作程梾采），谱名新曦，又名赞采，字憩棠（一作字憩堂），江西省新建县人，祖籍安徽歙县。嘉庆十九年（1814）中进士。道光十六年（1836）任安徽布政使，十九年（1839）升安徽巡抚，二十三年（1843）去职。鸦片战争爆发后，主张抗击英军，并督令各县从财政、民生、军事各方面做好备战准备，以抵抗英军的入侵。程懋采任职期间，整顿吏治、财政，为安徽财政清厘节支100余万两，并有效地治理了江水泛滥。在职一方，多有政绩，有着较好的声誉。在做好地方吏治财政的同时，程懋采同样重视练兵备战，每天亲自观阅标兵操演。鸦片战争爆发后，他奏请大量招募游民充作壮丁，经过训练，平时从事巡防，战时赴前线作战。他的奏请很快得到清政府的批准。在他的督促实施下，两年时间，安徽拥有近2000名募勇，这些人中的大部分参与了安徽省内的长江防务。道光二十二年（1842）七月，英军船只进入江口，停泊焦山等处，有进犯江宁之意。巡抚程懋采派员带兵并带足军火器械粮饷驰赴防堵。后英舰驶至南京，巡抚程懋采即率师并募乡勇1400余名驰防芜湖，制定防御战略，根据英军善于水战的优势，程懋采在江岸构筑了三道防线，安徽境内的江岸形成了一套严密的防御系统。此时，前方传来英军愿意议和的消息，但程懋采并未因此掉以轻心，仍令士兵严守防线，直至英军退出长江口。

2.姚莹著《康輶纪行》

姚莹撰写关于西藏各方事务的书籍《康輶纪行》之事。姚莹（1785—1853），字石甫，安徽桐城人，嘉庆十三年（1808）中进士。姚莹虽出身桐城，但不好训诂，不受考据、文章、义理之用，与龚自珍、魏源等交游，关心时政，主张经世之学。鸦片战争爆发后，时任台湾兵备道的姚莹，与总兵达洪阿一起率领台湾军民抵抗英军入侵。鸦片战争结束后，姚莹被劾以"冒功杀俘"，以知州发往四川，被四川总督宝兴委派前去调解乍雅两呼图克图（呼图克图，清代专用于藏传佛教大活佛的封号）之争。1844—1846年间，姚莹两次前往西藏乍雅考察，对西藏的认识更加深入。1845年，在实地考察的基础上，加之先前对藏文化的了解，完成了《康輶纪行》一书，该书与《海国图志》《瀛环志略》等成为鸦片战争后经世致用思潮的代表著作。《康輶纪行》共分16卷，旨在"知彼虚实"，以"冀雪中国之耻，重四海之防"。关于该书，姚莹自己总结其内容为6个部分："一乍雅使事之始末，二刺麻（喇嘛）为诸异教源流，三外夷山川形势风土，四入藏诸道路远近，五泛论古今学术事实，六沿途感触及杂撰诗文"。《康輶纪行》是开眼看世界的产物，姚莹在书中主张学习西方先进技术，师夷长技以制夷。该书对英法历史，英俄、英印关系，印度、尼泊尔、锡金入藏交通要道，以及喇嘛教、天主教、回教源流等问题，都有所阐述，尤其注重考察西藏地区情况，呼吁清政府重视西藏问题，警惕英人对西藏的觊觎之心。

3.百年罕见洪灾席卷全省

道光二十九年（1849）夏，安徽省暴发了罕见的洪灾。早在道光二十八年（1848），安徽省降雨偏多，多地已经被淹，第二年，降水不减反增。怀宁、桐城、宿松、望江、潜山、太湖、贵池、东流、建德、青阳、宣城、南陵、当涂、芜湖、繁昌、广德、宁国、合肥、舒城、六安、霍山、和县、无为、庐江、巢县、五河、太和等全省大部分地区连降大雨，河水骤涨，沿江江潮倒灌，淹没民田，溺死人畜不计其数。全省受灾计36个州县，其灾害之重，为近百年所罕见。无为长江江堤溃，和州大水入城，一个多月之后大水才退却。洪灾带来了多地的饥荒，致使粮价飞涨。如当时的广德地区大雨自四月至六月不止，洪水泛滥入城区，田禾淹没，当地发生了大面积饥荒，一斗米涨至铜钱600文，给当地人民带来了深重的灾难。朝廷也曾采取一些救济措施，"给安徽凤阳等三县水旱灾口粮"、蠲缓"安徽泗州等二十四州县被灾新旧额赋"、"加赈安徽无为等十四州县卫水灾"、给"安徽和州等十三州县水灾口粮"，在一定程度上缓解了洪灾影响。

4.王茂荫与纸币改革

王茂荫提出将不兑现纸币变为兑换纸币的经济改革之事。王茂荫（1793—1865），歙县人，字子怀，1832年中进士，1851年任监察御史，1853年任户部右侍郎兼管钱法堂事务，1854年调任兵部右侍郎，1862年署理左副都御使，改授工部右侍郎，1863年调任吏部右侍郎。咸丰元年（1851）为给清政府筹措军费，王茂荫上《条议钞法折》。三年（1853），针对肃顺等请添铸"当百、当五百、当千"大钱的建议，他上《论行大钱折》。翌年（1854），他又对发行不兑现纸币上《再议钞法折》。他认为行钞"不能无弊"，只可作"权宜"之计，发行钞币以1000万两为限；反对铸大钱，指出"大钱以虚作实，似实而虚"，铸大钱必将"亏国""病民"；主张发行可兑换的纸币，反对发行不兑换的纸币，在钞币流通中发挥银号等私商作用。王茂荫力主将不兑现纸币变为兑换纸币，触怒了咸丰皇帝，被调离户部。马克思在《资本论》第一卷第一篇注83中曾提及此事，王茂荫是马克思在《资本论》中唯一提到的中国人。

5.陈玉成、李秀成召开枞阳会议

陈玉成、李秀成商议如何解除清军包围天京之事。天京事变后，清军加紧围困天京。咸丰八年（1858）七月十五日，太平军陈玉成、李秀成等百余将领聚会枞阳望龙庵，此即第二次枞阳会议。会议由陈玉成主持，讨论解救天京的军事计划。会议决定恢复五军主将制度，实行统一指挥和联合作战的方针。各个将领表示"各誓一心，订约会战"。这次会议对太平军扭转不利战局起了重要作用。会后，陈玉成军于是日占领安徽重镇庐州。八月二十一日，陈玉成、李秀成军与江北大营德兴阿部大战，江北大营溃败，天京威胁暂时解除（是为太平天国二解京围战役），恢复了天京与浦口的交通。

6. 太平军三河大捷

太平军在三河打败湘军李续宾部之事。1858年枞阳会议后，陈玉成、李秀成挥师东进，取得击溃江北大营等胜利。湘军精锐李续宾部6000余人进犯皖北，连陷潜山、桐城、舒城，进攻太平军重要据点三河镇，进逼庐州。咸丰八年（1858）十月十日，李秀成、陈玉成军抵白石山，张乐行集中凤阳、怀远各路捻军，龚得树集中淮北各路捻军，共10余万人，与太平军会师，进行了规模浩大的三河大战。在太平军、捻军联合围攻下，清军5000余人全部被歼，击毙湘军悍将李续宾及文武官吏400余人，十三日战役结束。此即为历史上著名的太平军"三河大捷"。三河大捷后，太平军乘胜南进，连克舒城、桐城，围安庆之湘军也闻讯后撤。湘军元气大伤，年余不敢东犯。太平天国由此赢得时间，重振军旅，坚持反清作战。

7. 太平军安庆保卫战

太平军抵抗湘军保卫安庆失利之事。咸丰九年（1859）九月三日，曾国藩与胡林翼筹商进兵安徽。当月二十一日，曾国藩向清廷具奏四路征皖之策。同年十一月十三日，曾国藩率清军入皖驻军宿松，英王陈玉成屯军太湖、潜山与之相持。曾国荃率陆师万人会同杨载福水师4000人围困安庆，多隆阿、李续宜率马步2万打援。安庆自咸丰三年（1853）为太平军占领后，一直是拱卫天京的西线屏障和粮源要地。湘军进围安庆，直接威胁着天京的安全。十年（1860）秋，天京当局从江、浙战场调集大军，迫使湘军西撤未遂。十一年（1861）春，天京当局从大江南北调集大军，直接进攻围困安庆之敌，但连遭挫败。太平天国英王陈玉成为保卫安庆，率军多次救援，进行了两年之久的艰苦卓绝的斗争。咸丰十一年（1861）七月十九日，陈玉成与杨辅清、林绍璋、黄文金等入集贤关，四援安庆。八月一日，湘军曾国荃部攻陷安庆。太平军守将吴定彩、叶芸来及全军1万余人均战死或投江殉难。陈玉成与杨辅清、林绍璋、黄文金等退出集贤关。天京西线屏障遂失，全局震动。从此，太平军对清军转入防御阶段。

8.捻军雉河集会盟

捻军首领在雉河集会盟改变分散状况之事。1856年2月（一说1855年秋），捻军不同旗色不同地区的领袖在雉河集举行的一次重要会议。捻军是19世纪中叶，在皖北地区揭竿而起的一支农民起义队伍。雉河集位于安徽亳州涡阳县，曾经是捻军起义的发源地，会议成立了联盟组织，推举张乐行为盟主，号称大汉明命王（又作大汉永王），定都于尹家沟，雉河集为陪都，疆域在豫皖鲁三省之间，并封官授爵，祭告天地，颁布了一系列信条和大汉盟主告示，制定了19条行军条例，加强捻军组织管理。建立了五旗军制，五旗分别是黄、黑、白、蓝、红，每旗设一总旗主，张乐行兼黄旗总旗主，命聂得树为白旗总旗主兼军师，命侯士伟为红旗总旗主，命韩奇峰为蓝旗总旗主，命苏天福为黑旗总旗主。捻军雉河集会盟是具有重大意义的一次会议，改变了捻军"聚之为捻，散之为民"的分散无组织状态，形成了一支有组织、有纪律、指挥统一、军纪严明的农民武装队伍。雉河集会盟后，"每旗各有首领，皆听盟主调遣，形式上趋于统一，成为北方抗清主力"。

9."杨园子大屠杀"

清军攻克捻军基地后血腥屠杀之事。咸丰二年（1852）捻军起义后，清政府认为淮阳人民通匪，下令"检洗"（即检查和清洗）。咸丰六年（1856）五月十七日，清军总兵崇安部攻克捻军基地雉河集，在杨园子村进行了大屠杀。崇安认为皖北无净土，百姓通匪，无一良民，均该杀死，所以攻破雉河集后，以"勘检"为名，将几十个村庄的群众一起集中在杨园子，进行集体屠杀，并放火烧尸。被他一次杀掉的有数千人，就连杨园子的地主张继唐也被他杀了，造成捻军史上著名的"杨园子大屠杀"。

10.太平军与捻军建立联系

太平军与捻军正式协同抗击清廷之事。咸丰六年（1856）六月，太平

279

军李秀成部为了与捻军建立联系，通过李昭寿和张乐行的关系，由桐城送信给在三河尖的张乐行，邀请捻军参加太平天国。张乐行也有意借太平天国之声势，摆脱屡经受创、势渐披靡的困境，接得信件，当即复文表示同意，是为太平军与捻军建交之始，也是两军联合的第一步。正当捻军决定与太平军联合抗清的时候，清军又向三河尖地区发动进攻，于是张乐行率军向北转移。咸丰七年（1857）二月六日，张乐行率捻军再次占领三河尖。咸丰七年（1857）二月九日，在霍邱地区与太平军会师，达成了联合作战的协议。霍邱会师，虽达成了两军联合作战的协议，但张乐行捻军听封不听调用，名义上奉太平天国正朔，蓄发，受印接受太平天国封号、官爵，但太平天国不能随意指挥、调遣捻军，捻军依然保持自己的独立组织和领导系统，张乐行仍然用"大汉盟主"的身份颁发布告檄文。

11. 捻军在六安

捻军在六安进行抗清斗争并遭遇失败之事。咸丰七年（1857）二月八日，太平军李秀成部与捻军李昭寿部攻占六安。二月九日，太平军与捻军主力会师于霍邱地区，两军首领共同商讨联合作战问题，达成了两军联合作战的协议，但张乐行捻军听封不听调用。随后李秀成携捻军龚德树部攻占霍邱县，并以此作为捻军的根据地，捻军由此在六安活动，改换太平天国旗帜，以太平天国名义进行抗清运动。咸丰八年（1858）四月十三日，捻军与清军在六安大战，捻军出现叛徒接应清军，捻军大败。六安被清军攻破，张乐行等率众退出六安，捻军在六安地区的斗争由此结束。

12. "刘饿狼事件"

捻军由于对待太平军的不同态度导致内部斗争之事。"刘饿狼事件"，又称"六安事变"。咸丰七年（1857）十月，捻军分化为两派，一派以张乐行和龚德树为首，另一派以刘永敬及刘天台为首。张乐行和龚德树主张与太平天国联合作战，并接受太平天国的封号和领导，主张不回淮北。刘永敬（绰号"饿狼"）和刘天台（绰号"小白龙"）主张不与太平天国合作，要捻军撤回淮北，独树一帜抗清。结果两派发生激烈斗争，最终龚德树以"反叛"的罪名杀死了另一派的首领刘永敬及其侄刘天台，张乐行一派获胜，是为捻军史上著名的"刘饿狼事件"。刘饿狼事件发生后，刘永敬部众大愤，蓝旗其他旗主魏喜之、宋喜元、刘天福、刘天祥等率领十几万蓝旗捻众回到淮北。

13.捻军发动定远战役

捻军和太平军围攻并占领定远县城的战事。咸丰七年（1857），清廷为了加强淮南一带尤其是定远的防卫，派安徽巡抚翁同书率兵戍守定远。咸丰九年（1859）五月，捻军张乐行、太平军吴如孝率兵围攻定远城。巡抚翁同书退驻炉桥，留部下卢文熊数百兵扼守城外东北角，城内则由吉单圣守东门，候补县丞梁增泰守南门，甸湖营都司恩庆守西门。持续20多天，农民起义军累攻不克，此时，太平军从皖东火速驰援定远。六月十二日夜，守军卢文熊部突围西逃。十七日夜，农民起义军炸毁城墙攻进城内。六月十八日，农民起义军与守城清兵展开巷战，道员郭沛霖等被杀，知县周沛谦等自尽。定远战役的胜利，使捻军的怀远中心和太平天国的庐州中心连成一片。

14.僧格林沁入皖剿捻

清廷派僧格林沁在安徽地区剿灭捻军之事。同治元年（1862），清廷调整和加强了"剿捻"的部署，派僧格林沁代替袁甲三，统辖鲁、豫、皖"剿捻"，地方官督抚以下均归其节制。同治元年（1862）五月十日，以僧格林沁为首的清军大举进攻，首先攻陷了白莲教军据守的商丘马牧集金楼寨。同治元年（1862）九月，李英才等拜见僧格林沁，请求并引导清军进攻皖北。僧格林沁移军入皖，进攻亳北捻军黑旗李廷彦的"领旗地区"。至月底，芦庙、邢大庄、张大庄、王新庄、丁圩、孙老庄、孟楼、五马沟等捻圩相继被清军攻陷，捻首李廷彦、张守玉、孙彩蓝等战死。原在亳东活动的夏邑黑旗捻目宋希元和雷彦等叛变投敌。同治二年（1863）二月，清僧格林沁亲王攻下亳州雉河集，张乐行被叛徒俘送至清营遇害。经过这次战争，前期捻军的力量损失殆尽。

15.厘金税在安徽设立

咸丰三年（1853）清政府为给江北大营筹措镇压太平军的军饷，开始设立厘金税。安徽从咸丰三年（1853）起开办征收茶叶税厘助饷，税率从重计算，至同治六年（1867）茶税比原定税负增加二点七倍。咸丰六年（1856），钦差大臣胜保在皖江南北两岸先设盐茶牙厘各局征收商税，以补关征。湘淮军在全省各地广立关卡，征收之款就近送营补充。咸丰十一年（1861），两江总督曾国藩设总局于安庆，其后于芜湖、寿州两处分设总局，以为各卡纲领。安庆省城厘务总局管理沿江一带分局，芜湖厘务总局管理皖南一带分局，寿州厘务总局管理皖北一带分局。各卡收厘以值百抽二为率。同治三年（1864）前后，江苏、湖南、湖北、江西、安徽、福建、广东等省的厘金收入，几乎全部用作镇压农民起义的军事费用，特别是湘军和淮军的饷源，自始至终以搜刮厘金为基础。

16.阜阳白莲教起义

阜阳白莲教响应太平军北上发动起义之事。咸丰八年（1858）一月，太平军北上活动，安徽阜阳的白莲教负责人王庭桢、李朝化、李彰仕、李长四等人，联合这一地区的捻军将领刘石滚、张三等人发动起义，响应太平军北上。王庭桢称顺天军师，李彰仕称大司马，以阜阳西炉集为活动中心。起义军队伍不断壮大，一度发展至5000人，河南沈丘、项城、息县等邻近地区的群众也积极响应支持。咸丰八年（1858）三月三日，河南巡抚英桂派德楞额带兵前往镇压白莲教起义。阜阳白莲教起义军缺少外援，难以抵抗，以失败告终，白莲教首领大多殉难。

17.李鸿章正式建立淮军

李鸿章在安徽招募淮勇建立淮军之事。咸丰十一年（1861）十二月，曾国藩、李鸿章开始于安徽舒城、庐州一带招募淮勇，曾国藩向清廷推荐李鸿章统率，是为淮军初基。同治元年（1862）正月，曾国藩命李鸿章统领淮勇，又调拨湘勇数营归其指挥。二月四日，李鸿章陪同曾国藩到安庆校场检阅各营，淮军正式宣告成立。二月二十八日，上海会防公所雇用英国轮船7艘到安庆接运李鸿章部的淮军。四月四日，淮军9000人全部运抵上海。轮船运兵援沪，是为淮军初建的动因。当时淮军共有10个营头，分为13营，计亲兵营二营，林字营二营，开字营二营，其余春字、铭字、鼎字、树字、庆字、熊字、垣字各为一营，加上后续到的淮扬水师九营，是李鸿章援沪时的全部兵力。淮军营制出自湘军，聘请外国军官担任教习，训练洋操，使用洋枪洋炮。光绪三年（1877），淮军又参照德国的营制，建立了克虏伯炮队，成为中国近代史上第一支近代化军队。但淮军并没有改变勇营旧制，体制存在种种矛盾和弊端，比如：忽视思想教育、军事训练中存在"教习之弊"、军费供应紧张、军事体制改革举步不前。这也说明了后来袁世凯的新式陆军出现的必然。

18. 曾国藩设安庆内军械所

咸丰十一年（1861）十一月，曾国藩在安庆设立了安庆内军械所。曾国藩在镇压太平天国起义中，深感洋枪洋炮的威力，于是在他攻陷安庆后，便设立了安庆内军械所，这也是洋务派所创办的第一家军事工业。这里的"内"是指资金全靠湘军军费供应，产品全部供给湘军内部使用，技术力量完全来自中国国内，不雇佣外国人。内军械所集中了当时中国最好的一批科技人员（如华蘅芳、徐寿、龚芸棠、徐建寅、张斯桂、李善兰、吴嘉廉等）。安庆内军械所主要生产子弹、火药和炸弹等军火和轮船装备给湘军使用，并不对外售卖。劳动力也是从水师中调配，基本上是采用土法手工操作。同治元年（1862），开始试造轮船，但是制造产品低劣，整个军械所还处于摸索阶段，并带有明显的封建官府手工业的特点。安庆内军械所是中国人依靠自己的力量建立的第一个近代军事工业企业，也是中国近代机械工业的发端，它所生产的炸弹和火炮等军火在后期镇压太平天国运动中起到了非常重要的作用，增强了湘军的力量，也为后来的江南制造总局及福州船政局的建立和发展提供了重大的指导作用。同治三年（1864），湘军攻陷南京，安庆内军械所由安庆迁往南京，改建为金陵内军械所。

19. 中国第一台船用蒸汽机在安庆诞生

华蘅芳、徐寿独立造出中国第一台船用蒸汽机之事。1862年，曾国藩在安庆创办了安庆内军械所，聘请华蘅芳、徐寿为工程师。华蘅芳与徐寿同为江苏无锡人，曾一同结伴前往上海的墨海书馆，跟随当时很有名气的数学家李善兰，潜心学习近代西方物理、数学知识。1862年3月，两人同时进入了曾国藩创办的安庆内军械所。面对当时外国轮船在中国内河肆意游荡的景象，华蘅芳、徐寿两人十分愤慨，立志造出中国第一艘近代化轮船。但由于当时清军水师使用的都是桨动力帆船，没有近代化的蒸汽动力，也就无法造出近代轮船。于是两人开始研造蒸汽机。在一无图纸、二无资料的境况下，两人仅仅从《博物新编》这本书上看到一张蒸汽机的略图，又到停泊在安庆长江边的一艘外国小轮船上观察了整整一天，经过反复研究，精心设计，花了3个月的时间，终于在1862年7月制成了我国第一台蒸汽机。曾国藩在日记中写道："同治元年七月初四日，华蘅芳、徐寿所作火轮船之机来此试演。""窃喜洋人之智巧，我中国人亦能为之，彼不能傲我以其所不知矣。"此后二人又制造了"黄鹄号"蒸汽轮船，为中国第一艘以蒸汽为动力的轮船。

20. 曾国藩在安庆创设书局

同治二年（1863），曾国藩为两江总督，驻安庆，在任家坡军械库内设书局，即金陵官书局前身，这是各省官书局中创建最早的一个。曾国藩早在进兵安庆之时，便派幕宾莫友芝代为遍访江南遗书，同治二年（1863）授意在安庆创设书局，发展文教，全数刊刻了《王船山遗书》。同治三年（1864），湘军攻陷南京，书局随之迁移至金陵冶城山，称金陵官

书局。在金陵官书局的带动下，浙江、江西、湖北、安徽、山西、山东、直隶、贵州、云南、四川、广东、福建、湖南等地，也相继建立了官书局。

21.西方势力进入安徽

在西方势力冲击之下出现近代医院、学校、企业等。鸦片战争后，西方用坚船利炮打开了中国的大门，在安徽，西方势力主要是通过教会的传播、通商口岸的开放来扩张。在宗教方面，西方传教士早在17世纪末就在安徽建立了教堂，至20世纪初，全省大约有大小教堂500所。传教士在进行传教之余，还热衷于教育医疗事业。光绪十四年（1888），美国传教士维吉尔·哈特在芜湖创办了安徽第一家教会医院——芜湖医院，他的儿子赫怀仁后来担任该医院院长。光绪二十九年（1903），加拿大传教士毕竟成来芜湖，在青山街创办"育英学堂"。在经济方面，安庆设置洋务局，芜湖开埠并设立海关、划定租界界址，西方工业成品大量涌入安徽。光绪二年（1876），中英《烟台条约》规定，芜湖为通商口岸，将安庆、大通作为外国轮船停泊地点和上下货物的"寄航港"。是年，安徽巡抚裕禄奏准在安庆设洋务局，专司外事交涉。除了工业成品，外国资本亦大量涌入安徽，如煤矿。光绪八年（1882），安徽贵池、广德、繁昌、东流、泾县等地先后开采煤矿。光绪九年（1883），诏各省煤矿招商集股举办，安徽宣城煤矿即为华洋合办企业之一。光绪二十八年（1902），外务部改定《矿章》，凡华、洋商人得一体承办矿务。同时，安徽也开始了近代工业的摸索阶段，从最初的安庆内军械所到益新面粉公司，都表明安徽逐渐走出封闭的世界，安徽的经济、教育、文化都开始走向现代化。

22.池州煤矿创办

池州煤矿，是光绪三年（1877）三月由广州商人杨德负责投资集股和筹备开采创办的安徽第一家官督商办、使用机器开采的近代煤矿，较开滦煤矿早一年。光绪三年（1877），最先创设招商兴办池州煤矿的是李振玉，但最终创办者和主要主持人是广州商人杨德，他主要负责该矿的筹备开采和经营管理事务。初创时资本10万两，其中招商局投资3万余两。开工当年出煤仅22吨，1882年增为2100吨。池州煤矿起初主要运销上海一带，但其所采之煤系无烟煤，不适用于轮船使用，销路不容乐观，后来改销本省芜湖等地，销量有所增长。光绪六年（1880），煤炭输出量暴跌，为了挽救颓势，杨德希望通过招商扩充设备，扩大开采规模，于光绪十三年（1887）真正招募新股。但由于1883年上海金融风潮，使民众对新式企业信心不足，所以招募效果并不理想。池州煤矿只能维持小规模开采，至19世纪90年代便日渐衰落，杨德死后，池州煤矿出口量也大不如从前，于光绪十七年（1891）矿厂倒闭。

23.芜湖划定租界

西方各国在芜湖划分公共租界之事。光绪二年（1876），英国与清政府签订《烟台条约》，将芜湖、宜昌、温州、北海4处增辟为通商口岸，还规定在新开各口未定租界的从速划定租界。光绪三年（1877），英国驻烟台领事达文波来芜湖，与芜湖关道刘传祺交涉，双方签订《租界约》，划定芜湖租界界址，勘定县治西门外沿江宿（松）、太（湖）木商滩地，南自陶家沟起，北抵弋矶山脚止，东自普同塔山脚起，西抵大江边止，作为各国公共租界，任各国洋商在界内指段划租。光绪二十八年（1902），时任芜湖关道的吴景祺拟订《芜湖通商租界章程草稿》，后经英国驻沪领事柯陛良和安徽巡抚聂缉椝修改。光绪三十年（1904），英国驻沪领事柯陛良和芜湖关道童德璋对《芜湖租界章程（商办章程）》进行磋商和修改后，并代表两国政府正式签字，中英正式签订《芜湖各国公共租界章程》。光绪三十一年（1905），芜湖各国公共租界正式成立，出席者有芜湖关道、英国领事、税务司及全体地方之官员。光绪三十二年（1906），芜湖各国公共租界正式由外商承租。芜湖租界开辟之后，外国商人在芜湖购置滩地、建码头、设洋行，设立由外国人控制的皖岸盐务稽核处，大量倾销洋货，对芜湖的经济进行控制和掠夺，但同时租界的建立对芜湖经济发展有

一定推动作用。

24.芜湖海关正式建立

芜湖正式建立近代海关之事。芜湖海关为旧中国40处海关之一，光绪二年（1876）根据中英《烟台条约》规定，开始建立芜湖海关。三年（1877）二月十八日正式开关，对外开埠，并订立《芜湖海关试办章程》（十八则），专征轮船装运的进出口货物税款，由税务司管理关务，兼管港口、航政、代办邮政、气象等业务，还负责稽查鸦片走私。芜湖海关通用英语。税务司受命于外籍总税务司，掌管海关人员的招募、调遣、晋升、撤换等。首任税务司是德国籍吴德禄，首任税务关道为刘传缤。除了担负正常业务外，芜湖海关还秘密收集各地政治、经济、军事、文化、社会风俗等情报，称为海关秘密行政。每年芜湖海关年报《杂项》一栏内，主要记载安徽各地各方面动态。同时，海关还广泛收集芜湖附近地区煤、铁、铜、锡等矿产分布情况，以及宣纸制造的工艺过程。

25.芜湖弋矶山医院的建立

芜湖创建近代安徽省第一所西医医院。1883年，维吉尔·哈特（1840—1904）在弋矶山购得一块土地，竖起刻有"美以美会医院界"的界碑。1888年，这所在扬子江畔的弋矶山创建的安徽省第一所西医院，名为芜湖医院，英语全称"Wuhu General Hospital"，即今"皖南医学院第一附属医院弋矶山医院"的前身。1895年，维吉尔·哈特次子赫怀仁，来到芜湖医院主持工作。他在弋矶山西南角的一间破庙里挂起"施诊所"的招牌，借以传教和为人看病。由于芜湖当时缺乏西医，因此诊所很受欢迎，逐渐发展成一栋两层砖木结构的小楼，收治病人并进行传教活动。随后赫怀仁依靠"庚子赔款"和美以美会的资助，开始兴建医院。1914年赫怀仁因伤寒病逝并埋葬于弋矶山医院。1920年医院不慎引起大火，南京卫理公会派传教士江德来芜，担任院长职务，并在美国广泛募捐，又向中国煤油公司、烟草公司筹集大宗款项，扩建主楼和西楼，作为医疗和布道之用。

后由传教士、医学博士、公共卫生学硕士包让（Robert E.Brown）接任院长之职，包让到职后，完成了主大楼未完成的工程，开设内、外、妇、儿等科室和辅助室，在长江中下游地区有一定影响。医院于1927年在弋矶山建成一座6层病房大楼。大楼内部装备先进，自备发电机，有蒸汽锅炉集中供暖，升降电梯等，并装备有X光机等大型医疗器械和条件良好的手术室；开设内、外、妇、儿等科室和药房、化验等辅助室，设床位75张，成为当时安徽省内一流的综合性教会医院。1929年秋，蒋介石曾参观了该院，为医院题写"芜湖弋矶山医院"，并捐款300银圆。1951年5月，教会放弃对医院的管束。同年8月，由安徽省人民政府接管，改名皖南芜湖医院。

26. 芜湖天主教堂的建立

天主教堂在芜湖正式建立。芜湖天主教堂，位于芜湖市镜湖区吉和街28号。1883年法籍耶稣会士、宁国府总本堂神父（堂区中的主任司铎即本堂神父）金式玉（又名金缄三，Joseph Seckinger）来到芜湖，购得鹤儿山土地。1889年开始建造圣堂，江南教区主教倪怀纶（Valentin Garnier）为圣堂举行了奠基礼。1891年5月，发生芜湖教案，即将竣工的教堂被焚毁。事后得到12万两赔款，于是在原处扩大规模重建，1895年6月落成，由倪怀纶主教进行了祝圣（基督教中通过牧师或神父的祷告，使某样物品从普通的东西变为圣洁的行为）。教堂建筑面积1300平方米，砖木石混合结构，是整个江南教区（苏皖两省）除上海以外规模最大的教堂。整个教堂平面呈拉丁"十"字形，建筑式样为罗马风格，细节上又具有哥特元素。正面左右两座钟楼高约18米，钟楼之间便是教堂的顶端了，上面竖立着耶稣像，直立的身躯和平伸的双臂交叉成高约5米的"十"字，寓意为救赎，通体白色寓意圣洁。教堂坐东朝西，采用长"十"字形平面，面宽17米，最宽处27米，东西长达39米，塔楼最高处为29米。在直廊和横廊的交汇处设有3个祭台，正中是耶稣养父圣约瑟，左侧是圣母玛利亚，右侧是圣子耶稣，墙面绘有"圣经"彩色故事。1921年成为天主教安徽教区的主教座堂（天主教会里，教区正权主教所在的教堂称为"主教座堂"）。1930年分出去安庆教区、蚌埠教区后，这里继续作为芜湖教区的主教座堂，由西班牙耶稣会接管。中华人民共和国成立后，中国天主教会设立天主教芜湖教区，该教堂亦是主教座堂。2000年，芜湖市政府在教堂前建成吉和广场。2003年，教堂进行大修。2004年，市政府又对天主教堂进行亮化，使其成为芜湖的精品观光景点。同年，芜湖天主教堂被列为省级重点文物保护单位，并申报全国重点文物保护单位。2013年，该建筑被列入第七批全国重点文物保护单位。

27.芜湖益新米面机器公司创立

安徽近代最早使用机器生产的面粉公司在芜湖成立。光绪二十年（1894），因芜湖道台不准其开业，章维藩改向香港英国殖民局注册了一家公司，名称为"芜湖益新米面机器公司"，主要以制作面粉为业，所以简称"芜湖益新面粉公司"。光绪二十年（1894），建成制粉大楼3层楼房1幢，但面粉厂直到光绪二十三年（1897）才投产。芜湖益新面粉公司是国内最早的面粉厂之一，是芜湖最早开设的工厂，安徽省最早使用机器生产的面粉公司。早于益新投产的机器面粉厂（商办企业），中国只有3家，包括光绪四年（1878）开设的"天津贻来牟机器磨坊"、光绪二十二年（1896）开设的"广州机粉厂"，还有光绪十九年（1893）创办、日产面粉200担的"北京机器磨坊"。益新面粉公司生产的飞鹰牌面粉，被誉为全国头牌面粉。当时在芜湖的老百姓中有"两个半烟囱"的说法，益新面粉厂属于其中的半个烟囱，但益新的发展受到外国势力和封建官府的双重制约。英国领事富尔和芜湖道台元畅限定他每天生产量只能做米50石，做面60石，超过这个限额就要受罚。不久，益新面粉公司入不敷出，陷入困境。宣统元年（1909），益新面粉公司被焚。后来恢复，于1916年重新开张，规模也有所扩大，增资达35万元。

28.芜湖、大通邮政总局设立

近代邮政机构在芜湖、大通等地设立之事。光绪二年（1876），中英《烟台条约》增设安徽芜湖为通商口岸。光绪三年（1877），芜湖正式开埠，同时设立芜湖海关，海关试办邮政。光绪二十年（1894）十月，法国人格莱森设立了"芜湖书信馆"，这所书信馆主要是为外国商人、传教士、侨民服务的，也称为"埠际邮政""埠际邮局"。光绪二十二年（1896），总理各国事务衙门决定由国家统一邮政事业，成立了"大清邮政官局"，芜湖的埠际邮政停业。芜湖海关在二街设立邮政总局，在长街徽州会馆和青山街等地设立分支局。这是安徽省创办近代邮政的开端。芜湖邮政总局附设在芜湖海关内，由海关税务司管理。光绪二十五年（1899），除芜湖邮政总局以外，安徽开设邮局两处，隶属芜湖邮政总局，一处在大通，一处在安庆。大通邮局设于和悦洲皖岸盐厘署内，由盐厘税务司管辖。光绪二十七年（1901），芜湖邮局内始设邮政代办局。光绪三十年（1904），大通改定为独立的副总局。芜湖邮政总局和大通邮政副总局是安徽省邮政史上最早的近代邮局，对安徽省邮政事业的发展起到了非常重要的作用。

29.安徽电报事业的发端

光绪九年（1883），自镇江经南京至汉口的长江电报线路建成后，安徽开始发展电报事业。芜湖正式设立了二等电报局，开办有线电报业务，初建时线路有3条。此举在皖居领先地位，为安徽电报事业之始。沿江的采石、大通、池州、殷家汇也开始建立电报局，开办电报业务。早期电报有官办和商办两种。宣统二年（1910），全国官办、商办电报均收归邮传部管理。1912年后归交通部管理。

30.芜湖米市的形成

清末芜湖成为全国"四大米市"之首。芜湖地处长江下游，盛产稻米等农产品，有"鱼米之乡""皖之中坚""长江巨埠"等美誉。光绪二年

（1876），中英签订的《烟台条约》将芜湖等城市辟为通商口岸，芜湖内地的农产品也由此输出，为芜湖的粮食出口提供了良好的条件。光绪三年（1877），李鸿章奏请将镇江米市迁至芜湖，芜湖道员张荫桓亲自到镇江，利用同乡情谊大拉关系，对广潮米帮许诺了各种优惠措施，吸引了广潮米帮在芜湖投资设厂，烟、宁两帮也接踵而至。米市迁芜之后，全国大量的米粮由此集散。光绪二十四年（1898），清政府在芜湖设立了米捐局，以强制手段保证米市充裕、稳定的粮食来源，米市因此进入繁荣发展时期，芜湖成为长江中下游最大的米粮集散地。当时规定，凡本省大米必须先在芜湖纳税方可出口。从芜湖出口1石米，需要缴纳捐银1钱1分7厘2毫，江苏捐银7分。芜湖米市曾居"四大米市"之首，1876年至1927年是芜湖米市不断发展的兴盛时期。光绪二十五年（1899），经芜湖关出口米达492万石，占芜湖出口货值总额的87%，约占当时中国各埠输出米的75%。口岸通商关税98万两。1919年经芜湖输出的米粮突破800万石（一说达1000万石）。1927年至1937年为芜湖米市的衰退期，1930年国民党实行统税制度，裁撤江苏、安徽的米捐局，加之1936年粤汉铁路完工通车，而广东地区也不再依靠安徽米粮，辉煌一时的芜湖米市逐渐衰落。

31.芜湖明远电灯股份公司设立

安徽最早以火力发电的电灯公司在芜湖成立。光绪三十年（1904），有位商人在《中外日报》登了一则消息称想要集资创办电灯厂，这位商人就是吴兴周，被称为"点亮芜湖第一人"。光绪三十四年（1908），安徽最早的以火力发电的电灯公司建成发电，取名叫"明远"电灯公司，寓意着"光明到永远"。明远公司是安徽第一家民营电厂，其建成发电早于省会安庆官办的电厂。在芜湖明远公司筹办之前，国内有光绪二十五年（1899）由旧金山华侨商人黄秉常集资40万美元在广州创办的中国第一家民营电力企业"广州电灯公司"。明远电灯公司最初由张中执于光绪二十六年（1900）倡议发起筹办，后因资金不足改由程宝珍、吴兴周等投资增股创办；首任董事长（总理）程宝珍，吴兴周出任总经理。1929年更名为"芜湖明远电气股份有限公司"。1932年，公司发电设备容量占全省总容量的57.4%，原先每天18小时供电也改为全天供电。1937年12月，日军侵占芜湖，吴兴周辞去董事长一职，携全家回到绩溪老家，明远沦入日本人之手。

32.晚清安徽教案频发

晚清在安徽发生了多起民教冲突事件。清初，西方传教士就进入安徽地区建教堂进行传教活动，如法国传教士在五河城外建了教堂。在安徽建省之初，境内就已有各会各派的传教士在各地活动，为后来的传教活动打下了基础。此外，太平天国在安徽的发展一度影响了教会势力在安徽的渗入。到20世纪初，西方传教士在安徽尤其是皖南地区肆意扩张，导致安徽的重大的教案大多发生在沿江一带。1869年至1911年间，安徽境内包括皖北亳州、蒙城、英山等地所发生的群众反洋教斗争就达30余次，同时亦有江西乐平县县民至婺源县砸毁教堂，及鄱阳县乡民焚毁建德县教堂等数起跨省发动的教案。至光绪三十四年（1908），各国在安徽各地强买土地，霸占房产，设立的教堂已达500所，教堂和教徒的迅速增多导致民教纠纷不断发生，其中最为典型的是安庆、皖南、芜湖、霍山4大教案。1869年11月3日，安庆教案发生。11月2日，安庆府院考试场附近出现约期拆毁教堂的揭帖。次日，英国"内地会"教士密道生、卫养生即去道署要求保护，后来群众捣毁了英、法教士住所。事后，密道生、卫养生被准许在安庆挂出"圣爱堂"牌子，从事传教活动。皖南教案发生在1876年7月，一场"剪辫子"风波引起民教冲突，七八百村民捣毁教堂，打死神父黄之坤、传教士杨锡琴。1891年5月，芜湖天主教两名华人修女外出探视病人，将一传染病人家的两个小孩带回教堂医治，在路上遇到了小孩的亲戚，被误认为是要拐骗孩子。亲戚欲将小孩带回去，于是发动路人将两名修女扭送到了保甲局，后又送至县属。很多民众认为修女是要拐骗孩子并挖其眼制药，这一误解引起众怒，群众烧毁了教堂。霍山教案也称作"张正金三劫案"，是一场因为是否入族谱而引起的教案。这4起教案结局多是赔偿教

会损失，惩办主要"祸首"。纵观清季的安徽教案，大多缺乏组织领导、是群众自发性的活动。

33.涡阳刘朝栋起义

刘朝栋在涡阳领导反清农民起义之事。光绪二十二年（1896），涡阳等皖北地区连续3年遭遇自然灾害，百姓颗粒无收，涡阳县知县却谎报丰年严令催科，致使民间怨声载道。刘朝栋在涡阳、宿州等地聚集穷苦百姓抢夺富户，贩卖私盐。官府以刘朝栋"劫案多"，"着各地急访拿"。刘朝栋得知后，将举义之意告诉好友牛汝秀等人，牛汝秀等人均表赞同。光绪二十四年（1898）十一月十八日，刘朝栋、牛汝秀、魏德成在县东北柴村庙结盟，准备起事。十一月二十六日（公历1899年1月7日），刘朝栋率百余人，在曹市集起义。曹市集"揭竿而起"的当天晚上，刘朝栋等人至大魏庄魏德成家聚议，众推刘朝栋为长，制黄布旗，上书"大汉盟主刘"。牛汝秀、魏德成、余盛五等"则共领红旗一队"。第二天，刘朝栋等率众再至曹市集，缴获了已故清总兵牛师韩家的刀矛枪炮弹药，并向附近的富户索枪要马。1月9日，起义军北上攻龙山营，攻克龙山后接着攻往涡阳县城。在起义军声势进一步壮大下，涡阳各地纷纷竖旗，聚众起事。涡阳起义的消息5天后递到省城安庆，起义军仅几天时间就连克龙山、石弓山、丹城、义门等村镇数十处，使得清朝最高统治者也极为紧张，几天之内连发十数道电旨和上谕，命苏、豫、皖及鲁、直等省督抚飞速调兵遣将，合力进剿。刘朝栋等北路涡阳起义军在攻克义门集后，遭到宿州署知州瞿世琬、游击谭新益与陈怀德、在籍总兵王心忠率领的兵勇练丁阻挡。18日又在龙山、张老家两地连被清军所败。第二天，刘朝栋等人率众先攻，为清军所败，退至道竹桥。石弓山刘化远等亦赶到，展开激战，但不敌清军被迫撤退。21日再战又败，几乎被全歼。南路以邵大发为首，19日被陈家圩圩长陈庆之暗设伏兵。22日为清军守备堵击，起义军战死数百名，北撤急渡浍河，又被涡阳团练击杀200余人。23日在路家圩、杨家圩连败，"存者十不二三"。历时17天的涡阳起义终告失败。

34.秦力山领导大通自立军起义

秦力山等在大通发动反清武装起义之事。自立军是中国近代资产阶级维新派组织的武装，是保皇派与孙中山革命派合作的产物。光绪二十六年（1900）六月，唐才常与林圭等人创建自立军筹划起义，其将各地自立军勤王武装分为中、前、后、左、右各军及总会亲军、先锋营，共7军，兵力约2万人。中军为自立军本部，设在武汉，由林圭、傅慈祥统领；前军在安徽大通，由秦力山、吴禄贞指挥；后军在安徽安庆，由田邦璇负责；左军在湖南常德，由陈犹龙统之；右军在湖北新堤，由沈荩统率；总会亲军和先锋营在武汉，由唐才常亲自指挥，唐才常负责节制诸军。由于各地之间联系不便以及起义计划的泄露，大通自立军数百人在秦力山的领导下，按预定计划于二十六年（1900）七月十五日正式起义。起义军进攻大通，并占领了大通全镇。清政府遂派重兵镇压，起义军寡不敌众最终失利。大通自立军起义后，其他各路起义军相继举行起义，但由于贻误战机，被张之洞联合英国领事破获了自立军设立在汉口英租界的总机关，唐才常等人被捕杀。自立军起义最终失败。起义失败后，秦力山得知康有为贪污公款劣迹，遂与之绝交，转而接近孙中山（革命派）。

35.安徽省城安庆爆发拒俄运动

陈独秀在安庆领导学生拒俄运动之事。20世纪初，拒俄运动在上海、北京等地首先爆发，并迅即传入安徽。光绪二十九年（1903）四月二十一日，陈独秀在安庆藏书楼组织抗议清政府与沙俄签订不平等条约的集会。藏书楼演说后，陈独秀等人成立安徽爱国会，创办《爱国学报》，安徽高等学堂、武备学堂等许多学校的青年学生，纷纷响应拒俄主张，要求政府拒俄自强。拒俄运动的蓬勃开展震惊了安徽地方当局，后在官府压力下，安徽高等学堂等校将参加拒俄运动的数十名学生"勒令退学"，官府下令缉捕陈独秀等安徽爱国会成员。最终，在清政府的镇压下，以青年学生为主体的安徽拒俄运动迅速消沉，爱国会也随之解散。但在拒俄运动影响

下，安徽思想界进一步觉醒，在当时国内产生了很大影响。

36.新学制颁布后的安徽教育

癸卯学制实施后促进了安徽教育发展之事。庚子国变之后，晚清重臣张百熙主持制订中国近代第一个学制——"壬寅学制"，但却未及实行。1903年7月，清政府命张百熙、荣庆、张之洞以日本学制为蓝本，重新拟订学堂章程，于1904年1月公布，即《奏定学堂章程》，称癸卯学制，这是中国近代由国家颁布的第一个在全国范围内实际推行的系统学制。此学制的一大特点就是普通教育分为"三段五级"，即：第一段初等教育，分初等小学堂（5年）和高等小学堂（4年）两级；第二段中等教育，中学堂5年；第三段高等教育，分为高等学堂（大学预科3年）和大学堂（3—4年）。安徽基本遵照执行了这一新学堂章程的规定，对此，我们可以从5个方面来看这一时期的安徽教育。第一，新制颁布后的安徽初等教育。从1902年至1907年，安徽55个县共设立小学堂497所，在校小学生14757人。据统计至1909年，"安徽全省小学657所，其中高等小学堂74所，两等小学堂（初等和高等合并设立者称"两等小学堂"）147所，女子小学堂16所"，学生在小学堂中学习中国文学、算数、历史、地理等科目，另外也设有英文、手工、农业的科目。第二，新制颁布之后的安徽中等教育。1904年，安徽学务处成立后，开始在各直隶州、府筹办中学堂，于是，在各直隶州、府原有书院、试院的基础上，办起了一批官立中学堂。这些学堂大多设备简陋、规模偏小，一般只有两三个班，学生人数偏少，且集中在省会、府城，多数农村是没有中学的。这一时期安徽的中学堂一般开设10门课：史学、经学、格致、文学、政学、译学、算学、地理、图画、体操。第三，新制颁布后安徽的高等教育。《奏定学堂章程》颁布之后，安徽将安徽大学堂改名为安徽高等学堂，首任总办为邓绳侯，招收中学毕业生。1906年，严复任安徽高等学堂监督，对学堂进行整顿和改造，并于1908年停招预科，开办高等本科教育。第四，新制之后的安徽职业教育也有所发展。1905年，阜阳县办起了安徽历史上第一所实业学堂——阜阳初等蚕桑学堂。在那之后，安徽的职业教育逐步发展起来了，从1905年到1911年，7年间安徽先后办起实业学堂11所，为安徽的职业教育开了先河，奠定了基础。第五，安徽近代的师范教育起步较晚。直至光绪三十三年（1907）才开始筹办。一年后，安徽全省有师范学堂及师范传习所15所。

37.晚清安徽教会教育

清末，天主教和基督教也开始进入安徽创办教会学校。据统计，1908年在安徽共设有天主教堂283个，基督教堂217个。此时，外国教会在安徽各地办有小学（包括义学、育婴堂）104所、教会中学7所。到了民初与北洋军阀时期，天主教传教士在安徽已经创办了教会小学43所、经文小学24所，建立教会中学13所。基督教传教士到1921年，更是在安徽创办了185所教会初小、39所教会高小、11所教会中学。教会小学，以法国天主教会和美国基督教会办得最多。早期教会学校编排教材、课程各自为政，教会学校的目的主要是传教，即传播天主教、基督教教义，使人信教、发展信徒。但也存在一些利用身份特权暗中调查、测绘中国地图，了解中国各地情况，为这一时期的侵略者出谋划策的目的。自1877年上海传教士大会后，安徽教会学校课程设置逐渐走向统一，教会学校开设的课程多以宗教课为主，同时也开设一些自然科学类课程，更有中国儒学、西学、外语等方面，强调中西并重来吸引中国青年；民初和北伐时期，受批判旧文化思潮影响，儒学教育有所减少，更加加强宗教教育，减少了"四书五经"，添加了"诗赋""书法"的内容。在招收生源方面，1911—1922年是一个转型时期，教会学校由最初的"义学"逐渐转变为"贵族"学校，即早期教会学校招收所有民众，并且免除学费（但仍以吸收教徒和招收女子为主），后期转为招收士绅阶层且收取高昂学费。教会教育对中国社会产生了很大的影响。首先，它把近代西方先进的教育体制引入中国，西方先进的民主政治、工业文明、科学技术、自由平等思想冲击了中国的旧制度和旧文化。尤其是对安徽这种内陆省份来说，打破了其落后的"女子无才便是德"的思想，促进了安徽女子教育的发展，有助于女性的解放。从职业教育领域来说，也促进了安徽职业教育的发展。其次，教会教育也促使安徽教育不断发展完善，起到了客观促进作用，增添了西方科技的色彩，为安徽培养了一些德智体美全面发展的人才和教育家。当然，传教士对中国文化显然不够尊重，并且也并不十分愿意帮助中国发展，其教会学校的建立和所授课程带有宗教思想侵蚀的色彩，从思想上一步步影响安徽地区的民众。

38.吴汝纶创办桐城中学堂

光绪二十八年（1902），晚清文学家、教育家吴汝纶访日回国后，在安庆桐城北门城内创办公立学堂——桐城县中学堂。该学堂原名高等小学堂，三十年（1904）更名为中学堂，并由其亲撰楹联和匾额："后十百年人才奋兴胚胎于此，合东西国学问精粹陶冶而成"，"勉成国器"。学堂以文庙、培文书院、考棚等各田租为常年经费，学生120名，聘用日本教员早川新次。桐城学堂诞生于中华民族时运维艰的历史条件下，当时中国的社会状况是不贫于"财"，而贫于"才"。吴汝纶通过兴办新式学堂，来效仿西方的办学模式，学习西方先进的科学技术，以此达到培养救国救民人才之目的。这是安徽近代早期创办的新式中学堂，也是全省建立较早影响较大的一所学校。

39.芜湖安徽公学创办

光绪二十九年（1903），李光炯和卢仲农在长沙共同创办了安徽旅湘公学，聘请革命党人黄兴、赵声、张继等人任教。"旅湘公学"因准备武装起义，被清政府冠以"结党谋逆"罪名而难以在长沙开办，于三十年（1904）迁来安徽芜湖，改名为"安徽公学"。李光炯诚聘了当时一些著名的革命志士和专家学者，有效地培养了一批富有革命精神的优秀人才。由于公学在安徽享有盛誉，大江南北的有志青年纷纷慕名而来。一时间各地方的革命领袖人物荟萃于芜湖，先后来学校讲学的著名革命党人有黄兴、赵声、苏曼殊、柏文蔚、江彤侯、陈独秀等。他们在安徽公学的讲台上宣传先进思想，培养进步青年，成为"安徽响应辛亥革命的策源地"。

40.安徽教育总会成立

光绪三十一年（1905），李经畬在南京创立安徽学会，次年（1906）改名为安徽教育总会，12月底总会移往安庆，成为教育行政的辅助机关（南京留有事务所）。光绪三十三年（1907）由士绅自由组织钻研教育的"安徽教育总会"在安庆正式成立，会长是陆军部主事童挹芬，副会长是湖南永顺府知州吴传绮。次年（1908）学部奏定劝学章程，通行全国，又奏定各省教育会章程，省会设立者为总会，府、州、县设立者为分会。同年成立皖北教育会，次年（1909）成立皖南教育会。教育总会由各县岁拨龙洋100元，皖南教育会和皖北教育会由各绅捐集，是教育界名流自由组织的专门研究、辅助教育的民间团体。辛亥年间停办，民国时复办。

41.陈独秀创办《安徽俗话报》

《安徽俗话报》是安徽最早的民办白话报，也是安徽最早的新式刊物，是我国最早用白话文纪事的刊物之一。1904年3月31日，陈独秀、吴守一在安庆创办半月刊《安徽俗话报》。陈独秀担任主编主笔，房秩五、吴守一、汪孟邹等编撰，以开通民智、救亡图存为主旨，鼓吹收回利权、发展工矿实业、普及国民教育，反对包办婚姻，提倡戏曲改革。《安徽俗话报》先在安庆编辑，寄往上海东大陆书局印刷，再转回芜湖长街徽州码头科学图书社总发行。不久，房秩五、吴守一先后离开安庆，陈独秀就把社址迁往科学图书社。其经费主要靠报社自身维持，另外由科学图书社经理汪孟邹赞助，社会有识人士捐赠。该报广泛报道和评论国内外时事政治，介绍科学文化知识，灌输近代国家观念和民主自由的思想，并暗中鼓吹革命。与当时安徽地区的革命团体"岳王会"有密切关系。陈独秀曾以"三爱"笔名在该刊发表了《亡国篇》《说国家》等大量文章。因多种原因，《安徽俗话报》刊发时有间歇，至1905年8月，共出版22期（一说23期），1905

年9月,《安徽俗话报》被清政府查封停刊。

42.岳王会成立

清光绪三十一年（1905）六月，由陈独秀、柏文蔚联合学生中的先进分子常恒芳、宋少侠、杨端甫等人，在芜湖发起成立了安徽第一个以反清为宗旨的革命组织——岳王会（清末安徽革命团体，因仰慕岳飞的精忠报国精神，故名），陈独秀任总会长。陈后又设分会于南京、安庆，以运动新军，南京分会由柏文蔚任分会长、安庆分会由常恒芳任分会长。岳王会并设同心会、华族会、维新会等外围组织。该会以武备学堂学生以及新军官佐为主要联络对象，成为光复会的外围组织。同盟会成立后，岳王会决定集体接受同盟会的领导，但保持岳王会在组织上的独立。陈独秀东渡日本后，总会陷于停顿。1908年，该会熊成基率马炮营新军千余人起义失败，岳王会主要军事骨干遇难，全省牵连被害者达300余人，安庆岳王会分会亦随之解散。

43.同盟会支部及其他革命团体在安徽各地成立

光绪三十一年（1905），孙中山及黄兴、宋教仁、蔡元培、章太炎等百余名仁人志士，聚集于日本东京，成立了"中国同盟会"。同年冬，皖籍同盟会会员吴旸谷在南京鸡鸣寺召集秘密会议，决定岳王会全体会员加入同盟会。十一月，安徽公学校长李光炯电约安徽留日学生张啸岑（同盟会员）回芜湖，张啸岑在当地发展同盟会组织，建立了同盟会在安徽的第一个分支机构——芜湖支部。光绪三十三年（1907），吴旸谷在合肥建立了同盟会的分支机构，又成立了同盟会外围组织"合肥学会"，其后又在合肥成立"城西学堂"，宣传革命，后因事泄逃往上海。同盟会会员程恩普于阜阳建立"安仁会"，入会誓词与同盟会同，由孙中山授予图印，并为其制订规则，辛亥革命时领导阜阳光复。同盟会会员张汇滔、管鹏等在寿州建立"信义会"，吸收会员，入会誓词采用同盟会誓词，辛亥革命时，组织淮上军、领导寿州起义，并光复皖北各县。范传甲在安庆成立"同心会"，结纳革命志士。光绪三十四年（1908），周振丰在安庆军营中成立"待雪社"，以响应熊成基起事。韩衍于安庆创立"读书会"，出版《通俗公报》，进行革命宣传活动。

44. 安徽三烈士在黄花岗之役中牺牲

1911年4月27日发生的广州黄花岗起义，又叫黄花岗之役。在为革命捐躯的黄花岗七十二烈士中，有安徽寿县籍的石德宽、怀远籍的宋玉琳和程良三位烈士。石德宽（1886—1911），安徽寿县南乡石家集人，1905年秋，加入新军，他在新军中努力宣传革命思想，组织一批有志青年，准备武装反清斗争，并被推选为岳王会皖北纠察员。1906年，他加入同盟会。1908年，石德宽从日本回国，和安庆新军中同盟会会员熊成基、范传甲等一起发动了马炮营起义。1909年，他又与熊成基谋刺载洵，未成，逃至日本。广州起义前夕，于1911年3月17日由日本回国。广州起义中，黄兴率石德宽等猛扑两广总督衙门，与数倍于己的敌人展开了殊死战斗，石德宽奋力搏杀，不幸身中数枪身亡，年仅25岁。宋玉琳，名豫琳，字建侯，1880年生于安徽怀远县城关镇。1907年春，宋玉琳来到安庆，就读于安徽巡警学堂，加入同盟会，为秘密革命团体岳王会安庆分会负责人之一。1907年7月6日，因徐锡麟刺杀安徽巡抚恩铭失败，宋玉琳与20多名巡警学生同时被捕关押。马炮营起义中，参加策划，起义失败后，宋玉琳离开安庆到南京联络同志。1911年2月，应同盟会电邀，他率江淮革命志士97人到广州，谋划起义，起义中，因势孤弹尽被捕，牺牲时，年仅31岁。程良，字元亮，名亮元、学梁，1884年生于安徽怀远县城关镇。1905年由倪映典等人介绍参加同盟会。1908年程良与熊成基、宋玉琳等共谋安庆新军马炮营起义，因起义失败而离开安庆。1911年春，随宋玉琳赴广州，同在赵声部进行革命活动。广州起义爆发当天下午，他与宋玉琳同到小东营，出发攻打督署，转战华宁里。程良冲锋陷阵，血浸襟袖，已到黄昏时刻，仍在坚持战斗，最后也因弹尽被捕，大义凛然，从容就义，时年27岁。

45.安徽师范学堂开办

光绪三十一年（1905），在紫阳书院基础上，创办徽州师范学堂，开安徽近代师范教育先河。光绪三十二年（1906），安徽巡抚恩铭奏准在安徽龙门口试院旧址设立安徽师范学堂，光绪三十三年（1907）二月十七日开学，经费每年4.2万两，录取学生272名，主要培养中小学师资。宣统二年（1910）更名为安徽省立优级师范学堂。

46.安徽"法政学堂"开办

光绪三十二年（1906）十二月，安徽巡抚恩铭奏准在安庆姚家口设置安徽省立法政学堂。光绪三十四年（1908），安徽省教育总会皖北教育分会会长李国栋在安庆创办了安徽省公立法政学堂（又称法政传习所）。宣统三年（1911），程晓苏与光明甫在安庆共同创办了安徽私立法政专门学堂。3所法政专门学堂在辛亥革命爆发后均先后停办。民国元年（1912），光明甫与谢家鸿等人一道筹资创办了安徽省公立法政专门学校（后改为江淮大学），这是安徽近代史上第一所有院系建制的大学。安徽"法政学堂"，成为传播革命思想的阵地，培养了大量的新生革命力量，为安徽早期共产党和共青团的成立奠定了人才基础，推动了安徽革命运动的发展。

47.清末安徽铁路事业初创

1905年后，清末收回利权运动进入高潮。受此事件影响，安徽旌德人吕佩芬等奏准设立"安徽省铁路公司"，倡修皖赣铁路，商办安徽全省铁路有限公司于是年成立。安徽铁路公司成立后，首先对铁路干线进行了规划，开展了兴筑芜湾铁路等活动，积极开展筹措筑路经费。紧接着铁路公司在芜湖设立全省铁路办事处，经理招股事宜，但是由于经费的严重缺乏，清末芜湾铁路修建收效甚微。此后不久，因清政府在"干路国有"政策实施过程中专制夺路，侵害了广大股东的利益，引起他们的反对，清政府的镇压导致社会矛盾严重激化，辛亥革命爆发，清朝覆亡。至此，清末皖省铁路"办理八年，用款二百余万元，仅筑芜湖至湾沚间土方五十余里，而所负各洋行价款几至酿为交涉"，并于1914年3月3日被收归国有。

48.安徽巡警学堂起义

光复会会员徐锡麟在安徽、浙江等地发动的武装起义，又称"丁未安庆之役""徐锡麟起义"。光绪三十二年（1906）春，光复会会员徐锡麟捐官道员，来安庆候补。光绪三十三年（1907），徐锡麟被安庆巡抚恩铭委任为安庆巡警处会办兼巡警学堂监督。徐锡麟利用自己的合法身份，与女革命党人浙江同盟会负责人秋瑾联系，准备于浙、皖两省同时起义。徐锡麟原本定于光绪三十三年（1907）五月二十八日起义，但因恩铭二十八日要赴宴，典礼提前举行。五月二十六日，徐锡麟在毕业典礼上拔枪刺杀安徽巡抚恩铭，率会党陈伯平、马宗汉及巡警学堂学生百余人攻占军械所，由于事先准备不当，起义军被清军包围，双方激战4小时，陈伯平战死，徐锡麟、马宗汉及学生10余人弹尽被捕，起义失败。徐锡麟、马宗汉被杀害，后来，秋瑾也被捕杀害。起义虽然失败，但对全国造成了很大的震动。章太炎曾道："安庆一击，震动全国，立懦夫之志，而启义军之心，则徐锡麟为之也"。

49.熊成基安庆起义

熊成基等人在安庆发动反清武装起义之事。1908年11月19日，安庆"岳王会"领导人熊成基、范传甲等趁清政府在太湖举行新军秋操、安庆城内清军兵力空虚之际，发动新军马营（骑兵营）和炮营起义，即安庆马炮营起义。夺取菱湖嘴弹药库，围攻安庆城。因预定为内应的步营队官薛哲临阵犹豫，未能及时打开城门接应，致使巡抚朱家宝加强了城防。起义军苦战一昼夜后撤退，熊成基率军退至合肥，后只身逃往日本，残余部队撤去，马炮营起义宣告失败。安庆马炮营起义是新军打响反清起义的第一枪，被誉为"启武汉之先声"。起义虽然失败，但在革命党人中产生了巨大影响。此后，革命党人把武装起义的重点由会党转移到新军方面，这也

是安徽对辛亥革命的历史贡献。

50.收回铜官山矿权斗争

清末安徽人民捍卫铜官山矿主权之事。光绪二十七年（1901）正月，英国商人凯约翰经英国外务部批准，来皖与当时安徽巡抚王之春商议勘矿，议定将歙县、铜陵、大通、宁国、广德、潜山6县由其勘探。次年（1902），继任巡抚聂缉椝在未经清政府批准的情况下，擅自同意凯约翰以伦华公司名义与安徽省商务局重签《勘验矿务合同》，明确划定以上6县为其勘矿范围，租期100年。凯约翰因一时筹不到资金，用诈骗手段侵占了铜陵县之铜官山矿，皖境各界为之大哗，绅商官学群起反对，公推方履中为代表。他不负众望，上京诉讼，并吁请本省及外省在京名官，揭露英人侵占我矿山等种种不法行为。宣统元年（1909）三月十七日，英商凯约翰被传讯到京。三月三十日，北京安徽会馆召开同乡会，方履中在会上慷慨陈词，揭露英霸占铜官山矿的具体案情。五月三日，中英双方开始谈判，方履中作为中方代表与英方代表据理力争，以大量无可辩驳的事实揭露英国人霸占中国矿权的违法活动。五月十八日，麦奎离开铜官山赴芜湖，同英领事立清单与我方交接签字。宣统二年（1910），安徽各界组织的矿务公会，以5.2万英镑从英国伦华公司赎回铜官山矿的权利，实行自办。收回铜官山矿权为清末外交"胜利"之一，展现了铜陵人民和安徽商界、学界、爱国仕宦不畏帝国主义的强暴和威胁的决心，捍卫了铜官山矿的主权，保护了祖国的矿产资源。

51.安徽咨议局成立

安徽成立近代化民主政治机构咨议局。光绪三十二年（1906），清政府宣布实行预备立宪，并于光绪三十四年（1908）颁布《咨议局章程》和《议员选举章程》，并宣布咨议局在第二年即行成立。安徽咨议局于光绪三十三年（1907）开始筹设，由藩、学、臬三司会同订立章程，经安徽巡抚冯煦批准。光绪三十四年（1908）六月二十五日，安徽省咨议局开办自治研究所。是月，安徽（许承尧、方皋等）与江苏请愿代表到达北京。七月，两省代表率先呈递速开国会请愿书。随后各省代表陆续呈递请愿书。三十四年（1908），新任安徽巡抚朱家宝把"安徽咨议局"改为"咨议局筹办处"，"拟定章程，选任员绅分科办事"，于是十月十五日开放。筹办处以藩、学、臬三司为督办，下有总办2名，另有参议员5名，五选员13名等共36人。一切事宜由抚院裁决，督办为挂名。筹办处编辑出版《选举人资格说明书》，对选举人资格做详细说明。由于发生安庆马炮营起义等事变，使得安徽省筹办选举较诸各省为迟。咨议局选举采用复选举法，初选为直接选举，复选为间接选举，规定以县为初选区，府为复选区。初选从光绪三十四年（1908）十一月十日延续到次年（1909）的三月五日，持续五个月左右，复选在宣统元年（1909）六月一日举行。最终选出正选议员88人和候补议员36人组成安徽省咨议局。

52.淮上军成立

张汇滔等为响应武昌起义组织淮上军。1911年11月4日夜，同盟会会员张汇滔与寿州农会领导人王庆云、袁家声、岳相如等，在安徽寿州为响应武昌起义发动了以农民为主的武装起义，光复寿州。6日，成立淮上革命军，简称淮上军，以王庆云为总司令，张汇滔、张纶、袁家声为副司令，张汇滔兼参谋长，郭行健为参军，设民政、支应、财政、军械等办事机关，全军2万余人，编成步队18营，马队1营，炮队2营，任命张汇滔、王庆云、袁家声、廖海粟、段云、权道涵、张纶、毕少山、岳相如等为军统。11月9日，全军分三路军出征皖北各县，到12月10日，先后光复23个州县。1912年2月，淮上军被改编为北伐军第二路第一军第四师第七、第八旅，由袁家声、张汇滔分别担任旅长，驻怀远、寿县、凤台等地，北伐军第二路第一军军长为柏文蔚。之后淮上军之名称即不复存在。

53.安徽独立与军政府建立

辛亥革命爆发后，安徽各地相继独立。1911年11月5日，寿州光复，

11月6日，六安光复，11月7日，霍山光复。11月9日，孙万乘宣布合肥独立，当日芜湖宣布独立。11月19日，在淮上军进攻下，怀远、凤阳、蚌埠等地宣告独立。20日、27日颍上和阜阳相继独立。随后太和、亳县、涡阳、蒙城等地相继独立。12月，滁州、全椒等地宣告独立。至此，安徽全省大部已独立。1911年11月8日，安徽巡抚朱家宝宣布安徽独立，成立安徽军政府，并就任安徽都督。次日，同盟会会员王天培在夺取都督大印后就任大都督。11日，朱家宝复任大都督。15日，九江都督马毓宝应革命党人之请派浔军黄焕章进皖，重组军政府。黄焕章撤回江西后，浔军黎宗岳成立大通军政分府。12月1日，安徽各界在安庆成立"皖省维持统一机关处"。之后推举孙毓筠为都督，以安庆师范学堂为都督府，通令全省取消各处军政分府。至民国元年（1912）2月，除大通军政分府没有取消外，各地相继宣布取消军政分府。后经南京临时政府强势解决，大通军政分府取消，安徽军政府始得统一全省军政。

54.孙中山巡视安庆、芜湖

民国初年，安徽全省开展了震惊一时的禁烟运动。1912年10月23日，孙中山乘"联鲸"兵舰途经安庆，在安庆都督府发表演说，赞扬安徽军政府禁烟烧鸦片的正义行动，称安徽省禁烟办法"实可为各省模范"。孙中山向安徽人民指出："建设之事可分为两大端：兴利、除害。除害之事很多，最要紧的就是禁烟"。孙中山的讲话，使安徽军民受到极大的鼓舞。《民立报》等报刊也纷纷向全国揭露事件真相和英帝国主义的企图，呼吁全国人民起来声援安徽人民的斗争。孙中山演说完毕即回轮船继续行驶。10月30日乘"联鲸"兵舰抵达芜湖，出席了芜湖各界人士举行的欢迎会，勉励各界人士"群策群力""尽心办理"国事。期间，他发表重要演说，号召和支持安徽人民反帝反封建斗争，并鼓励民众积极发展工农业生产和基础设施建设，所到之处受到安徽群众的热烈欢迎。孙中山将芜湖建设成为工业中心和建造芜湖长江大桥的愿望，在中国共产党的领导下终于变成了现实。如今，芜湖已从一个商业消费城市，发展成为拥有众多门类，综合实力较强的新兴港口城市。此次考察，对20世纪初和以后安徽各方面建设产生了重大影响，同时为孙中山日后制订我国历史上第一部要求国家实现工业化的纲领——《建国方略》中有关东方大港的设想提供了重要依据。

55.白朗起义军在安徽

白朗起义军是河南省宝丰县绿林首领白朗和宋老年、李鸿宾等为反对袁世凯政府的统治于1912年发动的农民起义。1914年1月，河南白朗起义军攻破商城后，倪嗣冲急调安徽军队往六安、阜阳、寿县防守。1月19日起，义军进至安徽省境内六安金家寨，20日击溃巡缉营王传禄部。舒城韦道应、乔三等绿林队伍六七百人起而响应。23日，白朗起义军攻破霍山县城。25日，攻占六安，焚毁天主教堂，杀死法国传教士。1月30日，白朗起义军在六安县叶家集击溃河南护军使赵倜两个营，转向六安以南地区活动。2月5日，白朗起义军集中兵力，由六安独山向南挺进。6日，再度攻占霍山县城。8日上午，撤离霍山县城，分出一部分队伍东进，准备支援韦道应的起义队伍攻取舒城县城，主力于10日进攻英山，未克。随后流动作战于英山、霍山、六安之间。22日，段祺瑞指挥安徽、湖北、河南3省军队，在豫、皖交界的六安、商城、固始等地，分兵驻扎，层层设防，计划将白朗起义军歼灭在霍邱、霍山、叶家集之间。当夜10时，起义军万余人由商城金刚台一带突围，激战一昼夜，次日黎明突围西去湖北。

56.杨氏父子与京剧发展

杨月楼、杨小楼父子对中国京剧发展作出了突出贡献。杨月楼（1844—1889），名久昌，安徽怀宁人，因表演京剧而出名，且是"同光十三绝"之一。杨月楼是历史上非常著名的京剧表演者，曾在清朝的时候跟着父亲一起在北京街头卖艺，后来成为著名徽剧演员张二奎的徒弟，开始学习武生方面的表演。演出曲目最为著名的就是《安天会》，里面的猴子被他演绎得活灵活现，也因此获得过人们赋予的"杨猴子"的称号。杨月楼一生有很多的作品，如《金水桥》《回龙鸽》《五雷阵》《水帘洞》等。其子杨小楼（1878—1938），名三元，也是著名京剧表演者，他和梅兰芳、余叔岩并称京剧界的"三贤"，是京剧界的一代宗师。杨小楼的擅演剧目很多，且长靠、短打戏皆精，他的代表剧目有长靠戏《长坂坡》《挑华车》《铁笼山》，箭衣戏《状元印》《八大锤》等。杨小楼子承父业，父子两人对于中国的京剧发展作出了巨大的贡献。

57. 汪孟邹创办科学图书社

汪孟邹创办安徽近代第一家新式书店。汪孟邹，安徽绩溪人，于1903年集资在芜湖中长街20号创办了芜湖科学图书社，出售新书与文具，为安徽第一家新式书店。科学图书社是一座2层楼房，砖木结构。中国近代史上许多重大事件都和它有关联，它不仅是《安徽俗话报》的一个基地，更是当时整个安徽辛亥革命思想的启蒙机关。自创设之初，科学图书社历经辛亥革命、新文化运动、五四运动、北伐战争，始终站在时代潮流的前列，一方面不遗余力地发行新书、新刊物，另一方面成为革命者聚集的"秘密中心"。1913年接受陈独秀建议，汪孟邹到上海开设亚东图书馆。芜湖中长街的那家老店直到1937年日本军队侵占芜湖时方才歇业，为时整整34年。1996年芜湖长街实施旧城改造，中长街20号科学图书社原址被整体拆除，这座见证了中国重要历史事件的建筑彻底消失于城市建设中。"作为安徽第一家新式书店，对安徽启迪民智、风气开通、文化进步及近代文献传播影响颇为显著，它是安徽风气之开通、文化之进步的摇篮"。胡适在1923年赠送给该社一副对联，上联是"给新文化做了几十年媒婆"，下联是"为旧世界播下数千颗逆种"。

58. 皖江中学堂开办

皖江中学堂的前身是始建于乾隆三十年（1765）的中江书院，这是芜湖最早的书院。1903年，几经变动的中江书院迁至现在的地址（旧址仍保存在安徽师范大学赭山校区），易名为"皖江中学堂"，开芜湖官办近代初等教育之先河。这里曾是安徽省辛亥革命的重要据点。中国近代启蒙思想家和教育家陈独秀、陶成章、苏曼殊等曾在此任教，从事反清革命运动。1905年，刘师培所在的《警钟日报》因骂了德国侵略者而被租界查封，在上海呆不下去的刘师培从浙江转到芜湖，先后在皖江中学堂、安徽公学任教，同时秘密从事反清革命活动。辛亥革命后，皖江中学堂一度停办，1912年7月复校时，易名为省立第二师范学校，此后又陆续更名为省立第五中学、省立芜湖初级中学、芜湖一中等。皖江中学堂跨越了旧民主主义革命和新民主主义革命两个时期，与重大的历史事件、历史人物紧密相关，在历史上留下了辉煌的一页。

59.皖系军阀段祺瑞事迹

段祺瑞，原名启瑞，字芝泉，晚号正道老人，安徽合肥人，生于1865年，号称"六不总理"，曾四任总理，四任陆军总长，一任参谋总长，一任国家元首。段祺瑞是中国现代化军队的第一任陆军总长和炮兵司令，任过中国第一所现代化军事学校——保定军校的总办。民国初年，北洋军阀集团内部不断斗争，妄图把持政局，其中以段祺瑞为首的皖系最为突出。自1912年3月至1915年8月，段祺瑞在北京政府内阁中任陆军总长。1916年至1920年为北洋政府的实际掌权者。1924年至1926年为中华民国临时执政。主要事迹有：1.西原借款，1917年至1918年间段祺瑞政府和日本签订的一系列公开和秘密借款的总称。通过这一借款，段祺瑞把中国山东和东北地区的铁路、矿产、森林等权益大量抵押给日本，但是抵押只是形式上的。2.三造共和，段祺瑞一生中曾经"三造共和"。1911年，段祺瑞率前线北洋将领46人联名致电清政府吁请清帝退位，结束了中国延续2000多年的封建帝制。袁世凯蓄意称帝时，反对帝制。1917年张勋复辟，段祺瑞率兵讨伐，使复辟破产。其实，段祺瑞"三造共和"的目的是为自己争权，在推翻袁世凯称帝和张勋复辟后，仍实行独裁统治。3.收复外蒙，段祺瑞派心腹徐树铮收复外蒙厥功至伟。辛亥革命后，外蒙古因沙俄扶植脱离中国，当时的中国根本无力与沙俄对抗，然而段祺瑞瞅准俄国爆发十月革命，无暇顾及外蒙，派徐树铮一举收复外蒙，举国人民欢欣鼓舞。外蒙的回归，不仅打击了民族分裂势力，更保证了中华民国的领土完整与主权统一。在这一点上，作为当时的政府首脑，段祺瑞值得称颂。1920年7月14日，以段祺瑞为首的皖系军阀和以吴佩孚、曹锟为首的直系军阀，为争夺北京政府统治权在京津地区进行战争，这便是著名的直皖战争。战争的结果是直系和奉系军阀合作击败皖系军阀，共同取得北京政权，段祺瑞下台。1926年3月18日，北京学生、工人、市民等各界群众在天安门举行声势浩大的反对八国"最后通牒"的国民大会，会后游行示威。当队伍到铁狮子胡同执政府和国务院门前请愿时，执政府卫队在不加任何警告的情况下，向请愿队伍实弹平射，顿时血肉横飞，造成47人死亡，100余人受伤。这就是震惊中外的"三一八"惨案。直皖战争和"三一八"惨案导致了段祺瑞执政府的垮台，皖系北洋军阀集团也不复存在。对于段祺瑞的评价，需要具体问题具体分析。

60.倪嗣冲祸皖

倪嗣冲担任安徽都督期间对安徽造成了极大破坏。倪嗣冲（1868—1924），安徽阜南县人。1913年倪嗣冲奉袁世凯命令率领武卫右军攻占安庆，即任安徽都督，兼署民政长，独揽全省军政大权，倪嗣冲主皖后，残杀革命党人，祸及无辜群众。在全省各地设立警察和侦缉机构，并在各县设立清乡团，以各县知事为团长，倪自任清乡督办，县以下设清乡局。清乡团可以随时随地捕杀"乱党""土匪"，杀死人只需上报清乡督办公署"备案"。倪嗣冲在安庆增设探访局，配合省警察厅与督军府的军法处及各清乡团，暗中查访捕捉革命党人与进步人士，并规定凡拿获乱党，讯明后就地正法，然后呈报。恐怖活动猖獗一时。倪嗣冲是"袁家第一贞臣"，极力拥戴袁世凯，为袁世凯复辟大肆吹捧，制造声势。袁世凯去世之后，倪嗣冲又投靠复辟帝制的张勋，梦寐以求"封公列侯、开国元勋"。倪嗣冲在安徽大肆扩充安武军，军饷除向中央政府索取外，还通过增设关卡，搜刮厘金，巧立名目，增收苛捐杂税，发行债券和金库券等手段扩军肥私。另外还放纵亲族大肆兼并和掠夺土地、房产、矿产、实业，并且裁撤教育、实业两个机构，将教育经费用来肥私。1920年8月直皖战争中皖系失败后，倪被解职，寓居天津，1924年病死。倪嗣冲祸皖共8年时间，对安徽造成了灾难性影响。

61.陶行知在安徽宣传平民教育

陶行知（1891—1946），原名陶文浚。安徽省歙县人，人民教育家、思想家，伟大的民主主义战士，爱国者，中国人民救国会和中国民主同盟的主要领导人之一。陶行知提出了"生活即教育""社会即学校""教学做合一"三大主张，生活教育理论是其教育思想的理论核心。其著作有：《中国教育改造》《古庙敲钟录》《斋夫自由谈》《行知书信》《行知诗歌集》。陶行知"爱满天下"，情系故土，一直关心安徽教育事业发展和人民教育问题。他多次来皖讲学，推行平民教育和"小先生"制，大力推行普及教育和生活教育，力荐教育行政领导和教师创办学校，在安徽教育史上留下光辉的一页。1923年10月18日，陶行知专程到安徽推行平民教育，19日成立安徽平民教育促进会。自18日至28日，陶行知与安徽各界人士不断开会讨论，并进行演讲宣传平民教育思想。平民教育运动，就是"一个平民读书运动"，要用最短的时间，最少的金钱，去教一般人民读好书，做好人，做好的国民。陶行知来皖就是要实现这一目的。10月28日，安徽平民教育促进会组织安庆各界人士、各校学生、各机关人员召开万人大会，晏阳初演讲普及平民教育的意义，会后举行游行，分区劝学。在陶行知的推动下，安徽的平民教育从城市到乡村很快发展起来，出现了很多全国第一，如各地推广的《平民千字课》教育也是率先在安徽推广。陶行知的平民教育思想，对于安徽的近现代教育产生了不可磨灭的重要影响。

62.五四运动在安徽

1919年5月4日，北京爆发了轰动全国的五四爱国运动，受其影响，全国其他省市都以不同的形式响应。安徽作为华东重要的省份之一，是响应最早、斗争最激烈的的省份之一。因遭受封建军阀与帝国主义的长期压迫，受北京五四爱国运动的鼓舞，安徽省最早声援北京学生斗争的是芜湖学生和教职员。1919年5月6日，安徽公立法政专门学校的学生代表召开了紧急代表会议，决定立即开展斗争。5月8日，省城15所中学以上学校、3000多人在安庆进行集会、游行示威，力主支持北京学生运动，要求北洋政府拒绝在巴黎和约上签字，释放被捕学生，罢免曹、陆、章三人公职等。同时，决定成立安徽省学生联合会筹备委员会，统一组织领导学生团体，进行宣传抵制日货运动。1919年5月25日，安徽省学生联合会正式成立，统一领导安徽的学生爱国斗争。在青年学生的带领与影响下，全省各地工人、知识分子、工商业者及城镇市民纷纷行动。在芜湖、合肥、蚌埠、阜阳等地，先后举行各界爱国大会、国民大会、示威游行等，同时践行和宣传抵制日货。在帝国主义、封建主义以及北洋军阀的共同镇压下，安徽人民不惧压迫、勇于斗争，坚持将爱国运动进行到底。最终，安徽人民的斗争和全国其他省市的斗争共同汇成一股巨大力量，赢得了这场爱国运动的胜利。

63.五四时期安徽抵制日货

五四时期，全国兴起了一场声势浩大的抵制日货运动。同其他省份的群众一样，安徽人民从一开始就投身到这一伟大的爱国运动中来，在现代革命斗争史上具有重要影响。1919年五四运动的消息传到安徽后，安徽各校学生开始集会游行声援北京学生。除此之外，安徽各地还开展了声势浩大的抵制日货运动，5月10日，芜湖各界召开反日爱国大会，发出提倡国货、抵制日货的号召。5月16日，合肥各校学生组织讲演团纷纷到街头及市郊向群众宣传日本帝国主义的野心和军阀卖国的真相，宣传抵制日货，工人、农民纷纷加入学生爱国运动中。18日，合肥商学各界召开国民筹商大会，议决拍电力争青岛归还中国，禁用日货。芜湖各报停登日本商人的广告、船期、商情。安庆各校成立安庆学生联合会，提出"禁用日货，死争青岛"的口号，安庆总商会在学生爱国热情激励下，发出通知抵制日货。除这3地之外，安徽各地各界群众纷纷响应抵制日货。五四时期的安徽人民抵制日货运动，其参与群众之多，波及范围之广，抵制程度之深，延续时间之长，均是此前无法比拟的，取得了相当大的成效，它沉重打击了日本帝国主义的侵华利益。第一次世界大战以来，日货充斥安徽市场，随着安徽人民抵制日货活动的铺开及深入，日本商轮经过芜湖等地"所装货物搭客日渐稀少"。它促进了省内民族工业的发展。同其它省市一样，安徽人民在抵制日货的同时，也响亮地提出了提倡国货的口号，在全省促成了爱用国货的氛围。它有利于安徽人民进一步提高反帝反军阀的觉悟。作为五四时期的重要斗争形式，抵制日货得到各界一致认同，故能很快风行全省，广大人民群众从抵制日货的切身经历中，更能认清帝国主义及卖国军阀官僚的丑恶嘴脸，提高他们反帝反军阀的政治觉悟。

64.安徽社会主义青年团成立

舒传贤在安庆成立社会主义青年团之事。1921年春，蔡晓舟、刘著良召集安庆学生20多人，在怀宁县学宫召开安徽社会主义青年团筹备会，被军警驱散。同年4月，蔡晓舟、刘著良再次在安庆菱湖公园茶社主持安徽社会主义青年团筹务会议，被军警干扰停开。直到1921年10月，安徽社会主义青年团在安庆正式成立，负责人为舒传贤，仅有团员9人。1922年6月，因舒传贤、周新民等一批团骨干先后赴日本留学，安庆团组织处于停顿状态。1923年春，陈独秀派柯庆施、薛卓汉、徐梦秋赴安庆、芜湖等地开展党团工作。6月13日，在柯庆施的主持下，安庆地方团执行委员会正式成立。安庆团组织建立以后，一方面继续健全和发展组织，建立学生联合会、爱国社和青年协进会3个青年团外围组织；一方面深入工农民众，注意开展民众运动。1923年1月5日，社会主义青年团芜湖地方执行委员会正式成立，选举王坦甫、余天觉、卢春山为执行委员，张震、刘长青、王积、王宣为候补委员。议决寒假后发起马氏研究会，并组织星期日社会调查队。该年春，共产党员柯庆施由陈独秀委派到安庆开展团的工作，经蔡晓舟介绍到柏文蔚出资主办的《新建设日报》报社，担任副刊及国内新闻编辑。该年夏，柯庆施到南京参加中国共产主义青年团第二次全国代表大会筹备工作，并作为安徽社会主义青年团组织的代表，出席了8月召开的全国第二次团代表大会。青年团员江常师在上海同团中央执行委员会委员邓中夏和上海团特委任弼时取得联系，回宿县后建立了社会主义青年团小组。10月，团中央局秘书林育南到芜湖巡视工作，社会主义青年团芜湖地方执行委员会举行改选，选举王坦甫为委员长，江常师为秘书，王积、王宣为会计，团员发展到20多人。12月，在社会主义青年团的基础上，中国共产党安庆支部成立，书记为柯庆施。次年（1924）春，因形势恶化而结束工作。安徽社会主义青年团的建立及其组织的发展，为中国共产党安徽地方组织的建立在思想上、组织上奠定了基础。

65. 安徽青年学生留法勤工俭学

五四运动前后，全国有志青年赴法勤工俭学成为潮流。当时教育界先进人士蔡元培、吴稚晖、李石曾等华法教育会人士在国内积极推动赴法勤工俭学。1919年3月至1920年12月，全国先后派遣17届学生赴法勤工俭学。安徽参与了第一、四、五、七、九、十一、十五共7届，赴法总人数说法不一（有40人、43人、58人、78人、87人、96人诸说），已知有女生3名（苏爱兰、陈建吾、何玉莲）。舒城人沈宜甲（第一届）是中国第一批赴法勤工俭学留学生，此外尹宽、韩奇等学生受安徽教育界先进人士高语罕、刘希平等人资助也赴法留学，还有陈独秀之子陈延年、陈乔年也同时赴法勤工俭学。安徽有关人士在上海成立旅沪安徽留法同学会，帮助留法学生协调省内外关系，接洽学习工作事项。赴法勤工俭学的学生们在法国组织了一系列的斗争，如组织拒绝中法秘密借款，争取开放里昂中法大学等。怀宁人陈延年、陈乔年和桐城人尹宽、巢县人李慰农都是中国共产党的早期领导者，1920年2月他们一起乘盎特莱蓬号邮轮到法国，1922年6月又一起参与创建了旅欧中国少年共产党，进一步锻炼了组织青年斗争的能力，回国后为中国的革命作出了较大的贡献。皖籍赴法勤工俭学留学生回国后，江达（凤阳人）担任过陆军大学编译，李平衡（怀宁人）任国民政府实业部劳工司司长，吴建邦（太湖人）任国民政府外交部科长，张忠道（六安人）任国民政府考试委员会科长，等等。

66.安徽进步青年赴苏联留学

1921年经陈独秀介绍，皖籍霍邱人蒋光慈等，在上海渔阳里共产国际主办的外国语学社学习俄语，1921年5月，蒋光慈、韦素园等赴苏联学习。中国共产党成立后，受陈独秀委托，由高语罕具体筹划执行，安徽进步青年彭干臣、徐梦秋、蒲德志、王同荣、薛卓汉，汪菊农、贾思干、陈原道、廖麟、陈维琪，两批共10人，分别于1925年6月和10月赴苏联留学，学习革命理论。这些派赴海外留学的青年进步分子，作为中国共产党中一个具有特殊文化意义的群体，充实了我党的干部队伍，成为共产党有机体内生动活泼的互动力量。同时促进了马克思主义在中国的传播，为推动中国革命事业的向前发展起到了重要作用。

67.驱逐省长李兆珍

安徽人民驱逐倪派省长李兆珍入皖之事。1921年8月，安徽省长聂宪藩被倪道烺、马联甲逼迫，辞去省长职务。倪道烺在积极运动担任安徽省长未果后，通过贿赂北洋当局，促成倪派亲信李兆珍担任安徽省长，并让李兆珍的外甥柯逸做政务厅长。安徽学生听闻李兆珍即将入皖，随即组织学生开会研究，坚决抵制李兆珍进入安徽。省内学生及其他各界爱国团体，在吸取反对张文生做督军的斗争经验下，选出专门领导人筹划本次反对李兆珍入皖工作。在学生团体的精心策划下，在安庆江边布满学生巡视，学生手持书有"不准李兆珍下船上岸""李兆珍滚回去"的白旗日夜防守。狡猾的李兆珍在省内倪派的接应下，乔装进入安徽，入驻了安徽省长公署，并命令卫队在安庆东门口用刀枪、砖石等，镇压反对其入皖的学生，同时武装镇压学生、商人以及市民的游行。民愤沸腾，省会安庆开展学、商、工的三罢运动，继续游行示威。在省各公团、旅外人士及全省各界人民的共同反对下，李兆珍见大势已去，遂偷偷溜出安庆，乘船出逃，

安徽人民取得了驱逐李兆珍斗争的最终胜利。

68.吕调元、马联甲摧残安徽教育

吕调元在1919年和1923年曾两次主政安徽，担任安徽省长。马联甲在民国成立后到1924年，长期率军驻扎在安徽境内。吕、马二人在皖期间多次摧残安徽教育事业发展，拼命镇压学生的反抗斗争。1919年10月，在北京政府下令禁止五四运动扩散时，时任安徽省长的吕调元下令警察镇压示威学生，并纵容倪嗣冲部军队残害女学生。1921年6月2日，安徽法专学生会同一师、一中等校学生集合前往省议会请愿，要求当局增加教育拨款，发展教育事业。时任安庆卫戍司令的马联甲调来军队，殴打学生代表，冲击请愿队伍，酿成震惊安徽全省的"六二"惨案。1923年2月，吕调元再任安徽省长，由于其擅自削减教育经费，遭到学生请愿反对，后因勾结马联甲殴打学生代表及教育界人士被再次免职。吕调元、马联甲两人在安徽任职期间，镇压学生运动，制造学生流血事件，削减教育经费等恶劣行径，使安徽教育大受摧残，对当时乃至以后安徽教育的发展产生了很消极的影响。

69.安徽大学的创办

安徽省第一所综合性高校在安庆创办。民初及北洋政府时期，安徽高等教育陷入低谷，学生数、办学经费、高校数等都居于全国末位。但在此期间有许多有识之士在为安徽高等教育的发展努力着，1912年秋，陈独秀"重办高等学堂"，改校名为安徽大学（但在一年后停办），这是创办安徽大学的一次尝试。1921年9月，许世英任安徽省长，倡议设立安徽大学。次年春，成立"安徽大学期成会"，并由刘文典、余谊密、胡春霖、张秋白、汤志先、雷啸岑、刘复等11人成立筹备委员会，创办安徽大学的筹备工作正式开始。1928年初向各界发布招生简章，正式招生。3月下旬通过考试正式招录第一期预科学生142人，分为自然科学和社会科学两个班。省政府未任命校长，由刘文典代行校长之权，在1928年4月10日举行了安

徽大学开学典礼仪式，标志着安徽大学的正式诞生，也标志着停办两年之久的安徽高等教育得以恢复。到1937年底，安徽大学已建成为一所综合性大学，有文、理、农3个学院，在校生三四百名。1938年5月，战争的破坏迫使安徽大学迁往六安，后辗转迁往湖北，由于一直未能复校，1939年省政府决定停办安徽大学，将部分学生送往武汉大学等地方，它的停办对于安徽的教育是一大损失。尽管如此，学校也为安徽培养了一批高级人才，不仅在安徽，甚至在全国都有很大的影响。

70.安徽"六二学潮"

1921年6月2日由安庆进步知识分子和青年学生发动的反对封建军阀的斗争。斗争的直接起因是争取教育经费独立，反对军阀侵吞，史称"六二学潮"。因反动军阀镇压，造成多人死亡、50多人受伤，又称"六二惨案"。1913年，倪嗣冲任安徽都督，安徽进入14年之久的北洋军阀统治时期，军阀经常挪用教育经费以充当军费，导致教育经费紧张。1921年，安徽教育经费是全国倒数第二，教育事业奄奄一息。1921年6月2日，安徽省学生联合会组织学生赴省议会请愿，希望增加教育经费，军阀头目马联甲急速调集军队，包围请愿学生，凶恶地毒打和屠杀学生。军阀暴行引起了全省乃至全国人民的不满，北京、上海、天津等地学校纷纷通电声援，《申报》《时事报》《民国日报》等大报都报道了安庆教育界这一惨剧。与此同时，安庆商人罢市，工人罢工，抗议政府。"六二学潮"是安徽历史上一次大规模的反对封建军阀的群众学生运动，在安徽民主革命史上写下了光辉的篇章。

71.芜湖教会学校的反帝斗争

1925年5月，芜湖发生的一场声势浩大的"收回教育权，反奴化教育"的运动，这是中国共产党党、团组织在20世纪20年代初发动的反对帝国主义宗教文化侵略的一场爱国运动，王稼祥等一批芜湖青年学生在斗争中脱颖而出，在全省产生了巨大的影响。5月11日，芜湖圣雅阁初中学生拒绝做祷告，16日，向校方提出向教育厅立案和取消圣经课、早晚祈祷、做礼拜等4项要求。18日下午，圣雅阁中学高中部学生响应，王稼祥作为代表之一，向校方提出两点要求：1.改圣经课为自由选修课；2.做礼拜、做祈祷，由学生自由参加。在遭到校长蓝斐然的拒绝后，圣雅阁中学学生成立了学生自治会，宣布罢课，并作出3项决议：1.全校学生集体罢课。罢课期间学生不离校，由学生自治会统一组织自习和各项活动。2.推选王稼祥等4人为代表，到芜湖教育当局说明罢课理由，并陈述学生要求，以争取教育局的支持。3.以圣雅阁中学全体学生名义，致函当地报纸，将真相公之于众，并要求报纸给予舆论上的声援，进而争取社会各界的支持和援助。5月21日，芜湖《工商日报》全文刊登了圣雅阁中学学生自治会给报界及社会各界的公开信。这场运动很快取得了成效，芜湖的萃文、育才等教会学校学生也纷纷罢课，掀起了全芜湖教会学校"收回教育主权，反对奴化教育"的运动高潮。5月26日，在中共的引导和芜湖各界进步人士的积极支持下，圣雅阁中学联合芜湖各教会学校学生，兵分两路，一路向芜湖县署集体请愿，另一路由王稼祥及另一学生代表到安庆向安徽省政府请愿。6月3日，王稼祥等胜利返回芜湖。由圣雅阁中学发起的芜湖教会学生爱国反帝运动，争取到了以中国人管理教会学校的主权，以及教会学校学生信仰宗教自由、自由转学的权利，而胜利结束。

72.孙殿英三祸亳州

　　孙殿英三次祸害亳州造成巨大灾难的事件。第一次是1925年，孙殿英部攻占亳县，大肆抢掠。安徽军队三面围剿，孙殿英部窜逃，亳县县城克复。孙殿英在亳州奸淫烧杀18天后，安然撤离，全县损失高达数千万元。第二次是1928年，已投靠直鲁军阀张宗昌任师长的孙殿英，奉命进攻蒋介石新编十一军。孙部驻亳州期间，强行使用亳县粮米筹备处印发的"流通券"购物，不久，孙部败逃，商家手中的大量"流通券"成了废纸，很多商店因此倒闭。第三次是1930年，直鲁军阀联合冯玉祥、阎锡山倒蒋，孙殿英被任命为讨逆军总司令再次进驻亳州，使亳州遭受70余天的战火洗劫，死尸盈城，工商业资本家大多数破产或逃亡。孙殿英三次祸亳使亳州农工商诸业元气大伤，是亳州近代史上遭受的最严重的灾难。

73.裕中纱厂筹建

裕中纱厂是芜湖纺织厂的前身，创建于1926年，是安徽第一家机器纺纱厂，也是安徽近代最大的并一直延续下来的机器纺织企业。厂址在芜湖陶沟和狮子山附近，投资白银20万两，共有纱锭18400枚，以"三多""四喜"为商标，销售省内各地。建厂初期，获利颇丰。因此，它的诞生，是安徽近代工业史上值得一书的大事。第一次世界大战期间，西方列强将注意力转向欧洲战事，给中国民族纺织工业的发展提供了良机。当时输华的洋纱洋布锐减，国内出现了棉贱纱贵的局面，国际行情亦看好，这些因素便促进了安徽近代机器纺织工业的兴起和发展。当此时，部分安徽绅商以"振兴实业"为旗帜，创办裕中纱厂。参与倡办的主要是陈劢吾、江干卿、宁松泉等人。裕中纱厂是以官商合办的形式开办的。其官股来自财政部皖岸盐业预厘税。裕中纱厂创办伊始，就建立了自己的一套管理体系。企业的最高权力机关是董事会，设董事长1人，监察董事1人，董事5人。第一任董事长为陈劢吾，董事有宁松泉、刘晦之、江干卿、周复久、翟展成等人。由于大部分董事均住在上海，因而在上海专门设立了裕中纱厂董事会办事处，董事会也多半在上海召开。厂里由总办（即总经理）负责，第一任总办是江干卿。工厂内部分前厂和后厂两个系统，前厂负责财务、供销、后勤等一切行政事务，后厂负责具体生产活动，亦即生产系统。前厂具体工作由会计室执行，后厂具体工作由考工部负责。此外还设有工账房，专门负责车间工账和发放工资。正式投产后，裕中纱厂良好的区位优势立即显示出来。因邻近产棉区，原棉价格低廉，可以约低于上海15%的花价收购到棉花。因周围市场广阔且只有它独家就地生产供应机制纱，又可以高于上海10%的价格出售产品。这种"低入高出"，使裕中纱厂初起阶段较易获利。

74.北伐战争在安徽

1926年7月开始的北伐，势如破竹，到1927年2月，国民革命军进军到安徽。在此后9个多月的时间里，安徽成为国内的重要战场之一。经过与安国军的反复争夺，激烈作战，国民革命军驱逐了安国军在安徽的势力，完全占领了安徽，取得了安徽战场的胜利。北伐军进入安徽后，中路军之江右军分为3个纵队沿长江南岸东进。江右军的任务是在江左军的配合支持下，进军芜湖，攻占当涂，协同东路军夺取南京。1927年2月21日，江右军总指挥程潜发布了向南京进军的动员令。安徽战场的胜利有不同于其他战场的原因，包括主要的作战对象是安国军等。同时，安徽战场的胜利也具有一定的重要意义和历史地位，对于改变当时北伐的战争形势，对于整个北伐战争在全国的胜利，都起到了不可替代的作用。在整个北伐战争中，安徽并不是主战场，但是，到了北伐后期，它的重要性却日益突出，因为它成为安国军和国民革命军争夺的重点地区之一。其主要战役有当涂之战、合肥之战、全椒滁县战役、淮河附近之战和蚌埠会战。这5场战役，对于国民革命军最终打败安国军，取得安徽战场的完全胜利起到了重要作用。经过近9个月的战斗，国民革命军打败了安徽安国军（张宗昌部、孙传芳部）。在这9个月的时间里，国民革命军通过与安国军反复争夺激烈作战，最终取得了胜利。

75.蚌埠战役

北伐战争中在蚌埠地区对孙传芳部安国军进攻的重大战役。1927年龙潭战役失败后，安国军孙传芳部败退蚌埠附近，整编成10个师及6个独立旅，除3个师布防徐州附近外，其余部队布防于蚌埠沿线，企图阻止南京的国民革命军北进。为歼灭孙传芳部的残余力量，肃清淮河以南地区，1927年11月1日，国民革命军第一路军总指挥何应钦下令向驻守在蚌埠附近的安国军展开进攻。8日，国民革命军开始向明光、红心铺、殷家涧、卸甲店一线攻击，攻占以上各点后，10日继续前进，进至凤阳、临淮关一线。11日，安国军向马鞍山、老山一带持续反攻。12日，安国军攻陷马鞍山，国民革命军全线撤退。与此同时，临淮、蚌埠战役打响。11日，国民革命军第一军第三师向临淮关发起进攻，经激战后，于12日占领临淮关。13日，国民革命军对蚌埠形成包围之势。14日至15日，国民革命军攻克蚌埠外围全部阵地。16日，国民革命军占领蚌埠，安国军残部向北溃逃。此时，国民革命军第三十三军亦奉命归第一路军指挥，在收复怀远后，于18日攻占固镇，并与国民革命军第四十七军协力收复蒙城，蚌埠会战遂告结束。这次会战歼灭了孙传芳部主力，为收复徐州奠定了基础。

76. 中国共产党安徽地方组织的建立

五四运动以后，安徽人民反帝反封建斗争的不断深入和社会主义青年团组织的建立和发展，为中国共产党安徽地方组织的建立奠定了思想基础和组织基础。据现在搜集到的历史文献记载，第一次国内革命战争时期安徽建立党组织的有芜湖、安庆、宿县、蚌埠、滁县、寿县等处。1923年12月，柯庆施在安庆北门外万安局濮家老屋主持召开会议，正式成立中共安庆支部，柯庆施任书记，直属中央领导。同时，在上海大学读书的中共党员薛卓汉、徐梦秋放寒假回到寿县，在小甸集小学成立了中共小甸集特别支部。随后，芜湖、旌德、宿县、蚌埠、六安、阜阳、泗县等地先后建立了党组织。随着党组织的扩大，1926年5月，中共安庆地方执行委员会成立，书记为李竹声，直属中共中央领导。1926年5月，中共安徽地方执行委员会成立，书记先后为李竹声、郭士杰。1927年5月下旬，中共安徽省临时委员会在武汉成立，柯庆施、王步文、王坦甫、王心鼎、李宜春、郭士杰、周范文7人为委员，柯庆施担任书记，王步文、王心鼎分别担任组织、宣传委员。8月上旬，中共安徽省临时委员会由武汉迁回安徽，在芜湖建立机关，着手在各地恢复和建立党的组织，开展革命斗争。到8月中旬，建立了芜湖县委和宿县、寿县、六安县临时县委，泗县、霍邱、庐江、安庆、南陵、旌德、凤阳、无为8个特支，在凤台、和县、宣城、郎溪4个县设立了通讯处。

77.安庆"三二三"反革命事件

蒋介石在安庆制造的一场打击安徽共产党人和国民党左派的反革命事变。牯岭会议蒋介石受挫，面对形势和阶级力量的变化，他决心投靠帝国主义买办集团并向封建势力妥协，反对国共合作，镇压工农运动。为了实现上述计划，蒋介石周密地考虑如何夺取并牢固地控制安徽的党务行政军事等权力。安庆是皖省省会又是长江中下游的军事重镇，蒋介石首先考虑从军事上取得安庆。1927年3月23日，在蒋介石的指使下，国民党右派分子纠集安庆当地流氓武装破坏安徽省左派党部、工会及其他组织，残害左派民众及进步知识分子的反革命事件。暴动发生后，蒋无视武汉国民政府，擅自任命国民党右派占绝对多数的安徽政务委员会负责安徽事务，任命其部属陈调元为政务主席，并任命其他政务委员。安庆"三二三"反革命事件的爆发，是蒋介石反对国共合作、叛变革命的信号。

78.芜湖"四一八"反革命事件

1927年4月18日，在蒋介石为首的南京国民党右派的指示与命令下，芜湖国民党右派反革命分子联合地方反革命派，用暴力形式反对国民党左派，并大肆逮捕、杀害共产党员和进步人士，在芜湖制造反革命事件。当日，高东澄回到芜湖按照蒋介石的要求，派青帮流氓头子崔由桢带领近百名打手，捣毁了国民党左派芜湖县党部，并令青帮另一头目等人冒充芜湖"工人统一委员会"人员，捣毁了芜湖总工会。同时又查封或捣毁妇女联合会、学生联合会、农业联合会等国民党左派组织。在查封、捣毁党的相关组织时，又逮捕了群众运动委员会主席刘为公、妇女联合会主任潘璋、总工会委员长朱麻等人。事件发生后，反动芜湖当局对共产党员、革命志士大肆捕杀。在得到情报的情况下，中共芜湖特支及时组织党团骨干撤离，使大批党的优秀同志获得安全。但仍有大批党员、革命群众在此次事件中惨遭杀害，此事件严重破坏了芜湖地区的党组织。

79.芜湖"一·二七"事件

国民党军警逮捕芜湖中共党员之事。1928年1月26日晚,安徽省济难会机关芜湖蒲草堂5号被国民党军警破获,省济难会负责人王绍虞被捕。次日清晨,驻芜国民党三十七军第一师、芜湖公安局特务队、芜湖保安队联合行动,同时包围了小营盘33号及民生中学,逮捕中共党员和无辜群众40人左右,破坏了中共芜湖县委交通处。31日王绍虞被杀害,其余被判刑,其中31名被捕人员被押往安庆。这就是"一·二七"事件。又因其肇始于蒲草堂5号,所以又称为蒲草堂事件。这是芜湖历史上中共党组织遭受破坏范围最大,被捕人数最多的一次重要事件。事件发生后,虽然经过党组织的积极营救,部分党员被获准交保释放。但由于反动安徽省特种刑事法庭认定王绍虞为"安徽共党首领","危害党国,为害至巨",王绍虞被判处死刑。另有28人分别被判处有期徒刑。

80.安徽废督裁兵运动

"废督裁兵"是民国初年一种流行的政治口号,其基本内容是"废除督军,裁减兵额",反映了人们对军阀统治的厌恶和改良政治的愿望。尤其在20世纪20年代,随着国内政治斗争及各派系军事对抗的加剧,废督裁兵运动异常热烈。张文生督皖后,皖局发生很大变化,皖人为解决安徽安武军军饷问题,倡议裁兵节饷,这是安徽废督裁兵的内部原因。第一次直奉战争后,黎元洪重新上台,废督裁兵运动高涨,为安徽实行废督裁兵提供了外在环境。鉴于形势和皖省特殊情况,安徽各界对废督裁兵都声明赞成,但目的各不相同。1922年7月8日,安徽废督裁兵会成立,旅居京、沪的安徽人士热烈响应,省长许世英也支持李光炯等召集省内外各团体,以及旅沪、旅京等地的皖人团体代表,在芜湖召开省财政审查会,公布数额庞大的军费开支,证明废督裁兵的紧迫性。在这些活动及安徽各团体、贤达的迫使下,北洋政府遂于10月7日宣布"裁撤安徽督军一缺","调任张文生(安徽督军)为定威将军","特派马联甲督理安徽军务善后事宜",

并决定全部裁撤新安武军，核减旧安武军。安徽的"废督裁兵"在同时期出现的废督裁兵运动的各省中是非常有代表性的。就全国而言，当时除安徽外也有其他省份在废督裁兵声浪影响下出现过废督的举动，如江西督军和浙江督军先后裁撤，但这些省份却并未实行裁兵。与其他各省"督不能废，兵不能裁"的局面相比，安徽督也废了，兵也裁了，尤其裁兵规模在当时全国也是首屈一指的。但是，"废督"只不过是将督军"变形易相"而已，"裁兵"也只是裁新不裁旧。安徽废督裁兵虽取得了部分成果，但总体而言并未完全成功。

81.反对省议会贿选斗争

安徽各界反对倪嗣冲贿选省议会以维护政治民主之事。1921年，北洋军阀倪嗣冲统治安徽。为了巩固军政大权，多年来他一直控制着省议会。从第一届省议会选举开始，他就唆使胞侄倪道烺和亲信马联甲组织了一个包办选举的公益维持会。公益维持会先从伪造选举册入手，不问年龄大小，只要经过审查，认为某人可靠，就把他的姓名列上，甚至死了多年的人，还把他的姓名填在选举册上，以便多占一张选票，认为某人不可靠，就把他的姓名除去。当时，倪道烺、马联甲御用的第二届安徽省议会期满解散。即将选举议员组成新的议会之前，倪、马决定继续把持"公益维持会"，拿出百万元交于维持会，并令其会员马仲武、武继椿、蒋子攀、华仲西等人赴省内10个县进行"竞选"活动，企图在各县中选出自己的议员。他们以指定人员当选，并给予津贴3万到5万不等以收买。这些人将公开买来的选票雇人书写投入选票箱，完全不经持票人手，更不能反映持票人意见。为反对倪系在安徽兴风作浪、继续作恶，学生联合各界人士并动员一切力量反对省议会贿选，抵制倪系丑陋行径。他们抓住"省议员的选票只要一县无效，全省皆无效"这一点，发动省城安庆及芜湖各校学生分县组织起来，负责调查本县选举中的徇私舞弊行为，搜集选举中的不法证据，就近向本县法院起诉。在全省各界的共同努力下，反对省议会贿选连同反对倪派爪牙李兆珍入皖都取得了最终的胜利，争取到了安徽的民主。

82. 白色恐怖笼罩安徽

国民党在安徽屠杀共产党员、左派分子和进步分子之事。1927年，蒋介石反对国共合作，公开叛变革命，发动"四一二"反革命政变，全国政治形势日益恶化。在此大环境影响及南京国民政府的指示下，安徽国民党右派的反革命分子，在安徽全省发动反革命暴行，先后打砸安庆绸布业店员工会、篡夺省市国民党党部政权，并在捣毁省国民党党部、省总工会等组织后，成立了右派专权的省市国民党党组织。之后又在全省逮捕共产党员及各工会成员、破坏工农组织，并制造了芜湖"四一八"事件，事件后右派分子竟擅自改组国民党芜湖县党部，而在宿松县和宁国县，党的组织及国民党党部则被解散、查封。安徽各市县又建立了清党委员会，开展全省性的清党运动，大肆开展清党暴行。安徽各地的共产党组织和革命群众团体以及皖人旅外组织，在此恶劣的环境下遭受严重破坏，共产党员、进步人士以及革命志士或被通缉、或被逮捕杀害，党组织被破坏，安徽全省笼罩在白色恐怖之下，安徽革命事业陷入低谷。

83. 中共安徽省委成立

中国共产党在芜湖成立安徽省委之事。20世纪20年代末，是安徽党组织大发展时期。随着党的工作重心由城市转向农村，发动农民武装暴动，进行土地革命，各地党组织在斗争中得到迅速发展。到1928年底，安徽全境除徽州和皖东少数几个县，只有中共党员在活动而没有建立组织外，绝大多数县都建立了县委、特区委或特别支部。1931年1月，中共六届四中全会后，中共决定将中共江南省委改为中共江苏省委，同时决定成立中共安徽省委机构。1月31日，在上海召开组建安徽省委的问题研究会，由中央和安徽省有关人员参与，会议按照中央指示，成立中共安徽省委。会议对中共安徽省委的成立及安徽各地方工作开展作出具体指示。2月15日，中共安徽省委在芜湖正式成立，且由中央作出人事任命，由王步文代理省委书记兼宣传部长，组织部长由贺昆容（又名霍锟镛）担任，军委书记由郭春华担任，秘书由刘静波担任，并成立巡查组负责具体事务的巡查工作，巡查组成员若干人，皆由中央任命。3月，省委设妇女运动委员会，并对省委领导任命做部分调整，重新任命王步文为安徽省委书记，同时对其他职务又作具体任命。4月6日，由于党内出现叛徒，且在叛徒的公开出卖下，省委机关暴露在敌人视野之下，因而遭到严重破坏，省委领导人王步文、霍锟镛等多人被捕牺牲，省委日常工作及活动即遭终止，安徽省内革命事业遭到重创。1931年5月初，中央派邓小平到芜湖，巡视安徽党务，处理安徽省委破坏后的混乱局面。邓小平指示成立了中共安徽省临时工作委员会。6月初，中共中央决定撤销中共安徽省临时工作委员会，恢复芜湖中心县委，直属中央指导。芜湖中心县委将所属沿江江南34个县划分为安庆、芜湖、宣城、屯溪4个中心区，派巡视员定期巡视指导工作。

84.阜阳暴动

1928年4月9日，在安徽阜阳发生的，由中共皖北特委领导和发动的，有5万多人参加的武装暴动，又称阜阳"四九"暴动。暴动中成立了皖北苏维埃政权和皖北红军。1927年蒋介石发动"四一二"反革命政变，大肆屠杀共产党员。为了发展红色政权、保存革命力量，11月下旬，南汉宸、魏野畴、蒋听松、刘子华等同志在太和城西召开会议，成立皖北特委。在"八七"会议精神指导下，皖北特委决定在皖北开展农民运动，准备武装暴动，建立红色政权。由于皖北特委的活动被南京国民政府所注意，皖北特委在以魏野畴为首的中共党员的领导下，召开多次紧急会议，决定于皖北发起大暴动，先在阜阳进行暴动。由于党内信息的不慎泄露，阜阳暴动被迫提前到4月9日午夜发动。由于当夜正值大雨，夜色漆黑，暴动未能按预定要求进行，未能攻下阜阳城。起义部队转移到城外的行流集，与那里前去接应的农协会成员3万多人会师，队伍壮大到了5万多人。但由于起义军武器差、训练素质差，最后导致暴动失败，暴动领导者魏野畴等先后被俘而壮烈殉难。阜阳暴动宣告失败，皖北大暴动亦以失败告终。

85.无为县六洲暴动

1930年12月7日，发生在安徽省无为县东乡六洲，是中国共产党直接领导下的一次以农民为主体的革命暴动。1930年11月下旬，中共无为县委在白茆洲召开党员大会，布置六洲暴动，建立游击队。游击队番号为"中国工农红军皖南第三游击队"，以刘静波为司令，建制为三个中队，由张昌万、任昌举负责政治工作。12月，党员和革命群众共200多人在新华寺集合，准备进攻六洲镇。由于暴动前司令刘静波枪毙违反军纪者，使得不少暴动参与者临阵散去，实际只有百余人参与。由于暴动准备不足，刘静波曾带队收缴地主家枪械，但没有成功，攻取六洲镇的时间不得不延缓，刘静波只得率领手持鱼叉、扁担、杨叉之类"武器"的暴动人员分三路合围六洲镇。在熟悉地形向导的指引下，三路从街东、街西、街南进攻，使得守城匪军丧胆而逃，在匪兵首领张澄云持枪督战下，匪兵只能继续负隅顽抗。由于攻城时机已失，天色发白，敌援军即到，考虑到敌众我寡兵力悬殊，战势对暴动不利，为了保存革命力量，司令刘静波下令撤退，六洲暴动也随之宣告失败。六洲暴动是无为人民向国民党反动派打响的武装斗争的第一枪，它打乱了国民党反动派在无为的统治秩序，扩大了中国共产党在人民群众中的影响，积累了武装斗争的经验。它是中国共产党在无为独立领导武装斗争的开始。正如后来王步文在中共芜湖中心县委总结会上说的："这是一次军事演习，它锻炼了党，锻炼了无为人民"。

86.苏家埠大捷

鄂豫皖根据地红军围歼国民党反动派军队的一次重大胜利。1931年9月，正当红四方面军成立之际，国民党蒋介石调集14个师、4个旅的兵力，向鄂豫皖革命根据地发动了大规模的第三次"围剿"，兵败黄安、商城后，又于1932年3月纠合重兵进占皖西苏家埠、麻埠等地，继续向根据地猖狂进攻。我红四方面军在总指挥徐向前、军长旷继勋的统一率领下，从3月22日起，分割包围苏家埠、韩摆渡、青山店敌驻军。敌军被围数月，弹尽粮绝。蒋介石急令皖西剿共总指挥厉式鼎率2万兵力从合肥方向前来增援。红四方面军遂以主力打援，并于5月2日在陡拔河一带将其全部歼灭。苏家埠、韩摆渡、青山店等敌突围无望，5月8日投降。苏家埠战役历时48天，红军以2万余人，在地方武装和人民群众的配合下，歼敌3万余人，俘敌总指挥厉式鼎，5个旅长，12个团长及营以下官兵1.8万余人，缴步枪1.6万余支，机关枪250挺，山炮4门，迫击炮40门，电台5部，击落敌机1架。苏家埠战役是鄂豫皖苏区史无前例的大胜仗，也是中国工农红军战争史上著名的大捷之一。此次战役创制了红四方面军大兵团作战的经验，在中国人民革命史上占有重要的历史地位，也是围点打援的经典战例。

87.鄂豫皖革命根据地的建立

1930年2月25日，中共中央指示将鄂豫皖3省边界17个县划为鄂豫皖边特别区，设立鄂豫皖特委，由中共湖北省委领导。安徽的六安、霍山、霍邱、英山、寿县、合肥、颍上划归特委。3月18日，中共中央又发出指示，决定将红三十一、三十二、三十三师合编成工农红军第一军。3月20日，中共中央巡视员曹大骏在箭场河主持召开鄂豫皖边区党代表大会，中共鄂豫皖边特别委员会正式成立，郭述申任书记，实现了党对鄂豫边、豫东南和皖西3块革命根据地的集中统一领导，形成了以大别山为中心的工农武装割据政权——鄂豫皖革命根据地。3月21日，仍然存在的中共六安中心县委组织建立（中共）皖西北特委。4月17日，中共六安中心县委发布《六安六区土地改革政纲实施细则》，开始在六霍苏区进行土地改革。7月，苏区约有32万贫苦农民和手工业者分到土地。1931年5月，皖西北苏区近100万人口分得了土地，并拿到了当地的苏维埃政府发给的土地证。鄂豫皖革命根据地的建立，顺应了革命形势发展的需要，实现了全边区党、政、军的统一，在中国革命史上具有非常重要的地位。这是革命的星星之火在大别山燎原的结果，自此，鄂豫皖边区的革命斗争进入新的发展阶段。

88.中国共产党多次领导安徽各地农民运动

在传达贯彻"八七会议"精神的过程中，安徽各地党组织带领农民群众走上了武装斗争的道路。根据《土地革命时期安徽各地农民武装起义情况统计表》获知，1927年10月至1928年底共发生农民暴动5次，其中4次地点在桐城、潜山、南陵、郎溪等地，均为安徽省临委所属党组织领导。其中郎溪毕桥镇农民暴动，曾一度攻占郎溪县城，建立临时政权——工农委员会，镇压了一批土豪劣绅，坚持斗争2个多月。1928年4月9日，魏野畴等发动阜阳暴动，这是由中共皖北特委领导，策动高（桂滋）、杨（虎城）等部兵变与当地农民起义相结合的一次规模较大的暴动。1927年10月26日，中共安徽省临委发布《为反对宁汉军阀战争告安徽民众书》，号召安徽广大工农和平民们武装起来，变军阀战争为工农革命、平民革命，建立工农民主政权。1929年至1930年上半年，全省发生农民暴动24次，主要在皖西地区，其中著名的暴动有商南起义、六霍起义和清水寨暴动。1930年下半年至1935年的农民暴动，全省共发生35次，柯村暴动和贵秋东第三次暴动取得成功。1936年以后，由于国内形势的变化和党的政策的转变，安徽农民暴动逐渐停止。安徽农民暴动是全国各地武装斗争的重要组成部分，促进了安徽城乡各界人民斗争，沉重打击了国民党反动派的统治。

89.红军北上抗日先遣队转战皖南

1934年6月下旬，红七军团军团部及十九师受命组成中国工农红军北上抗日先遣队，在军团长寻淮洲、政委乐少华率领下，奔赴浙赣皖诸省国统区，最终到达皖南，支持和发展皖南地区的革命。7月7日，共6000余众的北上抗日先遣队由瑞金出发，9月20日经闽浙进入皖南，其为先遣队在皖南活动的第一阶段。10月下旬，红七军团奉命去赣东北苏区与红十军团合编，于12月初再次进入皖南，其为先遣队在皖南活动的第二阶段。1934年9月25日先遣队进抵皖南歙县的石门一带，遇敌夹击，先遣队利用省际边境复杂地形在皖南的歙县等地区的崇山峻岭中与敌军周旋。10月1日，先遣队在赣北浮梁县流口击溃敌南昌行营别动队第九队，两天后又在皖南祁门县查湾歼灭当地的反动武装。随后，先遣队在倒湖与敌第四十九师发生激战，在黎痕一带与敌军形成转盘式对峙。进入第二阶段，12月6日先遣队攻克旌德县城，10日在黄山汤口，先遣队红十九师和第二十师会师。蒋介石获知消息后急来围剿，先遣队不幸在谭家桥伏击战中失利，师长寻淮洲牺牲。从谭家桥战斗后，先遣队到达皖南苏区中心黟县柯村。在柯村方志敏召开相关会议，留下一个侦察营，同当地武装组成皖南红军独立团，加强了皖南地区的党的领导和武装革命力量。1935年1月10日，先遣队南下赣东北，结束了皖南行动。北上抗日先遣队，积极推动了皖南的革命运动。皖南独立团成为皖浙赣游击根据地的主力部队，分散在各地的原先遣队员也成为抗战时新四军的重要组成部分，奔赴在华中抗日的最前线。

90.宿州与赛珍珠的《大地》

赛珍珠是美国著名作家，普利策小说奖和诺贝尔文学奖获得者。她出生于美国弗吉尼亚州西部，父母均为传教士。1892年，尚在襁褓中的赛珍珠被父母带到中国，在镇江度过了童年和青少年时期。在成长过程中，她接受了西方文化和中国文化的双重启迪，这让她对中国文化情有独钟，始终坚守超越狭隘民族主义的世界主义价值观，自觉担当起促进中美交流、沟通的使者，成为弘扬中国乃至整个东方文化而享誉世界的著名作家。1917年赛珍珠和美国青年农学家洛辛·布克结婚，随后与丈夫来到宿县，在启秀女子中学教英文课。尽管她只在宿县生活了两年半，但是这段生活对于赛珍珠意义非凡，她多次深入田间地头，近距离了解当地百姓的生活状况，亲历了他们的喜乐悲辛，和当地人民结下了深厚的情谊。在此期间的生活经历成为日后闻名世界的文学名著《大地》的素材，大地中的人物原型、生活习俗都具有浓郁的宿州地方色彩。

91.安徽正面战场抗击日军

卢沟桥事变后，上海、南京在几个月内相继沦陷，为了打通华北与华中的联系，日军于1937年12月开始大举进攻安徽。在日军的进攻下，安徽全省大部分地区相继沦陷，日军在安徽暴行不断，使安徽沦陷区人民备尝苦难。为抵制日军进一步侵略、遏制日军暴行，国民党与共产党在安徽地区采取不同形式与日军作战，在正面战场打击日军嚣张气焰。在南京保卫战同时和之后，国民党军队集结安徽，在正面战场抗击日军，先后组织了广德保卫战、津浦铁路南段阻击战、淮河阻击战、蒙城保卫战、含山保卫战等大的战役，给入侵安徽的日伪军以沉痛打击。与此同时，为更好配合国民党军正面作战，在国民党军内部开明领导人的倡导与组织下、在中共的积极响应与动员下，安徽人民自发组织起来，组成人民自卫军、各县市组成自卫队，通过袭扰日军、配合正面战场之军队作战且为其提供后勤及其他方面的援助，自卫军、自卫队积极踊跃、英勇顽强，在安徽抗击日军的正面战场上发挥重要作用。至1938年9月初，在日军疯狂进攻下，安徽全省三分之二的县城沦为敌手，半数以上的人民生活在日军的魔爪之下。但国民党和共产党以及自卫军、各县地方自卫队在安徽组织的正面作战依然顽强坚持阻击日军。

92.全面抗战初期安徽教育转移后方

全面抗战初期安徽众多中学转移到湖北、湖南、四川等事。八一三事变之后，日军进犯华东地区。1937年8月，安徽省政府发布《关于在日寇入侵、战事日广情事下，教育工作应依据之方针的训令》，9月发布《非常时期教育实施纲要》，对于即将到来的战事做了一些准备工作，但是效果不佳。11月底，日军开始侵入安徽，12月10日芜湖陷落后，安徽多地沦陷，面对战争的摧残，安徽的教育也遭到了很大的破坏，从而被迫迁移。1938年，安徽省政府起初在立煌、桐城、阜阳、泗县、全椒等地设立了5所临时中学收留战争中流散的师生，后又在六安、定远、霍山等地建立一些临时中学，给予师生一些补贴。1938年5月，中央教育部派邵华、方治来安徽办理学校转移到大后方的相关事宜。随着日军侵华步伐的加快，省内几所临时中学遭到轰炸，省教育厅指示临时中学尽快迁往武汉，自6月起，各个学校陆续迁往武汉，到7月大部分学校已完成迁移。但又因日军沿长江继续入侵武汉，所以转移到武汉的学生又开始了新的迁移，部分迁往湖南，部分迁往四川。转移到湖南的安徽学生在湖南建校，称作"国立安徽一中"，后又改名"国立八中"，为改变湖南社会文化落后的局面作出了贡献。朱镕基（国务院原总理）、刘赓麟（中国科学院院士）、肖纪美（中国工程院院士）、唐德刚（美国哥伦比亚大学教授）、刘昌平（联合报社原社长）等，都是抗战时期该校学生。迁往四川的安徽学生被安置在江津，称作"国立安徽二中"，后改名为"国立九中"，学校管理严格，曾被评为"国立模范中学"。其为中国培养了邓稼先（"两弹元勋"）、赵仁凯（核动力专家）、汪耕（中国科学院院士）、夏培肃（中国科学院院士）、任继周（中国工程院院士）、黄熙龄（中国科学院院士）等多名杰出人才。

93.新四军挺进安徽

新四军在歙县岩寺集中进驻安徽坚持抗战。1937年卢沟桥事变后，中国共产党以民族利益为重，高举抗日民族统一战线的大旗，积极推动了国共第二次合作的形成。1937年8月，国共双方达成协议，将在陕北的红军主力改编为八路军，同时将南方八省的红军和游击队改编为新四军。1937年12月25日，新四军军部在湖北组建，次年1月6日在江西南昌正式成立。2月6日，在国民政府军事委员会的命令下，新四军在2月20日需在安徽歙县岩寺集中。新四军主要领导人叶挺和其他干部会见国民党第三战区司令长官，交涉部队的就地集中事项。2月中旬，新四军军部下达命令，要求各路部队急速出动，兼程赶往皖南岩寺集中。4月中旬，新四军下辖的4个支队集合完毕，新四军正式挺进安徽。挺进安徽后的新四军，在中央的指示下，加强军政训练和开展民运工作，坚决遵照党所指引的道路前进，在党中央的正确领导下，将抗战进行到底。新四军开辟安徽战场后不

断取得抗日成绩，为安徽乃至全国抗战事业作出重要贡献。

94.中国工业合作协会浙皖办事处成立

中国工业合作协会（简称工合）是抗日战争时期由国际友好人士埃德加·斯诺、路易·艾黎和爱国进步人士宋庆龄、胡愈之等发起，于1938年8月在武汉成立。1939年，艾黎到金华，与骆耕漠取得联系，准备在浙江筹建"工合"机构，组织技术工人和难民从事日用工业品的生产，并举办各种职业学校，培训技术人才，支援新四军抗战。1939年7月，中国工业合作协会浙皖办事处在安徽屯溪成立，中共党员章秋阳任办事处主任。为培养"工合"干部，"工合"浙皖办事处在安徽屯溪举办了第一期"工合"干部讲习班。学员大多是上海、浙江、赣北转来的中共党员和进步青年，也有部分从新四军调来的军政干部，还有一些是从金华和屯溪当地招来的青年，总共有100多人。讲习班除开设有关合作经营、工业技术方面的课程外，还学习国际形势、中国经济、军事常识、抗日纲领等。讲习班内还建有中共党小组，不少学员在学习期间加入了中国共产党。讲习班结束后，这批学员分赴各地，大多成为各地"工合"组织或抗日力量的骨干分子。中国工业合作协会浙皖办事处，为安置难民，解决就业，促进工业生产发展，支援新四军抗日以及推动安徽地区抗战事业的发展作出了重要贡献。

95.全面抗战初期安徽民众的抗战

为了有力支持抗战、求得民族生存，安徽人民在共产党和国民党的号召下，自发组织，形成抗日力量，为抗日战争作出贡献。全面抗战初期，在安徽主政的国民党桂系首领李宗仁的建议与发起下，安徽各地有声望的人士和回乡军官在各级工作团的支持配合下，民众自发组织出钱出力，很快组建了6路抗日自卫军。同时，各县也组织成立自卫队，由当地县长领导。且在中共的活动与组织下，也形成一批有实力的抗日武装加入到自卫军的行列中。自卫军、自卫队自成立后，即主动与日军作战，且以侵袭、破坏日军交通、刺探敌情等方式，协助正规军对日作战。同时，安徽民众除组织自卫军外，各地人民也以不同方式对日作战，辛亥革命古稀老人方绍舟组织青年和红枪队抗日、肥西花子岗民众夜袭日军军营、六安村民打死下乡掠夺的日军、桐城石熊氏锄头打死日军……安徽人民同仇敌忾，人自为战，村自为战，配合国民党军队和新四军在安徽与日伪军作战，使日伪军深陷安徽军民战争的汪洋大海之中。

96.安徽动委会的成立和国共合作共同抗日局面在安徽的形成

七七事变后，全民族抗战爆发，第二次国共合作抗日局面形成。安徽动委会的成立，是国共合作局面在安徽形成的具体体现。1938年3月5日，安徽省动委会正式开始工作，通知各县成立县动委会。同年5月5日，动委会在屯溪成立皖南办事处，指导皖南的动员工作。全省各级各界抗敌协会也相继成立。安徽省动委会以工作团为基本力量，在各地深入开展抗日救亡工作，大批进步青年参与其中，成为抗日民族统一战线旗帜最忠实的拥护者。至1939年5月，全省有直属工作团43个，委托工作团30个，县属工作团34个。1939年1月25日，安徽省动委会增设了文化事业委员会和妇女工作委员会。安徽省动委会各级工作团和救亡团体到全省各地后，开展了灵活多样的抗日宣传活动。省政府和各级地方政府充分发挥动委会与抗敌群众团体的作用，与新四军互相配合，共同对敌。中共安徽省工委及其领导下的各级党组织，也通过动委会来动员全省民众抗日，巩固安徽的第二次国共合作局面，支持国共两党军队在安徽的抗战。安徽国共合作和抗日工作的实绩赢得了社会各界的好评。

97.蚌埠防御战

中国军队在蚌埠抗击日军侵略之事。1938年2月2日，日军向蚌埠进攻，经过激战，蚌埠于当日失守，中国军队退守淮河北岸，并将淮河铁桥炸毁，以阻止日军渡河。日军企图在飞机、大炮的掩护下强渡淮河，但数次强渡均被击退。2月8日上午，24架日机轰炸小蚌埠（淮河北岸小镇），随后，日军炮兵又对该地进行猛烈轰击，中国军队河岸防御工事被毁殆尽。下午5时、晚8时许，日军两次强渡，第一一三师守军沉着应战，予以猛击，日军强渡失败。入夜11时，日军调装甲车、汽车40余辆，排列在淮河南岸大堤上，炮口同时对着小蚌埠，轮番轰击，掩护700名日军第三次强渡，其中400余人登岸攻入小蚌埠。第一一三师师长周光烈当即命令第三三七旅旅长窦希哲率部立即收复小蚌埠，窦旅长亲率敢死队奋勇反击，血战至次日凌晨1时，终于克复小蚌埠。2月10日拂晓，千余日军再次渡河，并于上午10时占领小蚌埠，第三三七、三三九旅官兵向日军反复冲击，于深夜22时将小蚌埠再度收复。次日晨，日军在炮火掩护下再次强渡，小蚌埠又陷敌手。2月13日，张自忠率第五十九军赶来增援，小蚌埠最终被收复。日军遭到重创后，于2月下旬撤回南岸，与中国军队隔河对峙。中国军队经过顽强阻击，将日军滞留在淮河一线，为中国军队取得台儿庄大捷创造了有利条件。

98.繁昌保卫战

新四军五次抗击日军侵略取得繁昌保卫战重大胜利之事。1939年间，日军多次向繁昌地区新四军驻地进攻。在军部直接领导下，新四军第三支队主力在第一支队、第二支队各一部协助下展开了反"扫荡"战斗，取得了五次繁昌保卫战的胜利。1939年1月10日，400多名日军分两路进攻繁昌城，次日占领县城。13日，第三支队游击小组采取"避实击虚，以假乱真"的战术，在敌后不断袭扰敌人，并集结主力准备反攻，敌军闻讯后被迫撤退，繁昌得以收复。同年2月5日，敌军占领了繁昌城，第三支队殊死拼搏，迫敌退出繁昌。5月下旬，日军再次进犯繁昌。新四军第三支队第一团和第五团，以机动钳制、侧后袭击、正面阻击等战法，经过4天激战，歼敌300余人，取得第三次繁昌保卫战的胜利。11月21日，新四军第四次进行保卫繁昌的战役，战役历时22天，可分为三次重大战斗，其中著名的"峨山头搏斗"和"塘口坝血战"尤为惨烈。12月中旬，日军又出动了3000余兵力，第五次进犯繁昌，新四军再次予敌以痛击，取得了第五次繁昌保卫战的胜利。五保繁昌的胜利，在新四军的历史上留下了光辉的一页，有效地牵制了日军的攻势，宣告了日军"夺取繁昌，扫荡皖南"罪恶阴谋的破产，保卫了皖南抗日根据地，提高了新四军的战斗力，扩大了我党、我军的政治影响。

99.周家岗反"扫荡"战与皖东抗日根据地

新四军粉碎日伪"扫荡"建立皖东抗日根据地之事。1938年8月，新四军第四支队奉命进入皖东敌后开展抗日游击战争。新四军第四支队在津浦路西广泛开展敌后游击战和根据地建设，协助地方党组织建立各种群众性的抗日团体，开展抗日救亡宣传，经过艰苦努力，新四军第四支队初步开辟了以定远藕塘镇为中心的津浦路西抗日游击根据地。皖东革命形势的好转引来了日本侵略者的注意，1939年12月，日军第六师团纠集日伪军2000余人，从滁县、沙河集、全椒等地分3路向新四军第四支队驻地全椒西北部的周家岗地区"扫荡"。为了杀敌救民，扩大新四军的政治影响力，进一步增强津浦路西军民抗日必胜的信心，刘少奇命令新四军第四支队主动迎击敌人，缩小敌军"扫荡"的范围，缩短敌军"扫荡"的时间，减少人民的损失。新四军第四支队第七、第九团，在司令员徐海东的指挥下，不畏强敌、英勇抗战，经过3个昼夜的激烈战斗，击退了敌人的进攻，毙伤俘敌160余人，收复大片沦陷土地。周家岗反"扫荡"，是新四军第四支队挺进皖东敌后首次较大的战斗。它不仅扩大了共产党和新四军的政治影响，打开了皖东的抗战局面，而且使新四军第四支队在津浦路西站稳了脚跟，为皖东抗日根据地的创建奠定了坚实的基础。1940年4月，随着津浦路东抗日民主政府的相继成立，皖东抗日根据地基本建成。

100.定远自卫反击战

抗战时期新四军对国民党顽固派发动的自卫反击战。1939年底，国民党顽固派掀起第一次反共高潮，安徽省主席李品仙、江苏省主席韩德勤对皖东地区新四军第四、第五支队实施夹击。皖东根据地军民在中共中央中原局领导下，积极进行斗争。1940年3月，第五战区第十游击纵队司令李本一和第十二游击纵队司令颜仁毅等部，总兵力5000余人，由南北两路向位于津浦路西的中原局、新四军江北指挥部所在地定远县大桥镇进犯。定远、滁县、凤阳等县的国民党武装常备大队也相继向大桥镇推进形成包围，形势十分严峻。中共中央中原局和新四军江北指挥部决定，先集中兵力在津浦路西实行自卫反击，随后攻打定远县城吸引围攻大桥镇的顽军出援。1940年3月4日，皖东新四军定远自卫反击战开始。11日，新四军攻克定远县城。17日，反击战胜利结束。历时14天的定远自卫反击战，经界牌集、大桥、定远城、施集等战斗，共歼敌2000余人，俘敌1000余人。定远自卫反击战的胜利，极大地促进了新四军和地方抗日武装的发展，推动了各级抗日民主政权的建立。3月17日，华中敌后第一个抗日民主政权——定远县抗日民主政府成立，这在皖东乃至整个华中地区都起到了先导和示范作用。此后半年时间内，凤阳、滁县、嘉山、来安、天长、全椒、合肥等地抗日民主政府也相继建立。

101. 半塔保卫战

1940年，皖东新四军为应对国民党顽固派制造的摩擦而进行的一场以自卫为主的阵地保卫战。1940年3月，江苏国民党军顽固派韩德勤部趁新四军第五支队参与支援定远自卫反击战、津浦路东空虚之时，纠集8个团1万多人的兵力，对只有千余人防守的路东中心区半塔集发起全面进攻。在与日作战的抗战民族任务前，面对顽军制造的摩擦，新四军第五支队半塔集留守部队同心协力，发挥新四军近战夜战的优势，固守待援，给顽固派军队以打击。在以刘少奇同志为首的中原局和张云逸、邓子恢、赖传珠等同志的指挥下，江北新四军全军同仇敌忾、众志成城，半塔集内部守军顽强坚守、外围救援的江北新四军奋力进攻，共同奋战7个昼夜后，新四军在半塔集取得了半塔保卫战的最终胜利，给制造摩擦的反共顽固派军以沉痛打击，加强了抗日根据地的建设，也为接下来的对日作战积蓄了力量。

102.新桂系统治安徽

从1938年到1949年，新桂系对安徽进行了长达12年的统治，李宗仁、廖磊、李品仙、夏威、张义纯先后担任安徽省政府主席。新桂系是指以李宗仁、白崇禧为首，以李品仙、廖磊、夏威等为骨干成员的广西地方实力派。全面抗战时期，新桂系有推动第二次国共合作、积极抗战的一面。全面抗战初期，为了巩固地方统治，顺应抗战形势需要，其先后采取了一系列较开明的政治改革和施政措施。如：提倡民主化建设，积极任用抗日进步人士；健全基层政权，反对和惩治官吏腐败；开展民众动员，维持国共统一战线，等等。为抗战初期安徽敌后群众性抗日运动的兴起，以及大别山地区的持久抗战，创造了有利的政治环境。同时也有积极反共、消极抗战的一面。新桂系主皖初期，对中共采取合作态度，双方关系融洽。随着新四军在安徽的迅速发展，使新桂系日益不安，恐威胁其统治地位，便不断制造反共事端，并借助蒋介石的力量壮大其反共势力。新桂系在皖发展过程中，既有和国民党中央斗争的一面，也有服从其统治的一面，表现了新桂系作为地方实力派的特殊性，主要表现为政治、军事、经济方面的分化与反分化、限制与反限制、染指与反染指的斗争。解放战争时期，新桂系协助蒋介石发动全面内战，在安徽进行政治压迫和经济剥削，给安徽带来了深重的灾难。

103.新四军军部和中共中央东南局在皖南

新四军军部于1938年8月迁至泾县云岭罗里村，同时，中共中央东南分局也随迁至此。中共中央东南分局是全面抗战时期中共中央设在东南地区的派出机构，受中共中央和中共长江局的双重领导，与新四军军部同时成立。新四军这支人民武装，在中国共产党的领导下，在平原水网地区，在敌我力量悬殊的情况下，发挥人民战争的威力，以机动灵活的战略战术在战略劣势中创造战术优势。特别是在与日军、伪军、顽军三方斗争的错综复杂局面中，以小制胜，以弱胜强，在艰难困苦的环境中求生存、求发展。以其特殊的地理位置，在抗战中起到了据局部而扼全局的重大作用。1938年11月，根据中共六届六中全会决议，撤销长江局，成立中原局，刘少奇任书记；东南分局改为东南局，仍以项英为书记，直属中共中央领导；中原局辖长江以北、陇海路以南地区，东南局辖闽、浙、苏南、皖南、赣北等地区。驻云岭期间，东南局领导东南各省人民发展壮大新四军力量，开辟和巩固抗日根据地，打开了东南地区抗日局面，为抗战胜利作出了巨大贡献。在东南局正确领导下，东南地区中共组织恢复发展很快，到1940年底，东南局管辖范围包括浙江、福建、皖南、苏南、赣东北等地，党员共约5万名。中共中央东南（分）局和新四军军部在皖南3年，在这里领导了新四军和东南地区的抗日游击战争。皖南事变使新四军军部及所属部队蒙受了惨重损失，中共中央东南局也随之不复存在。但是，原东南局所领导的各地党组织，在国民党反共顽固派所制造的一片白色恐怖中，仍继续坚持着不屈不挠的斗争。1941年4月27日，中共中央决定中原局与东南局合并组成华中局，统一领导苏中、淮南、淮北、苏北、鄂豫皖、浙东、苏南、皖中地区党的工作。

104. 国民党发动"皖南事变"

1941年1月6日发生的"皖南事变"，是国民党顽固派在全面抗战期间发起的第二次反共高潮的顶点。1940年8月9日，国民党第三战区司令长官顾祝同密令皖南各县严密防止新四军活动。1940年10月19日，国民政府军事委员会致电八路军和新四军总部，污蔑八路军和新四军"破坏团结，破坏抗战"，强令华中八路军、新四军1个月内撤到黄河以北地区。八路军、新四军总部一面严词拒绝国民党顽固派的无理要求，一面为顾全大局而作出让步，同意新四军军部及皖南部队移至江北。10月20日，顾祝同核定并下达了第三战区长官部制订的关于堵击皖南新四军的计划，命令抽调一四六师、七十九师、四十师、六十二师，并请调第十九师至皖南，以加强围歼皖南新四军的兵力。11月9日，李品仙电令第一七六师逐步肃清江北新四军，准备以主力堵击皖南新四军渡江部队。1941年1月4日晚，新四军军部及皖南部队共9000余人行至茂林地区，遭到国民党顽固派军队7个师8万余人的围攻，战斗10余天，新四军部队除2000余人突出重围外，其余大部壮烈牺牲。军长叶挺在与顽军谈判时被扣押，副军长项英，副参谋长周子昆被叛徒杀害，政治部主任袁国平突围时牺牲。国民党集团污蔑新四军为叛军，宣布取消新四军番号，将第二次反共高潮推向顶峰。事变发生后，中共中央提出在政治上取攻势，在军事上取守势的方针，揭露国民党反动派蓄意制造"皖南事变"，摧残抗日力量的罪行，获得了广泛的同情与支持，在国内外的强大舆论压力下，国民党被迫收敛其反共活动，第二次反共高潮被击退。

105. 新四军第七师在无为的活动

1941年3月17日，中共中央中原局和新四军军部作出决定，组建新四军第七师，活动地区暂以巢湖—无为地区和桐城—庐江—无为地区为中心。5月1日，新四军第七师在无为东乡白茆洲胡家瓦屋正式成立，七师暂成立第九旅，主要活动于无为、巢湖一带。为更好地开展革命，1941年9月，七师成立第五十七团，恢复和发展皖南地区的革命事业，同时，经中共中央华中局批准，在无为地区重新组建了中共皖南特委，坐镇江北，依靠巢湖、无为，指挥江南的敌后抗日战争。1942年3月24日，中共中央华中局撤销原无为地委和鄂皖地委，4月底正式成立中共鄂皖赣边区委员会（统称皖中区党委），统一领导皖中皖南抗日工作。为配合皖南地区的抗日事业的发展，七师在无为地区大力发展文教宣传工作，1942年3月，七师政治部在原无为县宣传队的基础上建立了由七师政治部领导的大江剧团。1944年5月，剧团改名为"新四军第七师政治部文学艺术工作团"（简称"七师文工团"）。另外，经由皖中区委和七师师部的研究决定，在七师政治部主办的《战斗报》的基础上成立大江报社，出版《大江报》，作为区委的机关报。这些文艺宣传工作促进七师在无为地区抗日事业的开展。为恢复泊湖地区的游击斗争，1942年七师师部决定撤去巢湖、无为中心区的挺进团、桐西独立团，合编成立七师第五十八团，主要负责在泊湖地区开展工作，在该地区给日伪军以沉重打击。

106.淮南大通煤矿万人坑

日军占领淮南大通煤矿后，为掠夺资源不惜牺牲淮南矿工生命而制造出的"万人坑"事件。日军侵华进入相持阶段后，为了达到"以战养战"的战略目标，保障日军侵华的持续进行，日军占领淮南煤矿后便大肆掠夺煤矿资源，且采取罪恶的"以人换煤"的手段。在井下安全设备极差的条件下，逼迫工人下井作业，工人的生命安全毫无保障，事故频发而导致无数矿工葬身。1941年大通矿透水淹死9名工人，后有两名日军逼迫工人在瓦斯区挖煤，由于两名日军监工吸烟而造成瓦斯爆炸，40多名矿工丧生且炸死日军1人，为背回被炸死日军的尸体，又先后有30多名工人倒下。由于矿难频发，工人尸体增多，日军将大部分工人尸体堆到南山一带，该地被日军称为"侉子林"。由于冬季大雪覆盖，矿工尸体多被掩盖，而春天到来，大雪融化，数以万计的尸骨裸露出来。为掩盖日军的暴行，在日军刺刀、皮鞭的逼迫下，大通矿工在南山挖出三个长20米、高宽各3米的大坑，日军将矿工尸骨埋入并撒上石灰，制造了淮南大通煤矿的万人坑。从日伪档案资料中可看出，仅1943年半年多时间里就有13000多名矿工丧命，淮南大通"万人坑"是日军侵华罪证的真实写照。

107.安徽敌后抗日根据地建设

全面抗战时期，中国共产党和新四军先后在安徽开辟了3块抗日根据地，分别为淮南抗日根据地、淮北抗日根据地和皖江抗日根据地。3块抗日根据地统辖区域达7.8万平方公里，境内人口1230万左右。1.淮南抗日根据地是华中抗日根据地的一个重要组成部分，它位于淮河以南津浦路东西两侧，包括安徽东部、江苏的一部分。全面抗战时期，淮南军民共歼灭日伪军25万余人。新四军二师也从最初东进时的一个3100多人的游击支队，发展为5万多人的正规部队。到1945年9月，淮南根据地共建立17个县级抗日民主政权，人口约300万，面积约2.1万平方公里。2.淮北抗日根据地东依运河，西达黄泛区，南临淮河，北抵陇海路，位于淮北津浦路东西两侧，横跨豫、皖、苏、鲁四省，由豫皖苏、皖东北、邳（县）睢（宁）铜（山）3块地区组成。在淮北区党委领导下，淮北军民积极开展反"扫荡"、反"蚕食"和反摩擦的武装斗争。1942年11月中旬至12月中旬，取得了33天反"扫荡"战役的胜利。1943年3月，发动山子头战斗，歼灭进入根据地中心区的国民党顽固派韩德勤部，生俘韩德勤及其官兵1000余人，粉碎了国民党顽固派妄图摧毁淮北抗日根据地的阴谋。1944年8月，新四军第四师西征，收复原豫皖苏边区失地，建立了8个县的抗日政权。到抗日战争胜利时，淮北根据地建立了24个县级抗日民主政权，拥有人口600多万，总面积达4.1万平方公里。在抗日战争中，淮北地区人民作出了重要的贡献。3.皖江抗日根据地位于安徽中部长江两岸，东起江浦、当涂，西至怀宁、彭泽，南抵宣城、南陵，北临滁河、合肥，与敌伪区、国统区犬牙交错，由无（为）巢（县）中心区、含（山）和（县）、皖南、沿江、巢（县）合（肥）庐（江）5块基本区域组成，是华中新四军向西、向南敌后发展和反攻日军的重要基地之一，也是沟通新四军军部和第二师、第五师交通的枢纽。安徽敌后抗日根据地是安徽抗日战争的主要战场，它在政治上构建了统一战线性质的政权，充分考虑人民群众的政治利益，切实保障各阶层的民主权利；经济上实行减租减息，减轻人民群众的负担，制定一系列鼓励生产和发展工商业的政策，兼顾各方面的经济利益；建设新民主主义文化，为抗战和根据地建设提供精神武器；塑造良好的社会风尚，大力营造和谐的社会环境。安徽敌后抗日根据地是华中抗日根据地的政治、军事指挥中心。

108.国民党当局在安徽接受日军投降

1945年8月，日本宣布无条件投降，国民政府军事委员会任命第十战区司令长官兼安徽省政府主席李品仙担任蚌埠、徐州、海州、安庆等地区的受降主官，侵华日军第六军司令官十川次郎中将为该受降区投降代表。8月至9月初，新四军各部解放安徽境内的宿县、泗县、五河、灵璧、定远、盱眙、嘉山、无为、天长、来安、郎溪、广德等县城。9月24日，在蚌埠国民党军第十战区前进指挥所礼堂内，举行第九受降区受降仪式。仪式由第十战区司令长官李品仙、前进指挥所主任张淦等主持。日军代表第六军司令官十川次郎在投降书上签字。随后，国民党第七军负责接收遣送在固镇集中的日军第七十师团和在滁县集中的日军第一独立警卫队；国民党第四十八军负责接收遣送在安庆集中的日军第一三一师团和日军独立步兵第六旅团。驻芜湖地区日军则到南京集中投降。

109.刘邓大军千里跃进大别山

刘邓大军挺进大别山拉开人民解放军战略进攻的序幕。1947年3月，蒋介石调整战略部署，将全面进攻改为重点进攻，发动重兵进攻陕北、山东解放区。中共中央决定由刘伯承、邓小平率晋冀鲁豫解放军主力渡过黄河，到国统区开辟新战场，以迫使蒋军回撤。6月30日，刘邓大军强渡黄河，实行无后方的千里跃进，在鲁西南连战连捷，歼敌6万余人。7月20日，刘邓大军南下，使淮北形势变化。中共华中七地委确定巩固淮泗、淮宝等地区，收复湖西，粉碎敌人压缩我军于湖东地区的阴谋，并确定7月至9月的战斗任务。8月9日，刘邓大军越过陇海路，进入黄泛区。27日，越过汝河，进抵淮河。29日，成功抵达大别山地区。刘邓大军千里跃进大别山，如一把尖刀直插敌人的心脏，揭开了战略进攻的序幕。8月下旬，晋冀鲁豫野战军第三纵队进入皖西作战。10月10日，晋冀鲁豫野战军第三纵队，在六安东南张家店全歼国民党第八十八师师部及六十二旅全部，毙、伤500余人，俘获4300余人。这是刘邓大军挺进大别山后，在无后方依托的条件下，首次取得的消灭国民党一个正规旅以上兵力的胜利。12日，中共中央中原局、中原军区发布"放手发动群众，创建大别山解放区"的指示，要求立即发动群众，分浮财，分田地。至10月20日刘邓大军在皖西人民自卫军配合下，先后解放了六安、立煌、霍山、岳西、舒城、桐城、庐江、潜山、宿松、太湖、望江等。

110. 淮海战役在安徽

淮海战役是中国人民解放军继辽沈战役之后，对国民党集团进行的又一次战略性大规模歼灭战。1948年11月，中共中央决定由邓小平、刘伯承、陈毅、粟裕、谭震林组成总前委，指挥华东野战军和中原野战军共60万人，于11月6日发起淮海战役。淮海战役以徐州为中心，东起海州，西至商丘，北起临城，南达淮河。淮北是淮海战役的主战场之一，也是淮海战役总前委所在地。经过艰苦奋战，人民解放军相继歼灭黄百韬兵团、黄维兵团和杜聿明兵团，取得了辉煌战果。在淮海战役中，安徽人民积极响应中共江淮区党委号召，全力以赴，投入支前工作，自淮海战役开始至12月20日止，初步统计江淮二、三两个分区已动员民力310万人，支出粮食4500万斤，并决定继续支出粮食3500万斤。这为取得战役胜利作出了重要贡献。

111. 安徽全境的解放

从1948年初开始，刘邓、陈粟、陈谢3支大军在中原协同作战，解放了安徽境内的亳县、蒙城、阜阳等县及其周围的大片地区。1948年11月6日至1949年1月10日，人民解放军发动了淮海战役，多场战斗在安徽境内进行。随着淮海战役的胜利展开，津浦铁路沿线及两侧广大地区获得解放。在淮海战役期间和战役胜利后，皖北城镇陆续被人民解放军及地方武装解放或接管，皖北人民从此获得了翻身解放。渡江战役后，皖南也随之解放。至此，除国民党白崇禧部仍然盘踞在金寨和岳西县外，安徽全境基本获得解放。之后人民解放军继续追歼南逃之敌，于1949年5月7日至10日，在浙江开化以北金马镇附近的山区，一举将国民党安徽省最后一任省政府主席兼保安司令张义纯、省保安副司令兼皖南师管区司令阮云溪、皖南师管区副司令李秉钧捕获，同时俘虏国民党安徽省保安部队5000余人，国民党安徽省政府覆灭。1949年9月，人民解放军解放金寨和岳西县城，安徽全境宣告解放。

112. 双堆集战役

淮海战役中以歼灭黄维兵团、合围杜聿明兵团为目的的战役。人民解放军发动淮海战役后，国民党军统帅部急调第十二兵团（即黄维兵团）东进以解徐州之围。第十二兵团辖4个军和1个快速纵队，共12万人，战斗力较强，是国民党精锐兵团之一。1948年11月23日，国民党第十二兵团按原定援徐计划，分3路向南坪集地区猛攻，中原野战军第四纵队为诱使国民党第十二兵团主力第十八军渡过浍河，便于割裂、围歼该兵团，当晚主动后撤。24日上午，第十八军强渡浍河，钻进中原野战军预设的口袋。中原野战军当晚全线出击，至25日凌晨，将敌军合围于以双堆集为中心纵横各7500米的区域内。26日、27日，黄维兵团突围失败，调整部署，转入固守。12月6日，中原野战军全线发起攻击。经连日猛攻，12月15日午夜，黄维兵团被全歼。双堆集战役是保证淮海战役胜利的关键一战，人民解放军浴血奋战23个昼夜，歼灭黄维兵团，生俘黄维、吴绍周等兵团将领，成功阻击了徐州、蚌埠国民党重兵集团的增援。这标志着淮海战役第二阶段的胜利结束。

113. 宿县方店子阻击战

淮海战役中豫苏皖第六军分区配合大军作战以少胜多的一个战例。1948年11月上旬，中野、华野解放军将国民党黄百韬兵团围困徐州。蒋介石令黄维率第十二兵团驰援，但黄维兵团也陷入双堆集之围。11月25日，为阻击蚌埠李延年兵团和刘汝明兵团向双堆集增援，豫苏皖第六军分区武装被调往蚌埠以西。在宿县南六七十里的方店子，豫苏皖第六军分区第十一团遭遇双堆集突围出来的国民党第十二兵团第四十九师，豫苏皖第六军分区司令员李浩然带领第十一团，迅速向敌军发起猛烈打击，敌军犹如惊弓之鸟纷纷逃散。次日下午，国民党第十二兵团第四十九师又纠合起来，发动进攻，但在当地县大队与第十一团的密切配合下，国民党军很快溃败。此战共俘敌1300余人，创地方武装歼敌一个师大部的范例，受到豫皖

苏军区的表扬。

114.渡江战役总前委在安徽

以邓小平为负责人的渡江战役总前委设在安徽瑶岗。淮海战役结束后，中共中央决定发动渡江战役。1949年2月11日，中共中央决定，由淮海战役期间成立的总前委统一领导指挥渡江战役。总前委由刘伯承、陈毅、邓小平、粟裕、谭震林组成，邓小平任书记。3月22日，总前委邓小平、陈毅、谭震林等移驻蚌埠郊区燕山乡孙家圩子村。26日，邓小平、陈毅等主持召开总前委会议。会后，邓小平亲手起草了一份渡江作战纲要，即《京沪杭战役实施纲要》。纲要分析了蒋介石军队上海至安庆段的兵力，明确了中国人民解放军第二、第三野战军的战略目的及战役的发动时间，并对解放军渡江成功后敌军可能的变化作了分析，充分体现了邓小平高超的军事指挥艺术和实事求是的军事指挥风格。为了便于指挥整个渡江战役，1949年4月初，总前委及其直属参谋处、机要处、秘书处等进驻肥东县瑶岗村。4月20日，南京国民政府拒绝在和平协议上签字，和谈宣告破裂，总前委发布渡江命令。23日，人民解放军占领南京。27日，邓小平、陈毅率领总前委机关离开瑶岗前往南京。总前委在瑶岗指挥渡江战役全局，圆满完成了中共中央、中央军委赋予的重任。

115.渡江战役在安徽

1949年4月，人民解放军百万大军分东、中、西三路，在西起九江，东至江阴的500多公里战场上发起渡江战役，安徽境内长江段，在渡江作战中具有重要的战略位置。中路大军首先突破敌人安庆至芜湖段防线，迅速攻占繁昌、铜陵、青阳、荻港、鲁港，4月21日解放南陵、泾县，4月23日解放芜湖，4月30日解放皖南地区。至此，安徽境内除金寨和岳西县城外全部解放。在战役中，安徽人民踊跃支前，仅皖北地区人民共出动常备民工和临时民工279万余人，担架1.5万副，修复铁路210公里，公路1600公里，支援粮食18万吨，柴草3.6万吨，大小车9.8万余辆，船只1万余艘。皖南游击部队和皖南人民为配合大军渡江，也积极开展各项准备工作，侦察敌情。在抢渡长江天堑的战斗中，还涌现出车胜科、王德金、张孝华、马毛姐等一大批渡江功臣，出色地完成了支援渡江战役的任务。可以说，安徽人民为渡江战役的胜利作出了不可磨灭的贡献。

116.安徽剿匪斗争

淮海战役结束后，溃败南逃的国民党军队便有组织有计划地向安徽境内派遣大批武装特务，与当地惯匪、地主恶霸以及反动道会门（带有封建迷信色彩的反动组织）相勾结，组织反革命土匪武装，妄图以皖南山区和大别山区为基地，建立所谓的"游击根据地"，开辟"敌后第二战场"，为将来反攻大陆做内应。据1949年6月的不完全统计，当时10人以上股匪205股，其中百人以上股匪72股，总数约5万人。其中以汪宪为总司令的"鄂豫皖边区人民自卫军"和以洪国顺为司令的"人民自救军池徽边区指挥部"规模最大。这些股匪破坏基层政权，残杀基层党政干部，策划反革命暴乱，严重扰乱社会秩序。1949年4月，中共皖南、皖北区委成立后，即把肃清残匪作为中心任务之一，组织所属部队剿匪作战。华东军区为增强安徽剿匪力量，也调动大量兵力，配合地方武装，展开大规模剿匪行动。到1951年6月，全省股匪、散匪基本肃清。

117.歼灭洪国顺股匪

人民解放军剿灭国民党残余洪国顺及其余部。1949年7月中旬，原国民党贵池县第四区联防大队长洪国顺，在贵池县打出了"人民自救军池徽边区指挥部"的旗号，公开挑战新生的人民政权，严重危害当地的社会治安和生产建设。地委、军分区高度重视，请求上级派部队进剿。第三野战军第二十五军七十四师二二一团奉命进驻池州，执行剿匪任务。在池州军分区独立团、贵池县大队以及当地公安部门配合下，剿匪部队迅速包围了洪匪老巢丁香胡村，首战告捷，击溃了洪匪主力，俘虏了洪匪政治部主任费尔隐。剿匪部队连夜突审，掌握了洪匪的窝点，在不到一周的时间里，抓获了洪匪的12个大队长，洪国顺本人则潜逃深山。为彻底根除匪患，剿匪部队组成数支精干小分队，进行了地毯式搜山驻剿。10月27日，剿匪部队发现了洪国顺的踪迹，28日，剿匪部队将洪国顺包围于莘田乡东庄保洪家大院，匪首洪国顺在走投无路的情况下畏罪自杀。至此，皖南地区最大的股匪"人民自救军池徽边区指挥部"被彻底歼灭。

118. 歼灭汪宪股匪

人民解放军剿灭国民党残余汪宪及其余部。1949年3月，白崇禧为在大别山部署"第二战场"，将原活动在金寨的股匪改编为立煌游击支队。5月，又改编为"鄂豫皖边区人民自卫军"，由原国民党军第九十二师中将师长汪宪任总司令。汪宪股匪在大别山区积极扩大反革命武装，到处拦路抢劫，扰乱社会治安，危及新生的人民政权。6月初，皖北军区部队、第二野战军第十军二十八师以及徐州警备第五团，组成4个剿匪指挥所及剿匪兵团，对平原、山区股匪进行清剿。8月，鄂豫皖边区剿匪指挥部成立，统一指挥三省剿匪部队。9月5日，在鄂豫皖边区剿匪指挥部的部署下，三省剿匪部队对以金家寨为中心的"鄂豫皖边区人民自卫军"和"鄂豫皖行政长官公署"发起合击。6日，解放金寨县城金家寨。汪宪股匪受到沉重打击后，便化整为零，进入深山老林，人民解放军剿匪部队也随之由重点清剿转为分兵驻剿。9月下旬，人民解放军捕获汪宪报务员，之后顺藤摸瓜俘获股匪司令汪宪，副司令樊讯、袁成英，参谋长马君慈等头目，股匪"鄂豫皖边区人民自卫军总司令部"被彻底摧毁。

119. 歼灭汪汉股匪

人民解放军剿灭国民党残余汪汉及其余部。1949年4月，至德县解放，原国民党至德县县长汪汉，网罗国民党残部与地痞流氓5000余人，组织"中华人民自救军皖赣边区指挥部"，自任总指挥，并在粟埠建立伪县政权，叫嚣要"'光复'中华民国"。7月下旬，池州军分区独立团3个连，进驻至德县第三区小梅铺进行清剿。汪汉探听到第四区昭潭仅有独立团第二连第一排驻守,于是在26日攻打第四区昭潭人民政府。28日拂晓,独立团增援至昭潭,对汪汉股匪实行合围,经过激战,股匪大部被歼灭。匪首汪汉见势不妙,带领少数匪徒向浮梁方向逃窜。1951年,汪汉在肥东县落网,随后被押回至德县公审处决。

120. 平息天门道反革命暴动

平息反对人民政权的封建团体天门道之事。天门道,又称全家道,是一个组织庞大的封建迷信团体。1934年7月,由刘金兰创立。其道众主要分布在皖北农村,其中尤以涡阳、蒙城、颍上等县为多。1949年1月,皖北各地陆续解放,人民政权相继建立。时刻梦想当皇帝的刘金兰对人民政权恨之入骨,多次召开会议,密谋反革命暴动。经过几个月的策划准备,1949年4月底,刘金兰召开天门道首领会议,决定5月5日首先在蒙城发难,一举夺取蒙城县城,并将暴动队伍定名为"天九军",由蒙城天门道大坛主李洪奎任总司令。5月4日,参加暴动的天门道徒开始集结。5日,数千天门道徒蜂拥入城,径直攻向蒙城县委、县政府、公安局、监狱等要害部门。7日,阜阳地委派出军分区警卫营前往蒙城支援,同时向皖北军区报告。10日,阜阳军分区参谋长王枫率分区主力十二团、独一团与皖北军区独立旅副旅长钟国琴带领的1个营加入剿匪,会匪见解放军实力雄厚,纷纷逃窜。12日,进剿部队将李匪包围在陆楼、孙楼等村庄。13日,将其全部歼灭。暴动失败后,天门道大道首刘金兰自知罪恶深重,在灵璧、蚌埠、怀远、五河等地东躲西藏,于1951年被宿县公安局抓获。

笔画索引

八 画

十画

十 二 画

十三画